国家社科基金
GUOJIA SHEKE JIJIN HOUQI ZIZHU XIANGMU
后期资助项目

政府补贴策略
与企业创新行为

赵凯 著

中国财经出版传媒集团
经济科学出版社
Economic Science Press
·北 京·

图书在版编目（CIP）数据

政府补贴策略与企业创新行为／赵凯著．--北京：
经济科学出版社，2024.12. — ISBN 978 - 7 - 5218 - 6583
- 7

Ⅰ．F273.1
中国国家版本馆 CIP 数据核字第 20248UB721 号

责任编辑：杜　鹏　胡真子
责任校对：齐　杰
责任印制：邱　天

政府补贴策略与企业创新行为
ZHENGFU BUTIE CELÜE YU QIYE CHUANGXIN XINGWEI
赵凯　著

经济科学出版社出版、发行　新华书店经销
社址：北京市海淀区阜成路甲 28 号　邮编：100142
编辑部电话：010 - 88191441　发行部电话：010 - 88191522
网址：www. esp. com. cn
电子邮箱：esp_bj@ 163. com
天猫网店：经济科学出版社旗舰店
网址：http：//jjkxcbs. tmall. com
固安华明印业有限公司印装
710 × 1000　16 开　24.5 印张　450000 字
2024 年 12 月第 1 版　2024 年 12 月第 1 次印刷
ISBN 978 - 7 - 5218 - 6583 - 7　定价：128.00 元
（图书出现印装问题，本社负责调换。电话：010 - 88191545）
（版权所有　侵权必究　打击盗版　举报热线：010 - 88191661
QQ：2242791300　营销中心电话：010 - 88191537
电子邮箱：dbts@ esp. com. cn）

国家社科基金后期资助项目
出版说明

后期资助项目是国家社科基金设立的一类重要项目，旨在鼓励广大社科研究者潜心治学，支持基础研究多出优秀成果。它是经过严格评审，从接近完成的科研成果中遴选立项的。为扩大后期资助项目的影响，更好地推动学术发展，促进成果转化，全国哲学社会科学工作办公室按照"统一设计、统一标识、统一版式、形成系列"的总体要求，组织出版国家社科基金后期资助项目成果。

全国哲学社会科学工作办公室

前　　言

政府补贴是一把"双刃剑"，在我国补贴力度不断加强、补贴范围不断增大、补贴方式不断增多的背景下，明晰政府补贴策略与企业创新行为之间的关系，剖析不同方式、不同规模、不同强度的政府补贴对不同类型企业的差异化创新行为的作用效果，有选择性、针对性地向企业实施补贴，最大限度强化政府补贴的创新激励作用，是我国推动"高质量发展"过程中亟待解决的问题。

本书针对政府补贴策略与企业创新行为之间的关系进行完整、深入和系统的研究。全书共分为五个部分：Ⅰ研究基础篇，包含前两章；Ⅱ分析视角篇，涉及第 3～第 7 章；Ⅲ策略工具篇，涵盖第 8～第 11 章；Ⅳ典型企业及案例篇，涉及第 12 章和第 13 章；Ⅴ结论篇，包含第 14 章。

第 1 章为绪论，旨在从整体上阐述本书的研究背景、研究问题、研究价值、研究内容以及创新之处，介绍本书的框架结构及后面研究中所涉及的分析方法。

伴随政府补贴与企业创新相关研究的不断深入，相关文献数量也在快速增加。为高效且客观地找到学界在相关领域关注的焦点、探讨的热点和分析的重点，第 2 章采取文本挖掘技术对已有文献进行探索。在此基础上，结合对既有研究发现的梳理，归纳出现有研究的不足及可能补足的方向。

企业创新最重要的两条途径是自主研发与技术外溢。如何有效促进企业自主创新能力的提升、如何有效承接先进企业的技术外溢，政府补贴是破题的关键。第 3 章从技术外溢的视角出发，深入探讨技术外溢、政府补贴与企业创新之间的复杂关系。

产研合作作为一种协同创新模式，不但有益于分摊企业独自创新的成本与风险，还有助于拓宽企业创新的知识储备，是企业创新不可或缺的重要组成部分。第 4 章从产研合作视角出发，着重考察产研合作下的政府补贴分配策略及政府补贴与企业创新之间的内在联系。

　　融资和寻租是企业获取市场资源和政府资源助力自身创新的重要手段。本书第 5 章从融资寻租视角出发，深入探索融资和寻租行为给政府补贴与企业创新之间关系带来的可能影响。

　　企业高管掌控着企业前进方向，其过往经历会使其在解决问题时进行高度个性化的解读和处理，进而影响企业的兴衰存亡。第 6 章从高管背景特征出发，着重探讨企业高管在政府补贴与企业创新之间可能起到的调节作用。

　　外部环境作为孕育创新的培养皿，是影响企业创新的重要因素。本书第 7 章从外部环境视角出发，深入探讨政府补贴影响企业创新的效果是否会因某一特定环境因素的变化而发生改变。

　　明晰我国典型补贴政策影响企业创新行为的真实效果，不仅能为优化补贴政策提供理论指导，还有益于企业结合自身特点制定有效可行的创新决策。第 8 章在合理设计准自然实验的基础上，深入挖掘典型补贴政策与企业创新相互作用背后的微观渠道。

　　从作用途径来看，政府补贴可分为直接补贴与间接补贴。前者由政府掌握自由裁量权；后者则属于门槛竞争模式，企业须达到一定门槛才可获补。第 9 章重点关注直接补贴和间接补贴与企业创新之间的动态关联以及两类补贴在激励创新方面的效果差异。

　　从功能属性来看，政府补贴可分为 R&D 补贴与非 R&D 补贴。前者是政府为助力企业占领技术前沿制高点所采取的补贴工具；后者则涵盖了除 R&D 补贴以外的所有补贴形式。第 10 章着重探讨 R&D 补贴与非 R&D 补贴及其补贴组合对企业创新的作用效果。

　　直接补贴、税收优惠以及政府采购这三种补贴政策工具在实施过程中具有一定的重叠性特征，两种甚至三种补贴集于企业一身的情况不在少数。第 11 章重点关注多种补贴政策工具同时实施时的协同性问题以及最优补贴策略的设计问题。

　　家族企业具有控制权集中、融资比例高、代际传承难等特点；新能源企业具有抗压能力弱、研发资源匮乏等特点；而制造业企业具有高投入、高消耗、低效率等特点。鉴于上述企业的典型性和特殊性，本书第 12 章深入探讨这三类典型企业的创新行为与政府补贴之间的关系。

　　本书第 13 章以具有代表性的新能源企业"隆基绿能科技股份有限公司"、物联网创新企业"京东方科技集团股份有限公司"以及智能装备制造企业"湖北京山轻工机械股份有限公司"作为案例对象，探寻异质补贴工具与企业研发投入及创新产出间可能的内在联系，并归纳总结出企业在自身经营中合理利用政府补贴发展的经验。

根据本书理论探讨、实证分析及案例研究所得的结论，第 14 章对研究结果进行了梳理及汇总整理，提出了相关政策启示，并对后续研究进行了展望。

赵 凯

2024 年 11 月

目　　录

PART Ⅳ：典型企业及案例篇

PART Ⅴ：结论篇

| PART 1 : |

研究基础篇

第 1 章 绪 论

1.1 研究背景

创新，无论是对世界、国家还是企业，都十分重要。从世界范围来看，创新是推动人类文明发展进程的推进器。从第一次工业革命解放人类双手到第三次工业革命的信息时代，再到由物联网、大数据及人工智能等技术所驱动的潜在的工业革命浪潮，创新都深刻地影响着人类的生活方式并有力地推动着人类文明的发展进程。从国家层面来看，在经济增速换挡期、结构调整阵痛期和前期激励政策消化期的当下，以创新来推动经济的高质量发展、产业结构的高级化跃迁①，已成为中国提升综合国力的重要举措。从企业层面来看，创新奠定了企业发展的深度与广度，是决定企业能否稳步成长的关键。可见，无论是宏观层面还是微观层面，创新始终是推动世界进步、国家发展、企业成长的源泉和动力。

创新作为一项实践活动，在整个活动过程中存在着多个参与者，如政府、企业、投资者、中介机构、高校与科研机构等。而要成为创新的主体则需要同时符合以下四个特征：其一，具有对创新活动的自主决策权；其二，具有从事创新活动的能力；其三，能够承担创新活动的责任与风险；其四，可通过创新获取收益。政府、投资者、中介机构、高校与科研机构等皆无法完全具备这四方面的主体特征，唯有企业才是创新的主体。企业创新不但能够大大提升企业自身的市场竞争力，以更好的状态谋求全球价值链攀升的新要求，还在很大程度上推动着中国经济转型的步伐。当前，企业创新已成为支撑我国综合国力的基础力量和落实创新驱动发展战略的关键举措。

---

① 产业结构高级化通常指一国经济的产业结构由以劳动密集型产业为主的低级结构，向以知识、技术密集型产业为主的高级结构调整和转变的过程及趋势。

　　与一般的市场活动不同，企业创新具有三个重要特征，即企业创新收益的外部性、企业创新过程的不可分割性以及企业创新结果的不确定性。创新收益外部性会造成企业私人收益与社会收益间的差额，极易导致企业创新乏力、动力不足等问题。创新过程的不可分割性使得企业全程参与"投入—产出"的创新链条，给创新企业的资金链条带来了较强的冲击。技术创新本身的难度与复杂性、创新企业自身能力的有限性、创新无法实现预期的可能性，给企业创新结果带来了极大的不确定性，严重降低了企业的创新意愿。创新强调市场在资源配置中的决定性作用，但不可否认的是，市场这一只"看不见的手"并不是万能的，市场机制时有失灵。此时，就需要政府这一只"看得见的手"来鼓励和支持企业开展创新活动，以矫正创新的外部性、强化创新企业的资金链条、弥补因企业创新引致的风险损失，从而加速经济高质量发展的转型进程。

　　放眼全球，为弥补市场失灵带来的阻碍，各国普遍采取政府补贴的方式来激励企业创新。以美国为代表的发达国家自 20 世纪 80 年代便开始通过补贴手段来刺激科技创新。例如，1983 年以及 1995 年推出并实施的中小企业创新研究计划（Small Business Innovation Research，SBIR）和中小企业技术转移计划（Small Business Technology Transfer，STTR）通过财政补贴支持的方式资助了许多勇于创新、乐于创新的企业，高峰时期 SBIR 年资助超过 6800 多个项目，资助金额高达 17.43 亿美元。英国作为老牌科技强国，向来重视通过补贴政策来激励创新。"联系—预测计划""联系奖励计划""技术前瞻计划""创业英国计划""英国工业 2050 战略"等一系列政策的颁布和实施，为企业提供了资金支持，激发了企业创新的积极性。德国在驱动技术创新的过程中，由联邦政府和州政府制定了针对不同类型企业的创新补贴政策支持。作为德国最主要的科技主管部门，联邦教研部（Bundesministerium für Bilding und Forschung，BMBF）重点补贴支持参与基础研究及关键技术攻关的企业，而联邦经济与能源部（Bundesministerium für Wirtschaft und Energie，BMWI）则重点扶持从事能源领域及航空航天领域研发的企业。日本于 20 世纪 80 年代借助"科技立国战略""高科技大国战略"等科技补贴政策一跃成为世界科技强国。作为新兴创新国家的韩国，则根据不同发展阶段制定了一系列差异化的创新支持政策，从"技术引进战略"到"复制模仿战略"再到"自主创新战略"和"协同创新战略"，对企业创新的补贴支持领域和补贴支持力度也随国家战略的升级而发生改变。

　　我国自 1978 年诞生首个国家科技计划以来，相继出台了《1978—

1985 年全国科学技术发展规划纲要》《1986—2000 年科学技术发展规划》
《国家中长期科学和技术发展规划纲要（2006—2020）》①《中华人民共和
国国民经济和社会发展第十三个五年规划纲要》② 等一系列科学发展计
划。尤其是在提出"创新驱动发展战略"之后，构建以企业为主体、市场
为导向、产学研相结合的技术创新体系成为了我国新时代转变经济发展方
式、提升经济发展质量的重要举措。近年来，我国凭借顺应时势的政府创
新支持以及合理的经济制度，取得了许多举世瞩目的技术创新成就，如
5G 通信技术、太空探测技术等。这些成绩的取得与我国政府补贴的鼎力
支持以及中国企业的奋进创新密不可分。中国《全国科技经费投入统计公
报》的最新数据显示，2023 年中国研发投入总量约 3.34 万亿元，较 2022
年增长 8.4%（见图 1-1）。其中，研发投入的三大主体，企业、研究机
构、高等学校的研发投入所占比重分别为 77.7%、11.6% 和 8.3%，企业
研发投入比重较 2018 年有明显提升。伴随着我国企业对研发投入重视程
度的不断提高，中央和地方也加大了对企业创新的支持力度。根据图 1-2
可知，2007 ~ 2018 年，我国主流的两类补贴的实施规模在不断扩大。截至
2018 年末，直接补贴资金高达 3978.6 亿元，占研发经费支出比重的
20.22%，远高于同期世界平均水平；税收优惠（间接补贴）的资金规模
为 1993.37 亿元，占研发经费支出比重的 10.13%。

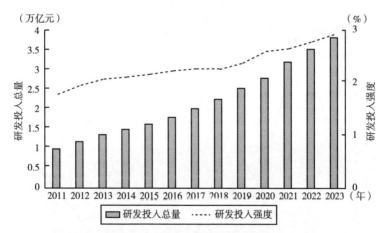

图 1-1　研发投入总量及研发投入强度的变化趋势

资料来源：由作者整理。

---

① 《国家中长期科学和技术发展规划纲要（2006—2020 年）》提出在国家创新体系建设中
要以政府为主导。

② 《中华人民共和国国民经济和社会发展第十三个五年规划纲要》提出要强化政府的创新
支持政策。

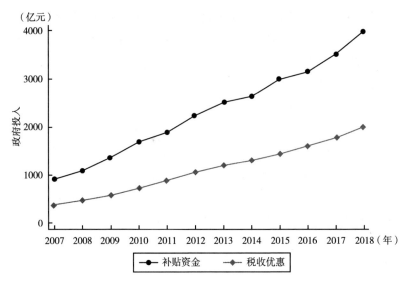

图1-2　政府补贴规模的变化趋势

资料来源：由作者整理。

　　然而，在中国补贴力度不断加码的背景下，企业研发投入的增加能否有效转化为创新产出仍然存疑。从图1-3展示的中国在2008～2018年专利授权数和专利申请数的增速变化可以看出，自2010年开始企业专利数的增速便具有明显下降趋势，在2014年甚至出现了增速"负增长"。这就需要我们去探索和挖掘是否存在政府补贴发挥最大创新激励效果的合理区间。

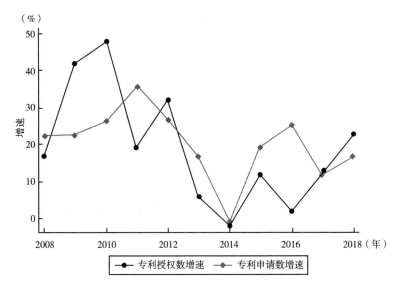

图1-3　专利授权数和申请数增速变化

资料来源：由作者整理。

　　针对不同行业、不同地域、不同规模的企业创新活动，政府补贴往往会产生截然不同的效果。例如，一方面，政府补贴的实施弥补了我国信息技术企业在创新资金方面的不足，降低了信息技术企业因借贷而产生的创新风险，确保了信息技术行业"领跑"中国经济；另一方面，在补贴资金的吸引下，我国光伏行业企业不断涌现，这些企业不仅对政府补贴产生了强烈依赖，导致"无法断奶""越补越亏"等现象层出不穷，还成为了国际金融危机后光伏全行业萧条及产能过剩的重要原因。部分企业为获得政府补贴的支持，采取了低质量的"策略性创新"（曾卓然，2021），甚至出现骗补等极端情况（赵文等，2020）。可见，政府补贴是一把"双刃剑"，在我国补贴力度不断增强、补贴范围不断增大、补贴方式不断增加的背景下，明晰政府补贴策略与企业创新行为之间的关系，剖析不同方式、不同规模、不同强度的政府补贴对不同类型企业的差异化创新行为的作用效果，有选择性、针对性地向企业实施补贴，最大限度强化政府补贴的创新激励作用，是我国推动"高质量发展"进程中亟待解决的重要问题。

1.2　研究问题

　　政府补贴策略主要涉及补贴对象的甄选、补贴强度的设定、补贴工具的选择、补贴方式的组合等。企业创新行为主要包括企业创新投入的水平及强度，企业创新产出的数量、质量及效率，企业的实质性以及策略性创新行为等。政府补贴策略的合理选择以及政府补贴工具的恰当应用是补贴政策有效激励企业创新行为的关键所在。这就需要深层次挖掘和探讨政府补贴对企业创新的影响机制，剖析不同方式、不同规模、不同强度的政府补贴对不同类型企业的异质创新行为的作用效果，最大限度强化政府补贴的作用。具体来讲，本书试图回答如下问题。

　　其一，补贴政策因其制定与颁布主体涉及机构庞杂，常存在"九龙治水"的现象。不同的补贴工具如直接补贴、间接补贴、研究与实验发展（Research and Development，R&D）补贴、非 R&D 补贴等，对企业创新行为究竟具有怎样的影响？补贴效果强调，创新不仅要注重数量增加，更要注重质量提升，何种补贴工具最为有效？

　　其二，政府补贴具有稀缺性，哪些企业应成为补贴对象？这些补贴对象更适合哪种类型的补贴工具？在激励企业创新时，不同补贴工具之间存在怎样的互动关系？是否有必要以补贴工具组合或者协同形式来激励企业创新？不同补贴工具究竟怎样组合才能更加行之有效地激励企业创新，尤其是提升企业创新的质量？

其三，政府补贴激励企业创新的效果是否因企业产权性质、所属行业类型、所处地理区位等方面的差异而存在异质性？在企业高管背景、产研合作、技术溢出、寻租行为等因素的调节作用下，政府补贴能否有效激励企业自主创新？在多大程度上促进了企业创新？

1.3　研究价值

1.3.1　理论价值

为合理、有效且准确地解答上述问题，本书尝试将经济学、统计学、管理学等学科进行交叉，通过理论探讨、实证分析及典型案例相结合的方式针对政府补贴策略与企业创新行为之间的关系进行完整、深入且系统的考察。本书的理论价值主要体现在以下几方面。

首先，探索政府补贴策略的内容黑箱，检验各式补贴政策工具及其组合对于企业创新行为影响的差异，有益于理论探寻有效激励企业创新的最优补贴策略及实施方案，丰富了政策组合方面的相关理论研究。

其次，从企业的创新投入、创新绩效、创新质量以及创新风险等多个维度探讨不同政府补贴工具及其组合的作用效果，并探索外部环境因素及企业内部因素影响政府补贴与企业创新关系的"分水岭"，可为合理应用政府补贴提供理论基础和科学依据。

再次，我国是一个兼具新兴经济体和发展中国家特征的"大国大样本"，对我国政府补贴策略与企业创新行为进行深入考察，可为解析补贴政策提供最全面、最有价值且最具说服力的观测样本。

最后，应用多种动态及非线性的计量模型进行多层面、多角度的实证研究，在提升计量方法与统计方法应用水平的同时，为完善理论框架提供全面的实证证据，为妥善处理内生性问题、选择性偏误问题奠定基础。

1.3.2　现实价值

本书既站在政府角度，讨论相关部门应选择何种"补贴对象"、采用何种"补贴工具"、实施何种"补贴规模及强度"、利用何种"补贴工具组合"来激励企业创新，又立足于企业，探究在补贴政策内容及手段不断完善、外部环境持续变化的情况下，企业应如何调整自身创新战略和优化创新行为。这具有以下两方面的现实价值。

首先，对于政策制定者而言，政府补贴对企业创新的影响评价了补贴政策的效果。本书试图通过研究差异化的政府补贴策略影响异质企业创新的效果与机理，从理论、实证、案例三个方面评价我国政府补贴的实施效果，从而为中央与地方政府制定有效、可行且精准的补贴措施来激励异质企业创新提供重要参考，为未来政策的出台提供可靠依据。

其次，对于企业管理者而言，明晰政府补贴与企业创新的关系有助于制定企业层面的创新投资决策并选取有效补贴政策以推进企业创新。政府补贴手段多样且方式繁杂，中央与地方多种补贴政策冗乱，往往会引起企业创新管理实践的迷茫。本书可结合实际情况为企业选择适宜的补贴政策提供一定的理论指导，从而保障企业创新活动的顺利开展。

1.4　研究内容

本书针对政府补贴策略与企业创新行为之间的关系进行完整、深入和系统的研究。全书共 14 章，分为五个部分。

第一部分（PART Ⅰ）为"研究基础篇"，包含前两章。

➤ 第 1 章旨在从整体上阐述本书的研究背景、研究问题、研究价值、研究内容以及创新之处，介绍本书的框架结构及后面研究中所涉及的分析方法。

➤ 第 2 章为文献探索及研究综述，文献探索侧重文献计量研究，利用文本聚类、语义网络、潜在狄利克雷分配（Latent Dirichlet Allocation，LDA）主题分析等数据挖掘技术，分别基于中国知网（China National Knowledge Infrastructure，CNKI）数据库和科学引文索引网络版（Web of Science，WoS）数据库对中文及英文的相关文献进行分析，精准且直观地反映相关研究的现状与热点；研究综述旨在将国内外相关研究成果进行汇总和梳理，针对存在共识的研究成果予以说明，并归纳整理出既有研究的不足。

第二部分（PART Ⅱ）为"分析视角篇"，涉及第 3 ~ 第 7 章，旨在探讨不同视角下的政府补贴与企业创新。

➤ 第 3 章从技术外溢的视角出发，以理论探讨与实证研究相结合的方式，深入挖掘政府补贴对企业创新的复杂影响。理论层面，将企业产品的垂直差异化与水平差异化特征同时纳入研究框架，利用"政府—企业"三阶段动态博弈模型分析在技术外溢情况下政府补贴对企业研发投入及创新产出方面的影响。实证层面，本章采用具有同时考察空间效应和分位数效应能力的空间分位数自回归方法来检验政府补贴对企业创新的实际影响效果。

➤ 第 4 章从产研合作视角出发，着重考察政府补贴实施过程中的分配策略以及政府补贴与企业创新之间的内在联系。首先，基于"政府—企业—科研机构"多部门的多阶段动态博弈模型，理论探寻政府补贴最优分配策略，挖掘企业产研合作与政府补贴实施的潜在关联；其次，以中国沪深 A 股上市企业为研究对象，借助工具变量法、有序 Logit 等方法，实证考察政府补贴在推进产研合作及企业创新方面起到的效果，检验产研合作在政府补贴与企业创新间可能起到的桥梁作用。

➤ 第 5 章从融资寻租视角出发，以中国沪深 A 股上市企业为研究对象，借助倾向得分匹配法，重点考察政府补贴作用于企业实质性创新以及策略性创新的真实效果。

➤ 第 6 章基于高管背景特征视角，以中国沪市 A 股上市企业为研究对象，着重探讨企业的高管背景对于政府补贴目标选择以及企业创新绩效的作用效果。在此基础上，从企业规模及企业所有制切入，探讨企业高管的政治关联背景、研发技术背景以及学历背景在政府补贴与企业创新之间可能起到的调节作用。

➤ 第 7 章从外部环境视角出发，以地方产权保护、市场化水平、金融经济发展水平、第三产业发展水平等因素来刻画企业所在地的外部环境状况，借助面板门槛回归模型等方法，实证考察政府补贴作用于企业创新的效果是否会随外部环境的变化而发生改变，为政府制定精准且更具成效的补贴政策提供决策依据。

第三部分（PART Ⅲ）为"策略工具篇"，涉及第 8～第 11 章，旨在评估典型补贴政策激励企业创新的实际效果、探讨不同补贴实施策略的异质效果以及挖掘政策工具间的协同效果。

➤ 第 8 章聚焦中国典型补贴政策激励企业创新的实际效果。一方面，在精准筛选中小企业样本和合理设计准自然实验的基础上，利用倾向得分匹配结合双重差分的方法，系统评估"创新驱动"政策及其政策工具的创新激励效果；另一方面，借助模糊断点回归设计，深入挖掘"科技扶持"政策作用于科技型中小企业创新的实际效果。

➤ 第 9 章重点关注政府直接补贴和间接补贴这两种政策工具对企业

创新的影响。一方面，采用面板向量自回归、格兰杰因果关系检验（Granger Causality Test，GCT）、动态面板门槛回归等方法，深入挖掘政府的直接补贴和间接补贴与企业创新之间的动态关联；另一方面，借助多水平处理效应模型评估和比较直接补贴与间接补贴的创新激励效果，并以此设计工具"组合"来提高补贴政策的效率和协调性。

➢ 第 10 章着重考察 R&D 补贴与非 R&D 补贴影响企业创新的效果与机制，深入挖掘两类补贴政策工具之间的相互作用。理论层面，基于动态博弈模型，探寻在政府实施不同补贴策略的情况下（"无补贴""R&D 补贴""非 R&D 补贴""补贴组合"）企业的最优创新行为。实证层面，以中国沪深 A 股上市企业为研究对象，利用剂量反应函数等方法，探究两类补贴及其组合对企业创新投入和产出的异质效果。

➢ 第 11 章重点关注补贴政策协同性以及最优实施策略这两个问题，借助控制函数法、多时点双重差分法、多水平处理效应等方法，深入考察直接补贴、税收优惠和政府采购及其组合对企业创新行为的真实影响，揭示多种补贴策略对异质企业创新的效果差异，挖掘出能够有效激励企业创新投入、提升企业创新产出尤其是改善创新产出质量的最优补贴实施策略。

第四部分（PART Ⅳ）为"典型企业及案例篇"，涉及第 12 章和第 13 章，旨在探讨典型企业的创新行为与政府补贴之间的关系。

➢ 第 12 章针对家族企业控制权集中、融资比例高、代际传承难，新能源企业 R&D 物质资本与人力资本严重不足，制造业企业高投入、高消耗、低效率等特点，着重研究这三类典型企业的创新行为与政府补贴之间的关系及其内在作用机制，并尝试解答"是否应该补贴""应如何补贴""怎样优化补贴"等一系列问题。

➢ 第 13 章分别以具有代表性的新能源企业"隆基绿能科技股份有限公司"、物联网创新企业"京东方科技集团股份有限公司"以及智能装备制造企业"湖北京山轻工机械股份有限公司"作为案例对象，通过对这三家典型企业在政府补贴影响下的研发投入及创新产出等行为变化进行剖析，深入挖掘政府补贴及其补贴工具与这些典型企业创新行为之间的内在联系，归纳总结出企业在自身经营中合理利用政府补贴发展的经验。

第五部分（PART Ⅴ）为"结论篇"，包含第 14 章。

本章综合各章节的研究发现，整理归纳出全书统一的研究结论，并据此给出相应的政策启示以及研究展望。

为使读者更为直观地了解本书的研究内容及脉络，笔者绘制了研究内容框架（见图1-4）。

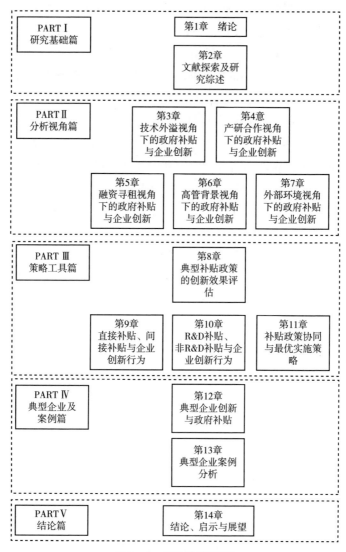

图1-4 研究内容框架

1.5 创新之处

本书的创新之处主要在于以下四个方面。

其一，研究视角的创新。本书深入且系统地从多个视角探寻政府补贴对企业创新行为的作用机制，构建基于不同政府补贴策略及其策略组合影响企业创新行为的理论及实证模型，不但丰富了相关理论和经验研究，还使政策建议更具客观性和全面性。

其二，研究内容的创新。既有研究着重分析政府补贴与企业创新的关系，本书在此基础上向前迈进一步，分析不同补贴策略对于不同类型企业创新行为的作用机理及影响过程。此外，本书采用理论实证相结合的方式，在利用理论指导实证研究的同时，通过实证研究设计检验理论，切实做到知行合一。

其三，研究理论的创新。本书将政府补贴政策设定为研究的核心，并将产业经济、区域经济、技术经济等领域的前沿范畴进行了交叉，不仅有助于研究政府补贴策略对企业创新行为的作用效果，还有益于丰富政府补贴理论体系，为理论创新打开了鲜明的突破口。

其四，研究方法的创新。本书在计量模型的应用上有所创新。例如，在传统的内容分析法基础上，结合文献计量、网络分析等方法，让研究结果不受研究者的主观影响，使研究结论可被重复检验、更具科学性；利用兼具向量自回归和面板数据模型优点的面板向量自回归模型有效刻画政府补贴策略与企业创新行为间的动态关系，让模型设定更接近现实；采用剂量反应函数法更为行之有效地分析政府补贴实施强度的动态变化与企业创新行为之间的内在联系及耦合机制。

1.6　主要分析方法

本书尝试将经济学、统计学、管理学等学科进行交叉，通过理论探讨、实证分析及典型案例相结合的方式针对政府补贴策略与企业创新行为之间的关系进行完整、深入且系统的考察。本书多数章节采取"提出问题—理论探讨—实证分析"的研究流程，考察过程中主要采用了以下研究方法。

其一，理论模型分析方法。本书以博弈论为理论分析基础，尝试将现实中的政府补贴策略以及企业创新行为等经济现象进行适当的抽象和简化，通过数理建模方式搭建起各经济变量之间的联系，以期得出均衡条件下最优的政府补贴策略及企业创新行为。

其二，文献分析方法。本书利用内容分析法通过对相关文献的定量分析和统计描述来实现对政府补贴策略与企业创新行为的科学认识。在此基础之上，结合网络分析、知识图谱、文本挖掘、主题分析等相关研究方法，明晰国内外相关研究的发展历程，揭示其研究热点和未来发展的趋势。

其三，计量模型分析方法。本书采用多种不同的计量模型来考察政府补贴与企业创新之间的关系。例如，利用分位数回归、空间分位数自回归等计量模型探究政府补贴策略对具有不同创新行为企业的异质反应；借助倾向得分匹配、熵平衡等方法在寻找相近企业进行匹配的同时消除样本选择偏差问题；利用工具变量法、Heckman 两阶段等方法，缓解模型估计过程中可能存在的内生性问题等。

其四，因果识别方法。本书选取多种因果识别方法对补贴政策工具的创新激励效果进行评估。例如，采用双重差分、模糊断点回归等因果识别方法在克服内生性及加总偏误等问题的基础上有效剥离出净效应；利用剂量反应函数、多水平处理效应等方法，考察连续型及多水平的政府补贴处理变量作用于企业创新行为的实际效果等。

其五，案例分析方法。本书选择了多家具有代表性的上市企业作为案例分析对象，在全面收集有关被选对象数据资料的基础上，按照政府补贴与企业研发投入关系、政府补贴与企业创新产出关系等分析内容进行逐项分析研究，借此探求反映总体的规律性认识。

第 2 章　文献探索及研究综述

2.1　文献探索

伴随政府补贴与企业创新相关研究的不断深入，相关文献数量也在快速增加，给传统以统计或以定性手段为主的综述研究带来挑战。本章引入文本挖掘技术，运用语义网络分析、隐含狄利克雷分布（Latent Dirichlet Allocation，LDA）主题分析等方法以及 R 语言和 CiteSpace 软件，从语义层面对相关文献的内容进行分析和探索。

我们选取 2000～2021 年作为时间窗口，分别基于中国知网（CNKI）数据库以及 Web of Science（WoS）数据库，系统且深入地探寻既有相关文献的潜在关联，为未来交叉领域研究的开展提供前进方向。文献计量作为情报学领域的重要研究工具，能够借助词频分析、共词分析、时线分析等方法来描述政府补贴与企业创新相关文献的科学体系结构、揭示相关文献科学发展的时空特征、探索相关文献的内在规律和逻辑。随着数据挖掘、机器学习等计算机应用技术的发展，LDA 主题模型逐渐成为文献计量的研究热点和核心内容（赵凯和王鸿源，2020）。在海量异构文献数据中运用 LDA 模型，不仅能够降低文本的维度，避免维度灾难（Dhillon and Modha，2001），还能与其他方法（如 TextRank 算法等）相结合，快速有效地概览和探索各领域的相关文献（Piepenbrink and Nurmammadov，2015）。主题数的选取对于 LDA 模型的主题分类影响巨大，决定了 LDA 模型主题抽取的结果质量。目前已有的主题数选取的方法如困惑度、层次狄利克雷过程（Hierarchical Dirichlet Processes，HDP）、贝叶斯模型等均存在明显不足。为此，我们通过构建"困惑度—主题方差"指标的方式来客观确定 LDA 模型中的主题数目，以达到兼顾 LDA 模型泛化能力和模型主题结构稳定性的目的。困惑度—主题方差（Perplexity – Var）指标的计算方式如下：

$$Perplexity - Var(D) = \frac{Perplexity(D)}{Var(T)} \qquad (2-1)$$

其中，D 为语料库的测试集；$Perplexity(D)$ 为语料库集的困惑度；$Var(T)$ 为语料库测试集的主题方差。

2.1.1 中文 CNKI 数据库的文献探索

中文文献的分析样本源于中国知网（CNKI）核心期刊数据库以及中文社会科学引文索引（Chinese Social Sciences Citation Index，CSSCI）数据库。通过高级检索，以"创新"或"研发"为主题，并辅以关键词"政府补贴""政府采购""税收优惠""政策组合"及其衍生词[1]，如政府补助、政府购买、税收减免等，时间范围设定为 2000～2021 年，进行精准检索。中文文献发文量的年度趋势总体上能够反映该领域所受关注程度的变化情况。基于 2000～2020 年发表的中文文献[2]，对各时间节点的分布进行统计，结果如图 2-1 所示。

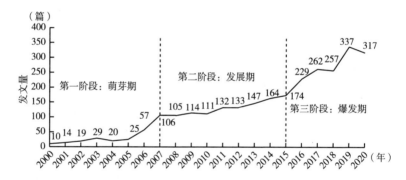

图 2-1　中文文献发文量年度趋势

资料来源：中国知网，相关数据由作者整理。

在对各时间节点的发文数量进行统计的基础上，运用 CiteSpace 对中文文献进行时线分析。时线分析是在对语料库内容进行聚类的基础上，对每个聚类标签同时进行时序分析，不仅有益于探索不同阶段相关文献的演变情况，还有助于掌握相关文献的聚合状况。结合时线分析结果，图 2-1 将有关政府补贴与企业创新的中文文献按照发表时间维度划分为三个阶段。第一阶段"萌芽期"，在此期间的研究多围绕推动产业升

---

①　关键词之间、关键词与主题之间，分别以"或者"及"并且"作为布尔逻辑运算符。

②　考虑到时间信息的可比较性，图 2-1 中未展示发表时间为 2021 年 1 月至 2021 年 7 月的文献数量。

级、提升全要素生产率以及优化产学研合作等内容进行探讨，有关补贴政策的研究尚未得到学界广泛关注。第二阶段"发展期"，在此期间，中国的补贴政策"百花齐放"，税收优惠、政府采购等多种创新激励措施并举，与补贴政策相关的研究稳步增加。第三阶段"爆发期"，这一阶段各类补贴政策的实施效果得以充分体现，与补贴政策相关的政策评估类文献的发文量增长迅猛，重点关注环境规制、减税降费、补贴政策、财税激励等内容。

2.1.1.1　中文文献的词频统计与语义网络

标题和摘要是文献数据的重中之重，在标题和摘要中出现的特征词往往具有很强的代表性。借鉴廖列法等（2017）以及廖列法和勒孚刚（2017）的处理方法，采用"位置加权"来计算文献数据的主题向量。中文文献数据的总词频统计、正负面词词频统计以及词云如图 2 - 2、图 2 - 3 以及图 2 - 4 所示。

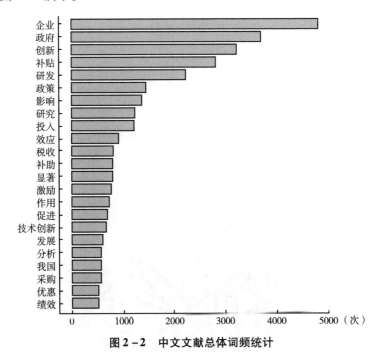

图 2 - 2　中文文献总体词频统计

资料来源：中国知网，相关数据由作者整理。

语义网络关联能够将文献数据的内容行之有效地转变为可见的网络体系。利用语义网络关联，图 2 - 5 描绘出文献数据中各重要线索彼此之间的关系。"政府""企业""创新""补贴""政策""组合"等重要线索均在其中。以"创新"一词为例，该词与"政府""企业""投入""影响"

"补贴""效率""产出"等关键词皆存在连线，说明文献中涉及"创新"的内容均探讨了政府和企业之间的联系以及补贴对创新投入、创新产出乃至创新效率的作用效果。

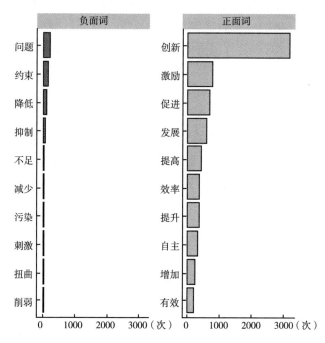

图 2-3　中文文献负面词与正面词统计

资料来源：中国知网，相关数据由作者整理。

图 2-4　中文文献的词云可视化

资料来源：中国知网，相关数据由作者整理。

2.1.1.2　中文文献的最优主题数与主题分布

对语料库进行困惑度计算，结果如图 2-6 所示。困惑度随主题数的增加而逐渐降低，当主题数为 10 时，困惑度达到最低点，说明单从困惑

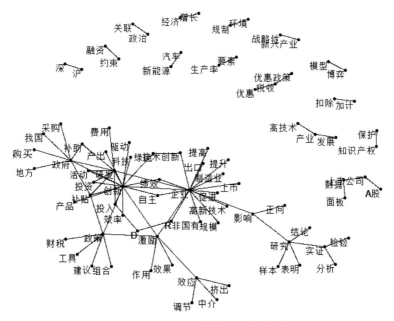

图 2-5 中文文献的语义网络关联

资料来源：中国知网，相关数据由作者整理。

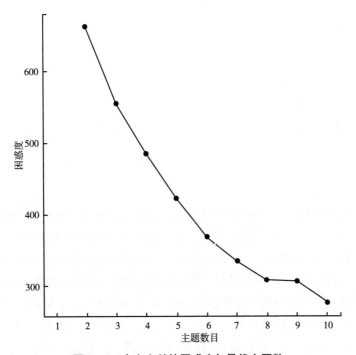

图 2-6 中文文献的困惑度与最优主题数

资料来源：由作者整理。

度的角度来看，文献主题数选取 $k = 10$ 效果最佳。语料库主题方差结果如图 2 -7 所示。主题方差随主题数量的增加而不断增大，直至主题数为 8 时，主题方差达到最大值，此时主题之间差异性最大。这说明单从主题方差的角度来看，文献主题数选取 $k = 8$，主题结构最稳定。综合困惑度与主题方差这两个角度，困惑度—主题方差（Perplexity – Var）指标达到最小值时，与之对应的 LDA 主题模型最优。根据图 2 -8 描述的困惑度—主题方差与主题数目关系可以看出，当中文文献的主题数为 3 时，Perplexity – Var 指标达到最小，据此可判断出最优主题数目应为 3。

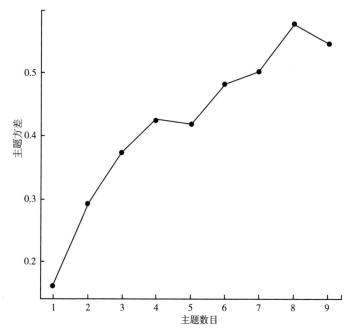

图 2 -7 中文文献的主题方差与最优主题数

资料来源：由作者整理。

分别利用变异式的期望最大化（Variational Expectation Maximization，VEM）、固定形式变分贝叶斯（Variational Expectation Maximization with Fixed Form，VEM_fixed）、Gibbs 抽样以及相关主题模型（Correlated Topic Model，CTM）（Blei and Lafferty，2007）四种方法，在主题数确定的情况下对文献数据进行分析。根据图 2 -9，VEM 和 CTM 的结果较为接近，证实大部分文档的主题具有较明确的主题归属；VEM_fixed 和 Gibbs 的结果较为相似，表明多数文档会同时涉及多个主题。由图 2 -10 可知，在明确的 3 个主题中，文档主题归属都较为均匀，意味着在涉及政府补贴与企业创新的主题中，研究内容的比重无明显的偏向且较为全面。

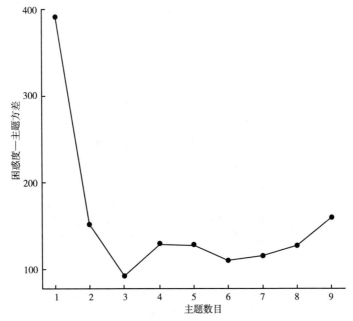

图 2-8　中文文献的困惑度—主题方差与最优主题数

资料来源：由作者整理。

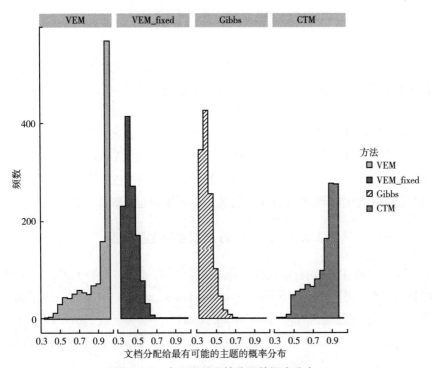

图 2-9　中文文献文档分配的概率分布

资料来源：由作者整理。

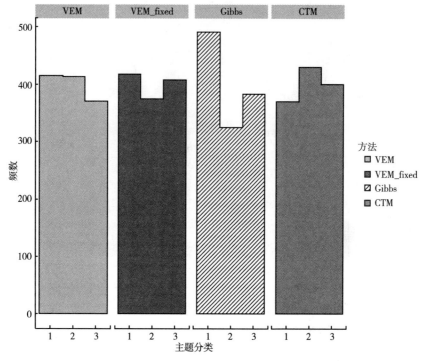

图 2 – 10　中文文献主题分类频数

资料来源：由作者整理。

根据最优主题数 $k = 3$ 进行 LDA 建模，选取各主题中分布概率前 40 的关键词表示主题内容。3 个主题的分布情况如图 2 – 11 所示。Topic1 主要探讨了政府补贴及其补贴工具对企业创新尤其是企业创新投入影响效果方面的问题；Topic2 主要涉及不同方式的政府补贴以及政策工具组合与企业研发创新尤其是中小企业产出效率间的关系问题；Topic3 更多关注了补贴政策激励上市企业创新的效果与机制。显然，对中文文献进行主题归纳分析能够有效地了解到既有研究所关注的领域和亟待解决的关键问题。

2.1.2　英文 WoS 数据库的文献探索

英文文献主要源自 WoS 核心合集（Web of Science Core Collection）中的社会科学索引（Social Science Citation Index，SSCI）数据库，运用高级检索，设置主题为"innovation"，并分别以"subsidy""government procurement""tax incentive""policy mix"等作为关键词[1]，并将时间范围设

---

① 关键词之间、关键词与主题之间，分别以"Or"及"And"作为布尔逻辑运算符。

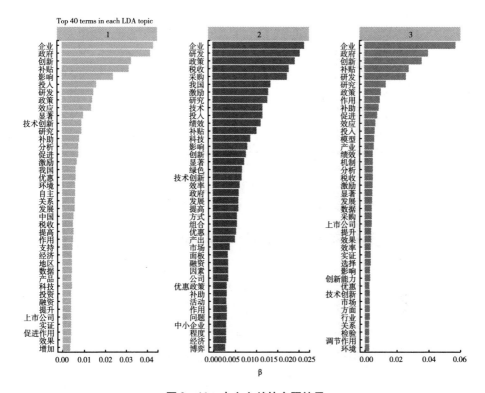

图 2 – 11　中文文献的主题结果

资料来源：由作者整理。

定为 2013 ~ 2021 年①。采用与中文文献类似的分析方式，基于 2013 ~ 2020 年发表的英文文献数据，对各时间节点的分布进行统计，结果如图 2 – 12 所示。结合英文文献的时线分析结果，图 2 – 12 可大致分为两个阶段。第一阶段为"平缓期"，时间跨度为 2013 ~ 2016 年，在此期间的英文文献多关注政府补贴政策在技术进步、经济发展、环境保护、绿色消费等方面的作用效果；第二阶段为"增速期"，时间跨度为 2017 ~ 2020 年，在此期间，有关补贴政策的文献数量急剧上升，政策工具组合的必要性及可行性逐步成为了学界关注的热点。

2.1.2.1　英文文献的词频统计与语义网络

借助语义网络关联图来刻画英文文献中各重要线索彼此间的联系，可以发现，"subsidy""policies""instruments""mix"等词处于比较核心的

---

① 2012 年，欧盟委员会出台的 Guide to Research and Innovation Strategies for Smart Specialisations（RIS3）中明确指出，要建立合适政策组合，以提升补贴策略的效果。本部分将检索的起始时间设定为 RIS3 出台之后，即 2013 年。

图 2 - 12 英文文献发文量年度趋势

资料来源：Web of Science，相关数据由作者整理。

地位，并且与其他词有着紧密的联系，表明补贴政策尤其是补贴工具组合在英文文献中的覆盖面较广。

2. 1. 2. 2 英文文献的最优主题数与主题结果

根据困惑度—主题方差指标，选择其最小值作为最优主题数。由图 2 - 13 描述的困惑度—主题方差与主题数间的关系可以看出，当主题数为 4 时，困惑度—主题方差指标达到最小。据此，可确定最优主题数目为 4。

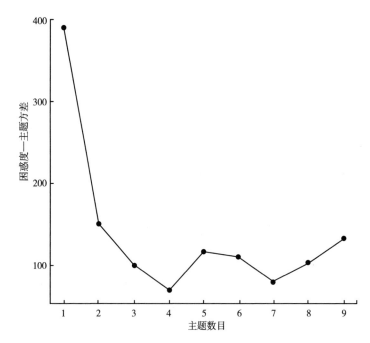

图 2 - 13 英文文献的困惑度—主题方差与最优主题数

资料来源：由作者整理。

根据最优主题数 $k=4$ 来构建 LDA 主体模型，并选出每个主题中分布概率排在前 40 位的关键词来描述主题内容。筛选后，可得到 4 个主题中关键词的分布情况。

2.1.2.3　战略坐标分析

密度代表单个研究领域内部基本单元的联系强度，某一领域密度值越大，则表明该研究领域成熟度越高。向心度代表某一领域与其他领域的联系强度，某一研究领域的向心度值越大，则表明该领域与其他领域的联系越紧密，该领域处于核心位置。以密度为纵坐标、以向心度为横坐标来构建战略坐标，并根据密度值和向心度值将直角坐标系分为四个象限。

与本书研究领域相关的英文文献具有 10 个子领域，其中"China"分布在第一象限，是成熟度高的核心领域；"R&D subsidies""R&D invest-ment""R&D""innovation policy"分布在第四象限，为成熟度较低的基础领域，值得注意的是这个领域可能会成为未来的研究热点；"government subsidies""sustainable development""endogenous growth""applied re-search"分布在第二象限，为成熟度高的孤立研究领域；"renewable ener-gy"以及部分"R&D subsidies"分布在第三象限，为较新研究方向。

2.2　研究综述

与本书相关的国内外研究可大致整理为"企业创新行为及其影响因素""政府补贴影响企业创新行为的效果与机制""补贴工具分类与企业创新行为""政府补贴的工具组合"这四方面内容。

2.2.1　企业创新行为及其影响因素

企业创新行为的衡量对于企业管理者和政策制定者都极为重要。从企业管理者角度来看，企业需要准确的创新行为测量系统来有效管理创新，从而更好地吸引和筹集创新资源（Love and Roper，2015）。从政策制定者角度来看，相关部门需要借助及时准确且可靠的创新行为测度指标来制定刺激企业创新的措施和方案（Dziallas and Blind，2019）。企业创新行为涉及企业从事研发创新活动的多个方面，主要涉及创新投入、创新产出、创新效率、创新风险等。企业创新投入的测度指标主要分为绝对指标与相对指标，前者以企业研发资金投入为基础（创新投入水平），而后者则利用企业当年研发资金投入占总资产的比重（创新投入强度）作为度量标准（贺晓宇，2014）。企业创新产出的测度更加多样化，常用的度量标准有三种：其一，企业的专利申请数量以及获得授权的专利数量；其二，企业有效专利被引用的次数；其三，企业通过新专利、新技术获得的收入（卢真和朱俊杰，2019）。此外，企业创新产出还可以按照企业创新专利成果的差异来进行细化和区分。"实质性创新"是企业创新的核心，是推动企业发展的主要动力，以企业的发明专利申请量来衡量；"策略性创新"则是一种为迎合政府而采取的创新产出手段，以企业的非发明专利申请量[①]来测度。创新效率通常是在项目或技术层面进行测度的，企业层面的创新效率分析相对较少（Carayannis and Provance，2008）。张玉等（2017）认为，企业层面的创新效率可借助企业创新产出与创新投入的比率进行测度，该设计的优势在于：一方面，数据易得且计算方法易行；另一方面，弥补了相关研究"重视研发结果，忽视创新过程及转化效率"的不足。创新作为实现卓越业绩和长期繁荣的重要途径，在为企业可持续发展提供机会的同时，也带来了难以估量的风险。创新风险类型繁多，包括研发成本风险、开发进度风险、技术风险、新产品性能风险等（Miorando et al.，2014）。鉴于数据可得性，多采用申请专利未获得授权的数量与专利申请总量的比值来测度企业创新风险。早在 20 世纪 90 年代，经济合作与发展组织（OECD）就多次提出企业创新绩效的测度标准，主要涉及企业的三个维度：其一，新产品销售收入占主营业务收入的比值；其二，新产品生命周期中所有环节的销售收入；其三，新产品数量占企业产品总数量的比例。有部分学者借助数据包络分析、熵权法等定量分析方法来测度企业创新绩效（王旭超等，2023；孙莹，2017）。

企业创新行为的影响因素众多，可梳理归纳为三类：环境因素、结构因素与组织因素。环境因素主要涉及企业所处的产业环境、市场环境、法律制度环境等宏观环境对企业创新行为的影响（张杰等，2014；戴魁早和刘友金，2015）。结构因素主要涉及企业与外部组织的联系与互动关系，包括与供应商、买方、竞争者的联系等，主要体现为技术机遇、知识溢出、需求状况等对企业创新行为的影响（Granovetter，2005）。组织因素强调企业自身及内部因素的重要性，主要体现为企业组织结构、企业文化、企业战略管理等自身及内部因素对企业创新行为的影响（李春涛和宋敏，2010；吴延兵，2012）。

---

① 实用新型专利和外观设计专利数量之和。

环境作为孕育创新的培养皿，是影响企业创新行为的重要因素（袁建国等，2015；张帆和李娜，2021）。市场化程度是评价外部环境的重要指标之一，各地区市场化程度的不同往往是企业存在创新行为异质化的重要原因（陈文婷和李新春，2008），当市场化程度处于较高水平时，企业在创新投入方面的增幅通常较高（陈凌和吴炳德，2016）。通常，市场化程度越高的地区，政府补贴对于企业创新绩效的促进作用越大（刘瑞，2019）。宏观法律制度环境对企业创新行为选择同样具有重要影响，完善的制度往往可以有效提高企业的生产力及创新能力（徐细雄和淦未宇，2018）。在中国情景下，知识产权保护制度越完善、金融发展越滞后的地区，政府补贴对企业创新的推动作用往往越强（张杰等，2015），但知识产权保护水平对政府补贴与企业创新行为的调节效应并不明显（马文聪等，2017）。此外，企业的创新行为还受到外部金融环境的影响（庄毓敏等，2020）。良好的金融环境往往会促使借贷双方释放更多信息，在降低委托代理成本、优化金融市场资源、提升创新资金供给的同时，有效缓解企业融资约束，从而促进企业创新（王维等，2014）。

同业竞争是影响企业创新行为最为重要的结构因素之一，通常情况下，同业竞争能够显著调节企业的经营业绩与创新精神，在经营业绩既定的情况下，同业竞争越激烈，越不利于企业创新尤其是家族企业创新（李婧等，2016）。当然，也有研究认为市场同业竞争会产生促进创新的"规避竞争效应"与抑制创新的"熊彼特效应"，在两种效应共同作用下同业竞争与企业创新可能存在倒"U"型关系（Aghion et al.，2005；Scherer，1967）。伴随纵向产业关联愈加紧密，上游行业的市场结构会对企业创新行为产生不容忽视的影响。上游行业可能凭借政府规制形成的垄断通过影响中间产品的价格和数量来抽取下游企业的创新收益，从而对下游企业创新产生不利影响（刘灿雷等，2019）。此外，产研合作作为协同创新的重要模式，也是影响企业创新的结构因素之一，不仅有利于分摊企业独自创新的成本与风险，降低高质量创新的难度，也有助于加速高校和研究院所对企业的知识溢出，拓宽企业创新的知识储备（刘斐然等，2020）。

组织因素多涉及企业所有权、企业管理权、企业规模、企业高管激励、高管背景特征、企业寻租、企业文化等方面。股权结构对应企业内部组织治理的最高层级，对企业创新具有明显的影响。股权适度集中，一方面可缓解因监督成本过高而引起的股东"搭便车"问题，增强企业的创新积极性；另一方面有助于提升参与决策股东之间的信息传递效率，降低企业创新活动的组织成本和信息成本（鲁桐和党印，2014）。而股权过度集中则可能会降低企业掌舵人对高风险创新项目的支持程度（Shapiro et al.，2015）。有研究证实，所有权集中程度对企业创新的影响会呈现倒"U"型特征，过高或过低的股权集中度对创新投入均会产生阻碍作用（Russell，2013），而适度集中的所有权有利于企业创新（陈岩等，2018）。从管理权来看，高度集中的管理权虽能确保高效的执行力，但由于禁止了其他股东参与决策，可能导致低效的决策质量与团队绩效，进而对创新绩效产生负面影响（Eddleston et al.，2008），而管理权的过度分散同样会产生诸多问题，影响企业创新（Davis and Harveston，2001）。与所有权程度相比，管理权程度对企业创新的影响更为明显（许永斌等，2020）。规模差异往往体现在企业资源禀赋上的差异，其创新表现也截然不同（于长宏和原毅军，2017）。规模扩张极易增强企业的组织惯性，从而出现企业因过分关注盈利而导致创新决策僵化等问题（Sherer and Frenkel，2005）。企业高管作为企业从事创新活动的决策主体、执行主体与监督主体，其创新意愿往往会对企业创新行为产生较大影响。对高管进行薪酬激励能够有效形成利益趋同效应，促使高管积极参与和监督创新活动，从而改善企业创新效率（朱德胜，2019）。由哈姆布里克和梅森（Hambrick and Mason，1984）提出的"高管梯队理论"，开启了研究企业高管背景特征与企业创新行为之间关系的大门。具有一定政治关联背景的高管，一方面能够帮助企业获取和掌握更多政府创新政策方面的信息（袁建国等，2015），提升企业获得政府资金支持机会（魏志华等，2015；余明桂等，2010），进而带动企业创新发展；另一方面则可能会引致企业管理层的寻租问题，从而削弱企业开展创新活动的动力（杨其静，2011）。技术研发背景能够赋予企业高管在评估、选择以及执行创新密集型投资项目的卓越能力（Islam and Zein，2020）从而助力企业创新，但也可能使得高管难以接受其特定专业领域之外的想法（Christensen，1997），造成企业创新乏力。世界范围内的普遍经验证实企业寻租会给企业创新行为带来巨大影响（Shleifer and Vishny，1994；Cull and Xu，2005）。学界就寻租对企业创新行为的影响并未达成一致。有学者认为，借助寻租获取补贴后的企业，因其资金压力得到缓解，能够腾出精力和资金积极开展创新活动（李建标和梁馨月，2016；刘锦和王学军，2014）；也有学者认为，寻租行为的减少会使企业更加专注于自身发展，将资金投入创新活动（顾元媛，2011）。除此之外，企业文化（涂玉龙和陈春花，2016）、家族代际差异（许长新和赵梦琼，2019）等因素也是影响企业创新的重要因素。

2.2.2　政府补贴影响企业创新行为的效果与机制

政府补贴是各国政府为实现特定的经济社会发展目标，通过财政拨款、低息贷款、税收优惠、政府采购等方式对创新主体的研发活动进行的资助。政府补贴与企业创新行为的关系研究最早可追溯到 20 世纪 60 年代（Arrow，1962），政府通过补贴等公共政策的实施解决了市场失灵、弥补了因技术外溢等问题带来的企业投资不足，为政府发挥"看得见的手"提供了理论发端。政府补贴对企业创新行为的激励效果究竟是"如愿以偿"还是"事与愿违"，学术界尚存争议。从理论研究结果来看，可大致分为"促进论"和"抑制论"两大流派（赵凯和王鸿源，2018）。"促进论"主要以凯恩斯理论、技术创新理论、溢出效应理论为基础，认为政府补贴可通过弥补企业创新资金不足（Kleer，2010）、降低企业创新成本及创新风险（Yager and Schmidt，1997）等途径来引导企业追加自身创新投入（Spence，1984），并在提高企业创新的积极性和主动性（李万福等，2017）的同时，有效解决创新活动中不可避免的知识泄露以及非完全专有性带来的市场失灵问题（Martin，1995；王刚刚等，2017）。从信息传递角度出发，有学者认为政府补贴能够向市场释放有关"政府认可企业"的利好信号，在带动各类创新资源向企业聚集的同时，促进了企业创新能力的提升（吴伟伟和张天一，2021；伍健等，2018）。"抑制论"则主要以信息不对称理论、代理理论和挤出效应理论为基础，认为政府在给企业创新提供补贴之前，未能完全甄别出哪些企业更应该获得补贴，导致创新资源未获得最优配置（Michael and Pearce，2009；安同良等，2009），而在补贴实施过程中，政府缺乏行之有效的方法对获资助企业的创新行为进行监控（王俊，2010），导致补贴有可能挤出企业自身研发投入（梁莱歆等，2009），进而在一定程度上阻碍企业的创新活动（Marino et al.，2016；Yu et al.，2016）。受有限信息和有限理性的制约，政府补贴在执行过程中极易出现寻租现象，会引起企业将有限资源用于寻租而非创新，产生对政府补贴预期的扭曲（张杰，2020）。国内外学者大多借助博弈论方法来理论探寻政府补贴激励企业创新的可能性（陈林和朱卫平，2008；李树培，2009；谢建国和周春华，2012；王文轲等，2014）。斯宾塞和布兰德（Spencer and Brander，1983）开创性地在多阶段博弈模型中引入了政府补贴因素，认为政府补贴可有效地促进企业创新投入并改善企业利润。在此基础上，学者们发现如果没有政府补贴的介入，企业以及其他创新主体并不会主动进行共性技术的研发和创新（马晓楠和耿殿贺，2019），并且各创新主体均无法实现帕累托最优（陶丹，2018）。泰林克和斯皮索芬（Teirlinck and Spithoven，2012）、卞元超和白俊红（2017）以及徐建中和孙颖（2020）的研究证实政府采取适当的补贴激励措施对企业自主创新以及企业与科研机构的合作创新具有显著的正向激励效果。马永红等（2019）以及蒋兴华等（2021）同样认为政府补贴作为一种激励策略，可有效改善企业的创新收益。

从实证研究角度来看，政府补贴对企业创新行为的影响，学界仍有分歧。

首先，从政府补贴对企业创新投入的影响来看，二者关系尚未达成共识（Zúñiga－Vicente et al.，2014；温明月，2017），研究结论主要可归结为"挤入效应""挤出效应""不确定效应"。持"挤入效应"观点的学者认为，政府补贴不仅有利于降低企业研发成本和创新风险，对企业自主创新产生激励作用（陈玲和杨文辉，2016），还有益于企业吸引机构投资或创新人才引进（Kleer，2010）。国外学者通过考察美国、德国、日本等发达国家的补贴效果，找到了政府补贴挤入企业创新投入的证据（Zawalińska et al.，2018；Soederblom et al.，2015）。国内学者重点关注中国的制造业上市企业和医药制造业上市企业，发现政府补贴能够对企业创新投入产生明显的挤入效果（樊利和李忠鹏，2020；尚洪涛和黄晓硕，2019）。持"挤出效应"观点的学者则认为，政府补贴分配过程存在一定的不透明性（孔东民等，2013），会诱导企业进行寻租（余明桂等，2010），使得企业自身创新能力可能会因政府补贴活动被挤占（王春元，2017），导致企业自身创新投入的动力不足（Acemoglu et al.，2018）。部分学者通过对中国、美国、西班牙等国家的样本分析证实企业自身创新投入可能会因政府补贴被挤占（Brander et al.，2008；杨晔等，2015；Boeing et al.，2016）。持"不确定效应"观点的学者认为，政府补贴对企业创新投入的影响由"挤入效应"与"挤出效应"共同决定（张帆和孙薇，2018）。换言之，可能存在一个最优政府补贴范围，在范围之内，政府补贴对企业创新投入具有激励效应；而超出该范围，则会具有"挤出效应"（Hussinger，2008）。学者们通过对德国、瑞典等欧洲国家的微观企业数据进行分析，得出政府补贴与企业创新投入之间存在不确定性的结论（Janz et al.，2003；Wu，2005；Hud and Hussinger，2015）。国内学者基于中国制造业 A 股上市公司数据以及全国企业创新调查数据库的微观数据分析，发现政府补贴与企业创新投入既可能呈倒"U"型关系（王文华和胡美玲，2021）又可能存在明显的正"U"型关系（张杰，2020）。此外，还有学者基于中国数据研究证实，由于政府补贴存在对象筛选倾向性、监管机制不完善、惩罚力度不足等问题，使得政府补贴对企业创新投入的作用效果并不明显（赵中华和鞠晓峰，2013）。

其次，在政府补贴影响企业创新产出的问题上，主要存在四种不同观点，可概括为"促进论""抑制论""无效论""非线性论"。"促进论"认为，政府补贴可通过有效缓解企业的融资约束、降低企业的创新成本等途径来促进和改善企业的创新产出水平（Clausen，2009），并且该促进作用不仅与企业获得补贴收入的多寡密切相关，还会受到创新外溢效应（陆国庆等，2014）、是否与研发机构合作（高雨辰等，2018）、创新网络嵌入性（Buchmann and Kaiser，2018）等因素的影响。"抑制论"认为，寻租行为和以经济为导向的晋升考核体系下的激励扭曲，会使企业在创新过程中出现过度投资、创新活动结构不合理等现象（汪秋明等，2014），从而造成补贴资金不仅没有激励创新，反而对企业创新产出产生了一定抑制作用（张杰和郑文平，2018）。"无效论"则认为，受企业资源、政府科技政策、产业发展水平（张杰等，2015）等因素以及补贴资助约束不严等问题的影响，政府补贴对企业创新产出可能不具有显著的促进或抑制作用（郭兵和罗守贵，2015）。"非线性论"认为，由于补贴强度存在差异，政府补贴与企业创新产出之间会呈现出非线性结构特征（尚洪涛和黄晓硕，2019），二者间既可能具有"先促进后抑制"的非线性关系（林洲钰等，2015），也可能存在"短期促进长期抑制"的非线性关系（毛其淋和许家云，2015）。

从政府补贴政策对创新活动的扶持目的来看，除了要关注企业的创新投入和创新产出外，还应关注企业的创新效率、创新质量、创新风险、绩效等（熊维勤，2011；修苗苗和戴玉才，2020）。在政府补贴对企业创新效率影响问题上仍未形成一致性结论。布朗尼尼和皮塞亚（Bronzini and Piselli，2016）利用意大利北部地区的 612 家制造业面板数据验证了政府补贴对企业创新效率具有明显的促进作用。郑延冰（2016）以及颜晓畅和黄桂田（2020）等发现，政府补贴对企业创新效率和创新绩效的影响并不显著，甚至还可能加剧产能过剩。董明放和韩先锋（2016）则证实中国的政府补贴与上市企业创新效率之间存在较强的空间异质性和非线性关系。从政府补贴与企业创新质量的关系来看，卢真和朱俊杰（2019）与赵中华和鞠晓峰（2013）分别以 2013～2017 年中国上市企业以及 2009～2012 年在中国上市的 22 家军工企业为分析样本，证实政府补贴对企业创新质量的提升具有明显的推动效果。白旭云等（2019）则通过分析 2011～2013

年中国 505 家高技术企业的一手调研数据发现，政府补贴与企业创新质量之间存在一定的负向关联。此外，从政府补贴与企业创新风险的关系来看，大多认为政府补贴具有分散企业创新风险的功能：一方面，政府通过补贴成为企业的隐匿合伙人，在提高企业风险承担能力（赵建春和许家云，2015）的基础上，助力企业尤其是民营企业分散创新风险（张娆等，2019）；另一方面，政府补贴能够产生信号传递效应，在降低企业外源融资成本、缓解企业现金流不确定性的同时，间接分散企业的创新风险（李维安等，2016）。针对政府补贴与企业绩效之间的关系，学界存在较大争议。持正效应观点的学者认为，政府补贴作为企业的一项可观收入，可以直接提高企业绩效（丁玮蓉等，2020；邓超等，2019）。持负效应观点的学者认为，企业信息披露机制存在缺陷，导致补贴资金使用效率低下，并对企业绩效造成负向影响（胡浩志和黄雪，2016；Beason and Weinstein，1996；杨芷晴，2016）。持非线性效应观点的学者主要从行业集中度、产业生命周期等角度来探讨企业绩效与政府补贴间的非线性关系（郑飞等，2021）。

　　政府补贴往往通过一定的作用路径或渠道对企业创新行为产生影响，主要涉及"激励驱动机制""信息传导机制""支撑保障机制"（周海涛等，2016）。"激励驱动机制"认为，创新风险高和技术攻关难是阻碍企业创新的重要因素。政府补贴不仅能够降低企业创新失败后的损失以及对创新风险的厌恶程度（Hall，2002），还能有效激励企业为追求补贴利益而积极开展创新活动，进而攻克技术难题、提升创新能力（颜晓畅，2019）。"信息传导机制"认为，政府补贴带来的"光环"，会向外界传递出积极的信号（傅利平和李小静，2014）。这不仅有益于吸引外部高校、科研机构的加入，还有利于改善企业与外部投资者间的信息传递，从而缓解企业的外部融资约束问题（严若森等，2020）进而推动企业创新（伍健等，2018）。"支撑保障机制"认为，政府补贴资金常被企业用于技术改造项目中，这些项目的开展不仅延长了企业研发设备的使用寿命，还大大提高了其运行效率，间接地降低了其他使用这些研发设备的创新成本，从而为企业创新活动积累了资金（Montmartin et al.，2015）；另外，政府补贴能够有效增强企业的吸收能力（周京奎和王文波，2020），推动企业将内外部知识整合转化为创新资源，扩大创新知识的储备并最终提升创新能力（胡本田和高珲，2020）。

2.2.3　补贴工具分类与企业创新行为

　　既有文献根据政府补贴的作用途径"直接补贴 vs. 间接补贴"（杨洋

等，2015）、干预时间"事前补贴 vs. 事后补贴"（张兴龙等，2014）、预期目标"投入补贴 vs. 产出补贴"（马永红和那琪，2016）、发放形式"定额补贴 vs. 比例补贴"（巫强和刘蓓，2014）、功能属性"R&D 补贴 vs. 非 R&D 补贴"（郭玥，2018）以及"价格补贴 vs. 产品补贴"（王宇和刘志彪，2013）等对补贴工具进行分类，并在其各自分类基础之上探寻不同类型补贴工具对企业创新行为的影响效果。

从补贴的作用途径来看，学者们尝试考察直接与间接两类政府补贴工具对企业创新行为的影响（Berube and Mohnen，2009）。徐伟民（2009）聚焦上海市高新技术企业，证实直接补贴与间接补贴皆能有效激励企业创新，但在补贴实施过程中，直接与间接这两类补贴工具之间可能会存在"系统失灵"问题。郑春美和李佩（2015）通过分析创业板上市高新技术企业数据发现直接补贴对企业创新具有显著的正向激励作用，但间接补贴的作用效果并不明显。肖文和林高榜（2014）从中国的 36 个工业行业出发，分析了直接与间接这两类补贴对创新效率的影响，研究证实两类补贴工具皆不利于创新效率的提升。除此之外，部分学者对两类补贴工具的作用效果进行了对比，发现直接补贴与间接补贴对企业创新的影响效果具有明显差异（柳光强等，2015）。尽管直接补贴针对性强、反应迅捷的优势是间接补贴不具备的（戴晨和刘怡，2008），但在创新激励效果方面间接补贴明显优于直接补贴（朱云欢和张明喜，2010）。

从补贴的干预时间来看，学者们将政府补贴工具划分为事前补贴与事后补贴，分析比较两类补贴工具差异并探讨其在激励企业创新上的搭配问题。郑绪涛和柳剑平（2008）认为，事前补贴旨在弥补由技术溢出引致的研发投资损失，事后补贴则主要用于解决由资金限制以及竞争不充分引起的生产不足问题。二者的有效搭配使用，不仅可有效缓解市场失灵，还能引导企业在社会最优路径上从事创新活动。黄先海和谢璐（2007）认为，与事前补贴相比，事后补贴作为切实可行的政府补贴实施策略，不仅有利于政府根据现实标准来确定最优补贴水平，还能有效改善由过度投资或寻租造成的资源浪费从而提升政府补贴的效率。张兴龙等（2014）与熊维勤（2011）同样证实，事后补贴比事前补贴的效率更高，并且能够有效规避事前补贴的对象选择问题。

从补贴的预期目标来看，学界常将政府补贴划分为创新投入补贴和创新产出补贴。前者按照企业创新投入量进行补贴而后者则根据企业创新产出量进行补贴。林承亮和许为民（2012）与生延超（2008）皆认为，创新产出补贴虽不会造成"挤出"企业创新投入的问题，但政府根据企业创新投入量实施补贴会更加有效。马永红和那琪（2016）通过分析欠发达地区产学研合作创新及政府补贴策略发现，在欠发达地区更适合采用创新产出补贴策略来激励企业提高创新投入。此外，张春辉和陈继祥（2011）基于演化博弈对企业在创新投入补贴和创新产出补贴条件下的创新决策进行了探讨，研究证实两类补贴在企业创新模式选择方面的作用相似，皆能提高企业选择颠覆性创新模式的可能性。

从补贴的发放形式来看，学者们将政府补贴划分为定额补贴与比率补贴。定额补贴为政府直接给予且不考虑企业创新活动实际成本规模；比率补贴则按照研发成本的一定比率对企业进行补贴。巫强和刘蓓（2014）以理论与实证相结合的方式证实了比率补贴比定额补贴更加有效。此外，还有学者从其他角度对政府补贴进行了分类。例如，王宇和刘志彪（2013）将政府补贴分为价格补贴、产品补贴、R&D 补贴等类别。郭玥（2018）、邓姣（2016）等从补贴功能角度出发，将政府补贴分为 R&D 补贴与非 R&D 补贴两大类。高新伟和闫昊本（2018）从产业链视角将政府补贴分为直接研发补贴、中间生产补贴与终端消费补贴。徐齐利等（2019）基于补贴与产能过剩关系视角，将政府补贴区分为投产补贴、生产补贴以及购置补贴。

2.2.4　政府补贴的工具组合

创新领域面临市场失灵、系统失灵和多重政策目标等问题，特别是创新系统转型过程中出现的多重失灵问题（Raven and Walrave，2020），为补贴工具组合的存在和发展提供了土壤。随着与政府补贴相关的政策颁布数量不断增多，政策系统越来越复杂，具有不同特点的补贴工具之间的相互作用逐渐增多，20 世纪初"补贴工具组合"被引入企业创新领域（叶阳平，2020；张永安和关永娟，2021）。补贴工具组合是一个系统化的包含多种补贴政策的组合，其效果一方面取决于单项补贴政策效果，另一方面取决于各政策间的组合效应（Ghazinoory et al.，2018）。近年来，我国的政府补贴政策开始呈现从具体政策制定（单项政策）向政策体系整体构建（多项工具组合）转变的发展态势（马文聪等，2020）。常见的补贴工具组合包括直接补贴和税收优惠的工具组合以及供给侧与需求侧的工具组合等。

涉及政府直接补贴和税收优惠政策工具组合的文献，按照组合方式可归纳为政策工具间组合与政策工具内组合两类。就政策工具间组合而言，多数学者认为补贴工具组合有利于激励企业创新（Neicu，2019）。例如，拉达斯等（Radas et al.，2015）基于克罗地亚中小企业样本，发现政府直接补贴与税收优惠的组合能够促进企业创新产出。也有学者认为，在政策工具间组合中，一种政策工具的引入可能会降低另一政策工具的创新推动效果。迪蒙（Dumont，2017）发现，同时实施直接补贴与税收优惠对企业创新的影响比使用单项政策工具要小。吴等（Wu et al.，2021）通过理论与实证相结合的方式探究了政府的 R&D 补贴与非 R&D 补贴以及二者组合对中国企业的研发投入和创新产出的影响效果，发现补贴工具组合中含有适度的非 R&D 补贴可强化 R&D 补贴激励企业的效果。就政策工具内组合而言，学者们发现不同种类的税收优惠组合或者直接补贴组合对企业创新具有积极作用（Radicic and Pugh，2017）。同类补贴工具的组合对于激励企业创新具有一定的互补性，并且有益于强化政府补贴工具的创新推动效应（Hottenrott et al.，2017）。

涉及供给侧与需求侧政策工具组合的国外研究较为丰富。盖尔佐尼和雷泰里（Guerzoni and Raiteri，2015）基于微观企业调查数据发现，与单一政策工具相比，供给侧政策（如政府直接补贴）和需求侧政策（如创新公共采购）等不同类型的补贴工具组合对企业创新的影响更大。坎特纳等（Cantner et al.，2016）基于德国可再生能源企业与研究所的微观数据发现，需求拉动和系统工具组合有益于共同促进技术创新合作。卡尔切瓦（Kalcheva et al.，2018）基于美国微观企业数据研究发现，供给侧与需求侧政策工具组合更有利于实现高质量创新。然而，也有部分研究证实供给侧政策与需求侧政策工具的组合在发展中国家可能出现低效率现象。萨斯特雷和基什皮（Sastre and Quizhpi，2019）基于厄瓜多尔的微观企业数据，通过倾向得分匹配方法分析发现，政府直接补贴与政策采购的补贴工具组合对企业创新并没有起到显著影响。张永安等（2015）聚焦中国的创新政策对区域企业创新绩效的影响进行研究，发现与单项政策工具相比，政策工具组合效率往往较高，并且不同产业间创新政策效率存在异质性。孟维站等（2019）进一步研究证实，当供给侧和需求侧政策内部的政策发展不均衡时，政策工具组合往往难以达到提升创新效率和推动科技创新的目的。总体来看，国内关于补贴工具组合以及不同补贴工具间的比较研究仍较为匮乏。

2.2.5　评　　述

政府补贴与企业创新领域的研究成果颇丰，为我们理解和把握政府补贴与企业创新之间的复杂关系提供了参考，但仍存在如下几方面不足：其一，考察政府补贴与企业创新二者关系的研究视角有待拓展。既有文献大多孤立地考察政府补贴对企业创新的作用效果，忽视了技术溢出、产研合作等不同传导机制与政府补贴和企业创新之间的潜在关联，仍存在很多尚未打开的"黑箱"。此外，现有研究大多从静态角度考察政府补贴对企业创新投入或创新产出的单项影响效果，忽视了企业创新的过程与结果间的密切联系，导致研究结论差异大、针对性弱且缺乏政策内涵。其二，在探寻政府补贴工具对企业创新的影响时，尽管少数研究有考察不同类型补贴工具的创新激励效果，但并未对不同补贴工具之间的相互作用展开探讨。较少研究涉及因企业同时获得直接补贴和其他类型补贴对企业创新产生的混合效应，并且鲜有研究考察各类补贴工具组合后可能存在的相互抵消或相互促进效应。忽视获补贴企业"集多种补贴工具于一身"这一典型事实可能会导致补贴效果缺乏系统性判断。其三，现有文献在考察单项补贴工具对企业创新的影响效果时，能够通过构建准自然实验的方式来缓解内生性及样本选择偏误问题，而在评估补贴工具组合的效果时，多采用在线性回归模型中引入政策工具交叉项的方式，难以在有效解决双向因果问题的情况下获得补贴工具组合作用于企业创新行为的真实效果。此外，既有研究虽就不同类型单项补贴工具的创新效果进行了比较，但仍缺乏针对补贴工具组合与单项补贴工具的创新效果的比较。其四，对于政府补贴工具以及企业创新的测度方法有待进一步完善，提升其精准度和严谨性。例如，针对政府采购这一重要补贴工具的测度，既有研究大多通过构建政策虚拟变量的简单方式来进行刻画，鲜有使用政府采购的实际金额对该补贴工具进行准确度量。多数研究利用企业专利发明数量来衡量企业创新，忽视了部分企业为获得政府补贴而注册、没有突破性创新或者前期有研发投入而后期却无创新产出的现实情况，因缺乏对企业创新质量的考察造成相关研究缺乏严谨性和实际性意义。其五，缺乏对影响政府补贴与企业创新关系的隐性因素考察。既有研究较多关注影响政府补贴与企业创新关系的显性因素，缺乏对隐性因素的研究。事实上，无论是微观层面的企业内部的隐性契约、权力传承等，还是中观层面的行业惯例、战略产业等，抑或是宏观层面的政策实施和执行环境等，均对政府补贴策略与企业创新行为有重要影响。若缺失对这些隐性因素的理解与把握，就难以形成关于政府补贴与企业创新关系的整体画像。其六，研究假设背离中国现实，所得研究结论存在一定的适用性问题。中西方在经济、市场、文化等方面有所不同，使得国内外企业在创新逻辑、创新模式以及创新路径上存在明显差异。部分文献直接运用西方经济理论来分析国内政府补贴与企业创新关系问题，忽略了这些理论的前提假设以及适用条件，所得研究结论往往缺乏对中国现实的解释力。其七，经验研究多基于同质性假定，未考虑普遍存在的微观异质性对企业创新行为与政府补贴关系的影响和作用（焦旸，2021），掩盖了诸多实际经济运行中的重要问题。例如，在考察政府补贴对新能源企业创新影响时，未将新能源企业的融资渠道、产权性质等异质性因素纳入分析框架；在考察政府补贴对家族企业创新影响时，对家族企业内涵的理解过于简单，未将"代际传承"等家族企业独有的特征因素纳入考量范畴。

| PART Ⅱ : |

分析视角篇

第3章 技术外溢视角下的政府补贴与企业创新

3.1 问题提出

企业创新最为重要的两条途径是自主研发与技术外溢。伴随"双创"国家战略的纵深推进，"中国制造"正向"中国创造"不断转变，以企业为创新主体的创新活动也由"跟跑为主"朝着多领域"并跑"甚至"领跑"不断迈进。如何有效促进企业层面自主创新能力的提升、如何有效承接和获取先进企业的技术外溢，已经成为学界和实务界重点关注的研究领域。

世界经济合作与发展组织（OECD）最新发布的数据表明，尽管我国创新投入在不断增加，但创新产出和创新能力并未取得同等幅度的提升。中国要在创新方面取得突破性成绩，仍需要依靠众多企业在技术创新上"提质增效"。企业因参与价值链分工而突破了创新边界，嵌入到以创新活动主体为节点、知识技术广泛流动的创新网络中，技术外溢成为影响企业创新的关键因素（王孝松和常远，2023）。经济全球化和信息技术的发展，使得技术外溢的范围、程度和效应越发明显。值得注意的是，技术外溢的存在有利有弊：一方面，技术溢出会降低企业的研发成本；另一方面，技术溢出则会加剧"搭便车"现象，降低企业的创新动力。

创新具有明显的正外部性特点，这会大大降低作为创新主体的企业从事研发活动的积极性。对于当前绝大多数企业而言，受限于研发资金不足、技术储备短缺、科技人才稀缺等原因，企业完全通过自主研发来提升创新能力的难度较大。为此，政府不得不通过补贴来纠正"市场失灵"，激发企业创新热情。与此同时，企业自身则可通过技术溢出来学习业内的先进知识和前沿技术从而较快掌握核心技术，实现"弯道超车"。然而，近年来，我国政府补贴的实际效果遭受了许多质疑，主要表现为政府补贴在弥补市场失灵的同时，常会造成扭曲市场激励机制、降低市场配置效率等问题（陈玲和杨文辉，2016）。以我国工业企业为例，全国仅有1/10左右的企业从事研发活动，而在这些企业中又有接近一半企业的研发活动不稳定（成力为和戴小勇，2012），极易导致补贴的错配，难以实现"好钢用在刀刃上"①。企业创新与政府补贴作为特定环境下的经济活动，常受到多个层面不同因素的共同影响。对企业来说，相同水平的创新投入难以完全按生产前沿转化关系得到相同水平的最大产出（王成东等，2015；康志勇，2018）；就政府而言，在不同企业中实施相同的补贴，其效果也会存在差异（Dimos and Pugh，2016）。除上述政府补贴在实践中存在的问题外，关于政府补贴与企业创新之间关系的学术探讨也未获得一致性结论，"假设不同，结论相异"的现象层出不穷。为此，本章从技术外溢的视角出发，将企业的自身特征、所处环境等多层面因素同时纳入研究框架，以理论探讨与实证分析相结合的方式，深入挖掘政府补贴与企业创新之间的关系以及内在作用机制。

3.2　理论探讨

假设某一行业由企业 i 和企业 j 构成，并且它们所生产的产品既具有"垂直差异化"② 又具有"水平差异化"③ 特征。代表性消费者的效应函数为：

$$U(q_i, q_j, V) = q_i + q_j - \frac{q_i^2}{u_i^2} - \frac{q_j^2}{u_j^2} - \sigma \frac{q_i q_j}{u_i u_j} + V \qquad (3-1)$$

其中，q_i 和 q_j 分别表示市场中的消费者对产品 i 与产品 j 的消费数量；u_i 和 u_j 分别表示产品 i 和产品 j 的质量，产品的质量不仅能刻画产品间的垂直差异化特征，还可以衡量企业的研发效率；$\sigma \in [0, 2]$ 表示产品之间可能存在的替代或互补关系，可用于衡量产品的水平差异化程度（σ 值越

① 国外（其他国家）也存在类似问题，政府补贴与企业创新间的关系确是一个世界范围内的热点问题。由于我国政府补贴的数额非常庞大，补贴规模呈逐年增加的趋势，并且补贴范围也逐年扩大，因此这两方面问题在中国格外明显。以我国上市企业为例，2007~2016年，政府向3036家企业拨发补贴资金逾9000亿元人民币，"受补"企业比重逐年增长。
② 垂直差异化是指企业生产出的产品在质量方面存在差异。
③ 水平差异化是指企业生产出与竞争对手具有不同特征的产品。

大，产品替代性就越强，而产品水平差异化程度则越弱）；V 表示消费者对除产品 i 和 j 以外的商品消费，$V = Y - p_iq_i - p_jq_j$，p_i 和 p_j 表示产品价格。由消费者效应最大化的一阶条件，可得消费者需求函数，即：

$$q_i = \frac{u_i[2u_i(1 - p_i) - \sigma u_j(1 - p_j)]}{(2 - \sigma)(2 + \sigma)} \qquad (3-2)$$

为简化模型，我们假定行业内企业皆从事研发创新活动，并且研发创新活动会存在技术外溢。企业通过研发投入来提高产品品质和市场竞争力，从而争取到更多消费者。现将产品质量（创新效率）定义为 $u_i = x_i^{\frac{1}{4}} + \rho x_j^{\frac{1}{4}}$。其中，$\rho \in [0, 1]$ 表示技术溢出水平；x 表示研发投入水平。企业的单位生产成本为固定且统一的常量 $c \in [0, 1)$，政府依据企业的研发投入水平来设定政府补贴率 $s \in [0, 1)$。企业 i 的利润函数表示为：

$$\pi_i = q_i - \frac{2q_i^2}{u_i^2} - \sigma \frac{q_iq_j}{u_iu_j} - cq_i - x_i + sx_i \qquad (3-3)$$

设定政府与企业双方进行三阶段的动态博弈。第一阶段为"政府补贴阶段"，政府以实现社会福利最大化为目标确定最优的补贴率 s。第二阶段为"企业创新阶段"，企业在政府补贴率确定的情况下，决定各自的研发投入水平从而实现利润最大化。第三阶段为"产量竞争阶段"，企业在产品市场上通过决定各自的产量水平来实现自身利润最大化。

利用逆向归纳法（backward induction）对上述博弈进行求解。首先，从"产量竞争阶段"开始，企业根据各自利润最大化原则来决定其产量。以企业 i 为例，在政府补贴策略和企业研发行为既定的情况下，可基于古诺竞争来选择最优的产出水平。根据 $\partial \pi_i / \partial q_i = 0$，可得企业的最优产量为：

$$q_i = \frac{u_i(1 - c)(4u_i - \sigma u_j)}{(4 - \sigma)(4 + \sigma)} \qquad (3-4)$$

由此可推断出 $\dfrac{\partial q_i}{\partial u_i} = \dfrac{(8u_i - \sigma u_j)(1 - c)}{(4 - \sigma)(4 + \sigma)}$，当企业创新效率与其竞争对手创新效率的比值高于某一阈值时 $\left(\dfrac{u_i}{u_j} > \dfrac{\sigma}{8} \right)$，企业可通过增加产出来谋求更多的利润；而当创新效率比值低于该阈值时，企业则应尽可能地缩减产量。

从"企业创新阶段"来看，企业各自选择能使其自身利润最大化的研

发投入水平 x。由于模型是对称的，因此，通过求解 $\frac{\partial \pi_i}{\partial x_i} = \frac{\partial \pi_j}{\partial x_j} = 0$ 可得企业最优研发投入水平，即：

$$x_i = x_j = x^* = \frac{(1-c)^4(\rho\sigma - 4)^2(1+\rho)^2}{(1-s)^2(4+\sigma)^4(4-\sigma)^2} \qquad (3-5)$$

由式（3-5）可得，$\frac{\partial x^*}{\partial \rho} = \frac{2(1-c)^4(1+\rho)(4-\rho\sigma)(4-\sigma-2\rho\sigma)}{(1-s)^2(4-\sigma)^2(4+\sigma)^4}$。

据此可知，当 $\sigma \in \left[0, \frac{4}{3}\right]$ 时，$\frac{\partial x^*}{\partial \rho} > 0$，换言之，技术溢出有益于激励企业加大研发投入。然而，当 $\sigma \in \left(\frac{4}{3}, 2\right]$ 时，$\frac{\partial x^*}{\partial \rho}$ 的符号无法确定，此时的技术外溢对企业研发投入的作用存在激励与抑制两种可能性。具体来讲，当 $\rho \in \left(\frac{1}{2}, 1\right]$ 且 $\sigma \in \left(\frac{4}{1+2\rho}, 2\right]$ 时，$\frac{\partial x^*}{\partial \rho} < 0$；当 $\rho \in \left[0, \frac{1}{2}\right)$，或者当 $\rho \in \left[\frac{1}{2}, 1\right)$ 且 $\sigma \in \left(\frac{4}{3}, \frac{4}{1+2\rho}\right)$ 时，$\frac{\partial x^*}{\partial \rho} > 0$。由此可知，企业研发投入会受到技术溢出的影响：当技术溢出水平较高且产品水平差异化程度较低时，技术外溢会抑制企业的研发投入行为；而当产品水平差异化程度较高，或者溢出水平较低，再或者存在高溢出且水平差异较低时，技术外溢会激励企业加大研发投入。

从"政府补贴阶段"来看，政府以实现社会福利最大化为目标来决定最优补贴率。假设社会福利是由生产者剩余 PS、消费者剩余 CS 以及政府支出 G 三部分构成，即 $W = PS + CS - G$。生产者剩余 PS 为行业内企业利润之和（$PS = 2[(p-c)q - x(1-s)]$）；消费者剩余 CS 为消费者使用产品 i 和产品 j 的效用减去其消费支出 $\left(CS = 2\left(q - \frac{q^2}{u^2}\right) - \frac{\sigma q^2}{u^2} - 2pq\right)$；政府支出 G 为政府补贴企业研发的费用（$G = 2sx$）。通过社会福利最大化的一阶条件 $\frac{\partial W}{\partial s} = 0$，可求得政府的最优 R&D 补贴率，即：

$$s^* = \frac{(4+\sigma)(2+5\sigma-\sigma^2)}{(1+\rho)(6+\sigma)(4-\sigma)} \qquad (3-6)$$

由于 $\sigma \in [0, 2]$、$\rho \in [0, 1]$，因而在技术外溢效应与水平差异化程度的允许范围内，政府补贴率 s^* 始终大于0，这说明政府补贴不仅能够有效鼓励企业从事研发活动，还可以达到改善社会福利水平的目的。根据

$$\frac{\partial x^{*}}{\partial s}=\frac{2(4-\rho\sigma)^{2}(1-c)^{4}(1+\rho)^{2}}{(1-s)^{3}(4-\sigma)^{2}(4+\sigma)^{4}}$$，可以推断在相关参数的约束范围内（$c\in$

$[0,1)$、$\sigma\in[0,2]$、$\rho\in[0,1]$、$s\in[0,1)$），$\frac{\partial x^{*}}{\partial s}>0$ 始终成立。根据

企业研发转化效率 $u_{i}=x_{i}^{\frac{1}{4}}+\rho x_{j}^{\frac{1}{4}}$，可得 $u^{*}=\frac{3(1-c)(4-\rho\sigma)(1+\rho)}{(1-s)(4-\sigma)(4+\sigma)}$，并

且在参数约束范围内（$c\in[0,1)$、$\sigma\in[0,2]$、$\rho\in[0,1]$、$s\in[0,1)$），

$\frac{\partial u^{*}}{\partial s}>0$ 恒成立。据此可知，政府补贴对企业研发投入以及创新效率（或产

品质量）始终起到激励作用。换言之，政府补贴率越高，企业创新积极性越

强，其创新效率越高。

综上可知，企业研发投入水平会受到技术外溢效应的影响，并且该影

响"亦正亦负"；政府补贴不仅会激励企业增加在研发方面的投入，还有

助于提高企业创新效率、改善产品质量。后面实证研究部分将基于我国上

市企业数据，在对理论发现进行验证的同时，深入挖掘政府补贴与企业创

新之间的内在联系。

3.3　实证分析

2007～2016 年，政府向 3036 家企业拨发补贴资金逾 9000 亿元，"受

补"企业比重逐年增长（见图 3 - 1），政府补贴的地位和作用不容忽视。

为深入研究政府补贴、企业创新与技术外溢间的关系，揭开政府补贴对企

业创新的作用黑箱，我们选取中国上市企业为研究对象。

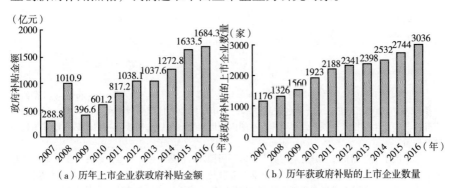

（a）历年上市企业获政府补贴金额　　　（b）历年获政府补贴的上市企业数量

图 3 - 1　政府补贴金额及"获补"企业数量

资料来源：国泰安上市公司数据库，同时参考、核对巨潮资讯网、同花顺财经部分上市公司

年报等。

　　企业相关数据源自万得（Wind）数据库、国泰安（CSMAR）数据库以及巨潮资讯网站。初始数据的时间跨度为 2007～2016 年，考虑到政府补贴与企业创新可能存在内生性以及 2007～2009 年的观测样本记录缺失较为严重等问题，我们将研究窗口期设定为 2010～2014 年。[①] 为确保数据的完整性及准确性，我们采取了如下处理过程：首先，剔除了企业研发费用、专利数据中的缺失值；其次，删除了核心变量数据为负值的样本；再次，删减各变量在 99.5% 分位数之上以及 0.5% 分位数之下的极端值样本。最终得到分布在全国 31 个省份 273 个城市之中的有效样本 7207 个。其中，上市企业样本数位居前 5 位的省份依次为广东（1099 个）、浙江（906 个）、江苏（784 个）、北京（592 个）以及上海（471 个），其企业样本总和超过总样本的 50%；后五位的省份依次为内蒙古（49 个）、海南（32 个）、宁夏（32 个）、青海（26 个）以及西藏（15 个），而且皆位于我国西部。

　　被解释变量为理论部分涉及的企业研发投入（$x \equiv RDinput$）与企业创新效率（$u \equiv RDeff$）。与既有研究一致，我们采用企业研发支出的自然对数来衡量企业创新投入水平，[②] 研发支出数据源于企业年报中董事会报告所披露的研发支出。创新效率反映了企业创新产出与创新投入的比率（张玉等，2017），我们使用企业专利申请数与创新投入的比值来衡量创新效率，其优势在于：一方面，数据易得且计算方法易行；另一方面，弥补了相关研究"重视研发结果，忽视创新过程及转化效率"的不足。

　　核心解释变量为理论探讨部分涉及的政府补贴（$s \equiv Subsidy$）。本部分参考佟爱琴和陈蔚（2016）以及王刚刚等（2017）的数据获取方式，根据上市企业年报披露的政府补贴明细，对政府补贴进行了区分。将与上市企业创新活动直接相关的政府补贴，如含有"科技""科研""研发""创

---

　　① 本章初始数据涵盖了 2007～2016 年我国上市企业，而最终选取 2010～2014 年数据的原因是：2007～2009 年以及 2016 年的观测样本记录相对较少，且部分观测存在缺失值。考虑到政府补贴与企业创新投入及创新效率可能存在的内生性问题，我们选用政府补贴的滞后期作为核心解释变量。

　　② 关于企业创新投入的度量主要存在以下两种方式：第一种方式是直接使用投入金额（常取对数）；第二种方式则是使用企业创新投入金额与主营业务收入的比值来衡量企业创新投入。本章采用第一种方式来度量企业创新投入的原因有三：其一，上市企业样本中的主营业务收入数据存在一定缺失，难以使用二者的比值来衡量创新投入强度；其二，企业创新投入与政府补贴的度量方式应保持一致，本章政府补贴和企业创新投入均使用投入金额（取对数）作为度量方式；其三，我们曾使用创新投入"强度"作为度量进行研究，结果并无实质性差异。

新"等关键词的明细事项①视为补贴,最终加总各企业同年多个类型的补贴。考虑到可能存在的内生性问题以及补贴对企业创新活动的影响具有一定滞后性,我们采用政府补贴金额(取对数)的滞后一期作为政府补贴 s 的度量指标。

控制变量分为企业控制变量及其他控制变量。其中,企业控制变量主要包括企业科研人员比例(*Ratio*)、企业年龄(*Age*)、企业规模(*Size*)、国有化程度(*State*)、外资持股比例(*Foreign*)、流动性资产(*Liquidity*)、长短期贷款(*Long* 和 *Short*)以及股权融资(*Equity*)。其他控制变量主要包括所属行业(*Ind*)、所在年份(*Year*)以及所处位置(*Location*)。各变量的具体定义及取值方法如表 3-1 所示。

表 3-1　　　　　　　　　变量介绍

类型	变量名称	符号	定义
被解释变量	研发投入	*RDinput*	企业创新投入金额(单位:10 亿元)的自然对数
	创新效率	*RDeff*	企业专利申请数(单位:百件)÷创新投入金额(单位:10 亿元)
核心解释变量	政府补贴	*Subsidy*	根据上市企业年度报告对"政府补助明细"(2013 年之前)或"计入当期损益的政府补助"(包括 2013 年及之后)中列出的政府补助项目信息进行区分和加总(单位:10 亿元)并取自然对数。考虑到内生性及时滞问题,采用滞后一期
企业控制变量	企业科研人员比例	*Ratio*	研发人员数量(单位:千人)÷员工总人数(单位:千人)
	企业规模	*Size*	使用企业总资产规模(单位:10 亿元)来衡量企业规模,取自然对数
	企业年龄	*Age*	(考察年份-上市企业上市年份)的自然对数
	国有化程度	*State*	前十大股东中国家持股与法人持股的百分比之和

---

① 主要包括与企业创新活动有密切联系的专项发展基金,如中央、部委以及地方拨发的补贴项目等。

类型	变量名称	符号	定义
企业控制变量	外资持股比例	*Foreign*	上市企业前十大股东中外资股东占比*
	流动性资产	*Liquidity*	根据上市企业"资产负债表"明细计算当年流动性资产（单位：10亿元）并取自然对数
	短期贷款	*Short*	设置企业是否有短期贷款的虚拟变量，有短期贷款设定为1，否则为0
	长期贷款	*Long*	设置企业是否有长期贷款的虚拟变量，有长期贷款设定为1，否则为0
	股权融资	*Equity*	设置企业是否进行股权融资的虚拟变量
其他控制变量	行业	*Ind*	虚拟变量，根据证监会公布的《上市公司行业分类指导意见》对样本企业进行控制，共43类
	年度	*Year*	涉及5个年度，设置4个年度哑变量
	地区	*Location*	虚拟变量，共31个地理位置控制变量

注：*由于上市企业对外资持股的披露信息有限，大多只能收集到公司前十大股东的数据，因此，境外股东持股数据只取前十大股东。

3.3.1 分位数回归分析

本部分采用分位数回归模型（Quantile Regression，QR）来探究政府补贴对具有不同研发活动强度企业的异质反应。分位数回归的优势在于：其一，能够捕捉上市企业研发活动分布的尾部特征，尤其是企业研发投入与创新效率可能存在左偏或右偏的情形；其二，相较于最小二乘回归（Ordinary Least Square，OLS），能更全面地描绘企业创新活动的分布特征，从而得到政府补贴影响企业创新行为更加全面且真实的结果。分位数回归具体形式如式（3-7）所示：

$$Q_{(\tau)}(Y_i | \mathbf{X}_i) = \mathbf{X}_i' \boldsymbol{\beta}^{(\tau)} + Z_i \lambda^{(\tau)} + \varepsilon_i^{(\tau)} \qquad (3-7)$$

其中，$\boldsymbol{\beta}^{(\tau)} = (\beta_1^{(\tau)}, \beta_2^{(\tau)}, \cdots, \beta_k^{(\tau)})'$表示各变量参数估计的 τ 分位系数；Z_i 表示一系列企业控制变量；λ 表示企业控制变量对应系数。

受篇幅所限，表3-2仅列出了OLS回归以及 $\tau = \{0.1, 0.5, 0.9\}$ 分位数回归（QR）的估计结果。第（1）列~第（5）列分析了政府补贴对上市企业研发投入的影响。其中，第（1）列和第（2）列采用OLS回归，结果显示政府补贴（*Subsidy*）的估计系数为1.6520且在1%的水平上显著，表明补贴在激励上市企业加大研发投入方面具有显著的正向影响。第（3）列～第（5）列分别采用10%、50%、90%三个分位数进行回归，政府补贴的估计系数分别为0.1883、1.4166、4.1215，可以推断在不同分位数回归条件下，政府补贴对企业研发投入的作用方向虽相同，但其激励程度却存在差异。其主要表现为政府补贴对上市企业研发投入的激励效应随分位点的增大而变强。

表 3 – 2　　　　　以企业研发投入为被解释变量的估计结果

解释变量	企业研发投入				
	OLS		QR		
			q10	q50	q90
	（1）	（2）	（3）	（4）	（5）
Subsidy	1.6520 ***	1.4170 ***	0.1883 *	1.4166 ***	4.1215 ***
	（0.0809）	（0.0616）	（0.1061）	（0.2977）	（0.5947）
Ratio	0.0023	—	0.0025 *	0.0158 ***	0.0463 ***
	（0.0008）		（0.0014）	（0.0028）	（0.0073）
Size	0.0017 ***	—	0.0001	0.0003	0.0046 ***
	（0.0000）		（0.0000）	（0.0021）	（0.0004）
Age	0.0003	—	0.0002	0.0002 ***	0.0003 ***
	（0.0000）		（0.0002）	（0.0000）	（0.0000）
State	−0.0015	—	−0.0002	−0.0017 *	−0.0015 *
	（0.0053）		（0.0003）	（0.0008）	（0.0006）
Foreign	0.0000	—	0.0000	0.0000	0.0001
	（0.0002）		（0.0000）	（0.0000）	（0.0001）
Liquidity	0.0018 ***	—	0.0007 **	0.0139 ***	0.0255 ***
	（0.0000）		（0.0001）	（0.0031）	（0.0049）
Short	−0.0004 ***	—	−0.0001	−0.0095 ***	−0.0050 ***
	（0.0000）		（0.0004）	（0.0027）	（0.0006）
Long	−0.0018 ***	—	−0.0006	−0.0092 *	−0.0198 **
	（0.0000）		（0.0009）	（0.0066）	（0.0083）
Equity	−0.0048 ***	—	−0.0004	−0.0079	−0.0223
	（0.0002）		（0.0009）	（0.0051）	（0.0134）

续表

解释变量	企业研发投入				
	OLS		QR		
			q10	q50	q90
	（1）	（2）	（3）	（4）	（5）
常数项	0.0014 *	0.0077	0.0040 ***	0.0043 ***	0.0019
	（0.0007）	（0.0073）	（0.0006）	（0.0015）	（0.0036）
Ind	yes	yes	yes	yes	yes
Year	yes	yes	yes	yes	yes
Location	yes	yes	yes	yes	yes

注：q10、q50、q90 分别表示在 10%、50%、90% 分位点上的分位数回归；括号内为标准误；*** 、** 和 * 分别表示在 1%、5% 和 10% 的显著性水平上显著。

企业科研人员占比（*Ratio*）以及企业流动性资产规模（*Liquidity*）对企业研发投入的影响，与补贴对研发投入影响的变动趋势相似。较高水平的科研人员比例不仅有益于企业加大研发投入力度、扩大投入规模，而且伴随企业研发投入水平的提高，科研团队对企业研发投入的正向推动作用会越来越强（David et al.，2000）。另外，企业流动性资产的增多，使得其内源性资源越发充足，从而更容易对企业研发投入起到推动作用（Lerner，1999）。

表 3 - 2 还显示企业规模因素（*Size*）虽对研发投入具有正向影响，但其作用效果在研发投入水平较低的企业中并不明显；企业年龄（*Age*）越大，在创新活动上越具有投资意识（张杰等，2015）；企业国有化程度（*State*）对具有中等创新投入水平以上的上市企业会产生负向影响。以上结果说明，就研发投入较少的企业而言，规模、年龄以及国有化程度均不会显著影响其研发投入水平；而对于高研发投入企业来讲，规模越大、资历越深，企业越有增加研发投入的动机（袁建国等，2015）。此外，不同的资本结构常会决定上市企业的研发投入水平及研发转化效率。根据表 3 - 2，上市企业的直接融资并不会影响其研发投入水平，即股权融资（*Equity*）在 10%、50%、90% 三个分位点处均不会对企业研发投入起到显著影响；而其间接融资（包括长期贷款 *Long* 和短期贷款 *Short*）在 50% 和 90% 两个分位点处起到了抑制作用，使得债务显著降低了上市企业的研发投入水平（Chiao，2002）。

表 3 - 3 给出了以上市企业创新效率（*RDeff*）为被解释变量的 OLS 及

QR 回归的估计结果。第（1）列和第（2）列的估计结果表明：政府补贴（*Subsidy*）以及企业的年龄（*Age*）、国有化程度（*State*）以及流动性资产（*Liquidity*）对提高上市企业创新效率均能起到显著的促进作用。政府补贴数额越大、企业上市时间越长、国有控股比例越高、流动性资产规模越大，企业的创新效率就会越高。进一步采用分位数回归（Quantile Regression，QR）（第（3）~第（5）列）估计后发现，政府补贴与流动性资产规模对企业创新效率的影响程度随分位点的升高而大幅增强；而企业年龄和国有化程度对创新效率的影响呈现倒"U"型。

表 3 - 3　　　　　以企业创新效率为被解释变量的估计结果

解释变量	企业创新效率				
	OLS		QR		
			q10	q50	q90
	（1）	（2）	（3）	（4）	（5）
Subsidy	6. 9852 ***	5. 8049 ***	3. 1089 **	8. 2911 ***	8. 3369 ***
	（0. 6503）	（0. 2573）	（1. 4528）	（1. 8366）	（0. 6113）
Ratio	0. 0090	—	0. 0142	0. 1110	- 0. 0011
	（0. 0665）		（0. 0204）	（0. 1973）	（0. 1105）
Size	0. 0005	—	0. 0038 *	- 0. 0015	- 0. 0010
	（0. 0006）		（0. 0021）	（0. 0015）	（0. 0049）
Age	0. 0204 ***	—	- 0. 0003 *	0. 0213 ***	0. 0195 ***
	（0. 0033）		（0. 0000）	（0. 0044）	（0. 0042）
State	0. 2208 ***	—	0. 0003 *	0. 2587 ***	0. 0774 **
	（0. 0429）		（0. 0000）	（0. 0528）	（0. 0308）
Foreign	- 0. 0014	—	0. 0001	- 0. 0015	- 0. 0024
	（0. 0018）		（0. 0003）	（0. 0019）	（0. 0039）
Liquidity	0. 0085 ***	—	0. 0023 *	0. 0180 ***	0. 0266 ***
	（0. 0014）		（0. 0011）	（0. 0048）	（0. 0065）
Short	0. 0079	—	0. 0139	- 0. 0084	- 0. 0108
	（0. 0076）		（0. 0086）	（0. 0102）	（0. 0117）
Long	0. 0022	—	0. 0008	- 0. 0089	- 0. 0206
	（0. 0054）		（0. 0051）	（0. 0163）	（0. 0221）
Equity	0. 0061	—	- 0. 0676 ***	0. 0768 **	0. 0359 *
	（0. 0164）		（0. 0088）	（0. 0307）	（0. 0203）
常数项	- 2. 4304 ***	0. 0530 ***	- 3. 9260 ***	- 2. 5134 ***	- 0. 4808 ***
	（0. 0613）	（0. 0014）	（0. 0106）	（0. 0892）	（0. 0927）

续表

解释变量	企业创新效率				
	OLS		QR		
			q10	q50	q90
	(1)	(2)	(3)	(4)	(5)
Ind	yes	yes	yes	yes	yes
Year	yes	yes	yes	yes	yes
Location	yes	yes	yes	yes	yes

注：q10、q50、q90 分别表示在 10%、50%、90% 分位点上的分位数回归；括号内为标准误；
***、** 和 * 分别表示在 1%、5% 和 10% 的显著性水平上显著。

为更具体地刻画出分位数回归在各分位点的细节，图 3 - 2 和图 3 - 3 给出了解释变量在 99 个分位点（$\tau = 0.01, 0.02, \cdots, 0.99$）上系数变化的趋势图以及置信区间。

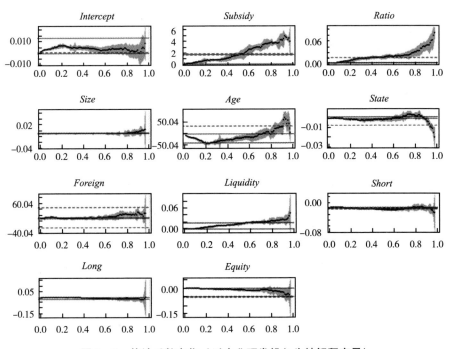

图 3 - 2　估计系数变化（以企业研发投入为被解释变量）

注：横轴表示企业研发投入的不同分位点，纵轴表示各变量的回归系数；阴影部分表示置信度为 95% 的置信区间；红色直线表示 OLS 估计值，两条红色虚线之间的区域表示置信度为 95% 的 OLS 估计置信区间。

资料来源：由作者整理。

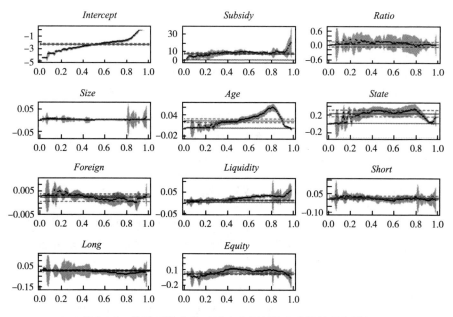

图 3 - 3　估计系数变化（以企业创新效率为被解释变量）

注：横轴表示企业创新效率的不同分位点，其余同上。

资料来源：由作者整理。

结合图 3 - 2 和图 3 - 3 可知，无论被解释变量是企业研发投入水平（$RDinput$）还是企业创新效率（$RDeff$），政府补贴的估计系数始终大于 0，说明只要政府实施补贴，就一定会产生对企业创新投入和创新效率的正向激励。这不仅肯定了政府补贴在激励企业创新中的积极作用，也从实证角度验证了理论探讨部分的研究结论。换言之，政府补贴率越高，企业创新积极性越强，其创新效率越高。

3.3.2　空间分位数自回归分析

空间自回归模型（Spatial Autoregressive Regression，SAR）通过添加一个空间滞后变量把标准线性回归扩展成空间结构模型，以解释线性回归模型可能遗漏的空间效应①，其具体形式如下所示：

$$\mathbf{Y} = \rho \mathbf{WY} + \mathbf{X\beta} + \mathbf{\varepsilon} \qquad (3-8)$$

① 空间效应指的是我国上市企业在进行创新活动时可能存在的空间溢出或空间竞争效应。当空间效应表现为"溢出"时，空间（或地理）邻近企业之间的创新活动会"相互激励"；而当空间效应表现为"竞争"时，邻近企业间的创新活动会"相互抑制"。

其中，$\mathbf{Y}$ 为被解释变量；$\mathbf{X}$ 为解释变量的 $n \times k$ 阶矩阵；$\boldsymbol{\beta}$ 为解释变量的系数向量；$\boldsymbol{\varepsilon}$ 为误差向量；$\mathbf{W}$ 为被解释变量 $\mathbf{Y}$ 每一个值和它邻近值之间空间关系的 $n \times n$ 阶矩阵。

类似地，空间分位数自回归（Spatial Quantile Autoregressive Regression, SQAR）模型则是在 SAR 模型基础之上，赋予其考察分位数效应①的能力。根据特尔兹皮奥特等（Trzpiot et al.，2016）所提供的方法，使空间自回归模型（3-8）与分位数回归模型（3-7）相结合，并构造出如式（3-9）所示的空间分位数自回归模型。

$$\mathbf{Y} = \rho^{(\tau)} \mathbf{WY} + \mathbf{X}\boldsymbol{\beta}^{(\tau)} + \boldsymbol{\varepsilon}^{(\tau)} \qquad (3-9)$$

其中，$\mathbf{Y} \equiv Q_{(\tau)}(\mathbf{Y}|\mathbf{X})$；$\rho^{(\tau)}$ 为 τ 分位点处空间自回归参数；$\boldsymbol{\beta}^{(\tau)}$ 为各解释变量的系数向量；向量 $\boldsymbol{\varepsilon}^{(\tau)}$ 为在不同分位点处相互独立且不指定分布的随机变量。

在模型（3-9）的估计过程中，会存在内生性问题（由 $\rho \mathbf{WY}$ 导致），并且针对每一个分位数 τ 都需要使用 $\mathbf{WY}$ 的工具变量（常使用 $\mathbf{X}$、$\mathbf{WX}$ 等），这会导致模型估计较为复杂。为此，我们通过对两阶最小二乘法（Two Stage Least Squares，2SLS）的简单扩展来确定不同分位数回归中所需要的工具变量形式，该思路的一个重要优点就是估计模型时不需要求解 $n \times n$ 阶矩阵的逆 $(1 - p\mathbf{W})^{-1}$。详细估计过程为如下所示。

第一阶段，利用分位数回归对式（3-10）进行估计。

$$\mathbf{WY} = \mathbf{X}\boldsymbol{\beta}^{*(\tau)} + \mathbf{WX}\boldsymbol{\gamma}^{*(\tau)} + \boldsymbol{\varepsilon}^{*(\tau)} \qquad (3-10)$$

第二阶段，对于每个 τ 值，用 $\mathbf{X}$ 和 $\mathbf{WX}$ 对 $\mathbf{WY}$ 进行分位数回归，分位数回归的预测结果为 $\widehat{\mathbf{WY}(\tau)}$。

$$\widehat{\mathbf{WY}(\tau)} = \mathbf{X}\,\widehat{\boldsymbol{\beta}^{*(\tau)}} + \mathbf{WX}\,\widehat{\boldsymbol{\gamma}^{*(\tau)}} \qquad (3-11)$$

第三阶段，对 τ 的相同值进行第二次分位数回归估计，此阶段将 $\mathbf{Y}$ 作为被解释变量，$\mathbf{X}$ 和 $\widehat{\mathbf{WY}(\tau)}$ 作为解释变量。

$$\mathbf{Y} = \rho^{(\tau)} \widehat{\mathbf{WY}(\tau)} + \mathbf{X}\boldsymbol{\beta}^{(\tau)} + \boldsymbol{\varepsilon}^{(\tau)} \qquad (3-12)$$

在利用空间分位数自回归模型（Spatial Quantile Autoregressive Model,

---

① 分位数效应指的是政府补贴对具有不同创新活动强度企业的异质反应，用于描述政府补贴对企业创新活动在特定分位点的边际效应。

SQAR）进行分析之前，应先明确被解释变量是否存在空间相关性。通常，可采用莫兰指数来判断上市企业在研发投入水平 *RDinput* 以及创新效率 *RDeff* 方面是否存在空间关联，其表达式为：

$$I = \frac{\sum_{i=1}^{n} \sum_{j=1}^{n} W_{ij}(Y_i - \overline{Y})(Y_j - \overline{Y})}{\sum_{i=1}^{n} (Y_i - \overline{Y})^2} \tag{3-13}$$

其中，$Y_i = \{x_i, u_i\}$ 表示第 i 个上市企业的研发投入或创新效率观测值；Y_j 表示第 j 个企业的研发投入或创新效率观测值；n 表示上市企业观测数；$\overline{Y} = \{\overline{x}, \overline{u}\}$ 表示上市企业研发投入或创新效率的平均值，即 $\overline{Y} = \frac{1}{n}\sum_{i=1}^{n} Y_i$；$W_{ij}$ 表示空间权重矩阵 **W** 中的矩阵元素。依据东方财富 Choice 金融终端数据库中上市企业的办公地址，将其地理坐标收集整理到研究数据集中，并根据其所在位置，基于"地理距离"构建空间权重矩阵 **W**。检验结果显示上市企业研发投入与创新效率的莫兰指数始终显著为正，表明伴随各上市企业空间分布位置的集聚，企业间研发投入（或创新效率）的相关性越发明显，距离相近企业间的研发投入（或创新效率）存在空间溢出。利用 SQAR 模型对 $\tau = \{0.1, 0.5, 0.9\}$ 三个分位数进行回归，估计结果如表 3-4 所示。

表 3-4　　　　　　　　空间分位数自回归模型估计结果

项目	企业研发投入 RDinput			企业创新效率 RDeff		
	分位点			分位点		
	q10	q50	q90	q10	q50	q90
	(1)	(2)	(3)	(4)	(5)	(6)
$W \times Y$	0.0220 ***	0.0081 *	-0.0629 ***	0.0252 ***	0.1013 *	0.2168 ***
	(0.0017)	(0.0047)	(0.0139)	(0.0081)	(0.0445)	(0.0460)
Subsidy	0.1974 ***	1.4138 ***	4.0978 ***	3.1123 ***	8.2283 ***	9.3484 ***
	(0.0039)	(0.0059)	(0.0282)	(0.0020)	(0.1204)	(0.2144)
Ratio	0.0014 ***	0.0151 ***	0.0484 ***	0.0134 ***	0.1204 ***	0.0000
	(0.0001)	(0.0002)	(0.0009)	(0.0015)	(0.0073)	(0.0006)
Size	0.0001	0.0003 *	0.0045 ***	0.0038 ***	-0.0016 ***	-0.0008 ***
	(0.0000)	(0.0000)	(0.0000)	(0.0000)	(0.0000)	(0.0000)

项目	企业研发投入 RDinput			企业创新效率 RDeff		
	分位点			分位点		
	q10	q50	q90	q10	q50	q90
	(1)	(2)	(3)	(4)	(5)	(6)
Age	0.0002	0.0002 *	0.0003 ***	0.0002	0.0210 ***	0.0206 ***
	(0.0000)	(0.0000)	(0.0000)	(0.0000)	(0.0000)	(0.0004)
State	−0.0001	−0.0017 ***	−0.0018 ***	−0.0003	0.2476 ***	0.0714 ***
	(0.0000)	(0.0000)	(0.0003)	(0.0006)	(0.0069)	(0.0034)
Foreign	0.0000	0.0000	0.0001	0.0001	−0.0017 ***	−0.0021 ***
	(0.0000)	(0.0000)	(0.0000)	(0.0000)	(0.0002)	(0.0001)
Liquidity	0.0008 ***	0.0139 ***	0.0258 ***	0.0023 *	0.0178 ***	0.0271 ***
	(0.0000)	(0.0001)	(0.0001)	(0.0000)	(0.0002)	(0.0003)
Short	0.0001	−0.0093 ***	−0.0048 ***	0.0138 ***	−0.0081 ***	−0.0011 ***
	(0.0000)	(0.0000)	(0.0001)	(0.0001)	(0.0008)	(0.0004)
Long	−0.0008	−0.0091 ***	−0.0191 ***	0.0009 ***	−0.0088 ***	−0.0210 ***
	(0.0000)	(0.0001)	(0.0001)	(0.0000)	(0.0003)	(0.0004)
Equity	−0.0002	−0.0079 ***	−0.0213 ***	−0.0678 ***	0.0775 ***	0.0337 ***
	(0.0000)	(0.0001)	(0.0002)	(0.0001)	(0.0013)	(0.0009)
常数项	0.0028 ***	0.0039 ***	0.0056 ***	−3.8703 ***	−2.3068 ***	−0.1153
	(0.0000)	(0.0004)	(0.0013)	(1.6675)	(0.2586)	(0.0839)

注：q10、q50、q90 分别表示在 10%、50%、90% 分位点上的分位数回归；括号内为标准误；
*** 、* 分别表示在 1%、10% 的显著性水平上显著。

表 3 - 4 结果显示，当以企业研发投入作为被解释变量时，空间滞后变量 $W \times RDinput$ 在 $\tau = \{0.1, 0.5, 0.9\}$ 三个分位点处的估计系数存在显著差异，且随分位数的增大企业研发投入之间的溢出效应逐渐降低。具体来看，当 $\tau = 0.1$ 或 $\tau = 0.5$ 时，空间溢出效应的估计系数 ρ 显著为正（分别为 0.0220 和 0.0081），说明溢出效应有益于激励企业加大创新投入；而当 $\tau = 0.9$ 时，系数 ρ 却显著为负（−0.0629），说明溢出效应对企业创新投入起到了抑制作用。在某种程度上，以上结果验证了本章理论探讨部分的发现，技术溢出效应对企业研发投入的作用会呈现激励或抑制两种可能性。另外，当以企业创新效率作为被解释变量时，在不同分位点处，距离邻近的企业间始终存在"相互激励"，并且该"相互激励"会随分位点的

增大而逐渐变强。

此外，表3-4还显示，政府补贴在各分位点处对上市企业研发投入及创新效率的作用方向始终为正，并且其估计系数随分位数的增加而依次变大。通过对比"未考虑空间溢出效应"（QR）与"考虑空间溢出效应"（SQAR）两种情况发现：无论是使用 QR 还是 SQAR，所估计出的核心解释变量政府补贴 Subsidy 的系数值及其显著性基本保持一致，两种方法相互印证，并进一步验证了理论探讨部分的观点，即政府补贴对企业研发投入及创新效率始终起到激励作用。

3.4 拓展分析

企业顺利开展技术创新依赖于盈利，政府补贴激励企业创新的前提是提升其盈利能力。伴随企业研发、用工等成本的上升，企业利润逐渐被稀释，迫切需要通过政府补贴干预来合理配置市场资源。既有研究在考察政府补贴与企业盈利能力关系时，多关注企业规模等企业自身特征因素，忽略了市场因素尤其是行业垄断程度给二者关系带来的冲击。此处的拓展分析运用理论与实证相结合的方式，将政府补贴与企业盈利融于格罗斯曼等（Grossman et al. ，2006）的理论分析框架之中，在充分考虑市场因素、企业因素以及成本因素的基础上，利用多种面板数据分析模型深入考察了政府补贴对企业盈利能力影响的非线性及异质性等问题。

我们假设企业成本函数为 $C = c(t,\omega)/\theta$。其中，t 表示产品运输成本；ω 表示劳动者工资成本；θ 表示企业自身特征，如企业规模。参照康志勇（2014），假定对任一地区的家庭皆具有相同的商品组合消费指数 X_j 且表现为常替代弹性函数形式（Constant Elasticity of Substitution，CES）：

$$X_j = \left[\int_0^{n_j} h_j(i)^{a_j} h_i \right]^{\frac{1}{a_j}}, \quad 0 < u_j < 1 \quad (3-14)$$

其中，$h_j(i)$ 表示行业 j 中第 i 种产品的消费量；n_j 表示在行业 j 中的产品种类，且行业 j 中任何两种产品的替代弹性为 $\frac{1}{1-a_j}$。依照梅利兹（Melitz，2003）所述，不同地区的代表性家庭具有相同的效应函数，即：

$$U = h_0 + \sum_{j=1}^{J} \frac{1}{\mu_j a_j^{a_j}} X_j^{\mu_j}, \quad 0 < \mu_j < 1 \quad (3-15)$$

其中，h_0 表示竞争条件下的一种标准型同质产品的消费量。$a_j > \mu_j$ 表明同行业内任何两种产品的替代弹性均大于任意两个不同行业间产品的替代弹性。由式（3 – 14）和式（3 – 15）可推导出代表性企业在不同地区的需求函数：

$$x^n = a^{\frac{-a}{1-a}} M^n (X^n)^{\frac{\mu-a}{1-a}} (p^n)^{\frac{-1}{1-a}} \tag{3 – 16}$$

$$p = \frac{1}{a} \frac{c(\cdot)}{\theta}$$

其中，M^n 表示地区 n 的家庭数量。根据上式可推导出代表性企业的利润函数：

$$\pi = (1 - a) \underbrace{M^n (X^n)^{\frac{\mu-a}{1-a}}}_{\text{市场因素}} \overbrace{\theta^{\frac{a}{1-a}}}^{\text{企业因素}} \underbrace{\left[c(\cdot)^{\frac{a}{1-a}} \right]^{\frac{-a}{1-a}}}_{\text{产品成本因素}} \tag{3 – 17}$$

其中，$M^n (X^n)^{\frac{\mu-a}{1-a}}$ 表示影响企业盈利的市场因素，如市场规模、行业集中度等；$\theta^{\frac{a}{1-a}}$ 表示企业自身的特征因素，如企业规模、企业年龄等；$\left[c(\cdot)^{\frac{a}{1-a}} \right]^{\frac{-a}{1-a}}$ 表示产品成本因素，主要涉及产品的运输成本以及劳工成本等。由式（3 – 17）可知，企业盈利能力不仅与产品成本因素有关，还会受到企业自身的特征因素以及市场特征因素的影响。

企业创新活动的开展依赖于盈利。政府为确保企业能健康发展，其首要目标就是帮助企业实现更多的净利润，改善其盈利能力。政府补贴 s 通常可看作是政府对企业的转移支付，其直接效果就是可以降低企业生产成本，即 s 通过降低 $c(\cdot)$ 来提升企业的盈利能力。此外，政府补贴 s 还会利用价格途径，通过对市场的影响而间接作用于企业盈利能力。由于我国各行业的市场竞争强度不同，政府补贴的间接作用效果可能存在较大差异，因此，政府补贴对企业盈利能力的影响不应呈现简单的线性关系，而是一种非线性关系。进一步地，我们采用在处理非线性、结构突变问题中具有独特优势的门槛回归模型，以中国工业企业为研究案例，考察政府补贴对企业盈利能力的复杂性影响。研究发现，政府补贴会随着行业集中度的变化而改变其对企业盈利能力的作用方向及强度。在低集中度的行业中，企业规模与盈利能力呈负相关；而在中等集中度的行业中，国有企业的盈利能力会更强。研究过程及细节展示可参阅赵凯和王鸿源（2019）。

3.5 总 结

企业因参与价值链分工而突破了创新边界，嵌入到以创新活动主体为节点、知识技术广泛流动的创新网络中，技术外溢成为影响企业创新的关键因素。企业开展技术创新的根本目的是提高企业自身的利润和市场竞争力。然而，技术外溢的存在①，常使创新企业陷入两难境地。一方面，技术溢出会降低企业的研发成本，使得企业有意愿开展技术创新活动，改善产品质量，提升核心竞争力，从而占据更多的市场份额；另一方面，技术外溢会加剧"搭便车"现象，受该现象干扰，常会引发企业研发活动的恶性竞争，造成创新企业的研发收益率降低、产品差异化程度下降、市场份额被挤占等问题。政府补贴作为影响企业技术创新的重要因素能否强化和改善技术外溢对企业创新的正效应、能否抵消或者弱化技术外溢对企业创新的不利影响值得深思。对技术外溢的研究主要以产业间技术溢出为主，而对企业间技术外溢的研究较少，其主要原因在于对企业间技术外溢的测度较为困难。此外，关于技术外溢、企业创新与政府补贴之间关系的研究大多单独从理论研究或者经验研究层面进行考察，难以实现理论与实证的相互印证并获得一致性结论。

鉴于此，本章试图通过理论分析结合经验分析的方式，从企业间技术外溢的视角出发，深入挖掘政府补贴对企业创新的复杂影响。理论分析层面，我们将企业产品的垂直差异化特征与水平差异化特征同时纳入研究框架，利用"政府—企业"三阶段动态博弈模型分析在技术外溢情况下，政府补贴作用于企业研发投入以及企业创新效率方面的实际效果。一方面，弥补了现有理论分析仅注重产品的某种单一差异化特征而忽视产品垂直与水平差异共存的不足；另一方面，有助于从政府以及企业两个维度动态探寻能够提升创新竞争力的方法。经验分析层面，我们采用具有同时考察空间效应和分位数效应能力的空间分位数自回归方法（SQAR）来研究政府补贴对企业创新的作用效果。该方法的优势在于：一方面，考察空间效应能力使得企业地理区位与理论框架中的研发溢出产生联系，提高了本章理

---

① 技术外溢的原因众多。由领导者企业开发的先进技术或新产品往往是追随者企业追逐的重要目标，追随者企业通过模仿、反向工程等手段进行创新。另外，创新企业间的科研人员有意或无意地流动，往往会造成技术外溢。

论与实证部分的契合度；另一方面，考察分位数效应能力有效描述了政府补贴对企业创新在特定分位点的边际效应，可以更加"宽松"地挖掘出更为丰富的信息。

以理论指导实践，我们基于"政府—企业"动态博弈模型理论探讨技术外溢、企业创新与政府补贴的关系。研究发现：当技术外溢水平较高且产品水平差异化程度较低时，技术溢出效应会抑制企业的研发投入；而当产品水平差异化程度较高，或者技术溢出水平较低，再或者存在高溢出且水平差异较低时，技术溢出效应会激励企业加大研发投入。随后，以实践检验理论，利用分位数回归以及具有同时考察空间效应和分位数效应能力的空间分位数自回归，针对"未考虑技术溢出效应"与"考虑技术溢出效应"两种情况下政府补贴对企业研发投入及创新效率的实际影响。研究证实，从企业研发投入来看，溢出效应对企业创新的作用会呈现激励或抑制两种可能性（在高分位点处表现为抑制，在中低分位点处表现为激励）；从企业创新效率来看，距离邻近的上市企业间始终存在"相互激励"，并且该"相互激励"会随分位点的增大而逐渐变强。此外，研究还证实，政府补贴对上市企业研发投入及创新效率始终起到显著的正向激励作用，并且随着上市企业在创新方面投入力度以及效率的提高，政府补贴的激励效果越发明显。

本研究仍存在许多局限，这为未来研究提供了拓展发展。首先，理论研究层面，未来可在本研究提出的三阶段动态博弈模型基础上，进一步探讨政府补贴率或补贴规模的最优值，并挖掘政府补贴干预的最佳时机，换言之，企业开展研发活动期间政府补贴应何时进入、何时退出。其次，考虑到不同行业存在的技术差异，可以推测不同行业间补贴的最优规模并不相同。例如，高新技术企业相对于其他行业的企业，对创新资源的需求更高。若补贴实施的规模是按照平均水平来确定，并不一定能取得最好的效果。因此，如何根据不同行业的技术需求，计算出适用于该行业的最优补贴规模，可以成为未来的研究方向。

第4章 产研合作视角下的政府
补贴与企业创新

4.1 问题提出

创新在中国特色社会主义现代化建设全局中处于核心地位。企业是我国创新体系中的"主力军",他们面向市场需求并以实现利润最大化为目标,往往能在新产品开发、新技术应用等方面取得较多创新成果(黎文靖等,2020);而科研院所、高等院校等科研机构则是我国创新的"国家队",承担着国家战略科研任务,他们关注科技领域的研究前沿并以实现社会福利最大化为目标,对于基础研究的理论突破和核心难题的技术攻关起到了举足轻重的作用(吴俊和黄东梅,2016)。"十四五"规划明确提出要"坚持创新驱动发展,全面塑造发展新优势",集中力量解决我国当前面临的一系列"卡脖子"问题。这就需要进一步强化企业的创新主体地位,形成以企业为主体、市场为导向、产研深度合作的科技创新体系。

产研合作,作为一种协同创新的重要模式,不仅有利于分摊企业独自创新的成本与风险,降低高质量创新的难度,同时也有助于加速高校和研究院所对企业的知识溢出,拓宽企业创新的知识储备(刘斐然等,2020)。在政府推动以及企业、高校与科研院所的支持和配合下①,产学研合作已逐步成为企业创新活动中不可或缺的重要组成部分(叶伟巍等,2014)。理论上,产研合作对于企业和科研机构都是优化创新资源配置的合理选择,能够使双方在科技创新中实现优势互补(王建华等,2021)。然而,在现实中,由市场自发形成的产研合作机制中往往存在着企业创新动力不

---

① 《国家中长期科学和技术发展规划纲要(2006—2020年)》表明,支持企业与高校、科研院所打破创新资源的分散性,实现产学研融通式创新(权小锋等,2020)。

足、科研机构合作积极性不高等问题。这就需要政府相关部门发挥"政策之手"的作用（原长弘和张树满，2019），通过政府补贴等普惠性干预手段来激励企业创新、引导和促进产研深度融合（Hou et al.，2019；Oka-muro and Nishimura，2016；刘一新和张卓，2020）。

有关企业创新、产研合作以及政府补贴三者间两两关系的文献颇多，但少有探讨三者间关联的文献。为弥补此不足，本章从产研合作视角出发，重点关注如下几个问题：政府作为补贴政策的制定者和实施者，可用于支持创新和产研合作的经费预算有限（杨晓妹等，2021；陶丹和朱德全，2016）。在补贴资源有限的情况下，政府应如何优化创新"主力军"与创新"国家队"之间的补贴资源配置？政府补贴对企业创新及产研合作的影响效果如何？产研合作究竟能否影响政府补贴与企业创新之间的关系？补贴实施部门应如何改善政府补贴的创新激励效果和利用效率？政府补贴对企业创新的作用效果以及产研合作可能具有的中介效应是否因企业产权性质、所属行业类型、所处地理区位等方面的异质性而存在差异？系统且深入地回答上述问题不仅有助于丰富政府补贴作用于企业创新的机理研究，对于提升企业创新能力、完善企业创新服务体系、强化企业创新的核心地位同样具有重要意义。

鉴于此，本章从产研合作视角出发，通过理论研究与实证分析相结合的方式，着重考察政府补贴实施过程中的分配策略以及产研合作下政府补贴与企业创新之间的内在联系。首先，通过构建涉及"政府—企业—科研机构"三部门的多阶段动态博弈模型，理论探寻政府补贴最优分配策略，探究产研合作对政府补贴制定和实施的影响。其次，以中国沪深 A 股上市企业为研究对象，利用工具变量法、Heckman 两阶段法、有序 Logit 等模型，实证考察政府补贴在推进产研合作以及企业创新方面起到的实际效果，并分析产研合作在政府补贴与企业创新间可能存在的中介效应。最后，在此基础上，将企业特征、行业属性、区位差异等纳入研究框架，深入研究不同层面的异质性因素对于企业创新、政府补贴、产研合作之间关系的影响。

4.2　理论探讨

假定创新系统中存在地方政府、科研机构与 n 家企业。政府为推动创新，以直接补贴的形式向科研机构和市场企业提供创新支持。假设政府用于激励创新的补贴预算总额为 1，θ 表示政府为创新"主力军"（企业）提供的补贴额在预算总额中的比例，则有：

$$\theta = \frac{s\gamma_{\text{企}} \sum_{i=1}^{n} x_i^2}{s\gamma_{\text{企}} \sum_{i=1}^{n} x_i^2 + \gamma_{\text{科}} x_{\text{科}}^2} \in (0,1) \qquad (4-1)$$

而 $(1-\theta)$ 则表示用于支持专注 R&D 的创新"国家队"（科研机构）的比例。θ 介于 0 和 1 之间，该值越大说明政府向企业实施的补贴力度越强。假设政府为研发企业 i 提供的补贴额为 $s\gamma_{\text{企}} x_i^2$，其中，$s \in [0, 1]$ 表示政府对从事 R&D 活动的企业 i 的补贴支持力度（补贴率）；x_i 表示企业 i 的 R&D 投入水平，$\gamma_{\text{企}} x_i^2$ 表示企业 i 的 R&D 成本；$\gamma_{\text{企}}$ 用于衡量企业的 R&D 效率，$\gamma_{\text{企}}$ 越大表明企业 R&D 效率越低。由于科研机构不进行生产和经营活动而仅从事 R&D 工作，因此，政府将承担创新"国家队"的全部 R&D 成本 $\gamma_{\text{科}} x_{\text{科}}^2$。科研机构与市场中的研发企业在目标实现上存在差异：前者与政府的目标一致，为最大化社会总福利；后者则为最大化自身利益。

据此，可构建如下三阶段动态博弈模型：第一阶段，政府决定针对市场研发企业的 R&D 补贴率 s；第二阶段，研发企业决定其各自的 R&D 投入水平 x_i，同时，受政府补贴支持的科研机构决定其 R&D 投入水平 $x_{\text{科}}$；第三阶段，研发企业进行古诺竞争（Cournot 竞争），并决定其各自的产量水平 q_i。

采用逆向归纳法（Backward Induction）对动态博弈模型进行求解。第三阶段，企业进行 Cournot 竞争。企业 i 的利润函数为：

$$\pi_i = pq_i - c_i q_i - \gamma_{\text{企}} x_i^2 + s\gamma_{\text{企}} x_i^2 \qquad (4-2)$$

反需求函数以及研发企业边际成本函数为：

$$p = a - \sum_{i-1}^{n} q_i \qquad (4-3)$$

$$c_i = c - x_i - \beta \sum_{j \neq i}^{n-1} x_j - \delta x_{\text{科}} \qquad (4-4)$$

其中，$\delta \in (0,1]$ 衡量了研发企业与科研机构之间的"产研合作"程度。该值越大意味着市场企业与科研机构间的"产研合作"关系越强。极端情况 $\delta = 0$ 表明科研机构与市场研发企业无合作，科研机构的创新成果不能用于市场企业的 R&D 和生产活动，而 $\delta = 1$ 则表明科研机构将创新成果向市场企业完全公开，企业与科研机构深度合作。β 衡量了市场企业之间的

R&D 溢出效应。

结合式（4-2）、式（4-3）与式（4-4），企业 i 的利润函数可进一步整理为：

$$\pi_i = \left(a - \sum_{i=1}^{n} q_i \right) q_i - \left[c - x_i - \beta \sum_{j \neq i}^{n-1} x_j - \delta x_{科} \right] q_i - \gamma_{企} x_i^2 + s\gamma_{企} x_i^2$$

$$(4-5)$$

企业 i 通过决定产品产量 q_i 来实现利润最大化。据此，对式（4-5）求导，可得企业的一阶条件：

$$\begin{cases} q_1 = \dfrac{1}{2} \left(a - \sum q_{-1} - c_1 \right) \\ q_2 = \dfrac{1}{2} \left(a - \sum q_{-2} - c_2 \right) \\ \vdots \\ q_i = \dfrac{1}{2} \left(a - \sum q_{-i} - c_i \right) \\ \vdots \\ q_n = \dfrac{1}{2} \left(a - \sum q_{-n} - c_n \right) \end{cases}$$

将上述 n 个方程加总整理后，可得总产量 Q 的表达式：

$$Q = \frac{na - \sum_{i=1}^{n} c_i}{n+1}$$

其中，$c_i = c - x_i - \beta \sum x_{-i} - \delta x_{科}$，而 $\sum_{i=1}^{n} c_i = nc - \sum x - \beta(n-1) \sum x - n\delta x_{科}$。由此可知，企业 i 的产量（q_i）及利润（π_i）表达式为：

$$\begin{aligned} q_i(x_i, x_{科}, s) &= a - c_i - \frac{na - \sum_{i=1}^{n} c_i}{n+1} \\ &= a - \left(c - x_i - \beta \sum x_{-i} - \delta x_{科} \right) - \frac{na}{n+1} \qquad (4-6) \\ &\quad + \frac{1}{n+1} \left[nc - \left(x_i + \sum x_{-i} \right) - \beta(n-1)\left(x_i + \sum x_{-i} \right) - n\delta x_{科} \right] \end{aligned}$$

$$\pi_i(x_i, x_{科}, s) = q_i^2 - \gamma_{企} x_i^2 + s\gamma_{企} x_i^2 \qquad (4-7)$$

第二阶段，科研机构通过决定其 R&D 投入水平 $x_{科}$ 来最大化社会福利，而市场企业则通过决定其 R&D 投入水平 x_i 来最大化自身利益。

$$\text{SW} = \frac{1}{2}Q^2 + \sum_{i=1}^{n} \pi_i - \left(s\gamma_{\text{企}} \sum_{i=1}^{n} x_i^2 + \gamma_{\text{科}} x_{\text{科}}^2 \right) \quad (4-8)$$

其中，$\frac{1}{2}Q^2$ 为消费者剩余；$\sum_{i=1}^{n} \pi_i$ 为生产者剩余；$\left(s\gamma_{\text{企}} \sum_{i=1}^{n} x_i^2 + \gamma_{\text{科}} x_{\text{科}}^2 \right)$ 为市场企业与科研机构的 R&D 投入总成本。

基于企业利润表达式（4-7），根据对称性 $\sum x_{-i} = (n-1)x_{\text{企}}$ 以及 $x_i = x_{\text{企}}$，并通过 $\frac{\partial \pi_i}{\partial x_i} = 0$，当 $\gamma_{\text{企}}(1-s)(n+1)^2 > [n - \beta(n-1)][1 + \beta(n-1)]$ 时，其二阶条件成立，得到企业创新投入 $x_{\text{企}}$ 的反应函数：

$$x_{\text{企}}(x_{\text{科}}, s) = \frac{[n - \beta(n-1)](a - c + \delta x_{\text{科}})}{\gamma_{\text{企}}(1-s)(n+1)^2 - [n - \beta(n-1)][1 + \beta(n-1)]}$$
$$(4-9)$$

通过 $\frac{\partial \text{SW}}{\partial x_{\text{科}}} = 0$，当 $2\gamma_{\text{科}}(n+1)^2 > n\delta^2(n+2)$ 时，其二阶条件成立，可得如下等式：

$$\frac{n(n+2)\delta}{(n+1)^2}\{a - c + [1 + \beta(n-1)]x_{\text{企}} + \delta x_{\text{科}}\} = 2\gamma_{\text{科}} x_{\text{科}} \quad (4-10)$$

式（4-10）的左侧为边际收益，右侧为边际成本，在均衡情况下，等式左侧将等于右侧。据此，可推导出科研机构研发投入 $x_{\text{科}}$ 的反应函数：

$$x_{\text{科}}(x_{\text{企}}, s) = \frac{n\delta(n+2)[a - c + [1 + \beta(n-1)]x_{\text{企}}]}{2\gamma_{\text{科}}(n+1)^2 - n(n+2)\delta^2} \quad (4-11)$$

由式（4-9）与式（4-11）可知，企业与科研机构的 R&D 投入为互补策略。事实上，由于产研合作及溢出效应的存在，科研机构在 R&D 上的投入可通过降低企业 R&D 成本来激励企业加大 R&D 投入。同样地，企业 R&D 投入水平的提升也能帮助科研机构更有效地最大化社会福利，进而提升其 R&D 投入规模。将式（4-9）与式（4-11）联立，可计算出 $x_{\text{企}}(s)$ 与 $x_{\text{科}}(s)$ 的表达式：

$$x_{\text{企}}(s) = \frac{2(a-c)[n - \beta(n-1)]}{(1-s)\dfrac{\gamma_{\text{企}}}{\gamma_{\text{科}}}[2\gamma_{\text{科}}(n+1)^2 - n\delta^2(n+2)] - 2[n - \beta(n-1)][1 + \beta(n-1)]}$$
$$(4-12)$$

$$x_{科}(s) = \cfrac{(1-s)\cfrac{\gamma_{企}}{\gamma_{科}}n\delta(a-c)(n+2)}{(1-s)\cfrac{\gamma_{企}}{\gamma_{科}}\left[2\gamma_{科}(n+1)^2-n\delta^2(n+2)\right]-2\left[n-\beta(n-1)\right]\left[1+\beta(n-1)\right]}$$

$$(4-13)$$

因 $x_{企}(s)$ 与 $x_{科}(s)$ 表达式中的分母皆大于 0，故企业与科研机构的 R&D 投入均为正。进一步地，由于 $\dfrac{\partial x_{企}(s)}{\partial s}>0$ 和 $\dfrac{\partial x_{科}(s)}{\partial s}>0$，可以推断，伴随政府向企业实施的补贴率 s 的提升，科研机构与企业皆会加大 R&D 投入。将 $x_{企}(s)$ 与 $x_{科}(s)$ 的表达式代入式（4-6）、式（4-7）以及式（4-8）之中，整理可得企业产出 $q(s)$、企业利润 $\pi(s)$ 以及社会福利 SW(s) 的表达式：

$$q(s) = \cfrac{2\gamma_{企}(1-s)(a-c)(n+1)}{(1-s)\cfrac{\gamma_{企}}{\gamma_{科}}\left[2\gamma_{科}(n+1)^2-n\delta^2(n+2)\right]-2\left[n-\beta(n-1)\right]\left[1+\beta(n-1)\right]}$$

$$(4-14)$$

$$\pi(s) = \cfrac{4\gamma_{企}(1-s)(a-c^2)\left\{\gamma_{企}(1-s)(n+1)^2-\left[n-\beta(n-1)\right]^2\right\}}{\left\{(1-s)\cfrac{\gamma_{企}}{\gamma_{科}}\left[2\gamma_{科}(n+1)^2-n\delta^2(n+2)\right]-2\left[n-\beta(n-1)\right]\left[1+\beta(n-1)\right]\right\}^2}$$

$$(4-15)$$

$$\text{SW}(s) = \cfrac{n\gamma_{企}(a-c)^2\left\{\cfrac{\gamma_{企}}{\gamma_{科}}(n+2)\left[2\gamma_{科}(n+1)^2-n\delta^2(n+2)\right](1-s)^2-4\left[n-\beta(n-1)\right]^2\right\}}{\left\{(1-s)\cfrac{\gamma_{企}}{\gamma_{科}}\left[2\gamma_{科}(n+1)^2-n\delta^2(n+2)\right]-2\left[n-\beta(n-1)\right]\left[1+\beta(n-1)\right]\right\}^2}$$

$$(4-16)$$

根据 $\dfrac{\partial \text{SW}}{\partial s}=0$，可计算出最优的政府补贴率 s^*：

$$s^* = \frac{\beta(n-1)(n+4)-(n-2)}{(n+2)\left[1+\beta(n-1)\right]} \qquad (4-17)$$

由式（4-17）可知，当且仅当 $\beta > \tilde{\beta} = \dfrac{n-2}{(n-1)(n+4)}$ 时，补贴率均衡 s^* 为正。若行业企业数量小于或等于 4 时，阈值 $\tilde{\beta}$ 会随企业数量的增加而提高，政府补贴的门槛会随之提高；若企业数量大于 4 时，阈值 $\tilde{\beta}$ 会随企业数量的增加而降低，政府补贴企业的门槛会随之降低。据此可推断，只有当溢出效应达到或超过一定水平时，政府才会对企业实施补贴，并且该溢出效应门槛与企业所在行业的规模（即企业数量）具有一定的非线性关系。

将补贴率均衡表达式 s^* 代入式（4-12）之中，可得企业 R&D 投入均衡（x^*）的表达式：

$$x^* = \frac{(a-c)(n+2)[1+\beta(n-1)]}{\frac{\gamma_{企}}{\gamma_{科}}[2\gamma_{科}(n+1)^2 - n\delta^2(n+2)] - (n+2)[1+\beta(n-1)]^2}$$

$$(4-18)$$

可以发现，$\frac{\partial x^*}{\partial \beta} \geq 0$ 始终成立，这说明市场企业之间的溢出效应越强，企业越有动机加大 R&D 投入。将政府补贴率均衡 s^* 分别代入式（4-13）、式（4-14）、式（4-15）与式（4-16），可得科研机构 R&D 投入均衡（$x^*_{科}$）、市场产品总量均衡（Q^*）、企业利润均衡（π^*）和社会总福利均衡（SW^*）的表达式：

$$x^*_{科} = \frac{n\delta(a-c)(n+2)\frac{\gamma_{企}}{\gamma_{科}}}{\frac{\gamma_{企}}{\gamma_{科}}[2\gamma_{科}(n+1)^2 - n\delta^2(n+2)] - (n+2)[1+\beta(n-1)]^2}$$

$$(4-19)$$

$$Q^* = \frac{2n(a-c)(n+1)\gamma_{企}}{\frac{\gamma_{企}}{\gamma_{科}}[2\gamma_{科}(n+1)^2 - n\delta^2(n+2)] - (n+2)[1+\beta(n-1)]^2}$$

$$(4-20)$$

$$\pi^* = \frac{2\gamma_{企}(a-c)^2\{2\gamma_{企}(n+1)^2 - (n+2)[n-\beta(n-1)][1+\beta(n-1)]\}}{\left\{\frac{\gamma_{企}}{\gamma_{科}}[2\gamma_{科}(n+1)^2 - n\delta^2(n+2)] - (n+2)[1+\beta(n-1)]^2\right\}^2}$$

$$(4-21)$$

$$SW^* = \frac{\gamma_{企} n(n+2)(a-c)^2}{\left\{\frac{\gamma_{企}}{\gamma_{科}}[2\gamma_{科}(n+1)^2 - n\delta^2(n+2)] - (n+2)[1+\beta(n-1)]^2\right\}^2}$$

$$(4-22)$$

将企业 R&D 投入均衡和科研机构 R&D 投入均衡代入式（4-1），可得政府为创新"主力军"（市场企业）提供的补贴数额在预算总额中的均

衡分配比例 θ^*：

$$\theta^* = \frac{[\beta(n-1)(n+4)-(n-2)][1+\beta(n-1)]}{[\beta(n-1)(n+4)-(n-2)][1+\beta(n-1)]+n\delta^2(n+2)\dfrac{\gamma_{企}}{\gamma_{科}}}$$

$$(4-23)$$

由此可知，$\theta^* > 0$ 当且仅当 $\beta > \tilde{\beta} = \dfrac{n-2}{(n-1)(n+4)}$，再次证实只有当市场企业间的溢出效应高于阈值 $\tilde{\beta}$ 时，政府才有动机向作为"创新主力军"的企业实施补贴。分别对式（4-18）至式（4-23）进行求导：

$$\frac{\partial x^*}{\partial \delta} = \frac{2n\delta\dfrac{\gamma_{企}}{\gamma_{科}}(a-c)(n+2)^2[1+\beta(n-1)]}{\left\{\dfrac{\gamma_{企}}{\gamma_{科}}[2\gamma_{科}(n+1)^2-n\delta(n+2)]-(n+2)[1+\beta(n-1)]^2\right\}^2} \geq 0$$

$$\frac{\partial x_{科}^*}{\partial \delta} = \frac{2\delta(a-c)n^2\dfrac{\gamma_{企}^2}{\gamma_{科}^2}(n+2)^2}{\left\{\dfrac{\gamma_{企}}{\gamma_{科}}[2\gamma_{科}(n+1)^2-n\delta(n+2)]-(n+2)[1+\beta(n-1)]^2\right\}^2} +$$

$$\frac{n(a-c)(n+2)\dfrac{\gamma_{企}}{\gamma_{科}}}{\dfrac{\gamma_{企}}{\gamma_{科}}[2\gamma_{科}(n+1)^2-n\delta(n+2)]-(n+2)[1+\beta(n-1)]^2} \geq 0$$

$$\frac{\partial Q^*}{\partial \delta} = \frac{4\delta n^2(a-c)(n+1)(n+2)\dfrac{\gamma_{企}^2}{\gamma_{科}}}{\left\{\dfrac{\gamma_{企}}{\gamma_{科}}[2\gamma_{科}(n+1)^2-n\delta(n+2)]-(n+2)[1+\beta(n-1)]^2\right\}^2} \geq 0$$

$$\frac{\partial \pi^*}{\partial \delta} = \frac{8\delta n(n+2)\dfrac{\gamma_{企}^2}{\gamma_{科}}(a-c)^2\{2\gamma_{企}(n+1)^2-(n+2)[n-\beta(n-1)][1+\beta(n-1)]\}}{\left\{\dfrac{\gamma_{企}}{\gamma_{科}}[2\gamma_{科}(n+1)^2-n\delta(n+2)]-(n+2)[1+\beta(n-1)]^2\right\}^3} \geq 0$$

$$\frac{\partial SW^*}{\partial \delta} = \frac{4\delta\dfrac{\gamma_{企}^2}{\gamma_{科}}(n+2)^2(a-c)^2}{\left\{\dfrac{\gamma_{企}}{\gamma_{科}}[2\gamma_{科}(n+1)^2-n\delta(n+2)]-(n+2)[1+\beta(n-1)]^2\right\}^3} \geq 0$$

可见，"产研合作"不仅有利于强化市场企业与科研机构的 R&D 投入的意愿，还有益于企业利润、消费者福利以及社会福利水平的提升。一方面，随着市场企业与科研机构间"产研合作"的加深，科研机构的创新成果得以接近市场，这会激励科研机构进一步加大在 R&D 方面的投入；另一方面，创新在提升产品质量、降低企业成本等方面的优势，为企业带来了利润，会进一步激励企业加大 R&D 投入。创新"生力军"与创新"国家队"在 R&D 上的积极投入，又会进一步改善消费者剩余及社会福利。

此外，研究还证实：随着企业与科研机构研发效率比值的增大，政府向科研机构投放的补贴资金比例也会相应提高；较高程度的"产研合作"会增强政府向科研机构实施补贴的意愿而降低政府对企业创新的支持力度；伴随溢出效应的增大，政府会提升补贴预算资金中向企业投放的比例。具体依据如下所示：

$$\frac{\partial \theta^*}{\partial \frac{\gamma_{\text{企}}}{\gamma_{\text{科}}}} = -\frac{n\delta^2(n+2)[\beta(n-1)(n+4)-(n-2)][1+\beta(n-1)]}{\left\{[\beta(n-1)(n+4)-(n-2)][1+\beta(n-1)]+n\delta^2(n+2)\frac{\gamma_{\text{企}}}{\gamma_{\text{科}}}\right\}^2} < 0$$

$$\frac{\partial \theta^*}{\partial \delta} = -\frac{2\delta n(n+2)\frac{\gamma_{\text{企}}}{\gamma_{\text{科}}}[\beta(n-1)(n+4)-(n-2)][1+\beta(n-1)]}{\left\{[\beta(n-1)(n+4)-(n-2)][1+\beta(n-1)]+n\delta^2(n+2)\frac{\gamma_{\text{企}}}{\gamma_{\text{科}}}\right\}^2} < 0$$

$$\frac{\partial \theta^*}{\partial \beta} = \frac{n\delta^2(n+2)\frac{\gamma_{\text{企}}}{\gamma_{\text{科}}}[\beta^2(n-1)^2(n+4)+6\beta(n-1)-(n-2)]}{\left\{[\beta(n-1)(n+4)-(n-2)][1+\beta(n-1)]+n\delta^2(n+2)\frac{\gamma_{\text{企}}}{\gamma_{\text{科}}}\right\}^2} > 0$$

可见，政府补贴分配比例（θ^*）与企业和科研机构的研发效率比值 $\left(\frac{\gamma_{\text{企}}}{\gamma_{\text{科}}}\right)$ 呈负相关。$\frac{\gamma_{\text{企}}}{\gamma_{\text{科}}} > 1$ 意味着企业研发效率低于科研机构研发效率，因此，以社会福利最大化目标的政府必然会将有限的补贴资金向更高效率的科研机构倾斜；反之，当 $\frac{\gamma_{\text{企}}}{\gamma_{\text{科}}} < 1$ 时，政府更倾向于将补贴资金发放给创新企业。总的来看，随着 $\frac{\gamma_{\text{企}}}{\gamma_{\text{科}}} \in (0, +\infty)$ 的增大，科研机构的研发效率相对提升，政府向科研机构投放的补贴资金比重也会相应增加，而政府对企业创新的支持力度则会相对减少。因此，企业和科研机构如果想获得更多的补贴，就需要不断提高创新水平和创新能力，赢得"研发效率竞赛"，这最终将有利于社会整体创新水平的提高。

由于 $\frac{\partial x_{\text{科}}^*}{\partial \delta} \geq 0$ 和 $\frac{\partial x^*}{\partial \delta} \geq 0$，因而导致企业与科研机构"产研合作"程度

越高，政府用于补贴科研机构 R&D 投入的资金（$\gamma_{科} x_{科}^2$）以及补贴企业 R&D 的资金（$s\gamma_{企} \sum\limits_{i=1}^{n} x_i^2$）就越多。进一步地，根据式（4－1），伴随 δ 的变化，分子的变化量要小于分母的变化量，因此，较高水平的"产研合作"往往会提升政府向科研机构加大创新投入的意愿而降低其对企业创新的支持力度。这是由于在较高的"产研合作"水平下，企业能够通过与科研机构深度合作提高技术水平，降低生产及 R&D 成本，而科研机构和政府的目标是一致的，都是最大化社会福利水平，因此，在预算有限的情况下，政府会更倾向于补贴科研机构。

行业内企业的知识和技术的溢出和共享有益于提升社会福利，这与政府利用补贴资金来推动创新以实现提高社会福利水平的目标一致。伴随企业间溢出效应的增大，政府部门会提升补贴预算资金中向企业投放的比例。因此，企业要获得更多的补贴，应该加强彼此间的技术合作，设立产业技术同盟，这不仅有利于降低企业自身的生产及 R&D 成本，更有利于社会整体福利水平的提高。

综合上述分析发现，政府补贴预算分配比例（θ^*）与行业规模（n）、产研合作程度（δ）等因素之间存在复杂的函数关系，难以直接得到多个因素对政府补贴预算分配比例的复合影响。为更加直观地展示多个变量对政府的补贴预算分配策略产生的复合影响，我们基于参数赋值思想，利用 R 软件对理论结果进行数值仿真模拟，进一步对前面的理论发现进行验证和补充释义。

取 0.25、0.5、0.75 分别代表"低""中等""高"三种不同水平的产研合作（δ），考察在不同产研合作程度下，政府补贴预算分配比例（θ^*）与行业规模（n）间的关系，结果如图 4－1 所示。

可以看出，无论在何种产研合作程度下，政府补贴预算比例与行业规模之间均存在非线性关系：当 $n \leqslant 3$ 时，随着行业内寡头企业数量的增加，政府更倾向于加强对研究机构的补贴力度；而当 $n > 3$ 时，随着行业规模的扩张，政府会加大对企业 R&D 的支持力度。此外，当行业规模一定时，低产研合作程度下的政府补贴预算分配比例最高，中等产研合作程度下的补贴预算分配比例次之，而高产研合作程度下的补贴预算分配比例最低。这说明较高程度的产研合作会增强政府向科研机构实施补贴的意愿，并降低政府对企业创新的支持力度。当产研合作程度较低时，科研机构与市场企业合作研发的机会较少，科研机构较难通过企业将其研发成果"产业化"，难以起到提升和改善社会福利的作用，故政府会将大部分补贴分配给企业。而当产研合作程度处在中等或较高水平时，政府补贴预算分配比

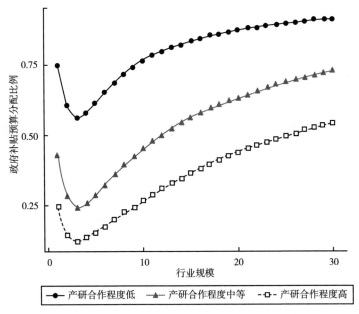

图 4 - 1　产研合作、行业规模与政府补贴分配比例

例往往会受到产研合作程度和行业规模的复合影响。具体来讲，行业规模较小时，产研合作对补贴预算分配比例的抑制作用占主导，政府会将大部分补贴分配给科研机构；而随着行业规模的扩张，规模效应逐渐显现，政府会逐渐将补贴向市场中的研发企业倾斜。

　　概括来讲，产研合作不仅有利于强化市场企业与科研机构的 R&D 投入的意愿，还有益于企业利润、消费者福利以及社会福利水平的提升；较高程度的产研合作会增强政府向科研机构实施补贴的意愿而降低政府对企业创新的支持力度。

4.3　实证分析

　　本部分将从产研合作视角切入，将产研合作细分为合作建立、合作等级以及合作效果三个层面，在深入考察产研合作在政府补贴与企业创新之间的作用方式与作用效果的同时，补充和完善政府补贴作用于企业创新的路径与机制。

　　为剖析企业完整的创新过程，我们分别从研发投入、创新产出以及企业绩效三个不同阶段进行分析。其中，创新产出涉及创新产出数量以及创新产出质量两个方面。值得注意的是，企业博士后工作站是产研合作的高级模式，借鉴权小锋等（2020）的思路，我们采用博士后工作站对企业产研合作进行刻画，包括产研合作的建立、等级以及效果。产研合作建立通过虚拟变量来描述：若企业在样本期间内设有博士后工作站取值为 1，否则取 0。产研合作等级的设定借鉴权小锋等（2020）的思路，将"985 工程""211 工程"高校以及其他高校分别赋值为 3、2、1。考虑到部分企业的博士后工作站合作方中不仅有各大高校，还有中国科学院及其下属院所，为便于量化，将中国科学院级别等同于"985 工程"院校，取值为 3；而中国科学院下属院所均等同于"211 工程"院校，取值为 2。另外，企业博士后工作站可能同时与多个院校合作，为凸显合作院校等级的重要性，在赋值基础上又分别为三种级别院校等级人为分配 3∶2∶1 的权重。产研合作效果依据官方发布的博士后工作站综合评估结果，将企业产研合作的效果进行分级：优（4 分）、良（3 分）、中（2 分）、差（1 分）。综合评估是针对设立三年及以上的工作站进行质量评估，相关机构根据进出工作站标准、创新产出、经济社会价值情况等对工作站进行综合评估，并将其划分为"优、良、中、差"四类。此外，为使回归结果更加准确可信，我们对企业规模、年龄、财务杠杆、现金流比率、营运资本、独立董事占比、董事会规模等一系列企业特征变量进行控制。

我们选取 2007～2016 年中国沪深 A 股上市企业为研究样本，数据主要来源于万得数据库（WIND）以及国泰安数据库（China Stock Market & Accounting Research Database，CSMAR），并按如下原则对样本企业进行筛选：首先，剔除在样本观测期内某一年度数据严重缺失的企业样本；其次，剔除在样本观测期内被特别处理（Special Treatment，ST）、退市预警（*ST）、特别转让（Particular Transfer，PT）类企业；最后，对连续变量在 1% 的水平上进行缩尾（Winsorize）处理，以此消除极端异常值的干扰。通过上述筛选过程，最终获得符合条件的观测数据共 4306 条。本研究中所涉及变量的类别、名称、符号及定义归纳为表 4 - 1。

表 4 - 1   变量介绍

类别	变量名称	符号	定义
被解释变量	研发投入	*RDinput*	研发投入比重，即企业当期研发投入/企业总资产
	创新数量	*Innovation*	ln（企业全年所有类型专利*申请数 +1）
	创新质量	*Inn*	ln（企业全年发明专利申请数 +1）
	企业绩效	*Roa*	企业资产收益率，即当期净利润/期初总资产

续表

类别	变量名称	符号	定义
核心解释变量	政府补贴	Subsidy	企业获得的政府补助/企业总资产
中介变量	产研合作建立	IUR1	虚拟变量：若企业在样本期间内设有博士后工作站则取 1，否则取 0
	产研合作等级	IUR2	博士后工作站合作院校等级的加权值
	产研合作效果	IUR3	博士后工作站综合评估结果
控制变量	企业规模	Size	ln（企业总资产）
	企业年龄	Age	ln（观测年度 − 企业成立年份 + 1）
	企业财务杠杆	Lever	企业总负债/企业总资产
	企业现金流比率	Cf	经营活动产生的现金流量净额/期初总资产
	企业营运资本	Capital	企业营运资本/总资产
	企业独立董事占比	Indep	企业独立董事人数/董事总人数
	企业董事会规模	Board	ln（企业董事会成员人员）
	第一大股东持股比例	First	企业第一大股东持股百分比

注：＊根据中国专利分类，发明专利、实用新型专利和外观设计专利三种类型的专利在创新程度和价值上存在差异，由高到低依次为发明专利、实用新型专利、外观设计专利（黎文靖等，2016）。其中，发明专利主要是针对产品、方法或相应的改进提出的全新设计，对技术要求更高，相较于其余两种更有研发难度，更能反映企业技术创新能力。

表 4－2 汇总了相关变量的描述性统计。企业研发投入的均值为 0.0225，标准差为 0.0221，说明该变量的波动较小。创新产出数量与创新产出质量是对企业创新行为的衡量，极值间的差异较大，分别为 5.8421 与 5.7589，说明样本企业的创新行为具有较高的异质性。产研合作建立均值为 0.5085，表明样本中有 50.85% 的企业设立了博士后工作站。产研合作等级和合作效果能够反映校企合作的质量，从这两个变量的均值水平来看，校企合作质量整体偏低。

表 4－2　　　　　　　　　　　描述性统计

变量	均值	标准差	最小值	最大值	样本量
RDinput	0.0225	0.0221	0	0.1128	4306
Innvation	2.7042	1.3008	0.6931	6.5352	4306
Inn	1.9058	1.2823	0	5.7589	4306
Roa	0.0456	0.0505	− 0.1372	0.1936	4306
Subsidy	0.0074	0.0096	0	0.0622	4058

续表

变量	均值	标准差	最小值	最大值	样本量
*IUR*1	0. 5085	0. 4999	0	1	4306
*IUR*2	11. 1697	9. 2150	1	49	589
*IUR*3	2. 2674	0. 6482	1	4	617
Size	21. 9703	1. 1901	19. 8974	26. 0191	4306
Age	2. 7125	0. 3032	1. 9459	3. 3672	4306
Lever	0. 4206	0. 1992	0. 0469	0. 8672	4306
Cf	0. 0551	0. 0816	− 0. 1775	0. 3164	4306
Capital	0. 2287	0. 2438	− 0. 3626	0. 8003	4306
Indep	0. 3702	0. 0520	0. 3076	0. 5714	4306
Board	8. 8622	1. 7102	3	18	4306
First	0. 3542	0. 1439	0. 0923	0. 7482	4303

4.3.1　政府补贴对产研合作的影响分析

　　我们从产研合作的建立、等级以及效果三个层面，考察政府补贴对产研合作的影响效果。考虑到被解释变量的数据类型有所不同，我们采用三种不同的模型进行估计。具体来说，由于产研合作建立为二分类变量，故采用 Logit 模型①进行分析；因产研合作等级类似连续变量，故采用最小二乘法（OLS）进行分析；由于产研合作效果属于有序分类变量，故采用 Order Logit 模型②进行分析。估计结果整理见表 4 – 3。

表 4 – 3　　　　　　政府补贴影响产研合作的估计结果

项目	被解释变量：产研合作		
	产研合作的建立 （*IUR*1）	产研合作的等级 （*IUR*2）	产研合作的效果 （*IUR*3）
	模型 1（Logit）	模型 2（OLS）	模型 3（Order Logit）
Subsidy	20. 3896 *** （5. 3661）	85. 6047 ** （2. 1867）	− 13. 8399 ** （− 1. 9879）
Size	0. 0465 （1. 2329）	0. 4825 （0. 9323）	0. 0562 （0. 5895）

---

　　①　Logit 回归属于概率型非线性回归，依据因变量取值个数，分为二分类和多分类回归模型。其中，二分类回归模型的因变量只有"是、否"两个取值，分别记为 1 和 0（张世斌，2015）。
　　②　Order Logit 模型又被称为有序 Logit 模型，常被用于估计多类别离散选择数据。

项目	被解释变量：产研合作		
	产研合作的建立 （IUR1）	产研合作的等级 （IUR2）	产研合作的效果 （IUR3）
	模型 1（Logit）	模型 2（OLS）	模型 3（Order Logit）
Lever	0.1676 (0.5447)	8.8764 ** (2.0192)	1.0820 (1.1667)
Age	0.5684 *** (4.5955)	2.3528 (1.2679)	−0.6073 (−1.6163)
Cf	−0.4508 (−1.0592)	11.3253 * (1.9618)	2.6041 ** (1.9662)
Capital	0.3372 (1.4225)	7.3591 ** (2.1702)	0.2380 (0.2939)
Indepen	2.1775 *** (3.1652)	−12.7684 * (−1.9398)	3.7491 ** (2.0595)
Board	0.0946 *** (4.1256)	0.1934 (0.6372)	0.0755 (1.3482)
First	−2.1419 *** (−8.7511)	−0.9062 (−0.3100)	1.8540 *** (2.6355)
常数项	−3.6276 *** (−4.2542)	−13.3662 (−1.3296)	—
年份	yes	yes	yes
行业	yes	yes	yes
地区	yes	yes	yes
样本量	4055	555	615
调整后 R^2	0.1123	0.2652	0.1969

注：括号内为 t 值；***、** 和 * 分别表示在 1%、5% 和 10% 的显著性水平上显著。

表 4-3 中的模型 1 考察了政府补贴对产研合作建立的作用效果，结果显示政府补贴的估计系数为 20.3896 且在 1% 的显著性水平上显著，表明政府补贴能够有效提升企业产研合作建立的概率，政府补贴每提高 10%，企业开展产研合作的概率就会提升至原来的 7.7 倍①。模型 2 考察

① 假设初始概率为 it，则概率对数为 ln(it)。根据政府补贴的估计系数，当政府补贴提高 10% 时，概率对数变为 ln(it') = ln(it) + 2.0390，即概率对数增加了 2.0390。相应地，概率变为原来的 $e^{2.0309} \approx 7.7$ 倍。

了政府补贴对产研合作等级的影响，结果显示政府补贴的估计系数为
85.6047且在5%的显著性水平上显著，表明政府向企业实施补贴有利于
提升其产研的合作等级。究其原因，可能是政府补贴会释放出企业具有技
术优势或高质量研发项目等优质信号，这有助于开拓"获补"企业的创新
资源获取渠道（夏清华和何丹，2020），进而提升产研合作等级。模型3
的估计结果证实政府补贴对产研合作效果的影响显著为负，意味着政府补
贴越多，"获补"企业产研合作效果变差的概率就会越高。这是由于"获
补"企业往往会对政府补贴产生依赖，为获取更多补贴，他们更倾向于放
弃周期较长的优质创新项目而选择成功率更高的简单项目（刘元雏，
2020），从而导致产研合作效果变差。此外，表4-3显示，企业规模大小
与产研合作之间没有显著的关联；企业财务杠杆与营运资本水平能够显著
提升产研合作的等级；较大的企业年龄和董事会规模能够提高企业开展产
研活动的可能性；企业现金流比率的增加有益于改善产研合作等级与合作
效果；较高的企业独立董事比率不仅有利于企业开展产研合作，还有益于
合作效果的提升；企业大股东持股比例越高，越有利于提升产研合作
效果。

4.3.2 政府补贴对企业创新全过程的影响分析

4.3.2.1 估计结果讨论

本部分基于CDM框架[①]，从"投入—产出—绩效"三个层面，探讨
政府补贴作用于企业创新全过程的效果，估计结果整理为表4-4。

表4-4 　　　　CDM框架下政府补贴影响企业创新的估计结果

项目	被解释变量			
	研发投入 （RDinput）	创新产出数量 （Innovation）	创新产出质量 （Inn）	绩效 （Roa）
	(1)	(2)	(3)	(4)
Subsidy	0.4344 *** (9.3247)	12.2733 *** (5.7415)	20.0059 *** (9.3926)	0.2943 *** (3.9466)
Size	-0.0019 *** (-6.1259)	0.4369 *** (19.2672)	0.4454 *** (19.4459)	0.0077 *** (10.6567)

---

① CDM框架由克雷蓬、杜盖和迈雷斯（Crepon、Duguet and Mairesse）于1998年提出，主
要用于研究不同因素对企业创新决策、创新投入、创新产出、生产率水平等方面的影响。

续表

项目	被解释变量			
	研发投入 （RDinput）	创新产出数量 （Innovation）	创新产出质量 （Inn）	绩效 （Roa）
	(1)	(2)	(3)	(4)
Lever	0.0063 ** (2.4517)	0.4806 *** (2.7983)	0.4166 ** (2.3788)	0.0610 *** (10.1017)
Age	-0.0048 *** (-4.7856)	0.0013 (0.0193)	-0.0596 (-0.8963)	-0.0028 (-1.2316)
Cf	0.0388 *** (8.5521)	1.2418 *** (5.3731)	0.9164 *** (3.9204)	0.2285 *** (24.0305)
Capital	0.0154 *** (7.7848)	0.8997 *** (6.6729)	0.7738 *** (5.5791)	0.0665 *** (14.7214)
Indepen	0.0117 ** (1.9747)	0.5550 (1.4012)	0.7910 ** (1.9682)	-0.0461 *** (-3.5138)
Board	0.0002 (0.9829)	0.0301 ** (2.1854)	0.0451 *** (3.2628)	0.0002 (0.4288)
First	0.0009 (0.4070)	0.0850 (0.6294)	-0.2294 * (-1.6521)	0.0098 ** (2.1105)
常数项	0.0226 *** (3.3137)	-8.6421 *** (-16.2197)	-9.4240 *** (-17.7916)	-0.0826 *** (-5.0216)
年份	yes	yes	yes	yes
行业	yes	yes	yes	yes
地区	yes	yes	yes	yes
样本量	4055	4055	4055	4055
调整后 R^2	0.3832	0.2538	0.2158	0.4332

注：括号内为 t 值；***、** 和 * 分别表示在 1%、5% 和 10% 的显著性水平上显著。

表 4-4 第（1）列估计结果显示，政府补贴的估计系数在 1% 的统计水平上显著为正，说明政府补贴能够有效挤入企业的研发投入。第（2）列和第（3）列的估计结果表明，政府补贴有助于提升企业创新产出的数量和质量。这与黎文靖等（2016）的研究结果相似，说明享受到政府补贴的企业倾向于通过增加专利申请量的方式来争取更多的政府创新支持。第（4）列估计结果显示，政府补贴对企业绩效的影响在 1% 的显著性水平上显著为正，其原因可能是政府补贴可有效降低企业成本，进而带动企业绩效的提升（李玲和陶厚永，2013）。

4.3.2.2 稳健性检验

本部分将从"内生性"和"样本选择"这两个方面对估计结果的稳健性进行探讨。论证过程可能因忽视和遗漏企业变量而造成内生性问题，因此，我们借助两阶段最小二乘法（2SLS），以样本企业上一年度是否被认定为"国家企业技术中心"（*Plateform*）以及同一行业中所有上市企业获得的政府补贴金额的年度均值（*Sub_m*）作为政府补贴的工具变量①，对模型进行估计。估计结果整理为表 4 - 5。

表 4 - 5   稳健性检验（内生性）

项目	研发投入	创新产出数量	创新产出质量	绩效
第一阶段				
工具变量				
Sub_m	0.8550 *** (8.9702)	0.8550 *** (8.9702)	0.8550 *** (8.9702)	0.8550 *** (8.9702)
Plateform	0.0017 *** (5.2698)	0.0017 *** (5.2698)	0.0017 *** (5.2698)	0.0017 *** (5.2698)
控制变量	yes	yes	yes	yes
样本量	4049	4049	4049	4049
调整后 R^2	0.1369	0.1369	0.1369	0.1369
第二阶段				
核心解释变量				
Subsidy	1.6223 *** (7.3672)	98.6260 *** (6.8914)	128.9626 *** (7.9634)	0.7587 * (1.8601)
控制变量	yes	yes	yes	yes
样本量	4049	4049	4049	4049
调整后 R^2	0.1596	0.1358	0.3494	0.4308
过度识别检验	$p = 0.192$	$p = 0.358$	$p = 0.257$	$p = 0.216$

注：括号内为 t 值；*** 和 * 分别表示在 1% 和 10% 的显著性水平上显著。

由于工具变量的个数多于内生变量的个数，因此，须进行工具变量的过度识别检验。表 4 - 5 中的过度识别检验结果显示 p 值均高于 10%，证实无法拒绝"所有工具变量均外生"的原假设，利用工具变量法来缓解内生性问题的方案合理可行。第一阶段的回归结果显示，工具变量 *Plateform*

---

① 这两个指标能够较好地体现政府实施补贴的倾向和力度，同时与企业当期的企业创新发展并无直接相关关系，因而能够作为政府补贴的工具变量。

与 *Sub_m* 对于企业获得政府补贴均存在显著的正向影响；在第二阶段剔除干扰因素后，政府补贴仍能显著促进企业的研发投入、创新产出水平和质量以及绩效，表明前面的结论具有较好的稳健性。

政府在向企业发放补贴前，通常会对企业资质与发展前景进行考核，致使研究样本不是随机被选择，可能会造成样本选择偏误问题。为此，我们采用 Heckman 两阶段法来解决由所获数据不能代表研究总体而导致的样本选择问题。估计过程分两步进行：首先，根据 Probit 模型为每个样本计算逆米尔斯比率，借此修正样本选择偏差；其次，在原有的回归方程中加入逆米尔斯比率并进行参数估计，得到第二阶段的方程，并根据该方程中逆米尔斯比率的显著性来判断是否存在样本选择偏差。表 4 – 6 的回归结果显示，在考虑了样本选择偏差后，核心解释变量的显著性没有发生变化且系数变化幅度较小，从侧面证实前面的研究结果具有较好的稳健性。

表 4 – 6 稳健性检验（样本选择）

项目	研发投入	创新产出数量	创新产出质量	绩效
Subsidy	0. 4344 *** (14. 2589)	12. 2733 *** (6. 2978)	20. 0059 *** (10. 1516)	0. 2943 *** (4. 4349)
控制变量	yes	yes	yes	yes
样本量	4055	4055	4055	4055

注：括号内为 t 值；*** 表示在 1% 的显著性水平上显著。

4.3.3 产研合作的中介效应分析

产研合作作为整合创新资源的有效手段，对企业创新具有重要影响，而政府补贴可能通过影响产研合作进而对企业创新行为产生间接影响。本部分对产研合作是否在政府补贴与企业创新行为之间发挥中介效应进行检验。以产研合作建立 *IUR1* 在政府补贴 *Subsidy* 与企业研发投入 *RDinput* 之间的中介效应检验为例，变量间的关系用下列方程进行描述：

$$RDinput = cSubsidy + \mathbf{X}\boldsymbol{\theta}_1 + e_1$$
$$IUR1 = aSubsidy + \mathbf{X}\boldsymbol{\theta}_2 + e_2 \qquad (4-24)$$
$$RDinput = c'Subsidy + bIUR1 + \mathbf{X}\boldsymbol{\theta}_3 + e_3$$

其中，*Subsidy* 为自变量；*IUR1* 为中介变量；*RDinput* 为因变量。具体检验步骤如下：首先，检验回归系数 c 是否显著，如果显著则可进行下一步骤，否则检验结束。其次，进行巴伦和肯尼（Baron and Kenny，1986）提出的部分中介检验，依次检验自变量 Subsidy 对中介变量 IUR1 的回归系数 a、中介变量 IUR1 对因变量 RDinput 的回归系数 b 是否显著。如果都显著，则表明自变量 Subsidy 对因变量 RDinput 的影响至少有一部分是通过中介变量 IUR1 实现的；如果至少一个不显著，由于该检验犯第二类错误的可能性较大，因此还不能下结论，需进行下一步分析。最后，进行 Sobel 检验，如果 Sobel 检验显著，意味着中介变量 IUR1 在自变量 Subsidy 和因变量 RDinput 之间起到显著的中介作用，否则中介效应不存在，检验结束。表 4-7 归纳了分别以产研合作建立、合作等级、合作效果为中介变量的 Sobel 检验结果。

表 4-7 产研合作的中介效应检验结果

（1）中介变量：产研合作建立 IUR1				
项目	研发投入	创新产出数量	创新产出质量	绩效
间接效应	0.0056 * (1.7533)	0.7262 *** (3.3331)	1.4359 *** (4.6842)	0.0047 (0.8081)
直接效应	0.5315 *** (15.5547)	15.3496 *** (7.7249)	21.6051 *** (11.1364)	0.2133 *** (3.2426)
总效应	0.5371 *** (15.4475)	16.0758 *** (8.1063)	23.0411 *** (11.8234)	0.2181 *** (3.3282)
Sobel 检验	z = 1.753, p = 0.079	z = 3.333, p = 0.001	z = 4.684, p = 0.000	z = 0.808, p = 0.419

（2）中介变量：产研合作等级 IUR2				
项目	研发投入	创新产出数量	创新产出质量	绩效
间接效应	0.0064 (0.9216)	1.1862 (1.1436)	0.8843 * (2.1150)	0.0069 (0.6534)
直接效应	0.2394 *** (2.7675)	0.2823 *** (5.5384)	8.2518 *** (3.5997)	0.0975 * (1.885)
总效应	0.2458 *** (0.0045)	1.4685 ** (2.8320)	9.1361 * (1.7565)	0.1044 * (1.973)
Sobel 检验	z = 0.922, p = 0.357	z = 1.144, p = 0.253	z = 2.115, p = 0.094	z = 0.653, p = 0.513

（3）中介变量：产研合作效果 *IUR3*			
项目	研发投入	创新产出数量	创新产出质量	绩效
间接效应	-0.0116 (-1.3538)	-0.9657 (-1.4324)	-0.9805 (-1.4435)	-0.0179 (-1.245)
直接效应	0.5951*** (8.9455)	15.6621*** (3.8478)	22.5074*** (5.7603)	0.1233 (0.9070)
总效应	0.5834*** (8.7387)	14.6964*** (3.5787)	21.5268*** (5.4533)	0.1054 (0.7747)
Sobel 检验	z = -1.354, p = 0.176	z = -1.432, p = 0.152	z = -1.444, p = 0.149	z = -1.245, p = 0.213

注：括号内为 z 值；***、** 和 * 分别表示在1%、5%和10%的显著性水平上显著。

表4-7检验结果表明，产研合作建立对于政府补贴作用于企业研发投入、创新产出数量以及创新产出质量具有显著的中介效应。政府补贴虽有助于推进产研合作的建立并提升企业的创新能力（赵晶等，2020），但由于创新成果并未及时有效地转化为被市场接受的产品，企业绩效未能显著提升（范寒冰和徐承宇，2018）。此外，产研合作等级这一变量对于政府补贴提升企业创新的产出质量具有明显的中介效应。具体来说，前面证实政府补贴有利于企业提升产研合作的等级，并且合作院校等级越高，其师资水平与创新能力也就越高。而这种创新资源的优势对提升企业创新产出质量具有决定性的作用（权小锋等，2020）。相比之下，产研合作等级在企业研发投入等方面的中介效应并不明显。另外，产研合作效果在政府补贴与企业创新发展之间不具有显著的中介作用。政府补贴无法通过改善产研合作效果来推动企业的创新发展，究其原因，可能是获补企业容易对政府资助产生依赖，在"寻补贴"的过程中过度追求创新数量而忽略质量，致使补贴难以通过提升产研合作效果来推动企业创新发展。

4.3.4　中介效应异质性探讨

本部分将产权性质、行业属性、区位差异等纳入研究框架，深入探讨不同层面的异质性因素对于企业创新行为、政府补贴与产研合作之间关系的影响。

4.3.4.1　企业产权性质

根据企业产权性质的不同，我们将样本划分为国有企业与非国有企业两组。在探讨政府补贴对企业创新行为直接影响的基础上，检验产研合作的中介效应在不同产权性质企业中的差异。由表 4 - 8 可知，与国有企业相比，政府补贴在提升非国有企业的绩效上效果更佳。在激励研发投入与创新产出方面，政府补贴对两类企业的影响效果并无显著差异。表 4 - 9 列示了产研合作在不同产权性质企业中的中介效应差异。Sobel 检验结果证实，政府补贴通过提升企业建立产研合作的概率，会显著抑制国有企业的研发投入。然而，对比国有企业与非国有企业发现，政府补贴对企业创新产出数量及产出质量的间接提升效果并无显著差异。

表 4 - 8　　　　　　　　基于企业产权性质分组的估计结果

项目	国有企业 Soe = 1				非国有企业 Soe = 0			
	研发投入	创新产出数量	创新产出质量	绩效	研发投入	创新产出数量	创新产出质量	绩效
Subsidy	0.2933 ***	15.5788 ***	22.0329 ***	0.1281	0.5506 ***	9.7808 ***	18.1050 ***	0.4648 ***
	(4.3530)	(4.3835)	(6.3033)	(1.1790)	(9.3475)	(3.8607)	(7.0570)	(4.6036)
控制变量	yes	yes	yes	yes	yes	yes	yes	yes
样本量	1560	1560	1560	1560	2495	2495	2495	2495
调整后 R^2	0.3517	0.3339	0.2917	0.4335	0.3741	0.1920	0.1548	0.4293

注：括号内为 t 值；*** 表示在 1% 的显著性水平上显著。

表 4 - 9　　　　　　　　基于企业产权性质的中介效应异质性分析

中介变量	国有企业 Soe = 1					
	产研合作建立		产研合作等级		产研合作效果	
	Sobel 检验	间接效应	Sobel 检验	间接效应	Sobel 检验	间接效应
政府补贴→企业研发投入	z = -2.1230, p = 0.0340	-0.0116 ** (-2.1227)	z = 0.9190, p = 0.3580	—	z = -0.6070, p = 0.5430	—
政府补贴→企业创新产出数量	z = 1.6830, p = 0.0920	0.5115 * (1.6827)	z = 1.5800, p = 0.1140	—	z = -0.6560, p = 0.5120	—
政府补贴→企业创新产出质量	z = 1.9250, p = 0.0540	0.6109 * (1.9253)	z = 1.5590, p = 0.1180	—	z = -0.6800, p = 0.4960	—
政府补贴→企业绩效	z = -0.8860, p = 0.3750	—	z = 1.3120, p = 0.1890	—	z = -0.4990, p = 0.6170	—

中介变量	非国有企业 Soe = 0					
	产研合作建立		产研合作等级		产研合作效果	
	Sobel 检验	间接效应	Sobel 检验	间接效应	Sobel 检验	间接效应
政府补贴→企业研发投入	z = -0.3860, p = 0.6990	—	z = 0.0420, p = 0.9650	—	z = -0.4130, p = 0.6790	—

续表

	非国有企业 Soe = 0					
中介变量	产研合作建立		产研合作等级		产研合作效果	
	Sobel 检验	间接效应	Sobel 检验	间接效应	Sobel 检验	间接效应
政府补贴→企业创新产出数量	z = 3.0330, p = 0.0020	0.9518 *** (3.0330)	z = 0.0430, p = 0.9680	—	z = -0.4160, p = 0.6770	—
政府补贴→企业创新产出质量	z = 4.4560, p = 0.0000	2.2653 *** (4.4563)	z = 0.0410, p = 0.9660	—	z = -0.4150, p = 0.6780	—
政府补贴→企业绩效	z = 1.4720, p = 0.1410	—	z = -0.0430, p = 0.9650	—	z = -0.4060, p = 0.6840	—

注：括号内为 z 值；***、** 和 * 分别表示在 1%、5% 和 10% 的显著性水平上显著。

4.3.4.2　企业所属行业

将企业样本按照行业属性划分为高新技术企业与非高新技术企业两组，分别探讨政府补贴对企业创新行为的影响以及产研合作在其中起到的中介作用。由表 4 - 10 的估计结果可知，无论是高新技术企业还是非高新技术企业，政府补贴皆能对其研发投入、创新产出及绩效起到显著的促进作用，再次验证了表 4 - 4 结果的合理性。

表 4 - 10　　　　　　　　基于企业行业属性分组的估计结果

项目	高新技术企业 Hightech = 1				非高新技术企业 Hightech = 0			
	研发投入	创新产出数量	创新产出质量	绩效	研发投入	创新产出数量	创新产出质量	绩效
Subsidy	0.5714 *** (6.0383)	8.6638 ** (2.4385)	14.9031 *** (4.0313)	0.4810 *** (3.7711)	0.3419 *** (7.0382)	13.4349 *** (5.0515)	20.9672 *** (8.1793)	0.2186 ** (2.4100)
控制变量	yes	yes	yes	yes	yes	yes	yes	yes
样本量	1455	1455	1455	1455	2600	2600	2600	2600
调整后 R^2	0.4588	0.2919	0.2217	0.4728	0.3306	0.2422	0.2329	0.4054

注：括号内为 t 值，*** 和 ** 分别表示在 1% 与 5% 的显著性水平上显著。

根据表 4 - 11 的检验结果可知，政府补贴通过助推获补企业建立产研合作间接激励企业研发投入的作用效果在高新技术企业中更加明显，而对创新产出数量及质量的间接提升效果在两类企业中并无显著差异。值得注意的是，针对非高新技术企业，政府补贴通过提升产研合作等级，一方面间接促进了企业创新产出质量及绩效，另一方面则降低了企业的创新产出数量。究其原因，可能是非高新技术企业具有研发资金少、技术储备不足等劣势，而产研合作等级的提升可弥补非高新技术企业的短板，通过"以数量换质量"方式提升"获补"企业的创新质量与绩效。

表4－11　　　　　　　基于企业行业属性的中介效应异质性分析

高新技术企业 Hightech = 1						
中介变量	产研合作建立		产研合作等级		产研合作效果	
	Sobel 检验	间接效应	Sobel 检验	间接效应	Sobel 检验	间接效应
政府补贴→企业研发投入	z = 2.4730, p = 0.0130	0.0222 ** (2.4726)	z = 0.8640, p = 0.3870	—	z = -0.6880, p = 0.4910	—
政府补贴→企业创新产出数量	z = 2.0140, p = 0.0430	0.7809 ** (2.0141)	z = -0.8440, p = 0.3980	—	z = -0.6740, p = 0.501	—
政府补贴→企业创新产出质量	z = 2.3200, p = 0.0200	0.9554 ** (2.3204)	z = -0.6720, p = 0.5020	—	z = -0.6870, p = 0.4910	—
政府补贴→企业绩效	z = 1.4530, p = 0.1460		z = 0.9640, p = 0.3340		z = -0.6490, p = 0.5160	

非高新技术企业 Hightech = 0						
中介变量	产研合作建立		产研合作等级		产研合作效果	
	Sobel 检验	间接效应	Sobel 检验	间接效应	Sobel 检验	间接效应
政府补贴→企业研发投入	z = 0.3830, p = 0.7020	—	z = 0.9640, p = 0.3340	—	z = -0.5770, p = 0.5630	—
政府补贴→企业创新产出数量	z = 2.9190, p = 0.0030	0.8192 *** (2.9192)	z = -2.2060, p = 0.0270	-4.6322 ** (-2.2063)	z = -0.6570, p = 0.5110	—
政府补贴→企业创新产出质量	z = 3.7570, p = 0.0000	1.6412 *** (43.7569)	z = 2.0200, p = 0.0430	3.3669 ** (2.0204)	z = -0.6520, p = 0.5130	—
政府补贴→企业绩效	z = -0.5510, p = 0.5810	—	z = 1.9170, p = 0.0550	0.0958 * (1.9166)	z = -0.5970, p = 0.5500	—

注：括号内为 z 值；*** 、** 和 * 分别表示在1%、5%和10%的显著性水平上显著。

4.3.4.3　企业所在区位

根据企业所在地的地理区位将样本划分为东部地区、中部地区以及西部地区三组。表4－12的估计结果显示，政府补贴对企业绩效的提升效果仅在东部地区显著，对研发投入的激励效果则在东部及中部地区更加明显，对创新产出的促进作用在东部、中部及西部地区并无显著差异。综合上述结果可以判断，政府补贴对企业创新的直接影响呈现"东部＞中部＞西部"的规律。这是因为相较于中西部地区的企业，东部地区企业具有更优的创新发展环境和更好的创新资源禀赋，这为强化政府补贴的创新激励效果提供了有利条件。

表 4 - 12　　　　　　基于企业地理区位分组的估计结果

东部企业 *Region* = 1

项目	研发投入	创新产出数量	创新产出质量	绩效
Subsidy	0. 4740 ***	9. 9970 ***	18. 7894 ***	0. 4344 ***
	(8. 2683)	(4. 0634)	(7. 3119)	(4. 9894)
控制变量	yes	yes	yes	yes
样本量	2831	2831	2381	2381
调整后 R^2	0. 3956	0. 2599	0. 2269	0. 4249

中部企业 *Region* = 2

项目	研发投入	创新产出数量	创新产出质量	绩效
Subsidy	0. 4409 ***	14. 0919 ***	20. 6200 ***	0. 0412
	(4. 8883)	(3. 0594)	(5. 0430)	(0. 3104)
控制变量	yes	yes	yes	yes
样本量	830	830	830	830
调整后 R^2	0. 3576	0. 3071	0. 2496	0. 4513

西部企业 *Region* = 3

项目	研发投入	创新产出数量	创新产出质量	绩效
Subsidy	- 0. 0361	25. 2002 ***	30. 0397 ***	- 0. 4421
	(- 0. 3954)	(2. 6023)	(2. 9994)	(- 1. 0205)
控制变量	yes	yes	yes	yes
样本量	394	394	394	394
调整后 R^2	0. 3352	0. 1810	0. 1446	0. 4422

注：括号内为 t 值；*** 表示在 1% 的显著性水平上显著。

　　延续前面的思路，针对产研合作在政府补贴与企业创新之间的中介效应进行异质性讨论。表 4 - 13 的 Sobel 检验结果证实，政府补贴通过助推企业建立产研合作，对创新产出及绩效的提升作用在东部地区获补企业中更为显著，而对研发投入的抑制效果则在中部地区获补企业中更加明显。此外，无论是对于东部、中部还是西部企业而言，政府补贴均无法通过提升产研合作等级与合作效果对企业创新行为产生影响。总体来看，政府补贴通过产研合作对企业创新的间接影响效果存在"东部 > 西部 > 中部"的规律。

表4－13　基于企业所在地理区位的中介效应异质性分析

东部企业 *Region* = 1

中介变量	产研合作建立		产研合作等级		产研合作效果	
	Sobel 检验	间接效应	Sobel 检验	间接效应	Sobel 检验	间接效应
政府补贴→企业研发投入	$z = -0.6890$, $p = 0.4900$	—	$z = 0.7720$, $p = 0.4400$	—	$z = -1.0350$, $p = 0.3010$	—
政府补贴→企业创新产出数量	$z = 3.3780$, $p = 0.0010$	1.0324 *** (3.3779)	$z = 1.1080$, $p = 0.2680$	—	$z = -1.3840$, $p = 0.177$	—
政府补贴→企业创新产出质量	$z = 4.3420$, $p = 0.0000$	2.0113 *** (4.3423)	$z = 1.0760$, $p = 0.2810$	—	$z = -1.9200$, $p = 0.1960$	—
政府补贴→企业绩效	$z = 1.8600$, $p = 0.0620$	0.0144 * (1.8603)	$z = -0.5660$, $p = 0.5710$	—	$z = -0.8050$, $p = 0.4200$	—

中部企业 *Region* = 2

中介变量	产研合作建立		产研合作等级		产研合作效果	
	Sobel 检验	间接效应	Sobel 检验	间接效应	Sobel 检验	间接效应
政府补贴→企业研发投入	$z = -1.6770$, $p = 0.0930$	-0.0127 * (-1.6768)	$z = 0.2350$, $p = 0.8140$	—	$z = 0.1940$, $p = 0.8640$	—
政府补贴→企业创新产出数量	$z = -0.2530$, $p = 0.8000$	—	$z = 0.9050$, $p = 0.3650$	—	$z = 0.1960$, $p = 0.8440$	—
政府补贴→企业创新产出质量	$z = -0.1950$, $p = 0.8450$	—	$z = 0.8740$, $p = 0.3820$	—	$z = 0.1960$, $p = 0.8440$	—
政府补贴→企业绩效	$z = -1.203$, $p = 0.2290$	—	$z = 0.331$, $p = 0.7410$	—	$z = 0.1970$, $p = 0.8430$	—

西部企业 *Region* = 3

中介变量	产研合作建立		产研合作等级		产研合作效果	
	Sobel 检验	间接效应	Sobel 检验	间接效应	Sobel 检验	间接效应
政府补贴→企业研发投入	$z = -1.2180$, $p = 0.2230$	—	$z = 0.7190$, $p = 0.4710$	—	$z = 0.4820$, $p = 0.6290$	—
政府补贴→企业创新产出数量	$z = 0.6970$, $p = 0.4850$	—	$z = 0.5960$, $p = 0.5510$	—	$z = 0.5120$, $p = 0.6080$	—
政府补贴→企业创新产出质量	$z = 1.0800$, $p = 0.2800$	—	$z = 0.4350$, $p = 0.6630$	—	$z = 0.5300$, $p = 0.5950$	—
政府补贴→企业绩效	$z = -0.3600$, $p = 0.7180$	—	$z = -0.6980$, $p = 0.4850$	—	$z = 0.0210$, $p = 0.9830$	—

注：括号内为 z 值；*** 和 * 分别表示在 1% 和 10% 的显著性水平上显著。

4.4　总　　结

　　"十四五"规划明确指出，要强化企业创新主体地位，促进各类创新要素向企业集聚，形成以企业为主体、市场为导向、产学研用深度融合的技术创新体系。为缓解企业在创新要素及资源上的短缺问题，政府先后采取了一系列措施（郭菊娥等，2022）。例如，在企业科研资金支持方面，政府部门通过实施补贴等普惠性政策，激励企业开展创新活动；在企业科技人才支持方面，从深化人才发展体制机制改革入手，积极引导企业与高校及研究院所建立合作关系，努力推动产研合作。此外，既有研究大多聚焦企业或科研机构在产研合作及创新过程中的动机与行为，而对政府补贴的实施策略及分配方案关注不足。尽管布卢姆和卡洛斯（Blum and Kalus，2003）和吉贝等（Giebe et al.，2006）曾提出用类似拍卖机制的方式来解决固定预算下的政府补贴实施问题，但因科研机构与市场企业从事创新的目的存在差异[①]，拍卖机制难以达到预期目标。在此背景下，本章从产研合作视角出发，不仅通过构建"政府—企业—科研机构"三部门的多阶段动态博弈模型，理论分析政府补贴的最优分配策略并考察产研合作对政府补贴制定和实施的可能影响，还利用工具变量法、有序 Logit 等模型实证探寻产研合作在政府补贴与企业创新之间可能存在的中介效应并深入探索了所有制结构、行业属性以及区位差异等因素对政府补贴、产研合作与企业创新之间关系的影响。研究证实，产研合作不仅有利于强化市场企业与科研机构研发投入的意愿，还有益于企业利润、消费者福利以及社会福利水平的提升。较高程度的产研合作会增强政府向科研机构实施补贴的动机而降低政府对企业创新的支持力度。政府补贴有助于企业与科研机构建立产研合作、提升产研合作等级以及推动企业创新发展。在政府补贴激励企业加大研发投入和提升创新产出数量的过程中，产研合作起到了明显的中介作用；在政府补贴激励企业改善创新产出质量的过程中，产研合作的建立与合作等级的提升发挥了显著的中介作用。政府补贴、产研合作与企业创新之间的关系因企业的产权性质、行业属性及地理区位的不同而存在较

---

　　① 科研机构不进行生产和经营活动而仅从事研发创新工作，其科研经费、研发费用等完全由政府承担，因此目标与政府一致，皆为最大化社会总福利；而企业进行科研创新投入的目的则是最大化企业自身利润。

大差异。具体来讲，政府补贴通过推进产研合作而产生的（间接）创新激励作用，在非国有企业、高新技术企业以及东部地区企业中更为明显。政府补贴通过提升产研合作等级，可弥补非高新技术企业研发资金少、技术储备不足的短板，通过"以数量换质量"方式提升"获补"企业的创新质量与绩效。

本章在既有研究基础上，进行了如下改进。首先，从企业与科研机构的产研合作视角探寻政府补贴的最优分配策略并基于 CDM 框架从企业创新的投入到产出（数量与质量）再到绩效这三个不同阶段分别考察产研合作在政府补贴与企业创新之间的作用方式与作用效果，为理解补贴效能、优化实施补贴政策提供了一种新思路。其次，从产研合作的建立、等级以及效果这三个层面细致衡量产研合作，并将企业所有权结构、所处行业属性、所在地区禀赋等异质性因素纳入考察范围，实现了多层面考察政府补贴、产研合作与企业创新复杂关系，不但丰富了相关研究，还为相关部门因势利导地制定补贴政策提供了理论依据。

本研究仍存在一些不尽之处，有待在未来研究中拓展和完善。其一，政府补贴对企业创新行为的作用路径有很多，本章重点关注了产研合作视角，未来可从高管研发背景等多个视角切入。其二，考虑到政府对于行业龙头企业和小微企业以及技术领导企业和技术跟随企业会采取截然不同的策略，未来理论研究中有必要将企业规模差异、技术差距等因素纳入分析框架。其三，因受数据限制，在政府补贴以及产研合作的衡量指标选取上，仅关注了企业的补贴收入以及博士后工作站的建设状况，未来在数据允许的情况下我们将对这些衡量指标进一步挖掘和细化。

第 5 章　融资寻租视角下的政府补贴与企业创新

5.1　问题提出

《国家中长期科学和技术发展规划纲要》明确提出，要使科技创新成为经济社会发展的有力支撑。要完成这一目标，创新不再是对原有技术的简单改造，而是要瞄准世界科技前沿，实现突破式创新。在建设创新型国家的关键时期，提升企业创新质量已成为我国经济高质量发展的重要目标和关键所在。

我国主张以"有效市场"和"政府有为"来构建技术创新体系，加速经济高质量发展。在我国经济体制转型的背景下，部分地区仍存在行政资源配置与市场资源配置"双规并存"的现象。为纵深推进基础研究与核心技术的深化和革新，中央及地方政府相继制定了一系列支持企业创新发展的补贴政策。然而，补贴措施自由度的提升一方面容易引发政府设租和企业寻租现象，导致补贴政策难以实现预期目标；另一方面极易滋生贿赂腐败等社会性问题，影响企业融资及获补渠道。

政府部门掌握着大量企业创新所需资源，企业为优先获得这些资源（如补贴资金、政府采购等），往往会积极与政府部门和机构建立联系并在此过程中进行寻租活动。企业寻租在一定程度上扭曲了创新资源的有效配置，增加了非市场需要的额外成本，干扰了政府补贴的积极效果。融资是企业获得外部资源助力自身创新发展的重要渠道。在信息不对称的市场环境中，外部投资者（如金融机构）对企业运营情况及财务状况并不了解，为确保资金出借能够获得与市场风险相匹配的收益，外部投资者通常会向企业要求较高水平的风险溢价。在获得外部资金成本增大、内部流动资金运转不灵的"两难"之下，企业难有足够资金用于创新，致使企业创新活动受阻。政府补贴作为一项企业创新支持工具，不仅能够直接弥补企业创新资金不足，还能通过向市场释放优质信号的方式助力企业融资。可见，政府补贴、企业融资寻租与创新的关系非常紧密。从融资寻租视角出发考察政府补贴对企业创新尤其是高质量创新的影响，具有一定的合理性和必要性。

通过梳理既有相关研究发现，多数文献并未对企业创新的类型加以区分，并且鲜有学者从企业长短期融资约束以及寻租行为视角分析政府补贴对企业实质性创新以及策略性创新的实际影响。鉴于此，本章以我国沪深A股上市企业为研究对象，利用倾向得分匹配法实证分析企业存在融资约束和寻租行为时，政府补贴对企业创新尤其是高质量创新的影响。

5.2　研究思路

5.2.1　方法介绍

为确保分析结果不受样本选择性偏误的干扰，我们采用倾向得分匹配法（Propensity Score Matching，PSM）来评价政府补贴作用于企业创新的实际效果。倾向得分匹配法的基本思路是在未获得政府补贴的对照组中找一家企业，使其与处理组中企业尽可能相似，从而使得匹配后两个样本组的配对企业之间仅在是否获得政府补贴方面有所不同（张伟科，2020）。倾向得分匹配法可以分成四个基本步骤：定义相似性、实施匹配、评价匹配效果、估计效应（Stuart，2010；Stuart et al.，2014）。前两个步骤可能需要重复多次，直至达到较好的匹配效果。前三个步骤为"设计"阶段，当获得满意的匹配样本后该阶段完成，引入结果变量进入"分析"阶段。

首先，定义相似性。定义相似性是倾向得分匹配法实施的基础，包含两个层面的内容：其一，选择哪些变量作为定义相似性的依据；其二，如何将筛选后的变量形成相似性测度指标。选择变量的主要依据是条件独立性假设，因此，同时影响政府补贴和企业创新的混杂因素都应作为匹配依据。在实际执行过程中，可引入与政府补贴没有关系且能够影响企业创新的变量，他们可以提升估计精度。相反，若引入与企业创新没有关系的变量，往往会增加估计标准误差；如果遗漏重要的混杂因素则会造成显著的偏差。可见，对企业创新有重要影响的变量，无论是否与政府补贴有关系，均可作为匹配依据。定义相似性需要合理的测度，通常可使用欧式距离。

$$d(X_i, X_j) = \sqrt{(X_i - X_j)'(X_i - X_j)} = \sqrt{\sum_{k=1}^{K} (X_{ki} - X_{kj})^2}$$

其中，协变量 $X = (X_1, X_2, \cdots, X_K)'$ 是 $K \times 1$ 维的向量。或可采用标准化后的欧式距离以消除不同协变量的量纲差异，具体如下：

$$d(X_i, X_j) = \sqrt{(X_i - X_j)' \Lambda^{-1} (X_i - X_j)} = \sqrt{\sum_{k=1}^{K} \frac{(X_{ki} - X_{kj})^2}{\sigma_k^2}}$$

Λ 表示 $K \times K$ 维的对角矩阵，对角元素是协变量的方差 σ_k^2，其中 $k = 1$，2，$\cdots$，K。在实际应用中，学者们更偏爱线性化后的倾向得分值。利用 Logit 模型（5-1）计算样本的倾向得分值（换言之，企业 i 获得政府补贴的概率），构建一个以 Sub 为被解释变量的回归模型，处理组取值为 1，对照组取值为 0，解释变量是能够影响两组相似度的企业特征变量。

$$p(X_i) = \Pr\left[Sub_i = \frac{1}{X_i} \right] = \frac{\exp(X_i'\beta)}{1 + \exp(X_i'\beta)} \tag{5-1}$$

从而得到线性化倾向得分值（对数似然比），即：

$$l_i \equiv \ln\left(\frac{p(X_i)}{1 - p(X_i)} \right) = X_i'\beta \tag{5-2}$$

其中，X_i 和 β 分别表示影响企业 i 获得政府补贴的企业多维特征向量以及与之对应的估计系数向量。估计倾向得分值的目的并不是分析协变量对企业创新的影响，而是确保倾向得分值能够满足平衡指数特征。若发现倾向得分的估计值不满足平衡指数特征，则需要对模型进行修正。例如，通过逐步回归的方式逐步引入其他协变量，利用似然比检验来考察这些协变量是否应引入模型①。

其次，实施匹配。近邻匹配是最为常用的匹配实施策略，包括"一对一最近邻匹配"和"一对多近邻匹配"。前者是为干预组企业在控制组中寻找一个距离最近的控制组企业与其匹配；后者则是为每个干预组企业在控制组寻找多家企业与其匹配。相比而言，"一对一最近邻匹配"通常会得到质量更高的匹配样本。在该匹配过程中往往会遇到两个问题。其一，若出现距离相同的多个控制组企业应如何处理。该问题的解决方案有多

---

① 临界值为 1，超过临界值则将协变量引入模型，否则不引入。

种,如随机选择、排序选择①、平均值选择②等。其二,控制组企业是否允许重复匹配。允许重复使用控制组匹配企业,能够有效降低匹配偏差,尤其是当控制组样本容量较小且不想损失干预组样本的情况下,允许重复匹配是一种较好的匹配实施方案。

再次,评价匹配效果。匹配相当于从观测数据中将隐藏的随机化实验样本寻找出来(King et al.,2016),因而往往需要检验匹配完成后的样本是否近似于随机化实验。常用的检验指标包括标准化平均值差异和对数标准差比。前者主要考察一阶矩,而后者则是考察二阶矩的差异。在匹配前后,可通过比较两组企业的倾向得分平均值来计算倾向得分的标准化平均值差异,进而检验两组企业协变量分布的平衡性,具体如下:

$$\Delta_{ct}^{l} = \frac{\bar{l}_t - \bar{l}_c}{\sqrt{\dfrac{(s_{lt}^2 + s_{lc}^2)}{2}}} \qquad (5-3)$$

其中,$\bar{l}_t$ 和 $\bar{l}_c$ 分别为两组企业倾向得分的平均值;s_{lt}^2 和 s_{lc}^2 分别为两组倾向得分估计值的样本方差。

最后,估计效应。前述三个阶段,通过定义相似性,运用合适的匹配方法得到匹配样本,并检验匹配样本的匹配质量。设计阶段相当于将隐藏于观测数据中的随机化实验样本筛选出来,一旦匹配样本能够达到协变量平衡要求,则可进入分析阶段,具体如下:

$$E(Y_i) = E(Y_i^1 \mid Sub = 1) - E(Y_i^0 \mid Sub = 1) \qquad (5-4)$$

其中,Y_i 表示企业创新属于结果变量;Y_i^0 表示一个无法直接观测的变量,用于衡量干预组企业 i 在未获补贴的情形下的创新行为。然后,根据干预组与控制组之间的差异计算出平均处理效应(Average Treatment Effect on Treated,ATT)。

$$E(Y_i) = E(Y_i^1 \mid Sub = 1, p(X_i)) - E(Y_i^0 \mid Sub = 0, \tilde{p}(X_i)) \qquad (5-5)$$

其中,$\tilde{p}(X_i)$ 表示在控制组中与干预组中获得政府补贴概率最接近的企业。

---

① 根据倾向得分值由高到低进行排序,先匹配倾向得分值最高也是最难匹配的,再匹配倾向得分值低的。详细内容可参阅 Dehejia & Wahba(1999)。

② 利用距离相同的多个控制组企业的平均值作为干预组企业的匹配。

5.2.2　数据介绍

我们以 2011 ~ 2016 年的中国 A 股上市企业数据为分析样本。为使样本更为可靠，将研究窗口期内的横截面数据按照企业名称等信息整合为混合面板数据，并剔除在窗口期内退市以及被警告企业、去除股东权益为负的企业，最终获得包含 2254 家上市企业的研究样本。上市企业的专利数据、政府补贴数据以及企业财务状况的信息均源自万得数据库（Wind）和国泰安数据库（CSMAR）。在变量设定方面，考虑到专利申请量这一指标更具准确性、及时性和代表性，我们将其作为被解释变量来度量企业创新产出（Innovation）。在解释变量方面，我们以企业当年获得的补贴收入金额在当年总资产中的占比来度量政府补贴（Subsidy）。此外，参考黎文靖和郑曼妮（2016）的思路，将企业创新产出进一步细化为代表创新产出数量的策略性创新（Sinn）以及代表创新产出质量的实质性创新（Inn）。此外，借鉴彭红星和毛新述（2017）以及张杰等（2015）做法，对企业流动比率、现金流等描述企业财务特征的变量进行了控制。上述变量的具体详情见表 5 – 1。

表 5 –1　　　　　　　　　　　　　　变量介绍

类型	变量名称	符号	定义
被解释变量	企业创新产出	*Innovation*	ln（企业专利申请总数 + 1）
	实质性创新	*Inn*	ln（企业发明专利申请总数 + 1）
	策略性创新	*Sinn*	ln（企业实用新型和外观设计专利申请总数 + 1）
核心解释变量	政府补贴	*Subsidy*	$\dfrac{补贴收入}{总资产}$
	企业寻租	*Rent*	$\dfrac{业务招待费}{总资产}$
	长期融资约束	*Lroan*	$\dfrac{长期借款}{总资产}$
	短期融资约束	*Sroan*	$\dfrac{短期借款}{总资产}$
控制变量	企业规模	*Size*	ln（企业总资产）
	现金流量	*Cf*	ln（经营活动产生的现金流量净额）
	资产负债率	*Lever*	$\dfrac{总负债}{总资产}$

类型	变量名称	符号	定义
控制变量	流动比率	*Liquidity*	$\dfrac{流动资产}{流动负债}$
	留存收益	*Re*	ln(企业留存收益)
	固定资产比	*Ppe*	$\dfrac{固定资产净额}{总资产}$
	资产收益率	*Roa*	$\dfrac{净利润}{总资产余额}$

5.3　实证分析

5.3.1　企业获补的因素分析

通过 Logit 回归估计倾向得分，估计结果如表 5 - 2 所示。考虑到"是否存在融资约束"以及"是否具有寻租行为"对企业在获取政府补贴和创新行为方面均可能表现出较大的异质性。我们按照企业有无长期或短期融资约束将其划分为无短期融资约束、存在短期融资约束、无长期融资约束、存在长期融资约束这四类企业，与此同时，按照企业是否存在寻租行为将样本划分为有寻租行为企业和无寻租行为企业。

表 5 - 2　　　　　　　基于 Logit 回归的估计结果

项目	全样本	子样本					
		无短期融资约束企业	有短期融资约束企业	无长期融资约束企业	有长期融资约束企业	无寻租行为企业	有寻租行为企业
Size	- 0. 144 ***	- 0. 095 **	- 0. 184 ***	- 0. 151 ***	- 0. 153 ***	- 0. 181 ***	- 0. 099 **
	(- 6. 79)	(- 2. 01)	(- 7. 01)	(- 4. 70)	(- 4. 78)	(- 6. 80)	(- 2. 28)
Rent	33. 611 ***	48. 802 ***	29. 250 ***	35. 772 ***	32. 236 ***		
	(11. 01)	(7. 39)	(8. 61)	(9. 11)	(6. 71)		
Sroan	0. 574 **			0. 086	0. 379 ***	0. 250 ***	0. 037
	(2. 34)			(0. 186)	(2. 69)	(3. 20)	(0. 40)
Lroan	- 0. 905 **	- 0. 061	0. 007			- 0. 041	0. 117
	(- 2. 36)	(- 0. 43)	(0. 14)			(- 0. 64)	(1. 40)

续表

项目	全样本	子样本					
		无短期融资约束企业	有短期融资约束企业	无长期融资约束企业	有长期融资约束企业	无寻租行为企业	有寻租行为企业
Cf	0.006 ***	0.005	0.005 ***	0.008 ***	0.003	0.005 ***	0.008 ***
	(3.93)	(1.59)	(3.26)	(4.31)	(1.31)	(2.66)	(3.26)
Lever	−0.630 ***	−1.280 ***	−0.419 **	−0.520 ***	−0.967 ***	−0.306 *	−0.972 ***
	(−4.28)	(−4.21)	(−2.26)	(−3.31)	(−3.67)	(−1.84)	(−4.03)
Liquidity	0.002	−0.003	0.024	0.0005	0.045 *	0.002	0.019
	(0.43)	(−0.59)	(1.17)	(0.11)	(1.73)	(0.38)	(1.52)
Re	0.009	0.004	−0.111	0.017	−0.752 ***	0.065	−0.008
	(0.51)	(0.23)	(−0.90)	(0.92)	(−3.17)	(0.90)	(−0.39)
Ppe	0.877 ***	−0.299	1.143 ***	0.116	1.423 ***	1.293 ***	−0.362
	(5.80)	(−0.88)	(6.64)	(0.52)	(6.93)	(7.79)	(−1.10)
Roa	−0.057 *	−0.80 **	0.410	−0.053	0.151	0.026	−0.040
	(−1.62)	(−2.27)	(0.99)	(−1.48)	(0.29)	(0.22)	(−0.89)
时间	控制	控制	控制	控制	控制	控制	控制
LR chi2	460.1	146.48	333.45	202.36	253.50	177.08	79.44
Pseudo R^2	0.0346	0.0466	0.0329	0.0275	0.0430	0.0214	0.0168
Log likelihood	−6418.81	−1499.791	−4904.162	−3577.167	−2823.638	−4048.008	−2325.238

注：被解释变量为政府补贴，该变量为虚拟变量（Dummy），如果企业获得补贴取值为1，否则取值为0；*** 、** 与 * 分别表示在1%、5%和10%的显著性水平上显著，括号内为 t 值。

首先，通过观察表 5 - 2 的第 1 列"全样本"的估计结果可以发现，企业规模（*Size*）在 1% 的显著性水平上显著为负，说明规模较小的企业反而更易获得政府的补贴。究其原因，可能是因为大型企业的数量相对较少且申请政府补贴的额度较大，小规模企业在获取较小额度的政府补贴上概率更大。另外，我们还发现，企业寻租（*Rent*）的系数非常大且在 1% 的显著性水平上显著，说明企业存在寻租行为会更容易获得政府补贴。这也在一定程度上解释了为何有很多企业都将搭建良好的政府关系提升到企业战略的层面加以重视。值得注意的是，企业的短期融资约束（*Sroan*）和长期融资约束（*Lroan*）虽然均在 5% 的显著性水平上显著，但在能否提高企业"获补"概率上的效应却完全相反。换言之，短期融资约束有利于企业获得政府补贴；而长期融资约束将降低企业获得政府补贴的概率。此外，企业在经营活动中所产生的现金流量净额（*Cf*）、资产负债率（*Lever*）

和固定资产比例（*Ppe*）也是影响政府补贴目标选择的重要因素。现金流量净额越大，说明企业可用于日常经营管理的资金越充足，该类企业越有可能将政府的补贴资金用于研发创新。企业资产负债率较高，表明该企业的负债较重，可能在经营管理上都存在一定的问题，企业无暇在收入回报周期长的研发创新上进行投入，因而也较难获得政府补贴。对于那些固定资产比例较高的企业，其信用资产普遍较多并且偏向于投入大回报周期长的行业，这类企业往往会得到政府补贴的青睐。

其次，对比第 2 列与第 3 列估计结果不难发现，对于具有短期融资约束的企业来说，政府更加关注其现金流量净额和固定资产比例，更倾向于利用政府资金资助那些现金流量相对充裕且自身固定资产比例相对较高的企业。对比第 4 列与第 5 列估计结果发现，对于具有长期融资约束的企业，政府更多关注其短期借款情况、流动比率、留存收益和固定资产比例。与具有短期融资约束的企业相比，政府对于长期融资约束企业的考量内容更多，从而确保该类企业将补贴应用于创新而不是其他方面。从第 6 列与第 7 列的估计结果可以看出，与具有寻租行为的企业相比，无寻租行为企业的"获补"因素更加丰富，例如短期融资约束、固定资产比例。这从另一侧面证实具有寻租行为企业"获补"相对容易。

5.3.2　匹配效果考察

采用"最邻近匹配"考察匹配效果，图 5 - 1 为基于全部样本进行匹配后，处理组与对照组的核密度函数拟合图。

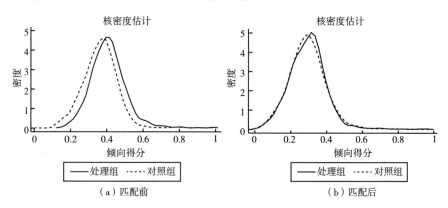

图 5 - 1　全样本匹配前后的处理组与对照组核密度函数

注：本书使用的核函数为伊凡科尼可夫（Epanechnikov）核函数；（a）中宽带为 0.0146；（b）中宽带为 0.0152。

资料来源：由作者整理。

　　图 5 - 1 中的纵坐标代表的是概率密度，横坐标则为企业的倾向得分值。图中的实线与虚线分别表示处理组（干预组）企业与对照组（控制组）企业。据此可直观发现，对照组与处理组的核密度函数在进行匹配之前具有一定的差异，如图 5 - 1（a）所示，若基于匹配前的数据进行分析极易造成估计结果偏误。而在匹配之后，两组核密度函数曲线基本重叠到了一起，此时两组企业样本的相似度非常高，匹配效果十分理想。

　　采用类似方式，我们针对"无短期融资约束企业""有短期融资约束企业""无长期融资约束企业""有长期融资约束企业""无寻租行为企业""有寻租行为企业"样本逐个进行了分析。图 5 - 2 至图 5 - 7 分别报告了基于各类子样本匹配前后的核密度图。

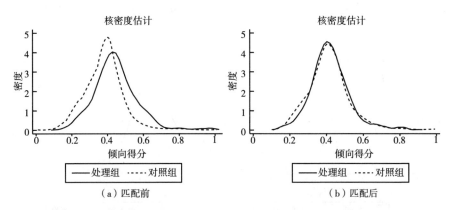

（a）匹配前　　　　　　　　　　　（b）匹配后

图 5 - 2　无短期融资约束企业样本匹配前后的处理组与对照组核密度函数

注：本书使用的核函数为伊凡科尼可夫核函数；（a）中宽带为 0.0234；（b）中宽带为 0.0220。

资料来源：由作者整理。

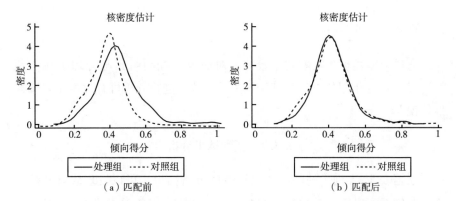

（a）匹配前　　　　　　　　　　　（b）匹配后

图 5 - 3　有短期融资约束企业样本匹配前后的处理组与对照组核密度函数

注：本书使用的核函数为伊凡科尼可夫核函数；（a）中宽带为 0.0234；（b）中宽带为 0.0220。

资料来源：由作者整理。

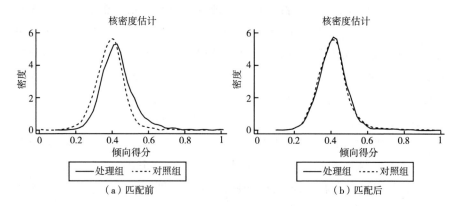

图 5 - 4 无长期融资约束企业样本匹配前后的处理组与对照组核密度函数

注：本书使用的核函数为伊凡科尼可夫核函数；（a）中宽带为0.0146；（b）中宽带为0.0145。
资料来源：由作者整理。

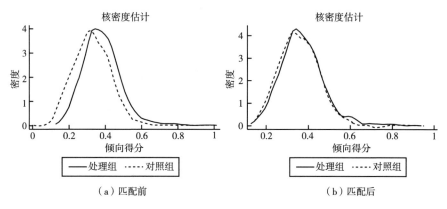

图 5 - 5 有长期融资约束企业样本匹配前后的处理组与对照组核密度函数

注：本书使用的核函数为伊凡科尼可夫核函数；（a）中宽带为0.0200；（b）中宽带为0.0200。
资料来源：由作者整理。

通过上图发现，匹配效果较好，对照组（控制组）与处理组（干预组）具有极为相似的特征，基于匹配后的数据进行分析可有效避免"选择性偏误"。

5.3.3 匹配结果分析

根据表 5 - 3 列示的基于不同样本的分析结果，可以发现政府补贴对于企业创新产出影响的估计结果均为正且通过了1%显著性水平的检验。进一步地，将企业创新行为细化为实质性创新（发明专利）与策略性创新（非发明专利）两类，探讨政府补贴对企业实质性创新行为与策略性创新

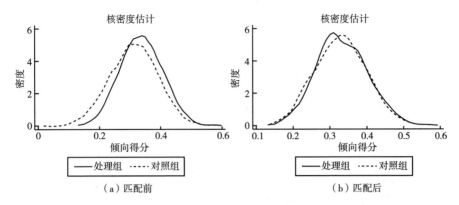

图 5 – 6 无寻租行为企业样本匹配前后的处理组与对照组核密度函数

注：本书使用的核函数为伊凡科尼可夫核函数；（a）中宽带为 0. 0134；（b）中宽带为 0. 0142。

资料来源：由作者整理。

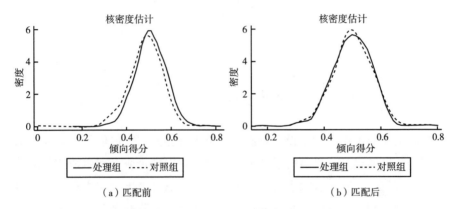

图 5 – 7 有寻租行为企业样本匹配前后的处理组与对照组核密度函数

注：本书使用的核函数为伊凡科尼可夫核函数；（a）中宽带为 0. 0138；（b）中宽带为 0. 0156。

资料来源：由作者整理。

行为的影响是否存在差异？结果显示，与策略性创新相比，政府补贴在激励企业实质性创新方面的效果要更强。究其原因，可能是样本选择为沪深 A 股上市企业，这些企业以高科技、高成长为特征，更注重创新发明，使得政府补贴激励企业实质性创新的效果更优。再进一步，为探讨政府补贴对于那些具有不同融资行为以及寻租行为企业的作用效果是否存在明显的异质性，我们基于"无短期融资约束企业"等多个子样本进行了估计。结果证实，与具有短期融资约束的企业相比，政府补贴作用于无短期融资约束企业的效果更优。另外，通过对比"有长期融资约束企业"与"无长期融资约束企业"两组子样本的估计结果发现，政府补贴实施在具有长期融资约束的企业上的效果相对更好。此外，研究还证实，相较于不具有寻租行为的企业，政府补贴对于具有寻租行为的企业的创新激励效果更强。

表5－3　　　　　　　　　　　平均处理效应估计结果

平均处理效应 ATT	全样本	分组讨论					
		无短期融资约束企业	有短期融资约束企业	无长期融资约束企业	有长期融资约束企业	无寻租行为企业	有寻租行为企业
Innovation	0.4659 ***	0.5150 ***	0.4445 ***	0.4334 ***	0.4874 ***	0.4084 ***	0.4211 ***
	(10.34)	(5.83)	(8.70)	(7.58)	(6.69)	(6.84)	(6.15)
Inn	0.4843 ***	0.4602 ***	0.4568 ***	0.4487 ***	0.4824 ***	0.3860 ***	0.4829 ***
	(12.98)	(6.28)	(10.67)	(9.72)	(7.81)	(7.79)	(8.46)
Sinn	0.2769 ***	0.3690 ***	0.2862 ***	0.2570 ***	0.3159 ***	0.2691 ***	0.2095 ***
	(6.54)	(4.35)	(6.00)	(4.70)	(4.67)	(4.87)	(3.13)

注：括号内为 t 值；*** 表示在 1% 的显著性水平上显著。

5.4　总　　结

我国当前虽然在创新投入增速方面位于世界前列，但创新能力并未取得同等幅度的提升，仍落后于许多发达国家。中国企业专利申请数量的激增很大程度上是补贴政策推动的结果。这些补贴措施出台的本意是促进以企业发明专利为代表的高质量创新，但事实上很多获补企业的低质量专利占比居高不下，而高质量创新成果对企业高质量发展的推动效果远未达到预期（张杰和郑文平，2018；王鸿源，2019）。

政府补贴与企业的寻租、融资以及创新行为之间存在着紧密的联系，基于企业融资寻租视角考察政府补贴与企业创新行为之间的关系，既具有合理性又具有必要性。实质性和策略性创新皆属于企业的创新行为，本章以中国沪深 A 股上市企业为研究对象，旨在融资寻租视角下考察政府补贴作用于企业这两种创新行为的实际效果。借助倾向得分匹配法，研究发现，政府补贴对企业实质性创新的激励效果会明显强于对策略性创新的激励效果。与不存在融资约束的企业相比，政府补贴对具有长期融资约束的企业的创新激励效果更强，而对于仅存在短期融资约束企业的创新激励效果则相对较弱。此外，相较于不具有寻租行为的企业，政府补贴对于具有寻租行为的企业的创新激励效果更强。

　　本章仍存在较多不足之处，有待在未来的研究中进行完善和深入分析。首先，从变量指标定义来讲，本研究仅对被解释变量进行了细化，未能根据核心解释变量政府补贴的实施目标、实施方式等特征进行颗粒度更细的划分（曾萍和邬绮虹，2014）。未来研究可对此进行深化，明晰不同实施方式或实施目标的政府补贴作用于企业创新行为的异质性效果及差异化机制。其次，从分析样本选取来讲，本研究着重分析了中国沪深 A 股上市企业，但未曾关注我国的创新主力军和生力军，如"中小企业""民营企业"等。未来研究可重点关注政府补贴对于这些企业创新行为的影响。

第6章　高管背景视角下的政府
补贴与企业创新

6.1　问题提出

面对市场的瞬息万变以及"政府—企业"间缺乏互通的窘境，企业高管把握着企业的前进方向，其决策成为企业兴衰存亡的关键。伴随经济全球化进程的加快以及中国经济体制改革和企业改革的推进，企业高管背景问题也随之凸显出来，对于高管背景这一稀缺资源是否能够弥补企业信息披露机制的缺陷、解决"政府—企业"间信息不对称、不通畅等问题，日益受到学界的重视。高管的个人背景包含了复杂的信息，高层梯队理论认为，企业高管是有限理性的，高管的过往工作学习经历、技术背景、政治关联等个性特征会使其在解决问题时进行高度个性化的解读和处理，进而影响企业的研发创新、技术革新、投资融资等战略决策（Hambrick et al.，1984）。

伴随经济转型升级，政府和企业都在尝试遵循新的经济形势而进行深度调整和改革，"政府—企业"关系也由原先的"监管与被监管"逐渐转化为"各尽其责和合作共建"。政治关联是企业与政府或拥有政治权利的个人建立的非正式、特殊的关系（王德祥和李昕，2017）。企业高管的政治关联背景弥补了企业因缺乏市场地位和法律保护而产生的劣势，促进了知识的共享与创新（Gao et al.，2008）。企业高管在政府机构工作的过往经历使其与政府官员具有共同语言和网络关系，拥有与地方政府官员建立联系的渠道和机会（Zhang et al.，2016）。沟通渠道的通畅让高管能够更好地了解未来政府政策，进而快速制定合适的创新策略（Ovtchinnikov et al.，2014）。然而，政治关联同样会给企业带来巨大成本，甚至会因为成本过大而损害企业价值，如企业高管为维系政治关联需付出寻租的代价

（张洪刚和赵全厚，2014），甚至会出现部分企业高管为实现自己的政治目标隐性转移企业资源，致使股东利益受到损害（Shleifer and Vishny，1994）。

　　不同的背景会塑造出企业高管不同的认知和能力，形成个体独特的认知偏好和处事态度。长期从事技术研发的经历和背景能够塑造高管对技术的偏好，使高管本能地重视研发创新，更愿意在创新上投入精力和资源。具有研发技术背景的高管大多是某一领域的专家，他们不仅可以凭借专业技能科学地配置企业创新活动所需的人力、物力和财力，避免创新资源低效或浪费，使企业创新投入发挥出应有效能（张琴，2018），还能更加准确地把握前沿技术的动态以及技术需求，更加合理地评估技术创新预期收益（Farag et al.，2016），从而为企业创新提供建设性的方向指导（韩忠雪等，2014）。相反，具有研发技术背景的企业高管也可能因过度关注研发工作的技术细节，出现对市场需要和客户要求的认识偏差，从而阻碍企业创新（Rothwell，1977）。高管的学历程度与企业治理的关系密不可分。接受过高等教育的企业高管往往更能接受新思想与新变化，在复杂的经营环境中，更能解决高复杂性的问题（Bantel and Jackson，1989）。既有研究表明，上市企业高管的学历程度越高，该企业发生财务重述行为、财务舞弊、治理违规的可能性越低（何威风和刘启亮，2010；顾亮和刘振杰，2013；卢馨等，2015）。当然，也有学者认为，企业高管的学历程度并不是越高越好，企业绩效与高管学历之间存在以本科学历为拐点的倒"U"型关系（黄继承和盛明泉，2013）。

　　企业高管的各种背景特征对创新活动既存在正向促进，又存在一定程度上的抑制作用。那么哪种作用占主导地位呢？目前尚无定论，在不同的国家、不同的资本市场上，可能存在不同的结论。本章基于高管背景特征视角，着重考察我国上市企业高管的背景特征对于政府补贴与企业创新间关系的调节作用，利用倾向得分匹配等研究方法深入挖掘高管背景特征对政府补贴目标选择倾向性以及企业创新产出的影响，从而科学解答企业高管背景对企业获得政府补贴有何作用？在多大程度上促进了企业创新？高管背景的异质性是否会给企业创新带来差异化影响？企业所有制及规模的不同是否会造成政府补贴和高管背景对企业创新的影响存在显著差异等一系列重要问题。

6.2　研究思路

　　首先，我们参考彭红星和毛新述（2017）的做法，构建如下估计方程

（6-1），借此探讨企业高管背景特征是否有助于企业获得政府补贴的垂青。式（6-1）中的高管背景特征可被细化为政治关联背景（Pol）、研发技术背景（$Tech$）和学历程度背景（Deg），这有利于考察不同类型高管背景及其多重背景对于政府甄选补贴对象的影响。

$$Subsidy_{it} = \alpha + \beta_1 Pol_{it} + \beta_2 Tech_{it} + \beta_3 Deg_{it} + \beta_4 Pol_{it} \times Tech_{it} + \beta_5 Pol_{it} \times Deg_{it}$$
$$+ \beta_6 Tech_{it} \times Deg_{it} + \beta_7 Pol_{it} \times Tech_{it} \times Deg_{it} + \mathbf{X} + Ind + Year + \varepsilon$$

$$(6-1)$$

其中，下标 i 和 t 分别表示观测企业及观测年份；$Subsidy$ 表示政府补贴；$\mathbf{X}$ 表示一系列控制变量；Ind 和 $Year$ 分别表示行业效应和年份效应；α 表示截距项；ε 表示残差项。

　　进一步地，为探讨政府补贴能否有效促进企业创新、考察高管背景特征在这一过程中扮演的角色，我们将政府补贴、企业创新以及高管背景纳入同一个研究框架。政府在选择补贴对象时往往存在较强的自选择性，容易产生样本选择偏误。若直接采用最小二乘法（OLS）对模型进行估计，可能会造成估计结果有偏。为此，我们通过倾向得分匹配法（PSM）对样本进行匹配之后再进行回归分析，借此来控制可能出现的"选择偏差"，从而更为精准地考察高管背景在政府补贴与企业创新关系中起到的调节作用。倾向得分匹配法可近似地将未获得政府补贴的企业作为政府补贴企业的反事实状态。我们具体研究步骤如下：首先，筛选出能够影响企业创新的协变量作为解释变量，将企业"是否获得政府补贴"这一哑变量（dummy）设定为被解释变量，据此构建 Logit 模型并估计每家上市企业在获得政府补贴方面的倾向得分；其次，分别以半径匹配（匹配半径为 0.001）、最近邻匹配（处理组和对照组比例 1∶3）以及核匹配这三种方法对研究样本进行匹配；最后，以匹配成功后的样本作为分析数据进行回归估计。

　　数据方面，以中国沪市 A 股上市企业为研究对象，为尽可能降低由数据质量问题带来的不利影响，我们综合利用了多个商业数据库。上市企业财务报表数据以及企业高管背景资料主要来源于 Wind 金融数据库，并利用 CSMAR 数据库提供的数据进行补充和校正。部分企业的高管数据通过手工检索新浪网、巨潮网、佰腾网和凤凰网财经板块相关内容整理加工而得。因数据资料完整性的问题，我们选取了 2008～2015 年的数据作为研究样本，并剔除了在样本观测期内上市、退市、暂停上市、ST、*ST、PT 的企业。最终获得样本企业 730 家共 5110 条观测数据。研究中所涉及的变量及其定义如表 6-1 所示。

表 6-1			变量介绍
类型	变量名称	符号	定义
核心变量	政府补贴	Subsidy	上市企业年报中计入当期损益的政府补助资金占企业营业收入的比例
	企业创新产出	Innovation	ln(企业专利申请数 + 1)
	高管政治关联背景	Pol	企业董事长（或总经理）是否兼任各级政府官员或人大代表或政协委员。若符合上述情况，则赋值为 1；否则为 0
	高管研发技术背景	Tech	参考韩忠雪等（2014）、余恕莲和王藤燕（2014）的做法，若董事长或总经理具有研发技术岗位的工作经历或经过相关培训，赋值为 1；否则为 0
	高管学历程度背景	Deg	参考 RESSET 数据库对学历背景的设定方法，将博士后赋值为 1、博士赋值为 2、硕士赋值为 3、本科赋值为 4、大专赋值为 5、高中赋值为 6、中专及以下赋值为 7
控制变量	企业性质	Soe	国有企业赋值为 1，非国有企业赋值为 0
	企业规模	Size	ln(企业资产总额)
	资产负债率	Lever	企业总负债与总资产的比值
	资本密集度	Ci	企业固定资产总值与企业员工总数的比值
	托宾 Q 值	Tobinq	$\dfrac{(期末股权市值 + 负债账面价值)}{期末总资产账面价值}$
	现金流量	Cf	通过 $\ln\left(\dfrac{经营活动现金流量净额}{流动负债}\right)$ 计算而得
	总资产报酬率	Roa	企业期末总利润与期末总资产的比值
	股权集中度	Concen	前五大股东所有权的赫芬达尔值
	盈利能力	Profit	企业营业利润与企业销售额的比值
	企业年龄	Age	ln(观测年度 − 企业成立年份 + 1)
	企业成长性	Grow	$\dfrac{(当年营业收入 − 上一年营业收入)}{上一年营业收入}$
	实际控制人持股	Ah	$\dfrac{实际控制人持股数}{总股本}$
	要素市场扭曲程度	Dis	参照张杰等（2011）的做法，通过"各省份地区产品市场市场化进程程度指数减去要素市场市场化进程程度指数，然后除以产品市场市场化进程程度指数"的方式来测度地区要素市场扭曲程度的指标。其中，各省份地区产品市场、要素市场的市场化进程指数均来自最新的《中国市场化进程指数报告》且已经过同基调整

类型	变量名称	符号	定义
控制变量	行业	*Ind*	虚拟变量，根据证监会公布的《上市公司行业分类指导意见》对样本企业进行控制
	年度	*Year*	设置年度哑变量

6.3　实证分析

6.3.1　高管背景及多重背景对政府甄选补贴对象的影响分析

表6-2列示了基于不同研究样本的回归结果。总体来看，各变量对应方差膨胀因子的最大值均远小于10，表明多重共线性问题可忽略不计。从全样本来看，以政府补贴作为被解释变量，高管政治关联背景的估计系数显著为正，说明企业高管的政治关联背景能够显著影响企业能否得到政府补贴的垂青，也进一步证实了魏志华等（2015）以及彭红星和毛新述（2017）的研究结论。另外，*Tech* 的估计系数在1%的统计水平上显著为正，表明企业高管的研发技术背景是政府甄选补贴目标企业的一项重要标准。通常情况下，政府更倾向于鼓励和支持那些研发基础好且创新风险低的优质创新项目（Wallsten，2000）。而具有研发技术背景的高管往往具有更强的创新意愿、更多的创新知识，他们不仅能够精准掌握市场需求、提前布局创新战略，还能依靠自身在研发技术方面的经验实现合理评控创新风险，从而提升创新项目成功的概率并帮助企业获得更多的政府补贴资源。就高管的学历程度背景而言，*Deg* 的系数虽为正，但没有在可接受的显著性水平下通过检验，这意味着高管学历程度虽然体现了高管的知识积累和学习能力，但并不能显著地帮助企业获得政府的补贴资源。此外，为进一步探讨高管同时具有多种背景对上市企业获得政府补贴是否有影响，模型中还引入了各类背景的交互项，但回归系数皆不显著，说明高管具有多重背景并不会显著提高所在企业获得政府补贴的概率。

考虑到具有不同所有权性质和规模的企业在获取政府补贴方面可能会存在差异，我们将全样本划分为四组不同的子样本。具体来讲，依据企业所有制性质的不同，将研究样本划分为国有企业组与非国有企业组；依据企业规模差异将研究样本划分为大规模企业组与中小规模企业组。结果显示，从国有企业组来看，企业高管的政治关联背景和研发技术背景均未表现出显著的影响；而从非国有企业组来看，政治关联背景与研发技术背景均在5%的统计水平上显著为正。两组样本的估计结果存在较大差异，其原因是非国有企业获得政府补贴的难度远高于国有企业，而非国有企业高管的政治关联背景与研发技术背景能够引起政府相关部门对企业的重视，这将大大增加企业"获补"的机会。另外，高管的学历背景在大规模企业样本中对企业"获补"起到了显著的正向作用，但在中小规模企业样本中的估计系数却并不显著。究其原因，可能是大规模企业组中的企业多以重金聘请的方式招募具有高学历背景、经验丰富且业绩突出的管理者，这些高管往往具有"吸睛光环"（王理想，2018），容易得到政府相关部门的支持。

表 6 – 2　　　　　　　　高管背景特征对于企业获补的作用效果

项目		被解释变量 Subsidy				
		全样本	国有企业组	非国有企业组	大型企业组	中小型企业组
高管背景	Pol	0.032 **	− 0.002	0.056 **	0.047 ***	0.021
		(2.34)	(− 0.32)	(2.39)	(2.99)	(1.01)
	Tech	0.228 ***	0.059	0.231 **	0.314 **	0.076
		(2.45)	(0.72)	(2.17)	(2.21)	(1.25)
	Deg	0.008	0.098	0.007	0.042 ***	0.028
		(0.97)	(1.13)	(1.08)	(3.2)	(1.11)
高管背景交叉项	Pol × Tech	− 0.045	− 0.022	− 0.027	− 0.045	− 0.023
		(− 1.28)	(− 0.54)	(− 0.79)	(− 1.21)	(− 0.32)
	Pol × Deg	0.094	0.093	− 0.132	0.02	− 0.007
		(0.66)	(1.41)	(− 1.15)	(1.09)	(− 0.77)
	Tech × Deg	0.259	0.029	0.013	0.022	0.244
		(1.15)	(1.01)	(0.07)	(0.19)	(1.10)
	Pol × Tech × Deg	− 0.003	− 0.005	− 0.001	0.001	− 0.004
		(− 0.68)	(− 1.55)	(− 0.44)	(0.59)	(− 1.35)
企业控制变量	X	yes	yes	yes	yes	yes
行业效应	Ind	yes	yes	yes	yes	yes

续表

项目		被解释变量 *Subsidy*				
		全样本	国有企业组	非国有企业组	大型企业组	中小型企业组
年份效应	*Year*	yes	yes	yes	yes	yes
观测值（Obs）		5110	1974	3136	1806	3304
膨胀因子最大值（VIF）		1.632	1.601	1.724	1.617	1.726
调整后 R^2（R^2_adjust）		0.213	0.154	0.112	0.109	0.087

注：括号内为经 cluster 调整的 t 统计量；*** 和 ** 分别表示在 1% 和 5% 的显著性水平上显著。

6.3.2　高管背景、企业创新与政府补贴的作用机理分析

根据表 6-3 的估计结果，政府补贴对企业创新产出的影响始终显著为正，说明政府补贴对我国上市企业的创新活动具有积极正向的促进作用。政府补贴作为一种重要的外部资源，在企业创新之初，能够为其提供一定的资金支持，这不仅利于降低企业的创新风险、帮助其走出"死亡之谷"，还有益于促进企业加大自身的创新力度；而在企业的创新进程之中，政府补贴带来的额外资源扩充了上市企业用于创新的"资源池"，使其能够在动态的、复杂的市场环境中根据市场和技术趋势的变化开展相应的创新活动，从而提高研发效率和创新产出。另外，企业高管的研发技术背景以及学历背景的估计系数均显著为正，这说明研发技术背景和学历背景有助于企业高管有效把握市场方向、合理评估创新风险。企业高管所积累的知识和技术越多，其视野和格局就会愈加宽广，这对企业在竞争中发现并把握机会、提高创新产出大有裨益。然而，表 6-3 中政治关联背景的估计系数在统计上不显著，说明了尽管高管的政治关联背景为所在企业提供了丰富的政治资源，但却无法有效转化为推动企业创新产出的动力。究其原因，或许是政治关联背景容易引发企业管理层的寻租活动，在此情形下企业的创新资源易被"挪作他用"，难以实现"将好钢用在刀刃上"。除此之外，表 6-3 的估计结果还显示，高管的研发技术背景以及学历背景与政府补贴的交叉项的估计系数均显著为正，这从另一角度验证了高管的研发技术背景和学历程度背景能够强化政府补贴对于企业创新产出的激励效果。

表 6 – 3　　　　　　　　　　　基于多种匹配方法的估计结果

| 有无交互项 | 被解释变量：*Innovation* | | | | | |
| | 无 | | | 有 | | |
匹配方法	半径匹配	最近邻匹配	核匹配	半径匹配	最近邻匹配	核匹配
Subsidy	0. 954 ***	0. 799 ***	0. 981 ***	0. 543 ***	0. 569 ***	0. 743 ***
	(11. 59)	(8. 99)	(13. 12)	(4. 32)	(3. 98)	(4. 98)
Tech	0. 534 ***	0. 533 ***	0. 597 ***	0. 523 **	0. 260 *	0. 431 **
	(7. 22)	(6. 46)	(6. 91)	(2. 54)	(1. 09)	(2. 41)
Pol	0. 018	0. 021	0. 014	− 0. 029	− 0. 006	− 0. 026
	(0. 27)	(0. 52)	(0. 32)	(− 0. 71)	(− 0. 18)	(− 0. 53)
Deg	0. 732 ***	0. 623 ***	0. 764 ***	0. 554 ***	0. 465 ***	0. 521 ***
	(6. 85)	(5. 76)	(7. 53)	(3. 22)	(3. 83)	(3. 78)
Subsidy × *Tech*				0. 515 *	0. 547 **	0. 336
				(1. 76)	(2. 31)	(1. 36)
Subsidy × *Pol*				0. 080	0. 120	0. 028
				(1. 03)	(1. 48)	(0. 30)
Subsidy × *Deg*				0. 213 **	0. 154 **	0. 104 **
				(2. 31)	(2. 02)	(2. 12)
Tech × *Pol*				0. 009	0. 067	− 0. 014
				(0. 09)	(0. 65)	(− 0. 14)
Pol × *Deg*				0. 050	0. 026	0. 300
				(0. 46)	(0. 11)	(0. 34)
Tech × *Deg*				0. 004	− 0. 001	− 0. 120
				(1. 02)	(− 0. 56)	(− 0. 98)
Subsidy × *Tech* × *Pol*				− 0. 014	− 0. 073	0. 006
				(− 0. 12)	(− 0. 58)	(0. 06)
Subsidy × *Pol* × *Deg*				− 0. 045	− 0. 007	0. 015
				(− 0. 73)	(− 0. 21)	(0. 37)
Subsidy × *Tech* × *Deg*				0. 310	0. 200	0. 076
				(1. 20)	(0. 97)	(0. 53)
Subsidy × *Pol* × *Tech* × *Deg*				0. 009	0. 102	− 0. 021
				(0. 82)	(0. 31)	(− 0. 45)
Soe	0. 172	0. 091	0. 057	0. 162	0. 124	0. 058
	(1. 33)	(0. 69)	(0. 39)	(1. 31)	(0. 75)	(0. 54)

续表

| 有无交互项 | 被解释变量：*Innovation* | | | | | |
| | 无 | | | 有 | | |
匹配方法	半径匹配	最近邻匹配	核匹配	半径匹配	最近邻匹配	核匹配
Size	0.093	0.078	0.156 **	0.092	0.081	0.153 *
	(1.22)	(1.02)	(1.99)	(1.21)	(1.05)	(1.96)
Lever	−0.025 ***	−0.026 ***	−0.022 ***	−0.024 ***	−0.026 ***	−0.022 ***
	(−7.74)	(−7.93)	(−6.70)	(−7.54)	(−7.82)	(−6.63)
Ci	−1.496 ***	−1.375 ***	−1.924 ***	−1.431 ***	−1.330 ***	−1.871 ***
	(−3.71)	(−3.30)	(−4.71)	(−3.53)	(−3.17)	(−4.58)
Tobinq	0.293 ***	0.206 ***	0.226 ***	0.296 ***	0.202 ***	0.224 ***
	(5.93)	(3.85)	(4.74)	(5.99)	(3.78)	(4.67)
Cf	0.021	0.043	0.062	0.022	0.044	0.059
	(0.48)	(1.07)	(1.48)	(0.50)	(1.08)	(1.42)
Roa	0.005	0.002	−0.012	0.004	0.000	−0.013
	(0.31)	(0.11)	(−0.79)	(0.25)	(0.01)	(−0.84)
Concen	−0.007 *	−0.005	−0.009 **	−0.007 *	−0.006	−0.008 **
	(−1.90)	(−1.43)	(−2.25)	(−1.87)	(−1.46)	(−2.23)
Profit	−0.244	−0.178	−0.158	−0.228	−0.161	−0.146
	(−1.51)	(−1.09)	(−1.00)	(−1.41)	(−0.98)	(−0.93)
Age	−0.109 ***	−0.112 ***	−0.106 ***	−0.110 ***	−0.113 ***	−0.107 ***
	(−9.55)	(−10.12)	(−9.24)	(−9.61)	(−10.14)	(−9.28)
Grow	−0.027	−0.022	−0.413	−0.125	0.033	0.462
	(−0.79)	(−1.12)	(−1.21)	(−1.08)	(0.96)	(1.47)
Ah	0.063 *	0.132 *	0.21 **	0.12 **	0.006	0.042
	(1.38)	(1.69)	(2.56)	(2.42)	(0.64)	(1.09)
常数项	2.129 **	1.753 ***	0.912	3.357 ***	2.786 ***	2.843 ***
	(2.32)	(2.14)	(1.03)	(4.11)	(3.98)	(4.11)
Ind	yes	yes	yes	yes	yes	yes
Year	yes	yes	yes	yes	yes	yes
观测样本量	3626	2765	4025	3626	2765	4025
调整后 R^2	0.477	0.436	0.523	0.474	0.425	0.518

注：括号内为经 cluster 调整的 t 统计量；*** 、** 和 * 分别表示在 1%、5% 和 10% 的显著性水平上显著。

6.4　总　　结

随着经济全球化进程的加快以及中国经济体制改革和企业改革的推进，企业高管背景这一稀缺资源能否弥补企业信息披露机制的缺陷，通过解决"政府—企业"间信息不对称、不通畅等问题来影响政府补贴与企业创新之间的关系，日益受到学界的重视。本章以中国沪市 A 股上市企业为研究对象，在构建政府补贴与企业创新分析框架的同时，利用倾向得分匹配等方法，着重探讨企业的高管背景特征对于政府补贴目标选择以及企业创新绩效的作用效果。进一步地，从企业规模及企业所有制切入，探讨企业高管的政治关联背景、研发技术背景以及学历背景在政府补贴与企业创新之间可能起到的调节作用。研究证实，高管政治关联背景和研发技术背景作为政府筛选补贴对象的重要信号，有益于上市企业获得政府补贴资源，并且在非国有企业中，政治关联及研发技术背景更易引起政府相关部门的重视，企业获得政府补贴的概率也因此提高。政府补贴对中国上市企业的创新活动具有明显的正向激励作用，而高管的研发技术背景和学历背景能够强化政府补贴对于企业创新的激励效果。

本章的边际贡献可能体现在两个方面：首先，细化企业高管背景。以高管政治关联背景、研发技术背景和学历程度背景为划分依据，深入探讨高管背景特征对政府补贴与企业创新关系的可能影响。其次，深挖高管"多重背景于一身"的特殊情况。现实中，企业高管往往存在集多种背景于一身的情况，本研究在此方面进行了有益的尝试，通过构建高管背景交叉项的方式尝试捕捉多重背景对于政府补贴和企业创新的影响效果。

此外，本章在利用中国上市企业微观数据探讨高管背景在政府甄选补贴对象以及对提高企业创新产出起到的作用研究中，发现仍存在许多不足之处有待改进：其一，尚未涉及不同的补贴工具或工具组合对异质性上市企业创新活动的影响，未来可从直接补贴、税收优惠等补贴工具入手，进一步探索不同补贴工具与高管背景以及企业创新之间的联系；其二，仅以上市企业关键人物（董事长或总经理）作为衡量高管政治关联背景的标准，且判断依据主要源自上市公司年报、个人简历及新闻报道里披露的信息，仍无法完全准确地描述高管的政治关联情况（郑海波，2016），未来可尝试从其他视角刻画高管的政治关联背景；其三，因受到微观企业数据可得性的制约，研究设计中仍可能忽略了一些能够影响企业获得政府补贴资助的因素，未来可通过问卷调查、实地调研、专家访谈相结合的方式最大限度地补齐可能缺漏的因素，找到问题的精准答案。

第7章 外部环境视角下的政府
补贴与企业创新

7.1 问题提出

从 2012 年提出的"创新发展战略"到 2015 年倡导的"大众创业、万众创新"再到 2016 年《国家创新驱动发展战略纲要》的正式颁布和实施,创新在我国现代化建设全局中始终处于核心地位。党的二十大报告指出,要加快实施创新驱动发展战略。近年来,政府部门相继出台了一系列促进企业创新的补贴举措,然而这些措施的激励效果却遭受许多质疑。外部环境瞬息万变、错综复杂,而政府与企业间又缺乏有效的信息互通,导致政府部门难以及时调整补贴强度来回应外部环境的变动。

外部环境作为孕育创新的培养皿,是影响企业创新的重要因素(袁建国等,2015)。在当前中国知识专利制度不完善、要素市场扭曲、政策环境差异大等转型背景下(李香菊和杨欢,2019),知识产权保护、市场化程度、金融发展水平等外部环境因素对政府补贴实施效果产生了巨大的影响,而企业的创新行为也会结合环境的变化作出适当的调整和反应(Lueg and Borisov,2014)。

知识产权保护是企业创新的基石,是改善企业创新质量和降低企业创新风险的重要制度基础。知识产权保护为从事创新活动的企业提供了创新产出的排他性和合法独占性,一方面强化了企业创新的信心和动力,另一方面抑制了市场中不良企业非法侵占创新成果的行为,降低了技术创新的外溢损失。尽管我国高度重视知识产权保护,并且相关法治建设已追赶至发达国家水平,但因地域广阔等原因,不同地区间知识产权保护的力度和实施环境差别较大。长期以来,竞争作为市场机制的核心一直被视为影响企业创新的重要因素。尤其是在我国经济转型过程中,伴随专业化分工的细化和产业关联的深化，市场化程度与企业创新和政府补贴间的关系也愈加紧密而复杂。金融市场的健康发展能够为企业创新创造良好的融资环境、为政府补贴提供高效透明的实施环境，尤其是近年来数字金融的崛起，更使得各地区金融发展水平与辖区内企业创新和地方政府补贴深度绑定。除上述外部环境因素外，各地区的经济发展、人力资本、产业结构等因素也与当地企业开展创新活动以及地方政府实施补贴密不可分。

本章从外部环境视角出发，采用产权保护水平、市场化水平、金融发展水平、经济发展水平、人力资本水平以及三产发展水平来刻画企业所在地的外部环境状况，利用基于面板数据的门槛回归模型，实证考察政府补贴作用于企业创新的效果是否会随外部环境的变化而发生改变，以期为我国地方政府制定较为精准且更具成效的补贴政策提供决策依据。

7.2　研究思路

我们分别采用混合效应（Pooled）、随机效应（Random Effect，RE）、固定效应（Fixed Effect，FE）等模型来考察政府补贴对企业创新的影响效果，并通过拉格朗日乘子（Lagrange Multilier，LM）检验、Hausman 检验等一系列假设检验选择出最恰当的估计方法来进行模型估计。混合效应回归模型如下所示：

$$y_{it} = a + \lambda \cdot Subsidy + x'_{it}b + z'_i d + \varepsilon_{it} \quad (i = 1, \cdots, N; t = 1, \cdots, T)$$

$$(7-1)$$

其中，$Subsidy$ 表示政府补贴；z_i 表示不随时间改变的上市企业个体特征（如企业产权性质）；x_{it} 表示随企业个体及时间而改变的变量（如企业成长性等）；ε_{it} 表示随个体与时间变化的扰动项。若在式（7-1）中引入不可观测的随机变量 u_i，则为固定效应模型：

$$y_{it} = a + \lambda \cdot Subsidy + x'_{it}b + z'_i d + u_i + \varepsilon_{it} \quad (7-2)$$

其中，u_i 表示企业个体异质性的截距项，u_i 与 ε_{it} 构成了复合扰动项。如果 u_i 与某个解释变量相关，则为固定效应模型；倘若 u_i 与所有解释变量（x_{it}，z_i）均不相关，则为随机效应模型。

借鉴汉森（Hansen，1999）、王（Wang，2015）以及赵凯和林志伟（2016）的思路，采用面板数据门槛回归模型检验政府补贴对于企业创新投入、创新质量及创新风险的作用效果是否会随外部环境因素的改变而呈现一定的非线性变化。具体如下：

$$y_{it} = a + \theta_1 Subsidy_{i,t-1} \cdot I(F_{it} \le \gamma^F) + \theta_2 Subsidy_{i,t-1} \cdot I(F_{it} > \gamma^F)$$
$$+ x'_{it}b + z'_i d + u_i + \varepsilon_{it} \tag{7-3}$$

分别将不同的外部环境因素 F 作为门槛变量，γ^F 为其对应的门槛值。这些外部环境因素主要包括知识产权保护水平、人力资本水平、市场化程度、金融发展与经济发展水平以及产业结构等。

研究数据方面，我们将微观企业数据与宏观经济数据整合到一起。微观企业数据主要源自 CSMAR 上市企业数据库，涉及 2010～2015 年中国 473 家 A 股上市企业的财务数据。选择该时期作为研究窗口期的主要原因是 2016 年及之后在各类上市企业数据库以及上市企业年报中较难准确提取到企业未获授权但已申请的专利①数量。企业创新投入数据源于 CSMAR 上市企业数据库的"上市公司专利与研发创新数据库"，专利数据（如专利申请量、发明专利申请量、专利授权量等）源于 CSMAR 上市企业数据库的"上市公司及子公司专利数据库"。另外，上市企业营业收入的地区来源来自 Wind 数据库，通过整理企业营业收入的地区分类获得企业的海外收入。宏观经济数据主要源于历年《中国统计年鉴》及 Wind 数据库。此外，各地区市场化程度则借鉴王小鲁等（2017）构建的市场化指数。

我们分别采用企业研发投入（支出）占销售额的比重、发明专利申请量占专利申请总量的比重、申请专利未获授权量占专利申请总量的比重来衡量企业的创新投入、创新质量以及创新风险。另外，借鉴唐清泉和罗党论（2007）的做法，我们采用企业补贴收入占销售额的比重来衡量政府补贴。除此之外，本研究选取企业年龄、负债率、现金流等 16 个企业特征变量作为控制变量，并利用产权保护水平、市场化水平等变量来衡量企业所在地的外部环境因素。具体的变量名称、符号及定义整理为表 7-1。

表 7-1   变量介绍

类型	变量名称	符号	定义
被解释变量	企业创新投入	RDinput	企业研发投入/销售额
	企业创新质量	RDquality	发明专利申请量/专利申请总量
	企业创新风险	RDrisk	申请专利未获授权量/专利申请总量

① 专利申请未得到授权的原因主要有以下两种：其一，专利技术方案本身不满足专利授权所需要具备的新颖性、创造性、实用性等条件；其二，申请人提出专利申请后因程序原因（如提交文件期限、费用缴纳等）不满足专利法的要求。

续表

类型	变量名称	符号	定义
核心解释变量	政府补贴	*Subsidy*	企业补贴收入/销售额
控制变量	企业年龄	*Age*	ln（企业成立年限）
	企业负债率	*Lever*	企业资产负债率
	企业现金流	*Cf*	企业现金/总资产
	企业固定资产	*Ppe*	固定资产总额/总资产
	企业股权结构	*Concen*	企业前十大股东持股比例
	企业高管激励	*Salary*	ln（企业前三大高管薪酬）
	董事会规模	*Board*	ln（企业董事会人数）
	独立董事比例	*Indep*	独立董事人数/董事会人数
	机构持股	*Ins*	机构投资者持股比例
	企业成长性	*Grow*	企业销售额增长率
	企业价值	*Tobinq*	企业市值/总资产
	企业利润率	*Profit*	企业利润/销售额
	资产收益率	*Roa*	企业净利润/平均资产总额
	海外业务比重	*Export*	企业海外收入/营业收入
	企业产权性质	*Soe*	国有企业取值为1，否则为0
	企业规模	*Size*	ln（企业总资产）
外部环境因素	产权保护水平	*Ipp*	参考冯根福等（2021）的思路，采用（企业所属省份的技术市场交易额/该地区GDP）
	人力资本水平	*Hcap*	ln（企业所在省份的人口平均受教育年限）
	市场化水平	*Market*	参考王小鲁等（2017）构建的各省份市场化指数
	金融发展水平	*Finan*	企业所在省份存贷款余额/该地区GDP
	经济发展水平	*Eco*	企业所在省份的人均实际GDP
	三产发展水平	*Third*	企业所在省份的第三产业产值/该地区GDP

关于上述变量的描述性统计整理为表7-2。从企业创新行为来看，企业之间的创新投入与创新风险具有较大的差异，而创新质量的变异程度较小。从政府补贴来看，样本企业获得的补贴收入占其销售总额的平均比重约为0.6%，最大值为22.5%，表明存在少数企业样本享受到较高水平的补贴。

表 7 - 2　　　　　　　　　　　描述性统计

变量	均值	标准差	最小值	最大值	偏度	峰度	样本量
RDinput	0.033	0.065	0	2.516	22.252	766.065	2838
RDquality	0.522	0.297	0.002	1	0.346	1.910	2838
RDrisk	0.429	1.474	0	40	2.173	14.817	2838
Subsidy	0.006	0.009	0	0.225	8.979	161.628	2838
Age	2.589	0.423	0.693	3.583	-1.111	4.449	2838
Lever	0.433	0.204	0.007	0.994	0.030	2.130	2838
Cf	0.200	0.144	0.002	0.862	1.491	5.354	2838
Ppe	0.238	0.142	0.001	0.765	0.808	3.188	2838
Concen	0.568	0.156	0.127	0.952	-0.084	2.460	2838
Salary	14.198	0.694	11.728	17.352	0.326	3.810	2838
Board	2.287	0.167	1.609	2.944	-0.114	4.752	2838
Indep	0.371	0.058	0.200	0.800	2.087	9.156	2838
Ins	0.068	0.100	0	0.749	3.616	18.580	2838
Grow	0.191	1.499	-0.990	74.514	43.423	2130.025	2838
Tobinq	2.440	1.613	0.767	15.113	2.505	12.555	2838
Profit	0.076	0.172	-3.187	3.133	0.438	150.869	2838
Roa	0.042	0.050	-0.646	0.381	-1.181	25.021	2838
Export	0.215	0.226	0	1.318	1.457	4.583	2838
Soe	0.456	0.498	0	1	0.175	1.030	2838
Size	22.237	1.361	19.630	27.703	1.012	4.010	2838
Ipp	0.016	0.034	0.000	0.150	3.113	11.309	2838
Hcap	9.212	0.977	4.617	12.080	0.995	5.283	2838
Market	7.687	1.708	-0.300	10.166	-0.762	3.392	2838
Finan	1.919	0.988	0.860	5.635	2.106	6.830	2838
Eco	6.064	5.873	0.228	49.624	5.409	35.440	2838
Third	0.457	0.111	0.286	0.796	1.562	5.203	2838

7.3　实证分析

7.3.1　政府补贴对企业创新的线性影响分析

表 7 - 3 整理了分别以企业的创新投入、创新质量及创新风险作为被

解释变量时，模型选择的检验过程及结果。

表7-3   模型选择

被解释变量	企业创新投入	企业创新质量	企业创新风险
检验结果	F 检验. H0：全部 $u_i = 0$ $F = 11.64$ $Prob > F = 0.0000$	F 检验. H0：全部 $u_i = 0$ $F = 2.67$ $Prob > F = 0.0003$	F 检验. H0：全部 $u_i = 0$ $F = 8.38$ $Prob > F = 0.0000$
	LM 检验. H0：不存在个体随机效应 $chibar2 = 117.97$ $Prob > chibar2 = 0.0000$	LM 检验. H0：不存在个体随机效应 $chibar2 = 2224.94$ $Prob > chibar2 = 0.0000$	LM 检验. H0：不存在个体随机效应 $chibar2 = 202.28$ $Prob > chibar2 = 0.0000$
	Hausman 检验. H0：u_i 与 x_{it}, z_i 不相关 $chi2 = 82.12$ $Prob > chi2 = 0.0000$	Hausman 检验. H0：u_i 与 x_{it}, z_i 不相关 $chi2 = 46.50$ $Prob > chi2 = 0.0001$	Hausman 检验. H0：u_i 与 x_{it}, z_i 不相关 $chi2 = 61.96$ $Prob > chi2 = 0.0000$
模型选择	固定效应模型（FE）	固定效应模型（FE）	固定效应模型（FE）

表7-3检验结果表明：（1）F 检验证实拒绝"全部 $u_i = 0$"的原假设，此时每家企业应具有各自独立的截距项，采用固定效应模型（FE）进行估计的效果会明显优于混合效应模型（Pooled）；（2）LM 检验强烈拒绝"不存在个体随机效应"的原假设，此时与混合模型（Pooled）相比，应该选择随机效应模型（RE）进行估计；（3）Hausman 检验拒绝原假设"u_i 与 x_{it}，z_i 不相关"，说明与随机效应模型（RE）相比，应该使用固定效应模型（FE）。经上述一系列假设检验，最终选取固定效应模型（FE）进行估计。

利用固定效应模型对分别以创新投入、创新质量和创新风险为被解释变量的回归方程进行估计，结果整理为表7-4。总体来看，政府补贴对企业创新投入、创新质量以及创新风险的影响效果皆不显著。应进一步检验政府补贴对企业创新行为的影响是否具有一定的非线性作用，考察是否存在外部环境因素会影响政府补贴与企业创新行为之间的关系。

表7-4   模型估计结果

项目	被解释变量		
	企业创新投入	企业创新质量	企业创新风险
Subsidy	0.050 (0.121)	0.139 (0.446)	-7.648 (5.095)

续表

项目	被解释变量		
	企业创新投入	企业创新质量	企业创新风险
Age	0.046 ***	0.031	1.408 ***
	(0.007)	(0.036)	(0.408)
Lever	−0.009	−0.015	−0.515
	(0.009)	(0.067)	(0.539)
Cf	0.001	0.092	0.139
	(0.012)	(0.057)	(0.379)
Ppe	−0.029	−0.022	−0.086
	(0.021)	(0.087)	(0.378)
Concen	0.014	−0.042	0.942
	(0.024)	(0.084)	(1.256)
Salary	0.004	−0.037 **	0.250 ***
	(0.004)	(0.016)	(0.078)
Board	0.001	0.091 *	−0.123
	(0.009)	(0.052)	(0.382)
Indep	0.022	0.032	0.811
	(0.034)	(0.133)	(0.711)
Ins	−0.040 *	0.024	−3.182 **
	(0.023)	(0.110)	(1.534)
Grow	−0.000	0.003 ***	0.019
	(0.000)	(0.001)	(0.017)
Tobinq	0.000	0.008 **	0.117 ***
	(0.000)	(0.003)	(0.038)
Profit	−0.028 **	0.074 *	0.251
	(0.013)	(0.039)	(0.412)
Roa	−0.034	0.026	−0.717
	(0.043)	(0.154)	(1.729)
Export	−0.011	−0.058	0.495
	(0.012)	(0.054)	(0.613)
Soe	0.002	−0.162 **	−0.042
	(0.009)	(0.065)	(0.208)

续表

项目	被解释变量		
	企业创新投入	企业创新质量	企业创新风险
Size	0.006	0.012	0.905***
	(0.005)	(0.016)	(0.113)
常数项	− 0.146**	0.830***	− 7.213***
	(0.067)	(0.253)	(2.183)
样本量	2838	2838	2838

注：括号内为标准误；***、**和*分别表示在1%、5%和10%的显著性水平上显著。

7.3.2　不同外部环境下政府补贴对企业创新投入的非线性影响分析

本节主要考察政府补贴在不同的外部环境条件下作用于企业创新投入的非线性特征，将利用自助法抽样 300 次后的各外部环境因素的门槛检验结果整理为表 7 − 5。结果显示，以产权保护水平、人力资本水平、市场化水平、金融发展水平、三产发展水平为门槛变量时，单一门槛假设检验结果显著，而在双重门槛的假设下的检验结果不显著，证实上述外部环境因素仅存在一个显著的门槛值；而以经济发展水平为门槛变量时，单一门槛假设的 Bootstrap 抽样结果不显著，说明"经济发展水平"这一外部环境因素不存在显著的门槛效应。根据表 7 − 5 列示的门槛估计值及其检验结果，可依次将外部环境因素中的产权保护水平（*Ipp*）划分为低产权保护 $\{Ipp \leqslant 0.116\}$ 与高产权保护 $\{Ipp > 0.116\}$ 两类；将人力资本水平（*Hcap*）划分为低人力资本 $\{Hcap \leqslant 11.555\}$ 与高人力资本 $\{Hcap > 11.555\}$ 两类；将市场化水平（*Market*）划分为低市场化 $\{Market \leqslant 8.230\}$ 与高市场化 $\{Market > 8.230\}$ 两类；将金融发展水平（*Finan*）划分为低金融发展 $\{Finan \leqslant 2.105\}$ 与高金融发展 $\{Finan > 2.105\}$ 两类；将三产发展水平（*Third*）划分为低三产发展 $\{Third \leqslant 0.487\}$ 与高三产发展 $\{Third > 0.487\}$ 两类。

表 7 − 5　　　以企业创新投入为被解释变量的门槛检验结果

门槛变量	模型	门槛值	MSE	F 值	P 值	BS 数	临界值		
							1%	5%	10%
产权保护水平	单一门槛	0.116	0.003	24.73*	0.060	300	207.912	25.446	12.159
（*Ipp*）	双重门槛	—	0.003	5.59	0.280	300	418.275	28.541	15.690
	三重门槛								

续表

门槛变量	模型	门槛值	MSE	F值	P值	BS数	临界值		
							1%	5%	10%
人力资本水平 （Hcap）	单一门槛	11.555	0.002	24.73*	0.065	300	255.730	40.281	17.130
	双重门槛	—	0.003	7.10	0.250	300	285.997	50.737	20.230
	三重门槛								
市场化水平 （Market）	单一门槛	8.230	0.003	20.07*	0.085	300	51.504	26.430	16.909
	双重门槛	—	0.003	6.19	0.250	300	50.953	20.350	15.006
	三重门槛								
金融发展水平 （Finan）	单一门槛	2.105	0.002	18.41*	0.095	300	70.646	34.599	17.604
	双重门槛	—	0.003	8.63	0.265	300	794.805	80.296	24.974
	三重门槛								
经济发展水平 （Eco）	单一门槛		0.003	7.72	0.250	300	81.496	28.540	16.651
	双重门槛								
	三重门槛								
三产发展水平 （Third）	单一门槛	0.487	0.002	18.35*	0.090	300	35.706	21.926	17.096
	双重门槛	—	0.003	1.07	0.999	300	149.929	36.381	18.267
	三重门槛								

注：＊表示在10%的显著性水平上显著；"—"表示无。

以企业创新投入为被解释变量的面板门槛回归估计结果归总为表7-6。结果表明，在外部环境因素产权保护、人力资本、市场化、金融发展、三产发展不高于其相应门槛值的情况下，政府补贴的系数估计值为负且在统计上不显著，说明当产权保护、人力资本、市场化、金融发展、三产发展水平处在低区间时，政府补贴对企业创新投入不具有显著的影响。然而，当这些外部环境因素高于其相应门槛值时，政府补贴的系数估计值皆在1%水平上显著为正，说明高水平的产权保护、人力资本、市场化、金融发展、三产发展有益于强化政府补贴的创新激励作用，能够有效推动企业加大研发投入力度。通常，企业研发需要大量资金的长期投入，而完善的产权保护制度和金融发展制度可缓解市场的信息不对称，一方面优化了政府补贴目标的筛选功能，另一方面强化了补贴释放出的利好信号，让补贴资金更迅速、合理地寻找到优良投资项目（解维敏和方红星，2011），进而达到促进企业研发强度的效果。市场化程度及三产水平较高的地区往往有着较高的政府行政效率，相关部门会为企业提供优质的创新服务并及时获取技术创新的信息及技术创新要素（刘瑞，2019）。在这样的环境下，企业可更加及时有效地享受到政府在创新上的支持，大大提升了企业的创新意愿和研发投入强度。另外，拥有较高人力资本水平的地区，往往不乏人才，不仅能够有效弥补企业人才紧缺的短板，还能提升企业吸收能力和补贴资金使用效率，有助于强化政府补贴的挤入效用。

表7-6   以企业创新投入为被解释变量的门槛估计结果

项目	门槛变量					
	产权保护	人力资本	市场化	金融发展	经济发展	三产发展
门槛估计值	0.116	11.555	8.230	2.105	—	0.487
低区间	-0.050 (0.152)	-0.051 (0.152)	-0.156 (0.159)	-0.089 (0.155)		-0.090 (0.155)
高区间	2.231*** (0.504)	2.231*** (0.504)	1.025*** (0.282)	1.760*** (0.462)		1.753*** (0.461)
高区间样本 个数占比	6.16%	4.93%	43.62%	18.49%		18.53%
控制变量	yes	yes	yes	yes		yes
样本量	2838	2838	2838	2838		2838

注：括号内为标准误；*** 表示在1%的显著性水平上显著；"—"表示无。

7.3.3   不同外部环境下政府补贴对企业创新质量的非线性影响分析

表7-7门槛检验结果显示，当分别以 *Ipp* 和 *Third* 为门槛变量时，双重门槛假设的结果不显著而单一门槛假设的结果显著，由此证实产权保护水平与三产发展水平仅存在一个显著门槛值。此外，当以 *Hcap*、*Market*、*Finan* 及 *Eco* 为门槛变量时，单一门槛假设的 Bootstrap 抽样结果不显著，说明上述外部环境因素不存在显著门槛效应。据此，可依次将外部环境因素中的产权保护水平划分为低产权保护 $\{Ipp \leqslant 0.002\}$ 与高产权保护 $\{Ipp > 0.002\}$ 两类，将三产发展水平（*Third*）划分为低三产发展 $\{Third \leqslant 0.325\}$ 与高三产发展 $\{Third > 0.325\}$ 两类。

表7-7   以企业创新质量为被解释变量的门槛检验结果

门槛变量	模型	门槛值	MSE	F值	P值	BS数	临界值		
							1%	5%	10%
产权保护水平 （*Ipp*）	单一门槛	0.002	0.029	13.26**	0.030	300	21.701	12.015	10.844
	双重门槛	—	0.029	8.13	0.155	300	16.594	10.915	9.374
	三重门槛								

续表

门槛变量	模型	门槛值	MSE	F 值	P 值	BS 数	临界值		
							1%	5%	10%
人力资本水平 （Hcap）	单一门槛		0.029	3.37	0.740	300	16.528	12.497	10.465
	双重门槛	—	—	—	—	—	—	—	—
	三重门槛								
市场化水平 （Market）	单一门槛		0.029	2.20	0.895	300	14.882	12.218	10.023
	双重门槛	—	—	—	—	—	—	—	—
	三重门槛								
金融发展水平 （Finan）	单一门槛		0.029	5.43	0.435	300	18.141	12.418	10.312
	双重门槛	—	—	—	—	—	—	—	—
	三重门槛								
经济发展水平 （Eco）	单一门槛	—	0.030	4.91	0.520	300	15.322	12.878	11.034
	双重门槛								
	三重门槛								
三产发展水平 （Third）	单一门槛	0.325	0.030	12.45*	0.085	300	18.707	14.340	11.739
	双重门槛	—	0.030	2.85	0.790	300	20.615	12.410	10.821
	三重门槛								

注：** 和 * 分别表示在 5% 和 10% 的显著性水平上显著；"—"表示无。

根据表 7-8 估计结果可以推断，当门槛变量 Ipp 与 $Third$ 不高于其相应的门槛值时，政府补贴的系数估计值在 1% 的显著性水平上显著为正，说明在低产权保护水平和低三产发展水平的外部环境下，政府补贴对企业创新质量具有显著的促进作用；而当门槛变量 Ipp 与 $Third$ 高于其相应的门槛值时，政府补贴对企业创新质量的影响不仅起不到显著效果，甚至可能会带来负向作用。从产权保护的角度来看，结合表 7-6 可知，当产权保护水平低于 0.002 时，政府补贴虽在加大企业创新投入方面无明显效果，但却有益于提升企业的创新质量；而当产权保护水平高于 0.116 时，政府补贴能够有效激励企业加大创新投入，但在提升创新质量上的作用效果并不显著。本研究进一步证实，产权保护制度越不完善的地区，政府补贴越有利于提升企业创新质量。此外，从三产发展程度来看，当企业所在地的第三产业产值占该地区 GDP 的比重低于或等于 0.325 时，政府补贴可助力企业创新质量的提升。

表 7 - 8　　　　　　以企业创新质量为被解释变量的门槛估计结果

	门槛变量					
	产权保护	人力资本	市场化	金融发展	经济发展	三产发展
门槛估计值	0.002	—	—	—	—	0.325
低区间	4.988 *** (1.629)					7.201 *** (2.258)
高区间	-0.265 (0.511)					-0.048 (0.497)
高区间样本 个数占比	87.17%					96.82%
控制变量	yes					yes
样本量	2838					2838

注：括号内为标准误；*** 表示在1%的显著性水平上显著；"—"表示无。

7.3.4　不同外部环境下政府补贴对企业创新风险的非线性影响分析

以创新风险为被解释变量的门槛检验结果整理为表 7 - 9。结果显示，当以 Ipp、$Market$、Eco 及 $Third$ 为门槛变量时，检验结果显示仅存在一个显著门槛值。而当以 $hcap$ 和 $finan$ 为门槛变量时，检验结果证实存在双重门槛值。据此，以产权保护水平（Ipp）、市场化水平（$Market$）、经济发展水平（Eco）、三产发展水平（$Third$）为门槛变量的门槛估计值可将样本分为低区间和高区间两组；而以人力资本水平（$Hcap$）和金融发展水平（$Finan$）为门槛变量的门槛估计值可将样本分为低区间、中区间和高区间三组。

表 7 - 9　　　　　　以企业创新风险为被解释变量的门槛检验结果

门槛变量	模型	门槛值	MSE	F 值	P 值	BS 数	临界值		
							1%	5%	10%
产权保护水平 （Ipp）	单一门槛	0.027	1.369	31.22 **	0.049	300	110.581	30.153	15.016
	双重门槛	—	1.359	19.87	0.101	300	81.222	34.180	19.657
	三重门槛								
人力资本水平 （$Hcap$）	单一门槛	10.950	1.368	32.01 **	0.040	300	89.204	26.680	11.636
	双重门槛	12.028	1.364	9.12 *	0.080	300	29.639	13.329	7.883
	三重门槛	—	1.336	10.25	0.245	300	124.058	46.008	30.477

续表

门槛变量	模型	门槛值	MSE	F 值	P 值	BS 数	临界值		
							1%	5%	10%
市场化水平 （Market）	单一门槛	9.950	1.357	55.92 **	0.020	300	75.129	31.224	20.236
	双重门槛	—	1.351	11.89	0.260	300	114.890	84.833	62.029
	三重门槛								
金融发展水平 （Finan）	单一门槛	3.174	1.369	30.28 **	0.045	300	59.203	25.556	15.144
	双重门槛	4.130	1.346	48.77 **	0.040	300	78.603	34.092	22.411
	三重门槛	—	1.340	13.01	0.315	300	167.398	81.784	54.331
经济发展水平 （Eco）	单一门槛	8.714	1.369	29.96 **	0.025	300	58.997	21.789	16.098
	双重门槛	—	1.367	4.41	0.550	300	245.924	41.856	23.350
	三重门槛								
三产发展水平 （Third）	单一门槛	0.677	1.368	32.01 *	0.095	300	103.039	39.944	27.916
	双重门槛		1.333	16.03	0.426	300	195.664	111.606	65.002
	三重门槛								

注：** 和 * 分别表示在 5% 和 1% 的显著性水平上显著；"—"表示无。

表 7 - 10 整理了以创新风险为被解释变量的门槛回归估计结果。总体来看，无论是以何种外部环境因素作为门槛变量，低区间样本个数占总样本的比重均在 90% 以上，仅有少数样本归属于高区间或中区间。具体来讲，当产权保护水平或三产发展水平低于其对应门槛值时，政府补贴难以起到降低企业风险的作用。仅有少数处于"高区间"的样本企业（约占总样本的 8.5%）能够有效借助政府补贴来规避或降低创新风险。从市场化以及经济发展来看，当这两种外部环境因素处于低水平时，政府补贴资金有益于降低企业创新风险；而当其处于高水平时，政府补贴则会加剧企业的创新风险。市场化进程的推进以及经济水平的提高，致使要素市场与产品市场发生激烈竞争，迫使企业放弃"短平快"的投资模式而转向具有高回报率但周期较长的研发投资项目，此时政府补贴的介入，无异于加剧了企业的创新风险。此外，从人力资本与金融发展这两种外部环境因素来看，政府补贴对企业创新风险始终具有缓解效应，尤其是当人力资本水平处于中区间而金融发展水平位于高区间时，缓解效应明显。

表7-10   以企业创新风险为被解释变量的门槛估计结果

项目	门槛变量					
	产权保护	人力资本	市场化	金融发展	经济发展	三产发展
门槛估计值	0.027	(10.950, 12.028)	9.950	(3.174, 4.130)	8.714	0.677
低区间	-3.828 (3.457)	-5.015 (3.471)	-7.535** (3.351)	-4.664 (3.482)	-7.671** (3.367)	-3.027 (3.464)
中区间		-42.189*** (13.073)		-40.322 (26.109)		
高区间	-61.341*** (12.607)	-22.617 (22.028)	290.239*** (43.829)	-42.090*** (12.524)	74.899*** (16.829)	-75.507*** (13.670)
高区间样本个数占比	8.81%	2.46%	0.95%	8.45%	8.21%	8.35%
中区间样本个数占比		5.88%		1.02%		
控制变量	yes	yes	yes	yes	yes	yes
样本量	2838	2838	2838	2838	2838	2838

注：括号内为标准误；*** 和 ** 分别表示在1%和5%的显著性水平上显著。

7.4 总　结

学术界对于政府补贴、企业创新与外部环境三者间的两两关系进行了许多有深度的探讨，但核心问题是研究结果差异较大，其原因在于外部环境所涉及的内容及其度量方式上存在欠缺。本章着重从产权保护水平、人力资本水平、市场化水平等多个外部环境视角出发，考察政府补贴影响企业创新的实际效果是否会因某一外部环境因素的变化而发生改变。研究发现，政府补贴影响企业创新的效果会因外部环境条件的变化而发生改变。在产权保护制度越不完善的地区，政府补贴越有利于提升企业创新质量；而在产权保护制度越完善的地区，政府补贴越有益于提升企业的研发强度。在高人力资本水平、高市场化程度以及高金融发展环境下，政府补贴可有效激励企业加大研发投入强度，但对企业创新质量的提升并无显著作用。经济发展水平的高低并不会影响政府补贴对企业研发强度及创新质量的作用效果，但却会显著影响政府补贴与企业创新风险二者间的关系。经济高发展地区，政府补贴容易加剧企业创新风险；反之，在经济欠发达地区，政府的补贴资金有助于企业降低创新风险。此外，当企业所在地的第三产业产值占该地区 GDP 的比重低于或等于 32.5% 时，政府补贴有助于企业创新质量的提升；而当其高于 67.7% 时，政府补贴有益于企业规避创新风险。总体来看，外部环境的好坏，在极大程度上影响了政府补贴对企业创新行为的作用效果，尤其是在企业创新投入及创新风险方面，地方政府应重视补贴政策的实施环境，尽可能在合适的外部环境下通过政府补贴实现"提质、增效、降风险"。

本章可能的创新点有以下三方面：其一，从创新投入、创新质量以及创新风险三个层面综合考察政府补贴作用于企业创新的真实效果，在一定程度上丰富了政府补贴与企业创新行为关系的探索；其二，将外部环境因素如知识产权保护、人力资本、市场化程度等纳入整体分析框架，系统检验政府补贴与企业创新行为间关系的非线性特征；其三，通过对不同环境因素门槛值的精准估计，掌握外部环境因素的分水岭，为政府相关部门提供更为精准的补贴政策建议。

此外，就本章研究主题而言，依然存在继续探索的空间：首先，除本研究中涉及的环境变量之外，仍存在不少值得探寻的外部环境因素，如地区创业活力、教育医疗水平等，研究内容有待继续丰富。其次，考虑到所有制歧视等现实约束，民营企业以及非国有中小型企业的创新活动与政府补贴之间的关系往往更容易受到外部环境因素冲击而发生变化，未来研究可进一步关注民营企业尤其是中小型民营企业。综合上述拓展方向，本书从第 8 章开始将在政府补贴工具、企业异质性等方面进行深入挖掘，着重分析不同类型的政府补贴对于不同类型企业创新行为的影响，从更细致、更深入的角度考察政府补贴策略与企业创新行为之间的关系。

PART Ⅲ:

策略工具篇

第8章　典型补贴政策的创新效果评估

8.1　问题提出

世界各国纷纷通过积极实施补贴政策来激励和推进企业创新。放眼世界，德国 2010 年开始推行的"德国 2020 高科技战略"，强调要以直接补贴手段推动高新技术企业的创新和发展。英国于 2014 年发布的"我们的增长计划：科学和创新"战略文件，着重指出要加大政府的直接补贴及税收优惠力度，通过为企业提供良好的创新环境来推动企业创新发展。美国于 2015 年发布的新"美国创新战略"强调要通过税收减免等措施来降低创新企业的成本从而推进高精尖领域的技术突破。此外，欧盟国家自 2014 年开始实施的"地平线 2020"也重点强调了要通过提供巨额的研发投入并整合欧盟各国的创新资源来激励企业创新，从而抢占科技战略制高点。自 2006 年开始我国已先后颁布和实施了《国家中长期科学和技术发展规划纲要（2006—2020）》《关于深化科技体制改革加快国家创新体系建设的意见》《国家创新驱动发展战略纲要》《中共中央　国务院关于深化体制机制改革加快实施创新驱动发展战略的若干意见》等一系列旨在鼓励创新、发挥创新引领作用的创新激励政策。这些政策大多指出要加强对企业的财税支持力度，努力通过直接补贴、税收优惠等补贴工具鼓励企业积极从事研发创新活动。

中小企业作为创新和市场经济的重要主体，其创新能力的提升，既是中国纵深推动"双创"发展的关键力量，也是"高质量发展"的必要条件。作为最具创新活力和最富创业潜质的"双创"（大众创业，万众创新）生力军，科技型中小企业担负着纵深推进我国高质量经济发展的重任。明晰我国典型的补贴政策影响中小企业创新行为的真实效果，不仅有助于挖掘补贴政策的内涵，为新形势下制定和优化补贴政策提供坚实的理论指导，还有益于中小企业管理者结合自身特点以及政策效果发挥的前提和条件，制定有效可行的技术创新投资决策。

就补贴政策的创新效果识别这一问题，学术界以及实务界远未达成共识。究竟政府补贴政策对于中小企业创新是否真正起到了激励效果？何种原因或因素能够影响该政策的创新激励效果？如何提升和改善政策的实施水平和实施效率？这一系列问题仍亟待精准且深入的考察。为此，本章以政府相关部门颁布实施的《中共中央　国务院关于深化体制机制改革加快实施创新驱动发展战略的若干意见》（以下简称"创新驱动"政策）以及《关于进一步推动科技型中小企业创新发展的若干意见》（以下简称"科技扶持"政策）为例，分别考察这两项典型补贴政策对中小企业尤其是科技型中小企业在激励创新方面的实际效果。

8.2　政策评估方法

政策是政府在特定时期为解决某一特定问题而有目的地设计的行动原则和方案。既有关于政策评估的研究，可根据研究对象的差异划分为宏观层面政策评估与微观层面政策评估两大类。前者多聚焦经济增长、失业率等问题，而后者则多关注企业的财务绩效、创新发展等内容。不同国家在补贴政策的制定和实施方面会存在一定的差异，但总体上可归纳为对企业创新的直接补贴与对企业创新的税收优惠。前者旨在为企业提供资金支持，后者则是通过税收减免、税收扣除等方式来降低企业创新成本。对补贴政策的效果进行评估，是在现实经济数据的基础上利用恰当的定量方法对政府补贴政策进行量化分析，其主要目的是测度补贴政策在实施之后对某个群体、某个行业或某个地区的"因果"影响。鉴于政策颁布、政策实施等经济现象的不可实验性，政策评估的难题在于识别因果关系以及测度政策效应的强弱。双重差分法（Difference-in-Difference，DID）便是当前主流且在学术界和实务界认可度较高的政策评估方法之一，常被应用于教育、就业、金融、能源利用等领域。考虑到现实中的分析样本往往存在选择性偏误且难以满足共同趋势假设，许多研究将传统 DID 拓展为结合倾向得分匹配的双重差分法（PSM – DID）、三重差分法（Difference in Difference in Difference，DDD）以及 DID 的非参数扩展双重变化（Changes-in-Changes，CIC）模型等。除双重差分法及其拓展方法之外，学术界根据不同的分析思路，设计出多种各具优势的政策识别策略，例如工具变量法

（Instrumental Variables，IV）、合成控制法（Synthetic Control Methods，SCM）等。而伴随着政策识别策略的不断完善和发展，各种方法的不足也逐渐显现。譬如，工具变量法的排他性（Excludability）条件难以满足，Heckman 样本选择模型无法产生和随机实验一样的结果等。凭借清晰的样本选择过程、假设易于检验、更接近随机实验等优势，断点回归设计（Regression Discontinuity Design，RDD）被广泛应用于经济学领域。该方法由 Thistlethwaite 和 Campbell 两位学者最早提出，后期逐步衍生出精确断点回归设计（Sharp RDD）、模糊断点回归设计（Fuzzy RDD）以及地理断点回归设计（Geographic RDD）等一系列针对不同类型政策的识别策略。

8.2.1　基于双重差分法的政策因果识别

以一种简单情形切入，在某一时刻 t，某一企业 i 受到一项政策 D 的干预，我们探讨该项政策对该企业的影响。假设存在两期数据：t 期与 $t-1$ 期。前者表示该项政策实施之后，而后者为该项政策实施之前。对于企业 i 有两种干预状态，$D_i = 1$ 表示企业 i 受到政策干预，$D_i = 0$ 则表示企业未受到政策干预。在每一个政策干预状态下会对应一个潜在结果：Y_{1it} 表示企业 i 在状态 $D_i = 1$ 下的潜在结果，Y_{0it} 表示企业 i 在状态 $D_i = 0$ 下的潜在结果。双重差分法适用于事前所有企业均未受到政策干预，而事后只有一组企业受到政策干预的情况。未受到政策干预的组称为控制组或对照组，受到政策干预的组称为干预组或处理组。按照政策实施的时间和是否受到政策干预这两个变量将样本分成四组群体，如表 8-1 所示。

表 8-1　　　　　　　　　　双重差分法的适用场景

项目	$T = 0(t-1$ 期$)$	$T = 1(t$ 期$)$
$D = 1$	干预组（干预未实施）	干预组（干预实施）
$D = 0$	控制组	控制组

在使用双重差分法进行政策评估时，我们关心的政策因果效应参数是平均处理效应（ATT），即政策干预对受到影响的企业的平均影响。

$$\tau_{ATT} = E[Y_{1it} - Y_{0it} | D_i = 1] = E[Y_{1it} | D_i = 1] - E[Y_{0it} | D_i = 0] \tag{8-1}$$

由于政策干预仅在一个时间点发生变化，为简化表述，变量 D_i 没有引入时间下标。式（8-1）第 2 个等号右侧的第一项 $E[Y_{1it} | D_i = 1]$ 是可以观

测的，为干预组事后的平均结果，而第二项 $E[Y_{0it}|D_i = 0]$ 是无法观测到的反事实结果。使用双重差分法评估政策效果的关键是如何将反事实结果科学地估计出来。

以上介绍的是双重差分法的简单情形，在现实应用中，我们可利用回归方法得到双重差分的估计量。在满足共同趋势假设、共同区间假设、外生性假设以及无交互影响假设（SUVTA，简言之，政策干预只影响干预组，不会对控制组产生交互影响，或政策干预不会有溢出效应）等基本假设的情况下，可利用下面的回归方程得到 DID 估计量：

$$Y_{it} = \partial + \beta D_i + \delta T + \tau(D_i \times T) + \varepsilon_{it} \qquad (8-2)$$

其中，$E[\varepsilon_{it}|D_i, T] = 0$。根据式（8-2），我们能够得出：

$$E[Y_{it}|D_i, T] = \alpha + \beta D_i + \delta T + \tau(D_i \times T)$$

$$E[Y_{it}|D_i = 0, T = 0] = \alpha$$

$$E[Y_{it}|D_i = 0, T = 1] = \alpha + \delta$$

$$E[Y_{it}|D_i = 1, T = 0] = \alpha + \beta$$

$$E[Y_{it}|D_i = 1, T = 1] = \alpha + \beta + \delta + \tau$$

可见，干预组事前的平均结果为 $\alpha + \beta$，干预组事后的平均结果为 $\alpha + \beta + \delta + \tau$，而干预组事前事后平均结果的变化量为 $\delta + \tau$。该变化量中既涉及政策影响又包含共同趋势。将共同趋势的影响剔除后，最终的政策影响为 τ。倘若共同趋势必须在控制协变量（控制变量）X_{it} 后才能成立，并且这些协变量不会受到政策干预的影响，估计模型可记作：

$$Y_{it} = \partial + \beta D_i + \delta T + \tau(D_i \times T) + X'_{it}\gamma + \varepsilon_{it} \qquad (8-3)$$

8.2.2　基于断点回归设计的政策因果识别

断点回归设计的基本思想是一项政策干预（D）完全依赖于一个驱动变量（参考变量）。如果驱动变量能够影响结果变量，假设结果变量（Y）与驱动变量（X）之间的关系是连续的，其他可能影响结果的因素（Z）在断点处也是连续的，那么结果变量在断点处的跳跃就可以解释为政策干预 D 的影响效果。根据政策干预的分配规则，断点回归设计可以分为"精确断点回归"和"模糊断点回归"。前者是指干预分配完全由驱动变量是否超过临界值决定，具体表示为 $D = 1(X \geq x_0)$。其中，$1(\cdot)$ 表示示性函数，条件成立取 1，否则为 0；x_0 表示临界值。若驱动变量超过或等于临界值，那么企业受到政策干预，此时 $D = 1$；若驱动变量未超过临界值，则企业未受到政策干预，此时 $D = 0$。后者是指干预的分配不是完全由驱动变量决定，可能会受到其他一些难以观测的因素影响。此时，即便驱动变量超过或等于临界值，但企业可能未受到政策干预，具体可表示为 $D = D(T,\varepsilon)$。其中，$T = 1(X \geq x_0)$，ε 是影响干预的其他未观测因素，并且满足式（8 - 4）。换言之，在断点左右企业接受干预的可能性不同。

$$\Pr[D = 1 \mid T = 1] \neq \Pr[D = 1 \mid T = 0] \tag{8 - 4}$$

针对断点回归设计的估计方法主要包括边界非参数回归、局部线性回归以及局部多项式回归。在实际应用中，研究者大多采用非参数局部线性回归方法（Local Linear Regression）来避免在边界上收敛速度慢的问题。在政策评估过程中，需要注意断点回归设计的基本识别条件，如断点假设、连续性假设、独立性假设等。模型估计完成后，须进行如下模型设定检验，以判断估计结果的稳健性。其一，协变量连续性检验。以协变量作为伪结果，检验断点回归估计量是否显著。倘若估计结果显著，则说明这些协变量不符合连续性假设，政策评估的结果不准确。其二，驱动变量分布连续性检验。驱动变量分布连续意味着断点处的企业没有精确操纵驱动变量的能力，局部随机化假设成立，从而确保断点附件左右两侧的样本能够代表断点处的总体。其三，伪断点检验。在驱动变量的其他位置（例如，断点两侧中点位置作为伪断点），利用相同的方法估计断点回归估计量。若发现伪断点的 RDD 估计量不为 0，则说明断点回归设计存在问题，可能混杂了其他未观测因素的影响。其四，带宽选择敏感性检验。选择不同带宽对 RDD 估计量进行重新估计，检验估计结果是否具有较大的变动。若更换带宽后估计结果差异较大，尤其是影响方向有变化，则说明断点回归设计存在问题。总体来看，断点回归设计近似于完全随机化实验，具有很强的内部有效性，估计结果有较高的可信度。然而，与完全随机化实验类似，断点回归设计得到的估计往往只是断点处的平均因果效应，外部有效性较弱。

8.3　"创新驱动"政策影响中小企业创新的效果评估

中小企业作为创新的生力军和市场经济的重要主体，其创新能力的提升，既是中国纵深推动"双创"发展的关键力量，也是"高质量发展"

的必要条件。由国务院 2015 年正式颁布实施的《中共中央 国务院关于深化体制机制改革加快实施创新驱动发展战略的若干意见》（以下简称"创新驱动"政策）着重指出，要加强对中小企业的财税支持力度，努力通过直接补贴、税收优惠等补贴工具鼓励中小企业积极从事研发创新活动。关于"创新驱动"政策对中小企业创新的量化评估存在两个难点：一是对于因果效应的合理识别；二是对于中小企业创新的有效度量（李贲，2018）。"创新驱动"政策通过政府直接补贴、税收优惠等补贴工具①对中小企业实施创新激励并不是严格外生的，该政策决策必定是建立在综合考量中小企业的各项特征及其表现。由于在研究中无法完全控制住这些因素，如果直接使用最小二乘法（OLS）对政策效应进行估计会因存在选择性偏误及内生性问题而造成估计的不一致性。为此，我们采用可有效解决选择性偏误及内生性问题的双重差分方法对"创新驱动"政策作用于中小企业创新的真实效果进行评价和分析。精准且有效度量中小企业创新是本研究的另一难点。多数研究选择"投入端"变量②来表征企业创新，原因在于"投入端"变量的数据获取相对容易（李彦龙，2018）。考虑到创新投入转化为创新产出存在一定的时间滞后性，中小企业的创新投入量难以完全且及时地反映其实际创新情况，我们选取企业的创新"产出端"采用企业专利申请数量作为中小企业创新的度量指标。本研究旨在利用双重差分方法在剔除不可观测的因素对中小企业创新影响的情况下，深入探究"创新驱动"这一政策干预对结果变量中小企业创新产生的净影响。

8.3.1　PSM – DID 研究设计

"创新驱动"政策对于中小企业的技术创新差异主要源于三个方面：分组效应、时间效应以及政策处理效应。分组效应主要是由企业自身差异形成的；时间效应则是由现实经济形势的变化以及时间惯性而引起的；政策处理效应主要是源于中小企业所享受到的以直接补贴、税收减免等为代表的补贴政策支持。随机实验方法尤其是双重差分能够行之有效地从混杂因素中分离和提取出政策处理效应（黄华华，2021）。

---

① 在《中共中央 国务院关于深化体制机制改革加快实施创新驱动发展战略的若干意见》中重点提到，政府应提高财税政策的支持力度，扩大创新政策的适用范围，完善税收优惠与政府补贴的实施办法，重点鼓励中小企业加大研发力度，政府通过政府补贴与税收优惠这两种手段积极鼓励中小企业从事研发创新活动。

② 在实际的研究过程中，依附于投入端变量衍生出多种替代变量形式，包括研发人员数量、企业新增 R&D 支出、研发强度等（李维安等，2016）。其中，同一变量存在多种度量方法，以研发强度为例，主要包括研发支出/营业收入、研发支出/销售收入、研发支出/主营业务收入。

我们按照样本企业是否受到"创新驱动"政策影响（$treat_{it}$为政策虚拟变量），将分析样本分成两组。第一组为受到该政策干预的企业组，即干预组 $treat_{it}=1$；第二组为未受到该项政策干预的企业组，即控制组 $treat_{it}=0$。进而，构造"创新驱动"实施的二元虚拟变量 $time_i$：以"创新驱动"政策起始年份 2015 年为界，将 2015 年及之后的年份设定为 $time_i=1$；政策实施前的年份为 $time_i=0$。交互项 $treat_{it}\times time_i$ 可用于刻画中小企业受到该项政策干预的"政策处理效应"，估计方程具体如式（8-5）所示：

$$Y_{it} = \alpha + \beta \cdot time_i + \gamma \cdot treat_{it} + \delta \cdot treat_{it} \times time_i + \theta \cdot Z_{it} + \varepsilon_{it}$$

$$(8-5)$$

其中，Y_{it}表示中小企业 i 在第 t 年的创新行为，我们分别从中小企业的专利申请总量、企业的发明专利申请量以及企业的非发明专利申请量等多个角度对企业的创新行为进行测度。Z_{it}表示描述中小企业特征的一系列控制变量，主要涉及企业的资产收益率、营业收入等。ε_{it}表示白噪声。

不同企业间往往会存在较大差异，因而在分析过程中能够确保干预组企业与控制组企业具有可比较性十分重要。这既是研究设计的基本条件，也是可行性探讨的基础（李贲和吴利华，2018）。倾向得分匹配法有助于改善样本选择偏差，使控制组中的企业与干预组中的企业尽可能相似，从而达到匹配之后的企业之间仅仅在是否受到政策干预方面有所不同，而在其他方面（如企业自身特征等）尽可能相似或一致。倾向得分匹配的具体操作如下：首先，构建一个被解释变量为二元虚拟变量的回归方程，将干预组企业样本的虚拟变量设定为 1、控制组企业的虚拟变量设定为 0，将能够影响两组企业相似度的协变量 Z_{it} 作为解释变量，从而估计出倾向得分值。其次，依据由第一步得到的倾向得分值并选择恰当的匹配原则，逐个为干预组企业从控制组企业中找到与其倾向得分最接近的单个或若干个企业。倾向得分匹配法的优势在于能够有效规避样本选择偏误问题，而双重差分方法的优势在于能够有效分离和提取出政策处理效应。两种方法相结合（PSM-DID）能够更为精准地考察"创新驱动"政策作用于中小企业创新行为的真实效果。

8.3.2　数据介绍

本研究初始数据选取 2010~2019 年中国中小板以及创业板微观企业数据。由于中小企业的定义随时代发展而不断发生变化，我们依据 2017

年国家统计局最新发布的《统计上大中小微型企业划分办法（2017）》①
对样本企业进行了细致划分，并从中筛选出符合制造业、建筑业、批发和
零售业等多个行业中小企业划分标准的中小企业样本（见表8-2）。鉴于
数据的可获得性和完整性并且考虑到"创新驱动"政策实施时间为2015
年，我们将2010～2017年作为政策评估的窗口期。中小企业的专利申请
以及专利授权数据来自国家专利局数据库，因数据存在大量缺失，我们通
过查验和核对中国科学研究所数据库对部分缺失数据进行手工录入。中小
企业的财务数据源自万得（Wind）数据库，部分缺失数据通过检索国泰
安数据库（CSMAR）进行补充。除此之外，为确保研究数据的严谨性和
可靠性，我们对数据还进行了如下处理：剔除ST和*ST企业；删除关键
变量存在严重缺失的中小企业样本。

表8-2　　　　　　统计上大中小微型企业划分办法（2017）

行业名称	指标名称	计量单位	大型	中型	小型	微型
农、林、牧、渔业	营业收入（Y）	万元	Y≥20000	500≤Y<20000	50≤Y<500	Y<50
工业	从业人员（X）	人	X≥1000	300≤X<1000	20≤X<300	X<20
	营业收入（Y）	万元	Y≥40000	2000≤Y<40000	300≤Y<2000	Y<300
建筑业	营业收入（Y）	万元	Y≥80000	6000≤Y<80000	300≤Y<6000	Y<300
	资产总额（Z）	万元	Z≥80000	5000≤Z<80000	300≤Z<5000	Z<300
批发业	从业人员（X）	人	X≥200	20≤X<200	5≤X<20	X<5
	营业收入（Y）	万元	Y≥40000	5000≤Y<40000	1000≤Y<5000	Y<1000
零售业	从业人员（X）	人	X≥300	50≤X<300	10≤X<50	X<10
	营业收入（Y）	万元	Y≥20000	500≤Y<20000	100≤Y<500	Y<100
交通运输业	从业人员（X）	人	X≥1000	300≤X<1000	20≤X<300	X<20
	营业收入（Y）	万元	Y≥30000	3000≤Y<30000	200≤Y<3000	Y<200
仓储业	从业人员（X）	人	X≥200	100≤X<200	20≤X<100	X<20
	营业收入（Y）	万元	Y≥30000	1000≤Y<30000	100≤Y<1000	Y<100
邮政业	从业人员（X）	人	X≥1000	300≤X<1000	20≤X<300	X<20
	营业收入（Y）	万元	Y≥30000	2000≤Y<30000	100≤Y<2000	Y<100

① 国家统计局发布《统计上大中小微型企业划分办法（2017）》，对2011年制定的《统计
上大中小微型企业划分办法》进行修订。本次修订保持原有的分类原则、方法、结构框架和适用
范围，仅将所涉及的行业按照《国民经济行业分类》（GB/T 4754—2011）和《国民经济行业分
类》（GB/T 4754—2017）的对应关系，进行相应调整。

续表

行业名称	指标名称	计量单位	大型	中型	小型	微型
住宿业	从业人员（X）	人	X≥300	100≤X<300	10≤X<100	X<10
	营业收入（Y）	万元	Y≥10000	2000≤Y<10000	100≤Y<2000	Y<100
餐饮业	从业人员（X）	人	X≥300	100≤X<300	10≤X<100	X<10
	营业收入（Y）	万元	Y≥10000	2000≤Y<10000	100≤Y<2000	Y<100
信息传输业	从业人员（X）	人	X≥2000	100≤X<2000	10≤X<100	X<10
	营业收入（Y）	万元	Y≥100000	1000≤Y<100000	100≤Y<1000	Y<100
软件和信息技术服务业	从业人员（X）	人	X≥300	100≤X<300	10≤X<100	X<10
	营业收入（Y）	万元	Y≥10000	1000≤Y<10000	50≤Y<1000	Y<50
房地产开发经营	营业收入（Y）	万元	Y≥200000	1000≤Y<200000	100≤Y<1000	Y<100
	资产总额（Z）	万元	Z≥10000	5000≤Z<10000	2000≤Z<5000	Z<2000
物业管理	从业人员（X）	人	X≥1000	300≤X<1000	100≤X<300	X<100
	营业收入（Y）	万元	Y≥5000	1000≤Y<5000	500≤Y<1000	Y<500
租赁和商务服务业	从业人员（X）	人	X≥300	100≤X<300	10≤X<100	X<10
	资产总额（Z）	万元	Z≥120000	8000≤Z<120000	100≤Z<8000	Z<100
其他未列明行业	从业人员（X）	人	X≥300	100≤X<300	10≤X<100	X<10

资料来源：国家统计局。

本研究采用企业专利的申请量来表征企业创新，原因有二。其一，企业专利申请量不容易受到外部环境因素的影响和干扰，例如，专利检测费用、官僚因素等往往会影响企业的新产品数量和专利授权量。其二，相较于专利授予量等指标，专利申请量更具准确性、及时性和代表性，更适合作为结果变量。在此基础上，我们讲一步将中小企业创新细致划分为"实质性创新"与"策略性创新"两种具有较大差异的创新行为。前者是中小企业创新的核心，是推动中小企业发展的主要动力，以中小企业的发明专利申请量来衡量；而后者则是为迎合政府而采取的手段，以中小企业的非发明专利申请量（实用新型专利和外观设计专利数量之和）来测度。

"创新驱动"政策主要通过政府直接补贴和税收优惠这两种补贴工具对中小企业创新产生作用。据此，我们将直接补贴与税收优惠设定为政策干预变量。就直接补贴而言，样本企业在"创新驱动"政策实施年份获得政府补贴定义为 1，否则为 0。就税收优惠而言，我们主要参考胡凯和吴清（2018）的研究思路，以税收激励的强度[1]来度量中小企业是否受到税收优惠的影响。具体来讲，当样本企业的税收激励强度大于 1 时，认为该企业享受到税收优惠，定义为 1，否则为 0。另外，我们借鉴既有相关文献（彭红星和毛新述，2017；张杰等，2015），选取如下对中小企业创新行为具有重要影响的企业特征作为控制变量，如资产收益率（Roa）、企业现金量（Cf）、营业收入增长率（Grow）等。上述变量的名称、符号及其定义归纳整理为表 8-3。

表 8-3　　　　　　　　　　　变量介绍

类型	变量名称	符号	定义
结果变量	企业创新	Innovation	ln（企业专利申请数 +1）
	实质性创新	Inn	ln（企业发明专利申请数 +1）
	策略性创新	Sinn	ln（实用新型专利和外观设计专利申请数 +1）
政策干预变量	直接补贴	sub	构建虚拟变量，若样本企业受到直接补贴支持则赋值为 1，其他情况赋值为 0
	税收优惠	tax	构建虚拟变量，根据 $\frac{1-ER(实际税率)}{TR(法定税率)}$ 进行计算。若结果大于 1，则设定 $tax=1$，否则为 $tax=0$。其中，$ER=$ 所得税费用/利润总额，$TR=25\%$
控制变量	资产收益率	Roa	$\frac{企业净利润}{平均总资产}$
	营业收入增长率	Grow	$\frac{营业收入增长额}{上年营业收入总额}$
	营业收入	Income	营业收入总额
	资本密度	Capital	$\ln\left(\frac{企业的固定资产净额}{员工人数}\right)$
	企业现金量	Cf	企业营业收入 - 付现成本 - 所得税
	流动资产比率	Liquidity	$\frac{企业所拥有的流动资产}{所有者权益}$
	前十大股东持股比率	Top10	$\frac{企业前十大股东所持有的股票}{企业全部股票}$

---

[1] 实际税率的计算方式参见储德银等（2017）。

8.3.3 结果分析

在利用双重差分法进行估计之前,我们先借助倾向得分匹配法对分析样本进行匹配。为尽可能简化模型估计难度并不失一般性,我们基于 Probit 模型来计算中小企业的倾向得分值。换言之,中小企业受到政府直接补贴干预的概率为 $\Pr(treat_{it} = 1) = \Psi(Z_{it})$。采用"一对一"近邻匹配法对样本数据进行匹配,匹配后的平衡性检验结果如表 8 - 4 所示。

表 8 - 4 平衡性检验 (直接补贴)

变量	未匹配/已匹配	标准化偏差 (%)	t 检验值及显著性
Roa	U	8.900	3.740 ***
	M	−8.000	−1.490
Income	U	−17.100	−4.420 ***
	M	−1.300	−1.080
Grow	U	2.800	0.360
	M	−0.100	0.490
Capital	U	−47.500	−8.420 ***
	M	−2.900	1.540
Cf	U	30.600	5.020 ***
	M	−0.800	−0.350
Liquitidy	U	29.300	5.120 ***
	M	3.900	1.960 **
Top10	U	39.700	6.980 ***
	M	−3.500	−1.270 *

注:"U"表示未匹配(Unmatched);"M"表示已匹配(Match);***、** 和 * 分别表示在 1%、5% 和 10% 的显著性水平上显著。

由表 8 - 4 的平衡性检验结果可知,匹配之前的干预组与控制组差异非常明显,无法直接利用双重差分法进行分析。匹配后的协变量如资产收益率(Roa)、营业收入(Income)等在干预组与控制组之间的差异性不再显著。流动资产比率(Liquidity)与前十大股东持股比率(Top10)在干预组与控制组之间的差异性有所降低。所有控制变量匹配后的不平衡性均显著降低,表明经过倾向得分匹配处理之后的两组样本已经非常相似,基本具有一致特征。

在利用倾向得分匹配法消除样本选择偏差之后,可进一步利用双重差分法探究"创新驱动"政策直接补贴作用于中小企业创新行为的真实效果。估计结果如表 8 – 5 所示,平均处理效应 ATE 为交互项 $treat_{it} \times time_i$ 的估计系数,即直接补贴对中小企业创新行为的影响效果。

表 8 – 5 平均处理效应 (直接补贴)

项目	结果变量		
	企业创新 模型 1	实质性创新 模型 2	策略性创新 模型 3
ATE 平均处理效应	0. 447 * (0. 229)	0. 443 * (0. 253)	0. 488 (0. 319)

注:括号内为稳健标准差; * 表示在 10% 的显著性水平上显著。

表 8 – 5 整理了分别以企业创新、实质性创新以及策略性创新为结果变量的模型估计结果。模型 1 和模型 2 估计出的平均处理效应 (Average Treatment Effect,ATE) 分别为 0. 447 和 0. 443 且在 10% 的显著性水平上显著,而模型 3 中平均处理效应的估计结果并不显著。这表明政府直接补贴对于中小企业的创新活动具有明显的激励作用,尤其是在企业的实质性创新方面,而直接补贴作用于中小企业策略性创新的效果并不显著。据此可以推断,直接补贴有益于激励中小企业创新,中小企业在得到直接补贴的资助后,并不会通过一味追求创新数量来迎合政府,而是越发重视创新的质量 (实质性创新)。

与分析直接补贴影响中小企业创新的步骤类似,我们先利用倾向得分匹配法消除干预组与控制组之间可能存在的选择偏差。选取相同的控制变量,并利用 Probit 模型计算倾向得分值。平衡性检验结果与匹配前后标准化偏差变化情况见表 8 – 6。

表 8 – 6 平衡性检验 (税收优惠)

变量	未匹配/已匹配	标准化偏差 (%)	t 检验值及显著性
Roa	U	24. 400	8. 460 ***
	M	5. 700	2. 420 **
Income	U	– 9. 400	– 3. 570 ***
	M	2. 400	– 1. 310
Grow	U	2. 800	0. 860
	M	2. 700	1. 100

续表

变量	未匹配/已匹配	标准化偏差（%）	t 检验值及显著性
Capital	U	10.500	3.710 ***
	M	−5.200	−2.220 **
Cf	U	5.400	1.910 *
	M	5.000	1.830 *
Liquitidy	U	−22.600	−7.970 ***
	M	7.100	2.871 ***
*Top*10	U	7.000	2.470 ***
	M	3.300	1.400

注："U"表示未匹配（Unmatched）；"M"表示已匹配（Match）；***、** 和 * 分别表示在 1%、5% 和 10% 的显著性水平上显著。

　　由表 8 - 6 列示的结果可知，协变量经匹配后的标准化偏差的绝对值全部都小于 10%，说明通过倾向得分匹配法对分析样本进行处理后，两组样本的相似度非常高。此外，根据 t 检验值可以推断，大部分协变量如资产收益率、企业现金量、资本密度等，匹配后的显著性有所降低，这说明倾向得分匹配法有效降低了两组样本之间的不平衡性。在此匹配样本基础上，进一步利用双重差分法识别"创新驱动"的税收优惠在激励中小企业创新方面的实际效果。估计结果如表 8 - 7 所示。

表 8 - 7　　　　　　　　平均处理效应（税收优惠）

项目	结果变量		
	企业创新 模型 4	实质性创新 模型 5	策略性创新 模型 6
ATE 平均处理效应	−0.077 (0.083)	−0.061 (0.077)	−0.046 (0.085)

注：括号内为稳健标准差。

　　根据表 8 - 7 估计结果可知，税收优惠对于中小企业创新及其实质性创新和策略性创新的平均处理效应（ATE）均未通过显著性检验，说明税收优惠对中小企业创新的激励效果不明显。究其原因，可能是税收优惠这种政策工具缺乏对中小企业前期研发环节的支持，造成中小企业缺乏创新的动力及保障，使得"创新驱动"政策的税收优惠工具未能发挥出预期的作用。

8.3.4 稳健性探讨

8.3.4.1 适用性检验

满足共同趋势假设是确保 PSM - DID 方法有效性的前提和基础。换言之，在"创新驱动"政策实施之前，结果变量中小企业创新应在控制组与干预组之间具有相同或相似的变化趋势。据此，我们分别针对该项政策中的直接补贴以及税收优惠对中小企业创新的影响效果进行检验，考察其是否满足共同趋势假设。遵循阿尔德等（Alder et al., 2016）以及张文武等（2020）的研究思路，采用事件分析与双重差分相结合的方法，研究"创新驱动"政策的动态效应。

首先，我们聚焦直接补贴工具，以 2015 年政策实施年份为界，借助 Stata16 绘制出在直接补贴工具实施前后处于控制组的中小企业与处于干预组的中小企业的创新变化趋势。如图 8 - 1 所示，在政策实施之前，两组中小企业在创新方面的变化趋势基本一致，中小企业创新水平稳步提升。在政策实施之后，处于干预组的中小企业因获得政府直接补贴的扶持，其创新水平进一步提升，而反观控制组企业，则因政府直接补贴对中小企业资助范围的扩大、"受补"企业数量的急剧增加，导致其创新动力不足，专利申请量明显下降。

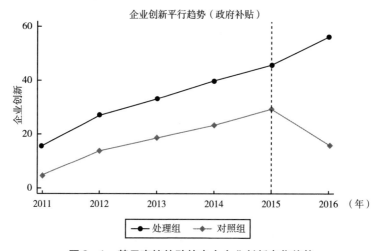

图 8 - 1 基于直接补贴的中小企业创新变化趋势

资料来源：由作者整理。

其次，我们针对结果变量为中小企业实质性创新以及策略性创新的情形进行了共同趋势检验，见图 8 - 2。总体来讲，处理组与对照组的变化趋势满足共同趋势假设。

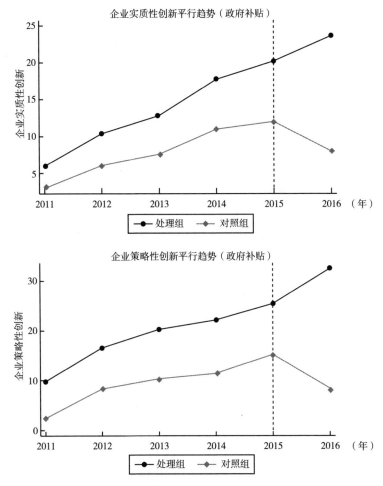

图 8 - 2　企业实质性及策略性创新平行趋势检验（直接补贴）

资料来源：由作者整理。

　　我们针对政策实施过程中采用的税收优惠工具进行共同趋势假设检验。如图 8 - 3 所示，在 2015 年政策实施前，干预组与控制组中企业创新的变化趋势相似，意味着以企业创新为结果变量、税收优惠为政策干预变量的双重差分分析能够满足共同趋势假设。而在政策实施之后，两组企业的创新变化趋势依然平行，说明税收优惠工具未对中小企业创新产生显著影响，也从另一角度验证了表 8 - 7 的估计结果。与此同时，我们针对中小企业实质性创新与策略性创新同样进行了共同趋势检验，见图 8 - 4。

8.3.4.2　匹配误差检验

　　前面在通过倾向得分法进行样本匹配时采用的是"近邻匹配"方式，为避免不同匹配策略给双重差分模型估计带来的潜在可能影响，我们在此处

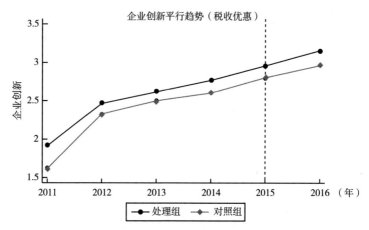

图 8 - 3 基于税收优惠的中小企业创新变化趋势

资料来源：由作者整理。

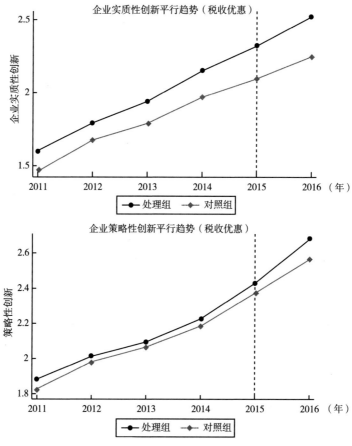

图 8 - 4 企业实质性及策略性创新平行趋势检验（税收优惠）

资料来源：由作者整理。

将改用"卡尺匹配"方式对样本进行匹配。基于匹配后数据样本的双重差分估计结果整理为表 8 – 8。结果显示,改变倾向得分匹配法的匹配策略并不会影响双重差分法的估计结果,本研究的识别策略和模型设计具有较好的稳健性。

表 8 – 8 改用"卡尺匹配"后的平均处理效应估计结果

项目	直接补贴			税收优惠		
	企业创新	实质性创新	策略性创新	企业创新	实质性创新	策略性创新
ATE 平均处理效应	0. 399 *	0. 392 *	0. 440	– 0. 061	– 0. 052	– 0. 025
	(0. 215)	(0. 233)	(0. 314)	(0. 083)	(0. 077)	(0. 086)

注:括号内为稳健标准差;＊表示在 10% 的显著性水平上显著。

8.3.4.3　安慰剂检验

在模型设计过程中,往往会忽视或遗漏一些可能影响到中小企业创新行为的因素,这就需要利用安慰剂检验对前述结果的有效性进行更加深入的考察。安慰剂检验的基本思想为:将政策年份提前一年,假设"创新驱动"政策的实施时间为 2014 年,若平均处理效应的估计系数显著,说明中小企业的创新变化并不是完全由该项政策引起的,很可能是受到来自其他政策或冲击的影响。表 8 – 9 整理了安慰剂检验的相关结果。估计结果表明若将"创新驱动"政策的实施年份提前一年,该项政策对于中小企业的创新行为无显著影响,这也从另一角度验证了本研究过程及结果的可靠性及稳健性。

表 8 – 9 政策实施年份提前一年的平均处理效应估计结果

项目	直接补贴			税收优惠		
	企业创新	实质性创新	策略性创新	企业创新	实质性创新	策略性创新
ATE 平均处理效应	0. 054	0. 075	– 0. 025	– 0. 012	0. 008	– 0. 038
	(0. 098)	(0. 092)	(0. 101)	(0. 067)	(0. 065)	(0. 071)

注:括号内为稳健标准差。

8.4 "科技扶持"政策影响科技型中小企业创新的效果评估

科技型中小企业是指从事高新技术产品研发、生产和服务的中小企业群体,在提升科技创新能力、支撑经济可持续发展、扩大社会就业等方面发挥着重要作用。尽管科技型中小企业是当前我国最具创新活力和最富创业潜质的"双创"（大众创业，万众创新）生力军，但与普通企业一样，科技型中小企业在积极开展创新活动的同时，也不可避免地面临研发资金短缺、前期基础薄弱、融资渠道不畅等一系列现实问题。为鼓励科技型中小企业创新发展，培育壮大科技型中小企业群体，2015 年颁布实施了《科技部关于进一步推动科技型中小企业创新发展的若干意见》（以下简称"科技扶持"政策）。该项政策强调各级地方政府应为科技型中小企业从事创新活动提供良好的政策环境，要"加大财政补贴力度，增加税收优惠形式，以直接补贴和税收优惠这两种政策工具来扶持科技型中小企业的创新活动"（叶俊梅，2020）。精准识别政府"科技扶持"政策对科技型中小企业创新影响的难点在于政策实施目标选择与科技型中小企业创新成果之间可能存在的内生性问题，这会导致估计结果缺乏准确性和可信度。为此，我们采用模糊断点回归设计（Fuzzy RDD），在有效解决内生性问题的基础上，准确评估"科技扶持"政策在激励科技型中小企业创新方面的实际效果。

8.4.1　Fuzzy RDD 研究设计

我们从以下回归方程出发，借助断点回归设计，深入分析直接补贴与税收优惠两种政策补贴工具作用于科技型中小企业创新行为的真实效果。

$$Y_i = \omega + \lambda \cdot policy_i + \mu_i \qquad (8-6)$$

其中，i 代表中小企业样本个体；Y_i 反映的是中小企业 i 的创新行为，包括创新产出、实质性创新以及策略性创新；$policy$ 为干预变量（treatment variable），如果企业得到政策扶持，取值为 1，否则为 0，并且该干预变量可存在两种不同形式，即直接补贴 $Subsidy_i$ 与税收优惠 Tax_i；μ_i 为随机扰动项。

政府相关部门以中小企业在科技人员投入、研发投入、科技成果等方面的综合评分为考核标准来认定目标企业是否属于"科技型中小企业"。该考核标准依据 2017 年由科技部、财政部、国家税务总局等多部门研究制定的《科技型中小企业评价办法》（以下简称《评价办法》）。《评价办法》主要从中小企业的科技人员在总员工数中的占比、创新投入在企业营业收入中的占比、企业科技成果授权情况等方面为中小企业进行评测并打分（见表 8-10）。满足综合评分高于 60 分的中小企业将被认定为科技型中小企业。

表 8 – 10   科技型中小企业评分计算办法

评价指标	评价要求	得分
科技人员 （科技人员数占企业 职工总数的比例）	30% 及以上	20
	25% 及以上到 30%	16
	20% 及以上到 25%	12
	15% 及以上到 20%	8
	10% 及以上到 15%	4
	10% 以下	0
研发投入 （企业研发费用总额占 营业收入的比例）	30% 及以上	50
	25% 及以上到 30%	40
	20% 及以上到 25%	30
	15% 及以上到 20%	20
	10% 及以上到 15%	10
	10% 以下	0
科技成果指标 （企业在有效期内拥有的 知识产权类别和数量）	1 项及以上 I 类知识产权	30
	4 项及以上 II 类知识产权	24
	3 项 II 类知识产权	18
	2 项 II 类知识产权	12
其中 I 类知识产权指发明专利， II 类知识产权指实用新型专利、 外观设计专利和软件著作权	1 项 II 类知识产权	6
	没有知识产权	0

注：源于科技部、财政部、国家税务总局所研究制定的《科技型中小企业评价办法》。

　　值得注意的是，《评价办法》的出台时间为 2017 年，这说明在 2017 年之前，评定企业是否属于科技型中小企业的细则大多由各地方政府依据经验自行设定。另外，《评价办法》是综合考虑各地以往评估依据制定的，因而在《评价办法》正式出台前的认定科技型中小企业的标准虽无法实现与《评价办法》完全一致，但评价体系已相当完善。上述情况适用于模糊断点回归的应用场景。据此，我们先根据《评价办法》计算研究窗口期内每家企业的综合评分，若企业的评分高于 60 分则有较大概率被认定为科技型中小企业；反之，若企业综合评分低于 60 分虽仍有可能被认定为科技型中小企业，但概率会大幅降低。然后，假定中小企业 i 的综合得分 $score_i$ 为驱动变量（Running Variable），并设定中小企业被认定为"科技型中小企业"的概率是该综合得分的非连续函数，具体如下：

$$P[policy_i = 1 \mid score_i] = \begin{cases} f_1(score_i), & \text{如果 } score_i \geqslant 60 \\ f_0(score_i), & \text{如果 } score_i < 60 \end{cases} \quad (8-7)$$

如果式（8-7）中条件均值函数 $\mathrm{E}[\mu_i \mid score_i]$ 在断点（$score_i = 60$）附近连续，那么综合得分高于 60 分（换言之，被认定为"科技型中小企业"的概率较高）的企业的创新行为变化可表示为：

$$\lambda = \lim_{score \uparrow 60}[Y_i \mid score_i] - \lim_{score \downarrow 60}[Y_i \mid score_i] \quad (8-8)$$

为确保中小企业的综合得分仅能够通过"科技扶持"政策来影响中小企业的创新行为，通常可采用构造综合得分 $score_i$ 多项式 $k(score_i)$ 的方式对回归方程（8-6）进行控制，具体如下：

$$Y_i = \omega + \lambda \cdot policy_i + k(score_i) + \varphi \cdot Z_i + \mu_i \quad (8-9)$$

如果多项式 $k(score_i)$ 在综合得分上连续，那么就能够准确识别出"科技扶持"政策对科技型中小企业创新行为的实际影响效果，即待估计系数 λ。最优拟合多项式阶次由赤池信息量准则（Akaike Information Criterion，AIC）判断。Z_i 为控制变量（或称协变量），理论上并不需要控制其他变量来实现一致的回归估计（Lee and Lemieux，2010），但由于添加控制变量可以除去样本选择偏差并且提高准确性（Imbens and Lemieux，2008），因此，在式（8-9）中控制了包括企业年龄、资产收益率等在内的企业特征变量。遵循模糊断点回归设计，需要引入一个外生变量 $cutoff_i$，它是综合得分 $score_i$ 的确定性函数，当中小企业 i 的综合得分高于或等于 60 分时取值为 1，反之则为 0。据此，我们利用基于参数型两阶段最小二乘法（2SLS）估计的模糊断点回归设计来评价"科技扶持"政策作用于科技型中小企业创新的实际效果。两阶段估计方程具体如下：

第一阶段：

$$policy_i = \alpha + \delta \cdot cutoff_i + \beta \cdot k(score_i) + \gamma \cdot Z_i + \varepsilon_i \quad (8-10)$$

第二阶段：

$$Y_i = \omega + \lambda \cdot policy_i + \theta \cdot k(score_i) + \varphi \cdot Z_i + \mu_i \quad (8-11)$$

8.4.2　数据介绍

研究对象为中国 A 股中小板和创业板块的企业。A 股中小板块企业大多是创新活力高、创新潜力强且仍处在快速成长期的中小企业。同样，创业板块的企业也大多是在高新技术领域具有较大发展潜力、重视技术创新和科技投入的中小企业。鉴于本研究考察的重点是"科技扶持"政策作用于科技型中小企业的实际效果，因而选择上述两类企业作为研究对象具有一定的合理性。我们通过国泰安数据库（CSMAR）以及万得数据库（Wind）收集并整理了 2010～2019 年的初始数据样本，并通过查阅中国国家知识产权局以及中国科学研究所数据库人工补录了部分企业缺失的专利信息。考虑到"科技扶持"政策的出台时间以及模糊断点回归设计的应用条件及适应性，我们对初始数据进行了如下预处理：首先，剔除了金融类、ST 以及*ST 企业并删除了在研究窗口期内已退市的企业样本；其次，通过对数据进行人工校核，剔除了数据存在关键指标缺失的企业样本；最后，依照国家统计局最新发布的《统计上大中小微型企业划分办法（2017）》，剔除了上市企业中不符合中小型企业划分标准的大型企业。例如，剔除了工业①企业中员工人数超过 1000 人并且营业收入超过 40 亿元的上市企业，剔除了建筑业中企业营业收入和资产总额超过 80 亿元的上市企业等②。进一步地，2017 年《评价办法》正式出台，在此之后对科技型中小企业的认定严格遵循科技型中小企业评分计算办法，导致《评价办法》出台后的企业样本无法满足模糊断点回归设计的应用条件，因而 2017 年之后的企业样本被剔除。最终，共获得 1153 家中小企业的数据样本。

变量方面，我们选取企业专利申请数作为中小企业创新产出的度量指标③。企业专利数据相对容易获取并且在不同数据库中具有较高的一致性，能够客观有效地测度企业创新（白俊红和李婧，2011）。专利数据主要分为申请数据与授权数据。通常，企业要获得专利授权需要经历较长的审批流程，并且在专利授权过程中往往会受到政府相关部门偏好以及工作效率的影响，难以客观及时有效地反映企业的创新产出情况（岳书敬，2008）。此外，我们遵循黎文靖和郑曼妮（2016）的做法，将企业创新产出按照创新专利成果差异来区分企业的创新行为。以企业的发明专利申请量来测度企业的实质性创新；以企业的实用新型专利申请量与外观设计专利申请量之和来测度企业的策略性创新。直接补贴与税收优惠是政府向科技型中小企业实施"科技扶持"政策 *policy* 的主要工具。参考既有相关文献，我们采用上市企业年报中涉及的"政府补贴金额"来测度直接补贴 *Subsidy*，

---

① 工业包括采矿业，制造业，电力、热力、燃气及水生产和供应业。

② 关于其他行业的企业划分标准，详见 2011 年发布的《统计上大中小微型企业划分标准》、2017 年发布的《统计上大中小微型企业划分办法（2017）》及其修订办法。

③ 部分文献采用新产品销售占比作为衡量企业创新产出的指标，但由于创新活动并不能迅速有效转换为新产品，因而此类指标具有一定的局限性。

利用企业收到的税收返还①与应付税费②和税费返还之和的比值来测度税收优惠 *Tax*（李涛等，2018）。另外，我们参考刘小元和林嵩（2013）等文献，对一系列可能影响科技型中小企业创新的因素进行了控制，以期能够更为精准地评估"科技扶持"的创新效果。相关变量的具体说明整理为表 8 – 11。

表 8 – 11 变量介绍

变量名称	符号	定义
企业创新	*Innovation*	ln（企业专利申请数 + 1）
实质性创新	*Inn*	ln（发明专利申请数 + 1）
策略性创新	*Sinn*	ln（实用新型专利申请数 + 外观设计专利申请数 + 1）
直接补贴	*Subsidy*	ln（政府补贴金额 + 1）
税收优惠	*Tax*	$\dfrac{收到的税费返还}{（收到的税费返还 + 应付税费）}$
综合评分	*score*	根据《科技型中小企业评价办法》计算得分
资产收益率	*Roa*	$\dfrac{净利润}{平均资产总额}$
企业年龄	*Age*	ln（报表年份 – 企业成立年份）
企业产权性质	*Soe*	若样本企业为国有控股企业，赋值为 1，其他为 0

从综合评分来看，在 1153 家中小企业的研究样本中，均值为 68.836 且最小值为 0 说明"科技型中小企业"与"非科技型中小企业"同时存在于样本之中。从专利申请量来看，专利申请总数的均值为 60.203，非发明专利申请数的均值 34.458 略高于发明专利申请量的均值 25.745。从"科技扶持"政策来看，不同的中小企业之间在获得直接补贴的数额（对数化之前）方面差异较大，直接补贴的最小值为 0 而最大值为 149.094 千万元；中小企业平均享受到的税收返还比例为 0.283，最小值和最大值分别为 0 和 1.234，在税收优惠强度方面存在一定的差异。此外，在研究样本中存在 84 家中小企业在年报里直接声明"获得直接补贴"，其中九成以上中小企业的综合评分高于 60 分，而剩余的少数中小企业综合评分均接近 60 分。这也证实了采用综合评分来划分"是否为科技型中小企业"的合理性以及模糊断点设计的可行性。

---

① 税费返还是指企业所收到各项返还的税费。
② 应交税费是企业按照有关法规所缴纳的各项税费。

8.4.3　初步探索

模糊断点方法可像随机实验一样来分析和检测，因而在回归分析之前，应先直观观察由"科技扶持"政策所导致的断点，检验结果变量是否呈现出系统性的变化。首先，我们将断点两边的区域分别划分为 50 个区间并根据所属区间逐一计算样本均值。其次，我们利用 4 阶多项式对式（8-9）进行估计。基于上述过程，图 8-5 至图 8-7 分别展示了驱动变量 *score* 分别与三种不同的结果变量（创新产出、实质性创新以及策略性创新）之间的关系。研究表明，无论是从创新产出、实质性创新还是策略性创新来看，在断点处均存在明显的跳跃。这说明"科技扶持"政策能够显著影响科技型中小企业的创新行为，但影响的程度及其显著性则有赖于进一步模型估计。

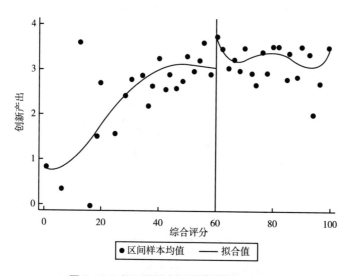

图 8-5　企业创新产出与综合评分的关系

资料来源：由作者整理。

为确保模糊断点回归设计在分析本研究的有效性和适用性，我们参照田彬彬等（2017）以及涂正革等（2020）的做法，检验样本企业是否有能力掌控驱动变量。解决该问题的关键在于检验 *score* 在断点附近是否连续分布。图 8-8 展示了驱动变量 *score* 在分数 0~100 的分布情况。可以看出，驱动变量的分布是连续的，在断点 *score* = 60 位置并不存在非常明显的断裂。与此同时，我们采用麦卡里（McCarry，2008）提供的非参数统计检验方法来计算密度检验统计量，从而在统计上验证 *score* 在断点处是

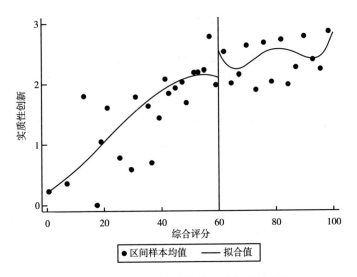

图 8 - 6 企业实质性创新与综合评分的关系

资料来源：由作者整理。

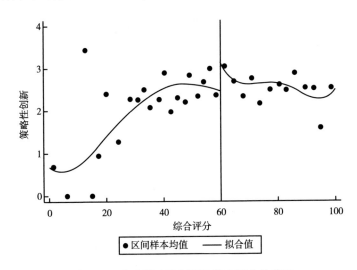

图 8 - 7 企业策略性创新与综合评分的关系

资料来源：由作者整理。

否存在跳跃。检验结果表明，断点左右两侧的样本企业分布无明显差异，样本企业无法控制或操纵断点。

另外，图 8 - 9 与图 8 - 10 分别描绘了样本企业综合得分与直接补贴力度以及税收优惠强度的关系。由图 8 - 9 和图 8 - 10 可知，无论是在直接补贴方面还是在税收优惠方面，政府"科技扶持"政策给予了科技型中小企业（$score > 60$）较强的扶持力度，并且处于 60 分左右两侧的企业

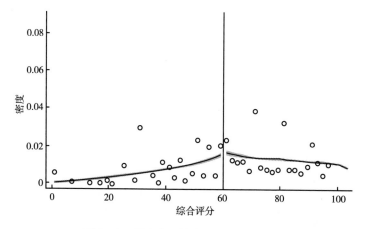

图 8-8 样本企业综合评分的分布情况

资料来源：由作者整理。

在直接补贴力度及税后优惠强度上的差异较大，这也从间接角度验证了我们采用综合评分作为模糊断点回归驱动变量的合理性。

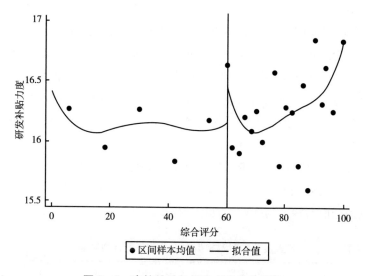

图 8-9 直接补贴与样本企业综合评分

资料来源：由作者整理。

8.4.4 结果分析

首先，我们重点关注直接补贴与科技型中小企业创新行为之间的关系，主要从以下三个方面进行考察。其一，以中小企业创新产出 *Innovation* 为结果变量，考察"科技扶持"政策能够通过直接补贴来达到激励科

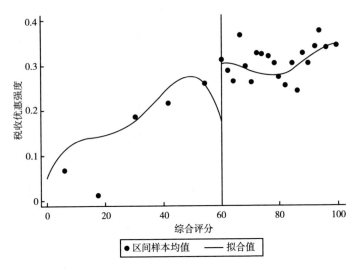

图 8 - 10　税收优惠与样本企业综合评分

资料来源：由作者整理。

技型中小企业创新的目的。其二，细化企业的创新行为，分别以实质性创新 *Inn* 和策略性创新 *Sinn* 为结果变量，考察直接补贴作用于两类不同的企业创新行为的效果差异。其三，根据企业地理特征，分组探讨直接补贴对于不同区位的科技型中小企业创新行为的异质性效果。在模糊断点回归设计的估计过程中，我们引入企业年龄（*Age*）、产权性质（*Soe*）等中小企业的控制变量，以期更加精确地反映"科技扶持"政策的直接补贴工具作用于科技型中小企业创新行为的实际效果。值得注意的是，在利用模糊断点回归设计进行估计时，带宽的选择尤为重要。在分析过程中，我们基于"最优带宽"进行模型估计，而在后面的稳健性检验中将对带宽的敏感性进行更为全面和深入的探讨。具体的模型估计结果整理为表 8 - 12。

表 8 - 12　　　　　　直接补贴对科技型中小企业创新行为影响

被解释变量	第一阶段					第二阶段			
	直接补贴			创新产出		实质性创新		策略性创新	
综合得分 *score*	0.558 **	0.578 **	直接补贴	1.737 **	1.549 **	1.180 **	1.055 **	1.680 *	1.537 *
	(0.279)	(0.290)		(0.848)	(0.738)	(0.593)	(0.531)	(0.898)	(0.808)
控制变量	no	yes	控制变量	no	yes	no	yes	no	yes
R^2	0.041	0.102	R^2	0.624	0.699	0.660	0.712	0.448	0.526
			样本量	1162	1162	1162	1162	1162	1162

注：括号内为稳健标准误差；** 和 * 分别表示在5%和10%的显著性水平上显著。

　　从表 8 - 12 第一阶段的估计结果可以看出，无论是否引入协变量，中小企业被认定为科技型中小企业对其获得直接补贴皆具有正向影响，这也间接证实我们采用断点回归方法来研究政策创新效应的有效性。第二阶段的模糊断点回归估计结果显示，直接补贴有助于推进科技型中小企业的创新行为。具体来讲，在未引入控制变量时，直接补贴影响科技型中小企业创新产出、实质性创新以及策略性创新的估计系数分别为 1.737，1.180 和 1.680，并且均在 5% 或 10% 的显著性水平上显著。而引入企业控制变量后，直接补贴对结果变量的影响系数虽在数值大小及显著性方面有所降低，但作用方向均未发生变化，并且总体上 R^2 有所提升，模型的解释力得以增强。总体上，对于科技型中小企业来讲，"科技扶持"政策的直接补贴工具有益于激励科技型中小企业的创新行为和引导企业的创新方向。与策略性创新相比，直接补贴对科技型中小企业实质性创新的激励效果更强。

　　其次，我们延续前面的思路，探究"科技扶持"政策的税收优惠工具对科技型中小企业创新行为的影响，第一阶段及第二阶段的估计结果见表 8 - 13。

表 8 - 13　　　　　　　　税收优惠对科技型中小企业创新行为影响

被解释变量	第一阶段					第二阶段			
	税收优惠			创新产出		实质性创新		策略性创新	
综合得分 score	0.152 * (0.790)	0.159 ** (0.800)	税收优惠	8.680 * (4.982)	8.280 * (4.572)	7.038 * (4.257)	6.838 * (3.978)	7.809 * (4.649)	7.640 * (4.379)
控制变量	no	yes	控制变量	no	yes	no	yes	no	yes
R^2	0.051	0.083	R^2	0.392	0.459	0.189	0.252	0.306	0.349
			样本量	1162	1162	1162	1162	1162	1162

注：括号内为稳健标准误差；** 和 * 分别表示在 5% 和 10% 的显著性水平上显著。

　　表 8 - 13 第一阶段的估计结果表明，科技型中小企业所享受的税收优惠高于非科技型中小企业。第二阶段估计结果显示，税收优惠对创新产出、实质性创新、策略性创新影响的估计系数均在 10% 的显著性水平上显著，证实"科技扶持"政策的税收优惠工具有助于激励科技型中小企业的创新产出，并且无论是对于企业创新的质量还是数量，税收优惠均能起到显著的正向激励作用。引入控制变量后，拟合优度 R^2 提高，模型解释力度有所增强。与前面直接补贴情况类似，尽管税收优惠对企业实质性创新具有激励作用，然而由于实质性创新难度大加之周期长，为迎合当地政府

目标,科技型中小企业更倾向于选择"短平快"式的策略性创新。

8.4.5 稳健性探讨

为确保研究结论的准确可靠,我们将依序进行带宽敏感性检验、控制变量(协变量)的连续性检验等稳健性检验。

8.4.5.1 带宽的敏感性检验

在断点回归设计中,带宽的选择往往至关重要。选择较小的带宽进行估计,往往造成估计偏误过大,而如果选择较大的带宽则有可能降低政策识别的精度。为此,我们在前面最优带宽的基础上,通过"+2"与"-2"的方式对带宽选择的敏感性进行检验。分别以企业创新、实质性创新以及策略性创新为结果变量,检验结果汇总为表8-14。

表8-14 带宽敏感性检验

结果变量	带宽	参数估计量	
		直接补贴	税收优惠
Innovation	最优带宽-2	1.617** (0.790)	6.188* (3.524)
	最优带宽	1.737** (0.848)	8.680* (4.982)
	最优带宽+2	1.793* (1.048)	5.702* (3.263)
Inn	最优带宽-2	1.191** (0.606)	4.796* (2.796)
	最优带宽	1.180** (0.593)	7.038* (4.257)
	最优带宽+2	1.269* (0.752)	5.512** (2.737)
Sinn	最优带宽-2	1.571* (0.829)	5.871* (3.396)
	最优带宽	1.680* (0.898)	7.809* (4.649)
	最优带宽+2	1.746* (1.021)	5.402* (3.162)

注:括号内为稳健标准误差;** 和 * 分别表示在5%和10%的显著性水平上显著。

表8-14的结果表明,无论是在最优带宽的基础上进行"+2"或是

"-2"处理,均不能明显改变模型估计的结果,基于前面模糊断点回归设计估计出的结果通过了带宽的敏感性检验。

8.4.5.2 控制变量的连续性检验

为证明断点是由政策干预变量 *Subsidy* 和 *Tax* 所造成,需验证控制变量在断点处的连续性,检验结果如表 8-15 所示。

表 8-15　　　　　　　控制变量的连续性检验结果

干预变量	控制变量	参数估计量	干预变量	控制变量	参数估计量
直接补贴	*Roa*	-0.001 (0.017)	税收优惠	*Roa*	-0.003 (0.057)
	Age	0.120 (0.124)		*Age*	0.448 (0.465)
	Soe	-0.138 (0.167)		*Soe*	-0.449 (0.493)

注:括号内为稳健标准误差。

表 8-15 显示控制变量均不具有统计意义上的显著性,说明无论政策干预变量还是直接补贴抑或税收优惠,研究中涉及的控制变量的条件密度函数在断点两侧是连续分布的。

8.4.5.3 核函数检验

前面采用的是两阶段参数回归方式对模糊断点回归设计进行估计,由于该方式可能会造成对具体函数形式的过度依赖,因而我们改用三角核函数和均匀核函数这两种非参数方法对模糊断点模型进行重新估计。基于上述两种非参数方法的估计结果如表 8-16 所示。

表 8-16　　　　基于三角核和均匀核函数的非参数估计结果

干预变量	三角核		均匀核	
	结果变量	参数估计量	结果变量	参数估计量
直接补贴	*Innovation*	1.980** (0.917)	*Innovation*	1.980** (0.917)
	Inn	1.659*** (0.600)	*Inn*	1.659*** (0.600)
	Sinn	1.806* (1.757)	*Sinn*	1.806* (1.757)

续表

干预变量	三角核		均匀核	
	结果变量	参数估计量	结果变量	参数估计量
税收优惠	*Innovation*	5.944 * (3.369)	*Innovation*	5.944 * (3.369)
	Inn	5.885 ** (2.667)	*Inn*	5.885 ** (2.667)
	Sinn	5.645 * (3.256)	*Sinn*	5.645 * (3.256)

注：括号内为稳健标准误差；***、** 和 * 分别表示在 1%、5% 和 10% 的显著性水平上显著。

表 8 - 16 的估计结果表明，改用非参数方法进行估计不会引起断点回归结果的明显变化，进一步证实前面的估计结果稳健可靠。

8.4.5.4 安慰剂检验

通过设定伪断点（pseudo - cutoff）的方式，对模糊断点回归模型进行重新估计。若基于新设定的伪断点的估计结果同样显著，则说明基准结果不可靠，无法通过安慰剂检验。此处，我们先设定两个伪断点（分别为综合得分为 50 和 70），并在这两个伪断点的基础上，分别构造相应的模糊断点回归设计。表 8 - 17 的结果显示，根据伪断点估计的结果均不显著，表明原先的模型设计通过了安慰剂检验，具有较好的稳健性。

表 8 - 17　　　　　　基于伪断点 50 与 70 的安慰剂检验结果

干预变量	伪断点			
	50		70	
	结果变量	显著性	结果变量	显著性
直接补贴	*Innovation*	不显著	*Innovation*	不显著
	Inn	不显著	*Inn*	不显著
	Sinn	不显著	*Sinn*	不显著
税收优惠	*Innovation*	不显著	*Innovation*	不显著
	Inn	不显著	*Inn*	不显著
	Sinn	不显著	*Sinn*	不显著

8.4.6　分组讨论

中国的地域辽阔，各地区的资源分布具有一定的差异。我们将进一步考察"科技扶持"政策中的直接补贴与税收优惠工具对于不同区位的科技型中小企业创新行为的异质性效果。我们根据企业注册地址的位置将分析样本划分为东部地区①与中西部地区两组子样本。模糊断点回归的第一阶段估计结果如表 8 - 18 所示。

表 8 - 18　　　　　　　　　　　第一阶段估计结果

项目	结果变量							
	直接补贴				税收优惠			
	东部地区		中西部地区		东部地区		中西部地区	
score	0.648 ***	0.667 **	-0.481	-0.443	3.179 **	3.594 **	1.004 *	6.438
	(0.250)	(0.250)	(0.431)	(0.428)	(1.520)	(1.541)	(0.540)	(9.237)
控制变量	no	yes	no	yes	no	yes	no	yes
R^2	0.053	0.123	0.010	0.051	0.036	0.070	0.045	0.086

注：括号内为稳健标准误差；*** 、** 和 * 分别表示在 1%、5% 和 10% 的显著性水平上显著。

就东部地区的中小企业而言，被认定为科技型中小企业能够获得更多的研发补贴和更大的税收优惠。然而，在中西部地区，"是否为科技型中小企业"并不会给企业获得直接补贴以及享受税收优惠带来显著影响。第二阶段估计结果如表 8 - 19 所示。

表 8 - 19　　　　　　　　　　　第二阶段估计结果

项目	结果变量	直接补贴		税收优惠	
		系数	R^2	系数	R^2
东部地区	Innovation	1.082 ** (0.456)	0.824	6.217 * (3.654)	0.604
	Inn	0.591 * (0.347)	0.810	4.684 (3.047)	0.493
	Sinn	1.047 ** (0.501)	0.721	5.237 (3.394)	0.555
中西部地区	Innovation	0.292 (1.034)	0.808	6.101 (10.917)	0.660
	Inn	0.331 (0.791)	0.817	4.645 (9.556)	0.506
	Sinn	-0.868 (1.432)	0.467	9.261 (14.172)	0.234

① 参考既有研究，将北京、天津、福建、广东、广西、海南、河北、江苏、辽宁、山东、上海以及浙江设定为东部地区，其余地区则设定为中西部地区。

项目	结果变量	直接补贴		税收优惠	
		系数	R²	系数	R²
引入控制变量					
东部地区	*Innovation*	0.970** (0.417)	0.845	5.536* (2.992)	0.681
	Inn	0.530* (0.313)	0.819	4.179* (2.541)	0.576
	Sinn	0.946** (0.465)	0.748	4.812* (2.896)	0.610
中西部地区	*Innovation*	-0.373 (1.163)	0.820	6.438 (9.237)	0.665
	Inn	0.253 (0.852)	0.821	5.511 (8.404)	0.550
	Sinn	-0.986 (1.632)	0.514	8.982 (11.524)	0.282

注：括号内为稳健标准误差；** 和 * 分别表示在5%和10%的显著性水平上显著。

由表8-19可知，直接补贴对东部地区的科技型中小企业创新起到了明显的激励作用，并且相较于实质性创新，直接补贴对于企业策略性创新的影响程度更强。然而，就中西部地区而言，直接补贴的创新激励效果并不明显，甚至可能会抑制科技型中小企业创新。另外，税收优惠对东部地区的科技型中小企业创新同样具有显著的促进作用和激励效果，并且税收优惠对于企业策略性创新的激励强度要高于实质性创新。综合来看，中西部地区由于在经济基础以及人才和技术等方面相对薄弱，难以为科技型企业提供足够的创新资源和优质的创新环境，使得"科技扶持"政策在该地区的实施效果并不突出。东部地区资源相对丰盈，"科技扶持"政策的实施能够显著促进当地科技型中小企业的创新活动，并且与企业实质性创新相比，该项政策在激励策略性创新方面的效果会更强。

此外，按地区分组的稳健性检验整理如下。依次为协变量连续性检验（见表8-20）、带宽的敏感性检验（见表8-21）、核函数检验（见表8-22）、安慰剂检验（见表8-23）、极端值检验（见表8-24）等。

表 8 - 20 　　　　　　　　　　分组后的协变量连续性检验

项目	直接补贴		税收优惠	
	控制变量	参数估计量	控制变量	参数估计量
东部地区	Roa	-0.027 (0.018)	Roa	-0.210 (0.190)
	Age	-0.025 (0.091)	Age	-0.156 (0.676)
	Soe	-0.088 (0.127)	Soe	-0.628 (0.999)
中西部地区	Roa	-0.001 (0.017)	Roa	-0.003 (0.057)
	Age	0.120 (0.124)	Age	0.448 (0.465)
	Soe	-0.138 (0.167)	Soe	-0.449 (0.493)

注：括号内代表稳健标准误差。

表 8 - 21 　　　　　　　　　　分组后的带宽敏感性检验

结果变量	带宽	东部地区		中西部地区	
		直接补贴	税收优惠	直接补贴	税收优惠
$Innovation$	最优带宽 - 2	2.036 ** (0.959)	4.768 * (2.446)	4.482 (7.207)	8.795 (11.260)
	最优带宽 + 2	1.817 ** (0.809)	5.474 * (3.193)	3.748 (12.231)	7.832 (12.443)
Inn	最优带宽 - 2	1.440 ** (0.638)	5.681 ** (2.613)	3.158 (5.039)	5.720 (9.640)
	最优带宽 + 2	1.162 ** (0.542)	4.201 * (2.319)	1.923 (7.687)	4.450 (10.103)
$Sinn$	最优带宽 - 2	1.893 * (0.985)	4.451 * (2.298)	5.431 (9.370)	10.863 (17.946)
	最优带宽 + 2	1.765 ** (0.848)	4.512 * (2.654)	5.575 (16.313)	9.554 (16.382)

注：***、** 和 * 分别表示在 1%、5% 和 10% 的显著性水平上显著，括号内代表稳健标准误差。

表 8 – 22   分组后的核函数检验

项目	结果变量	三角核		均匀核	
		直接补贴	税收优惠	直接补贴	税收优惠
东部地区	Innovation	1.656 * (0.963)	5.474 * (3.193)	1.429 ** (0.687)	6.157 ** (2.845)
	Inn	1.260 ** (0.588)	4.071 * (2.450)	0.508 * (0.297)	4.029 ** (2.005)
	Sinn	0.572 * (0.309)	4.598 * (2.705)	0.556 * (0.299)	2.836 * (1.622)
中西部地区	Innovation	1.899 (1.258)	7.832 (12.443)	2.868 (3.477)	2.663 (11.699)
	Inn	1.559 (1.096)	4.017 (10.593)	1.859 (2.391)	6.820 (35.179)
	Sinn	2.043 (1.532)	5.057 (7.454)	3.576 (4.728)	6.942 (14.526)

注：*** 、** 和 * 分别表示在 1%、5% 和 10% 的显著性水平上显著，括号内代表稳健标准误差。

表 8 – 23   分组后的安慰剂检验

项目	干预变量	伪断点			
		50		70	
		结果变量	参数估计量	结果变量	参数估计量
东部地区	直接补贴	Innovation	0.199 (5.242)	Innovation	− 0.501 (3.084)
		Inn	1.312 (12.375)	Inn	1.164 (2.572)
		Sinn	2.963 (3.808)	Sinn	− 1.134 (4.292)
东部地区	税收优惠	Innovation	− 0.140 (4.251)	Innovation	− 2.023 (7.426)
		Inn	1.916 (4.311)	Inn	− 7.225 (14.108)
		Sinn	− 2.332 (5.876)	Sinn	2.424 (6.456)

续表

项目	干预变量	伪断点			
		50		70	
		结果变量	参数估计量	结果变量	参数估计量
中西部地区	直接补贴	Innovation	2.639 (2.770)	Innovation	-1.183 (0.897)
		Inn	2.105 (1.847)	Inn	-0.651 (0.674)
		Sinn	2.578 (2.485)	Sinn	-1.546 (1.267)
	税收优惠	Innovation	-10.369 (6.916)	Innovation	-4.009 (2.734)
		Inn	-10.085 (6.324)	Inn	-2.959 (2.594)
		Sinn	-8.364 (5.574)	Sinn	-5.097 (3.959)

注：括号内代表稳健标准误差。

表 8-24 分组后的极端值检验

项目	直接补贴		税收优惠	
	结果变量	参数估计量	结果变量	参数估计量
东部地区	Innovation	1.996* (1.050)	Innovation	5.474* (3.193)
	Inn	1.429** (0.590)	Inn	4.201* (2.319)
	Sinn	1.934* (1.059)	Sinn	4.396* (2.461)
中西部地区	Innovation	5.653 (12.069)	Innovation	8.795 (11.260)
	Inn	3.158 (5.039)	Inn	5.720 (9.640)
	Sinn	5.431 (9.370)	Sinn	12.712 (18.199)

注：***、**和*分别表示在1%、5%和10%的显著性水平上显著，括号内代表稳健标准误差。

8.5 总　结

利用随机实验方法进行政策效果评估并不是放之四海皆准的"灵丹妙药"，它既有科学性，也有局限性。我们在应用双重差分法、断点回归设计等工具评估经济政策时，应重视和注意每种方法都有其适用的范围和条件。我国的一些具有典型性的补贴政策大多具有不可操控实验的特点，很多方法与工具建立在连续性、独立性等一系列假设基础之上，在应用时须注意这些假设条件的合理性。另外，数据样本的选择是政策评估时必然遇到的重要问题。如何选取一个具有代表性的数据样本，与评估方法的选择一样重要。此外，在进行政策评估时还应尽可能与定性分析以及其他各类研究方法相结合，如理论逻辑分析、数据可视化分析等，而不是完全替代或取代既有研究方法。本章针对我国典型补贴政策的评估研究是当前经济政策研究的重要组成部分，是提升经济政策研究科学性和有效性的重要途径。尤其是经济发展处在换挡期的当下，定量评估我国典型补贴政策的实际效果是制定最佳补贴实施方案的关键环节。

中小企业是市场经济的重要主体，其创新能力的提升，关系到整个国家的经济发展。而科技型中小企业，作为中小企业中最具创新活力与潜质的关键群体，不但是市场技术创新的主要承担者，更是推进国家创新发展不可或缺的力量。本章通过研究具有典型性的补贴政策对我国中小企业创新尤其是科技型中小企业创新的净影响，考察典型补贴政策与中小企业创新之间相互作用背后的微观渠道，不仅能为相关部门制定科学合理的补贴政策提供理论上的支撑，还有利于政策制定者协调多种补贴政策工具更加有效地优化公共政策设计。

本章首先关注"创新驱动"政策识别与中小企业创新行为，以中国"中小板"和"创业板"的企业为研究对象，在精准筛选中小企业样本和合理设计准自然实验的基础上，利用倾向得分匹配结合双重差分的方法（PSM－DID）深入探讨"创新驱动"政策给中小企业创新带来的真实效果。研究发现，政府在"创新驱动"政策中常采用的直接补贴工具有益于推动中小企业技术创新水平的提升。尽管政府直接补贴对企业策略性创新没有显著的影响，但却能够提升企业的实质性创新，为中国的"高质量发展"打下稳固的微观基础。与直接补贴相比，税收优惠工具并未实现激励中小企业创新的预期效果。进一步地，本章重点关注"科技扶持"政策识别与科技型中小企业创新行为，借助模糊断点回归设计（Fuzzy RDD）探究该项典型补贴政策作用于科技型中小企业创新的实际效果。研究发现，"科技扶持"政策的颁布实施能够有效促进科技型中小企业的创新行为。无论是直接补贴还是税收优惠，这两种政策工具对企业策略性创新的激励效果始终要强于实质性创新。此外，就中西部地区的科技型中小企业而言，"科技扶持"政策并不能显著激励企业创新，甚至可能会带来一定的负面作用。

本章仍存在以下不足有待改进：首先，关于科技型中小企业评定披露的相关信息有限，政府相关部门目前未官方公布科技型中小企业名录及其综合评价得分，尽管本研究中的综合评价得分是根据由科技部、财政部、国家税务总局等多部门研究制定的《科技型中小企业评价办法》计算而得，但仍存在一定偏差。其次，补贴政策的实施多由地方政府负责，这会导致政策实施效率与区域特征息息相关，因此，在未来的研究中可引入能够描述地域特征、政企关系的相关因素。

第9章 直接补贴、间接补贴与企业创新行为

9.1 问题提出

中央政府提出要凝心聚力助推创新驱动，以创新为发展基点，形成促进创新的体制架构。企业作为创新的重要主体，凭借其创新效率高且形式多样，成为了推动经济高质量发展的原动力和纵深推进"双创"战略的关键支撑。然而，在创新过程中，企业仍不可避免地面临创新成果外溢、研发资金短缺、科研环境欠佳等一系列抑制其创新意愿的严峻问题。为提升企业的创新动力、强化对企业创新的支持，政府的创新补贴强度不断加码。2006~2020年，国家财政科技拨款由1688.50亿元增加到10095.00亿元，平均每年增加约560亿元①，但创新投入的增加并未带来创新能力的同步提升。② 瑞士洛桑国际管理学院最新发布的《世界竞争力年鉴》以及康奈尔大学（JOHNSON）、欧洲工商管理学院（Institut Européen d'Administration des Affaires，INSEAD）和世界知识产权组织（World Intellectual Property Organization，WIPO）联合发布的《全球创新指数》数据显示，中国创新能力排名仍落后于欧美日等创新"引擎"国。

补贴规模是政府补贴资源配置的重要维度，而异质性政策工具的作用模式和作用效果则是政府补贴提升实施效率的关键。从补贴政策作用途径来讲，可将补贴划分为直接补贴与间接补贴这两类补贴方式（陈朝月和许

---

① 资料来源于国家统计局《2006年全国科技经费投入统计公报》和《2020年全国科技经费投入统计公报》。

② 2020年国家财政科学技术支出有所下降，比2019年减少了622.40亿元，下降5.8%。其中，中央财政科学技术支出3758.20亿元，下降9.9%，占财政科学技术支出的比重为37.2；地方财政科学技术支出6336.80亿元，下降3.2%，占比为62.8%。

治，2021）。前者是政府掌握自由裁量权，即政府有权决定哪些企业可以获得补贴。后者则是门槛竞争模式，换言之，企业须达到一定的门槛才可以享受（陈强远等，2020）。企业创新发展强调市场在资源配置中的决定性作用，但不可否认，在深入实施创新驱动发展战略的同时，政府仍需通过直接和间接的补贴手段加以引导，进一步加大力度纵深推进企业高质量发展。

　　从实践来看，包括中国在内的世界先进国家普遍采取了直接补贴、间接补贴等政策措施培育和激励企业创新。中国从 20 世纪末就开始通过直接和（或）间接补贴等财税激励来促进企业创新发展。伴随政府补贴的实施，产生了特定产业快速发展的经济现象。例如，以信息技术产业为代表的中国高技术产业的高速发展离不开政府补贴扶持，仅"十一五"时期，中国高技术产业生产总值年均增长就高达 15%。2008 年国际金融危机爆发，欧美等国均先后采用直接和（或）间接补贴扶持低碳经济以及支持新能源、生物医药等高技术产业的发展。然而，补贴的实施并未达到预期效果，甚至成为这些高技术产业萧条的诱因之一。例如，众多光伏企业在高额补贴和奖励的诱惑下出现严重的产能过剩问题，并导致全行业大萧条。上述两种截然不同的经济现象值得深思。对于补贴政策制定者而言，政府补贴对企业创新的影响评价了补贴实施策略的效果，一个重要的现实问题是：直接补贴与间接补贴的实施是否能够有效促进企业创新？在多大程度上促进了企业创新？不同补贴方式对于企业创新的影响是否存在差异？政府补贴的异质性政策工具究竟怎样组合才能更加行之有效地促进企业创新？另外，对于创新企业的管理者而言，也存在一个重要的现实问题：政府补贴方式的繁杂以及中央与地方补贴政策的冗乱是否会阻碍企业的创新发展？如果是，那么应如何制定企业层面的创新投资行为决策？为全面和深入地回答上述问题，本章首先在既有文献研究的基础上，采用面板向量自回归（Panel Vector Auto-Regression，PVAR）、Granger 因果检验、动态面板门槛回归等方法深入探讨政府直接补贴、间接补贴、企业创新投入及创新收益间的动态关联，将所涉及的变量同时纳入研究系统，从解释变量和被解释变量两个不同的方位来验证彼此之间的交互作用；其次利用多水平处理效应（Multi-Level Treatment Effect，MLTE）方法对直接补贴和间接补贴这两种补贴政策工具在推动企业创新方面的实际效果上进行评估和比较，并尝试通过补贴政策工具"组合"来提高政策的效率和协调性。

9.2 理论探讨

对于一般性企业而言，利润最大化是其生存和发展的基本准则，企业从事研发创新活动的根本目的在于获得竞争优势并借此实现超额利润。我们以双寡头古诺竞争模型为研究基础进行理论探讨。这样一方面可使模型得以简化，利于对模型的控制和深层次研究，另一方面则便于突出和直观地考察政府直接补贴和间接补贴对企业创新行为决策及企业创新收益的影响。假设市场的逆需求函数为：

$$p = a - (q_i + q_j) \quad 且\ a > q_i + q_j, (i,j = 1,2)$$

其中，a 表示市场的规模；q_i 表示企业 i 的产量。企业 i 的创新投入水平用 x_i 来表示，由于企业可通过增加创新投入来降低生产成本，因此，企业实际的单位生产成本为 $c_i = c - x_i$，其中，c 表示单位固定生产成本（$c < a$ 表示企业的单位固定生产成本小于市场规模）。此外，由于企业 i 从事创新活动会产生一定的 R&D 费用 $\left(\frac{1}{2}x_i^2\right)$，因此，企业 i 的总成本可表示为生产成本与创新成本之和，即：

$$C(q_i, x_i) = c_i q_i + \frac{1}{2}x_i^2$$

政府未进行直接补贴或间接补贴时，企业的利润函数可表示为：

$$\pi_i(q_i, x_i) = p(q_i, q_j)q_i - C(q_i, x_i) \qquad (9-1)$$

基于上式，可计算出企业创新投入 $\bar{x}$、产量 $\bar{q}$ 和收益 $\bar{\pi}$ 的均衡水平，分别为：

$$\bar{x}_i = \bar{x}_j = \frac{4(a-c)}{5}, \bar{q}_i = \bar{q}_j = \frac{3(a-c)}{5}, \bar{\pi}_i = \bar{\pi}_j = \frac{(a-c)^2}{25}$$

为激励企业创新，政府需要对企业实施直接和间接补贴。假设政府对企业的创新投入的直接补贴率为 s 且 $s \in [0, 1]$，由此，创新企业获得政府给予的直接补贴为 sx；政府对创新企业实施间接补贴（换言之，税收优惠），其税收优惠率为 t，并且 $t \in \left(0, \frac{5}{9}\right]$ 以确保模型存在内解，间接补贴后创新企业的实际研发成本为 $\frac{1}{2}(1-t)x^2$。由此可知，当存在直接和间接补贴时，企业 i 的利润函数为：

$$\pi_i(q_i, x_i) = (a - q_i - q_j)q_i - (c - x_i)q_i - \frac{1}{2}(1 - t)x_i^2 + sx_i$$

$$(9 - 2)$$

借助逆向归纳法，可求得企业的创新投入、产量以及利润均衡分别为：

$$x_i^* = x_j^* = \frac{4(a - c) + 9s}{5 - 9t}$$

$$q_i^* = q_j^* = \frac{3(a - c)(1 - t)}{5 - 9t}$$

$$\pi_i^* = \pi_j^*$$

$$= \frac{27s^2(1 - 3t) + 4(9t - 1)[ac(1 - t) - s(a - c)] - 2(a^2 + c^2)(9t - 1)(1 - t)}{2(5 - 9t)^2}$$

结合以上两种情况（"政府未实施补贴"与"政府实施补贴"）可知，$\frac{\partial(x^* - \bar{x})}{\partial s} = \frac{9}{5 - 9t} > 0$，$\frac{\partial(x^* - \bar{x})}{\partial t} = \frac{9[4(a - c) + 9s]}{(5 - 9t)^2} > 0$，这表明政府可通过提高直接补贴或间接补贴的力度来激励企业提高创新投入，从而有效发挥政府补贴的"挤入"作用。就企业的创新收益而言，根据 $\frac{\partial(\pi^* - \bar{\pi})}{\partial s} = \frac{(a - c)(2 - 18t) + 27s(1 - 3t)}{(5 - 9t)^2}$ 可以推断：当 $t \in [0, \tilde{t}]$ 时，$\frac{\partial\pi^*}{\partial s} > 0$；而当 $t \in [\tilde{t}, \frac{5}{9}]$ 时，$\frac{\partial\pi^*}{\partial s} < 0$，其中 $\tilde{t} = \frac{2(a - c) + 27s}{18(a - c) + 81s}$。由此可见，随着间接补贴的变化，政府直接补贴对企业收益的作用也会随之改变：当间接补贴的程度较低时，政府直接补贴对创新企业的收益起到促进作用；反之，则为抑制作用。此外，根据 $\frac{\partial(\pi^* - \bar{\pi})}{\partial t} = -\frac{[4(a - c) + 9s][16(a - c) + 9s(9t - 1)]}{2(5 - 9t)^3}$ 可以推断：当且仅当 $a - c$ 非常小 $\left(a - c < \frac{9}{16}\right)$ 且满足 $\frac{16(a - c)}{9} < s \leqslant 1$ 和 $0 \leqslant t < \frac{9s - 16(a - c)}{81s}$ 时，$\frac{\partial\pi^*}{\partial t} > 0$；而在其他情况下，$\frac{\partial\pi^*}{\partial t} < 0$。可见，只有当政府采用"低直接补贴"和"低税收优惠"的补贴策略时，间接补贴才能改善企业的创新收益。

总的来讲，政府直接补贴能够通过增加创新投入（sx）来激励企业

开展创新活动 $\left(\dfrac{\partial (x^* - \overline{x})}{\partial s} > 0 \right)$；而间接补贴则通过降低企业创新活动

的费用 $\left(\dfrac{1}{2}(1-t)x^2 \right)$ 来鼓励企业创新 $\left(\dfrac{\partial (x^* - \overline{x})}{\partial t} > 0 \right)$。然而，由于企

业本身具有趋利性，如果政府实施的补贴策略不得当，如间接补贴的强

度过大 $\left(t \in \left[\tilde{t}, \dfrac{5}{9} \right] \right)$ 等，可能造成直接补贴负向影响企业创新收益

$\left(\dfrac{\partial (\pi^* - \overline{\pi})}{\partial s} < 0 \right)$，抑制企业创新的积极性，从而导致企业减少或放弃

创新活动。

9.3 直接补贴与间接补贴对高技术企业创新的影响

为验证政府直接补贴与间接补贴两种补贴政策工具能否有效激励企业创新、增加创新收益，我们以新常态下创新驱动的引擎——高技术企业——为研究对象，先利用面板向量自回归方法（PVAR）将政府的直接补贴、间接补贴（税收优惠）与企业的资本、人员投入及创新收益同时纳入系统框架，研究政府补贴与企业创新决策之间的双向动态耦合关系；再利用动态面板门槛回归来研究企业创新收益与两类政府补贴政策工具间可能存在的非线性关系，验证理论探讨的结果。

本书所使用的数据如表9-1所示。因研究需要，表中涉及的变量均进行了对数化处理。资本投入、人员投入、创新收益等数据均来源于各年的《中国高技术产业统计年鉴》。资本投入数据由于常会受到价格波动的影响，因此使用各省份相应年份的固定资产投资价格指数（上年=100）进行平减，各年省际固定资产投资价格指数数据来源于《中国统计年鉴》。另外，由于资本投入不仅在当期对高技术产业的投入产出存在影响，在未来的若干时期也会具有重要影响，因此使用永续存盘将流量数据转化为存量。

表9-1　　　　　　　　　　　　描述性统计

变量名	符号	均值	标准误	最小值	最大值	样本数
创新收益	RDgain	14.295	2.223	5.371	18.503	174
直接补贴	Subsidy	9.536	1.885	4.027	12.574	174
税收优惠	Tax	10.814	1.934	4.357	13.977	174

续表

变量名	符号	均值	标准误	最小值	最大值	样本数
R&D 物质资本投入	RD_C	2.547	0.165	1.905	2.843	174
R&D 人力资本投入	RD_L	8.719	1.677	3.091	12.321	174
经济环境	Gdp	9.392	0.879	6.889	11.050	174
科技水平	Tech	6.014	1.360	2.639	8.678	174

Subsidy 为科技活动经费筹集额中政府资金，用于表示政府对高技术企业的直接补贴；Tax 为高技术企业减免税，用于衡量政府对企业实施的税收减免政策的强度；RD_C 为高技术企业的 R&D 经费内部支出，用于衡量企业对创新活动的资本投入；RD_L 为 R&D 活动人员全时当量，用于衡量企业对创新活动的人员投入；RDgain 为新产品销售收入，用于衡量创新给高技术企业带来的收益；Gdp 表示各省份实际 GDP，用于衡量宏观层面的经济形势，经济状况的好坏会影响到政府的补贴与税收优惠政策以及企业创新收益；Tech 为地区高技术产业企业数，通过引入该变量来探讨是否高技术企业数增多会有利于促进高技术产业的研发创新、提高企业的创新收益。

分别采用 LLC、HT 和 ADF 三种不同方法来检验各变量是否存在面板单位根，以确保检验结果的稳健性。表 9-2 的检验结果证实，直接补贴、税收优惠、R&D 物质资本投入、R&D 人力资本投入以及创新收益这五个变量是平稳的，可以通过面板向量自回归模型进行分析。

表 9-2 单位根检验结果

原假设	检验方法	Subsidy	Tax	RD_C	RD_L	RDgain
H0：所有面板都存在单位根	LLC	-36.904 ***	-26.142 ***	-2.265 **	-75.202 ***	-17.986 ***
	HT	-0.347 ***	-0.312 ***	-0.085 *	-0.178 ***	-0.382 ***
	ADF	-1.636 *	-6.933 ***	-1.362 *	4.409	1.361

注：*** 、** 和 * 分别表示统计值在 1%、5% 和 10% 的显著性水平上显著。

9.3.1 PVAR 创新系统分析

9.3.1.1 PVAR 估计结果

为研究政府补贴与企业创新间的动态关系，我们将政府补贴的两种政策工具（直接补贴与税收优惠）和企业创新行为（R&D 资本投入与 R&D 人员投入）同时纳入系统框架，通过构建面板向量自回归（PVAR）模型来研究各类动态交互效应，如直接效应、强化效应、反馈效应等。PVAR 兼具向量自回归（VAR）与面板数据模型的优点（雷明和虞晓雯，2015），能够有效解决内生性问题并准确衡量各变量的贡献度。估计方程如式（9－3）所示：

$$Y_{it} = Y_{it-1}A_1 + Y_{it-2}A_2 + \cdots + Y_{it-p+1}A_{p-1} + Y_{it-p}A_p + X_{it}B + f_i + \mu_t + \varepsilon_{it}$$

$$(9-3)$$

其中，$i \in \{1,2,\cdots,N\}, t \in \{1,2,\cdots,T\}$；$Y_{it}$ 表示因变量，包括 $k = 5$ 维列向量，即 $Y_{it} = (Subsidy_{it}, Tax_{it}, RD\_C_{it}, RD\_L_{it}, RDgain_{it})$；$X_{it}$ 表示外生 $l = 3$ 维协变量的列向量，即 $X_{it} = (Gdp_{it}, Tech_{it}, Labor_{it})$。$f_i$ 表示不可观测的截距效应[①]，可通过向前差分 Helmert 转换方法[②]来消除固定效应。μ_t 表示时间效应；ε_{it} 表示随机误差项，并且服从如下特征：$E(\varepsilon_{it}) = 0$，$E(\varepsilon'_{it}\varepsilon_{it}) = \Sigma$，以及当 $n > m$ 时，$E(\varepsilon'_{im}\varepsilon_{in}) = 0$。

利用广义矩估计（Generalized Method of Moments，GMM）估计得到政府两类补贴（直接补贴和税收优惠）和企业创新投入行为（R&D 物质资本投入和 R&D 人力资本投入）与创新收益间的 PVAR 模型的估计结果（见表 9－3）。

表 9－3　　　　　　　　　　PVAR 估计结果

解释变量	Subsidy	Tax	RD_C	RD_L	RDgain
	系数				
Subsidy(－1)	0.1570	0.1522	0.0019	0.0019	－0.0276
	(1.51)	(0.73)	(0.97)	(0.03)	(－0.41)
Tax(－1)	0.1353*	0.4369*	0.0007	0.2204***	0.0373
	(1.76)	(1.92)	(0.60)	(3.56)	(0.76)
RD_C(－1)	11.5776***	－10.7356**	0.8231***	1.3805	9.7428***
	(4.20)	(－2.35)	(17.30)	(1.06)	(5.72)
RD_L(－1)	－0.1186	－1.3352***	0.0241***	－0.2648***	－0.2589***
	(－0.67)	(－4.87)	(5.40)	(－3.09)	(－2.74)
RDgain(－1)	－0.2321*	0.2758	－0.0032	0.3113***	0.1738**
	(－1.80)	(0.86)	(－1.29)	(5.23)	(2.42)

注：括号内的数字为与该系数相对应的 z 统计量；***、** 和 * 分别表示统计值在 1%、5% 和 10% 的显著性水平上显著。

---

① 当 VAR 应用于面板数据估计时，受到因变量滞后项的影响导致 f_i 与自变量相关，这会使传统用于消除固定效应的"均值差分法"在对系数估计中产生偏误。

② 前向差分 Helmert 转换方法通过移除前向均值这一转换方式，避免工具变量的滞后回归项与差分项正交，从而可使计量检验结果更准确。

从政府补贴（*Subsidy*，*Tax*）方程来看，高技术企业前一期的 R&D 物质资本投入会显著提升后一期政府直接补贴的实施力度，但却会抑制政府后一期的税收优惠。而根据企业投入（*RD_C*，*RD_L*）方程估计结果可以看出，企业具有"惯性"R&D 资本投入的倾向，即前一期的 R&D 物质资本与人力资本投入均能在下一期对企业 R&D 资本投入产生"推动作用"，而直接补贴与税收优惠均能起到促进企业创新的作用，这与本章理论探讨部分的研究结论一致。对于创新收益（*RDgain*）方程，企业 R&D 物质资本投入滞后一期的估计系数显著为正，而 R&D 人力资本投入的估计系数显著为负，说明前一期的物质资本投入能有效转化为下一期的创新收益，但人力资本投入可能由于工作匹配或企业文化等问题难以在短期内融合并转化为创新收益；而滞后一期的直接补贴与税收优惠的估计系数均不显著，表明上一期的政府补贴支持无法显著地提高下一期的创新收益，但可能会存在某一门槛值，当低于或高于此门槛时，政府补贴对企业创新会产生显著作用，本章后续门槛回归分析部分将对此问题进行深入研究。

在进行脉冲响应和方差分解之前，应先检验所估计的 PVAR（5）系统的稳定性。如表 9-4 所示，特征值的实部和虚部的绝对值均在 [0，1] 范围内，可以确定该 PVAR 模型稳定。

表 9-4   PVAR（5）稳定性检验

特征值		模量
实部	虚部	
0.8101	0	0.8101
0.0704	-0.4854	0.4904
0.0704	0.4854	0.4904
0.3922	0	0.3922
-0.0170	0	0.0170

9.3.1.2 脉冲响应分析

脉冲响应函数用于刻画在动态经济模型中，当某一内生变量受到一个标准差大小的随机冲击（误差项的一次性冲击）时，该内生变量自身以及其他内生变量在当前及未来多个时期的响应路径与变化情况。PVAR 系统中存在三类动态交互效应：直接效应（Direct Effects）、强化效应（Reinforcement Effects）与反馈效应（Feedback Effects）。

首先，从直接效应来看，可关注图 9-1 中第 1 行的第 2~第 5 列的脉冲响应图像。面对企业 R&D 物质资本（*RD_C*）与人力资本（*RD_L*）两类创新投入的正交化冲击，创新收益的响应方式截然不同。企业 R&D 物质资本在第一期为负向响应，第二期转变为正响应，随后程度逐渐下降并于第五期收敛至零。在前期，随着企业 R&D 物质资本的投入，先转化为原材料等一系列在建工程费用，同时产品的研发生产需要一定的过程，因而在企业损益上表现为负，而到了第二期，原材料有效转化成产品，公司开始取得净收益，效应表现为正，随之逐渐下降。然而，企业 R&D 人力资本在第一期为正响应，第二期转为负响应。这是由于 R&D 人员的投入能够迅速带来很多信息资源，使得创新产品得到有效开发和转化，而到了下一期，R&D 人员转化为人工成本，同时技术也达到一定的临界值，使得创新效益下降。面对政府补贴（Subsidy）的一个正交化冲击，企业创新收益在头三期存在一个类似"U"型的负响应，随后几期出现较弱的正向响应并逐渐减小于零。面对税收优惠（Tax）的一个正交化冲击，企业创新收益呈现"先正后负"的响应，并在第五期收敛于零。其次，从强化效应来看，可观察图 9 - 1 中对角线上的脉冲响应图像。政府直接补贴、税收优惠、R&D 物质资本投入与创新收益对其自身的正交化冲击在当期迅速反应，且呈现越来越小的趋势，并逐渐收敛于零；而 R&D 人力资本投入在当期呈现较明显的反应，第一期后转为负响应，直到第三期有所反弹并逐渐收敛于零。最后，从反馈效应来看，可观察图 9 - 1 的第 1 列的第 2 ~ 第 5 行，即其他四个变量对创新收益的正交化冲击的响应。给创新收益一个正交化冲击，R&D 物质资本投入呈现出短期内激增而后缓慢减低并逐渐收敛于零的正响应状态；相较于 R&D 物质资本投入，R&D 人力资本投入在初期则呈现出相反的变化趋势，而后正负交替更迭，直到第六期收敛于零；政府直接补贴出现先增后减最终收敛于零的正响应；税收优惠在两期内呈现幅度较小的正负交替响应，随后则是先增后减的轻微正响应。

　　除此之外，高技术企业面对政府政策冲击时所作出的决策反应也是值得关注的重点。给政府直接补贴一个正交化冲击，企业呈现短期内迅速增加 R&D 物质资本投入和降低 R&D 人力资本投入的趋势，随后幅度逐渐变小并最终趋于零；而当给政府税收优惠一个正交化冲击，无论是 R&D 物质资本投入还是 R&D 人力资本投入，企业均呈现先减后增最后趋于零的总体负向响应。

9.3.1.3　方差分解讨论

　　在分析脉冲响应图的基础上，我们使用方差分解进一步考察各变量间的相互影响程度。表 9 - 5 整理了各系统变量在第 1、第 5、第 6 和第 7 个预测期的误差方差分解结果。研究结果表明，PVAR（5）系统中各方程的冲击反应对各变量波动的贡献度在第七期已基本稳定。

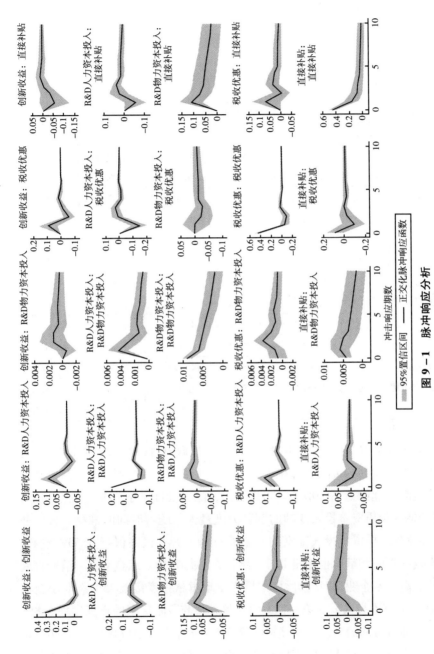

图 9 - 1　脉冲响应分析

注：横轴表示冲击的滞后期数，中间曲线为脉冲响应函数曲线，阴影部分为 95% 置信区间。

表 9 – 5　　　　　　　　　　变量预测误差的方差分解

	期数	Subsidy	Tax	RD_C	RD_L	RDgain
Subsidy 的方差分解	1	100%	0%	0%	0%	0%
	5	85.147%	4.287%	7.149%	0.899%	2.518%
	6	84.711%	4.452%	7.447%	0.894%	2.496%
	7	84.458%	4.538%	7.617%	0.898%	2.489%
Tax 的方差分解	1	1.540%	98.460%	0%	0%	0%
	5	3.392%	77.505%	4.305%	11.435%	3.363%
	6	3.985%	76.463%	4.935%	11.303%	3.314%
	7	4.365%	75.815%	5.323%	11.221%	3.276%
RD_C 的方差分解	1	20.576%	0.037%	79.387%	0%	0%
	5	30.059%	13.873%	48.800%	6.231%	1.037%
	6	30.465%	14.310%	48.278%	5.973%	0.974%
	7	30.665%	14.671%	47.896%	5.828%	0.940%
RD_L 的方差分解	1	8.990%	8.212%	4.756%	78.042%	0%
	5	5.473%	26.713%	4.655%	48.974%	14.185%
	6	5.479%	26.766%	4.664%	48.897%	14.194%
	7	5.483%	26.774%	4.684%	48.867%	14.192%
RDgain 的方差分解	1	0.452%	0.209%	0.043%	6.481%	92.815%
	5	6.344%	2.853%	14.080%	7.297%	69.426%
	6	7.161%	3.590%	14.987%	7.079%	67.183%
	7	7.746%	3.927%	15.528%	6.968%	65.831%

对于企业 R&D 物质资本投入，在第一期政府直接补贴对企业 R&D 物质资本投入变动的贡献维持在 20.576% 的水平上，同时期变量本身对其变动的贡献程度约为 79.387%。可以看出，除变量自身外，政府直接补贴对企业 R&D 物质资本投入变动的解释力度最大。随着时间的推移，直接补贴对 R&D 物质资本投入变动的贡献率有所上升并最终保持在 30% 左右，而税收优惠的贡献度也逐步上升并维持在 14.671%。综合来看，政府直接补贴对高技术企业 R&D 物质资本投入变动贡献程度接近 45%。对于企业 R&D 人力资本投入，在第一期政府直接补贴与税收优惠的贡献度均在 8% 左右，随着时间的延续，直接补贴降至 5.4% 左右而税收优惠升至 26.7% 左右，这说明税收优惠比直接补贴对企业 R&D 人力资本投入的解释力度更大，政府直接补贴对企业 R&D 人力资本投入变动的总贡献程度在 32% 左右。总体来讲，政府直接补贴与税收优惠预测误差的波动主要源于自

身，企业创新行为对预测误差波动的解释较小。

9.3.1.4　Granger 因果检验

对系统中的五个变量进行 PVAR 模型框架下的 Granger 因果检验，以求揭示各变量间是否存在显著的因果关系，结果见表 9 - 6。

表 9 - 6　　　　　　　　　　　**Granger 因果检验结果**

Granger 结果变量	Granger 检验原假设	χ^2 值	自由度	P 值
Subsidy	政府税收优惠增加不是政府直接补贴增加的原因	3.110	1	0.078
	企业 R&D 物质资本投入增加不是政府直接补贴增加的原因	17.682	1	0.000
	企业 R&D 人力资本投入增加不是政府直接补贴增加的原因	0.454	1	0.500
	企业创新收益增加不是政府直接补贴增加的原因	3.239	1	0.072
	所有变量不是政府直接补贴增加的原因	34.680	4	0.000
Tax	政府直接补贴增加不是政府税收优惠增加的原因	0.535	1	0.465
	企业 R&D 物质资本投入增加不是政府税收优惠增加的原因	5.540	1	0.019
	企业 R&D 人力资本投入增加不是政府税收优惠增加的原因	23.710	1	0.000
	企业创新收益增加不是政府税收优惠增加的原因	0.739	1	0.390
	所有变量不是政府税收优惠增加的原因	31.580	4	0.000
RD_C	政府直接补贴增加不是企业 R&D 物质资本投入增加的原因	0.940	1	0.332
	政府税收优惠增加不是企业 R&D 物质资本投入增加的原因	0.361	1	0.548
	企业 R&D 人力资本投入增加不是企业 R&D 物质资本投入增加的原因	29.134	1	0.000
	企业创新收益增加不是企业 R&D 物质资本投入增加的原因	1.655	1	0.198
	所有变量不是企业 R&D 物质资本投入增加的原因	60.288	4	0.000

Granger 结果变量	Granger 检验原假设	χ^2 值	自由度	P 值
RD_L	政府直接补贴增加不是企业 R&D 人力资本投入增加的原因	0.001	1	0.974
	政府税收优惠增加不是企业 R&D 人力资本投入增加的原因	12.708	1	0.000
	企业 R&D 物质资本投入增加不是企业 R&D 人力资本投入增加的原因	1.121	1	0.290
	企业创新收益增加不是企业 R&D 人力资本投入增加的原因	27.374	1	0.000
	所有变量不是企业 R&D 人力资本投入增加的原因	84.580	4	0.000
RDgain	政府直接补贴增加不是企业创新收益增加的原因	0.171	1	0.679
	政府税收优惠增加不是企业创新收益增加的原因	0.578	1	0.447
	企业 R&D 物质资本投入增加不是企业创新收益增加的原因	32.738	1	0.000
	企业 R&D 人力资本投入增加不是企业创新收益增加的原因	7.500	1	0.006
	所有变量不是企业创新收益增加的原因	56.972	4	0.000

表 9-6 显示，企业进行 R&D 物质资本投入与 R&D 人力资本投入是创新收益提高的原因，而创新收益的提高又作为政府直接补贴增加的原因，诱使政府向那些创新收益较高的企业提供直接补贴；政府税收优惠与企业 R&D 人力资本投入间存在双向因果关系；税收优惠、企业 R&D 物质资本投入和创新收益都是政府实施直接补贴的原因，而直接补贴不是任何变量的原因。根据上述分析结果，图 9-2 对创新系统中五元素间的因果关系进行了更具体的描绘。企业方投入是创新收益提高的原因，而政府方的两类补贴政策工具都无法有效促进创新收益的提高。

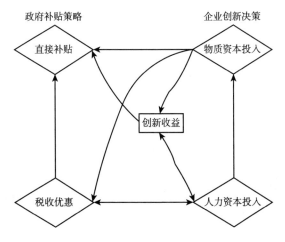

政府补贴策略　　　　企业创新决策

直接补贴　　　物质资本投入

创新收益

税收优惠　　　人力资本投入

图 9 - 2　Granger 因果关系

9.3.2　动态面板门槛回归分析

汉森在 20 世纪末发表了一系列有关门槛回归分析的原创性研究[1]，将基于外生选择样本分离点或不同区间拐点的传统门槛模型拓展为由样本数据内生决定门槛值及其个数的"新"门槛回归计量方法。该方法不仅排除了主观因素对模型构建所产生的干扰，还解决了通过 F 检验无法判断是否存在门槛效应的问题。然而，"新"门槛回归模型属于静态模型并且要求协变量是强外生变量，在许多现实分析中，强外生性可能具有限制性。为此，徐和申（Seo and Shin，2016）将静态面板门槛模型扩展至动态，并弱化了协变量强外生性条件。本研究借鉴最新研究思路，将直接补贴与税收优惠分别作为门槛变量进行动态面板门槛回归分析，以双门槛为例：

$$RDgain_{it} = \alpha RDgain_{i,t-1} + \lambda_1 Subsidy_{i,t-1} I(Tax_{i,t} \leq \gamma_1^T) + \lambda_2 Subsidy_{i,t-1} I$$
$$(\gamma_1^T < Tax_{i,t} \leq \gamma_2^T) + \lambda_3 Subsidy_{i,t-1} I(Tax_{i,t} > \gamma_2^I) + \theta_1 RD\_C_{i,t-1}$$
$$+ \theta_2 RD\_L_{i,t-1} + \theta_3 Gdp_{i,t-1} + \theta_4 Tech_{i,t-1} + c_i^T + e_{it}^T \qquad (9-4)$$

---

[1]　汉森在门槛回归模型上作出了巨大贡献。汉森于 1996 年在 *Econometrica* 上发表文章 "Inference when a nuisance parameter is not identified under the null hypothesis"，提出了时间序列门槛自回归的估计和检验。随后，他深耕门槛回归模型，于 1999 年发表了 "Threshold effects in non-dynamic panels：Estimation，testing and inference"。该文章首次介绍了具有个体效应的面板门槛模型的计量分析方法，以残差平方和最小为条件确定门槛值，克服了主观设定结构突变点的偏误。

$$RDgain_{it} = \beta RDgain_{i,t-1} + \delta_1 Tax_{i,t-1}I(Subsidy_{i,t} \leqslant \gamma_1^S) + \delta_2 Tax_{i,t-1}I$$
$$(\gamma_1^S < Subsidy_{i,t} \leqslant \gamma_2^S) + \delta_3 Tax_{i,t-1}I(Subsidy_{i,t} > \gamma_2^S)$$
$$+ \eta_1 RD\_C_{i,t-1} + \eta_2 RD\_L_{i,t-1} + \eta_3 GDP_{i,t-1} + \eta_4 Techno_{i,t-1}$$
$$+ c_i^S + e_{it}^S \tag{9-5}$$

其中，$Tax_{i,t}$ 和 $Subsidy_{i,t}$ 分别在式（9-4）和式（9-5）中作为门槛变量，而其滞后一期则互为与门槛变量相关的解释变量，$c_i^j(j = T,S)$ 为个体效应，$e_{it}^j(j = T,S)$ 满足独立同分布（Independent and Identically Distributed, IID）条件。由于门槛变量使用的是当期数据，因此，其他变量均为与门槛变量无关的外生解释变量。利用 Bootstrap 自助法抽样 300 次后的估计和检验结果如表 9-7 所示。

表 9-7 门槛检验结果

门槛变量		门槛值	F 值	p 值	1% 临界值	5% 临界值	10% 临界值
直接补贴 (Subsidy)	单一门槛	$\gamma^S = 5.120$	25.99	0.080	55.090	40.552	22.278
	双重门槛	$\gamma_1^S = 5.120$ $\gamma_2^S = 9.035$	14.31	0.260	56.162	44.343	32.308
税收优惠 (Tax)	单一门槛	$\gamma^T = 11.795$	22.03	0.050	42.852	20.573	18.971
	双重门槛	$\gamma_1^T = 11.795$ $\gamma_2^T = 4.533$	22.99	0.080	27.506	24.204	20.452
	三重门槛	$\gamma_1^T = 11.795$ $\gamma_2^T = 4.533$ $\gamma_3^T = 5.704$	10.29	0.360	76.334	42.153	32.016

表 9-7 的检验结果证实，当以直接补贴为门槛变量时，单一门槛假设的 Bootstrap 抽样结果显著，而在双重门槛假设下的结果却不显著，因此，可以确定在式（9-4）中仅存在一个显著门槛值；而当以税收优惠为门槛变量时，单一与双重门槛假设的 Bootstrap 抽样均呈现显著效果，因此，可认为式（9-5）中存在双重门槛。此外，根据所估计出的门槛结果，可将直接补贴和税收优惠划分为低补贴 {Subsidy ≤ 5.120}、高补贴 {Subsidy > 5.120}、低税收优惠 {Tax ≤ 4.533}、中等税收优惠 {4.533 < Tax ≤ 11.795} 和高税收优惠 {Tax > 11.795} 五类。利用动态面板门槛回归模型估计出的结果如表 9-8 所示。

表 9 - 8　　　　　　　　　　动态面板门槛回归模型估计结果

以税收优惠为门槛变量			以直接补贴为门槛变量		
项目	系数	t 值	p 值	项目	系数	t 值	p 值
α	$5.83e-09$	1.02	0.310	β	$6.45e-09$	1.06	0.290
λ_1	0.335^{***}	3.72	0.000	δ_1	0.441^{***}	3.96	0.000
λ_2	-0.044	-0.61	0.546	δ_2	0.036	0.57	0.569
λ_3	0.028	0.38	0.704				
θ_1	5.459^{***}	3.84	0.000	η_1	4.153^{***}	2.62	0.010
θ_2	-0.105	-0.87	0.388	η_2	0.045	0.34	0.732
θ_3	0.685^*	1.90	0.060	η_3	0.856^{**}	2.23	0.028
θ_4	0.044	0.20	0.845	η_4	0.197	0.83	0.407
门槛	$\gamma_1^T = 11.795$ $\gamma_2^T = 4.533$			门槛	$\gamma^S = 5.120$		

注：*、** 和 *** 分别代表在 10%、5% 和 1% 的显著性水平上显著。

由表 9 - 8 左侧的估计结果可知，当政府实施低税收优惠策略时（$\gamma < \gamma_1^T$），直接补贴的系数估计值显著为正（$\lambda_1 = 0.335$），政府直接补贴与企业创新收益呈现显著的正相关关系。此时，实证结果与本章理论研究所得结论一致，当 $t \in [0, \tilde{t}]$ 时，$\dfrac{\partial \pi^*}{\partial s} > 0$，政府直接补贴有利于提高企业的创新收益。而当政府实施中等及高税收优惠时，政府的直接补贴对企业创新收益不再具有显著的影响，且当税收优惠强度高于某一阈值时，政府直接补贴可能会降低高技术企业的创新收益，这恰好也与理论结果趋同。可见，随着政府税收优惠强度的提高，直接补贴对创新收益的影响呈现正"U"型。根据表 9 - 8 右侧的结果可知，当政府给高技术企业的直接补贴支持较低时（$\gamma < \gamma^S$），税收优惠对企业创新收益的作用显著为正；而当补贴强度高于某一临界值时，政府将难以实现通过税收优惠来提高创新收益的目的。整体来看，如果政府对企业创新给予适度支持，补贴工具组合将起到提高创新收益、推动创新驱动的效果；但过度的补贴支持不仅无法起到明显的正向促进作用，还有可能产生反效果。

9.4　直接补贴与间接补贴对中小企业创新的影响

截至 2019 年，我国中小企业的数量已超过 3000 万家，这些企业在

"稳增长、促改革、调结构、惠民生、防风险"中起到了至关重要的作用。据统计，中小企业在我国解决了80%以上的劳动力就业，开发了70%以上的技术创新成果，贡献了60%以上的国内生产总值，已成为践行国家创新驱动发展战略实施的重要主体。国内中小企业虽处于蓬勃发展之际，但多数中小企业在创新发展过程中仍普遍面临工艺设备相对落后、技术创新人才和创新资源匮乏等问题，而这些问题已成为制约中小企业持续创新发展的掣肘。鼓励中小企业创新已成中国实施科技创新政策的关键之举。自党的十八大提出实施创新驱动发展战略以来，国家及中央各部委相继制定和出台了《关于深化体制机制改革，加快实施创新驱动发展战略的若干意见》《"十二五"中小企业成长规划》《中华人民共和国中小企业促进法》等一系列重大政策法规。这些政策法规旨在鼓励政府相关部门通过直接补贴、间接补贴等方式来扶持中小企业创新，激发中小企业的创新活力和创新动力。然而，由于我国补贴政策的制定与颁布主体涉及机构庞杂，跨部门和职能协调较少，因而常出现"政策拥挤""九龙治水"的局面。考虑到多样化政策目标、分散治理结构、多层次管理、多重市场失灵和系统失灵等问题（Kivimaa and Kern，2016），有必要对我国直接补贴和间接补贴在推动中小企业创新方面的实际效果上进行分析和比较，并尝试通过政府补贴的政策工具"组合"来提高补贴实施的效率和协调性。

在考察直接补贴与间接补贴这两种政策工具对企业创新的影响时，企业"自选择政府补贴政策工具"（Self-selection of Firms for Subsidy Policy Tool）和政府机构采取"选择赢家"（Picking-the-winner）战略往往会产生政府补贴的内生性（Radicic et al.，2016）。本节以国民经济和社会发展的生力军——中小企业——为研究对象，利用能够分析多种补贴政策工具在内的多水平处理效应（MLTE）模型，在有效解决内生性及样本选择偏误问题的前提下，系统且科学地考察直接补贴与间接补贴对企业创新的实际作用效果。

本研究所使用的数据为2011~2020年我国新三板①上市企业数据。选择新三板上市企业作为研究对象，原因有二。其一，新三板以中小企业为主，挂牌企业众多且遍布中国各省份，有利于从不同层面和范围探讨创新政策对于中小企业创新的效果；其二，新三板上市企业可提供经过外部审

①　全国中小企业股份转让系统（National Equities Exchange and Quotations，NEEQ），俗称"新三板"。

计的财务数据，数据较为可靠，并且新三板企业的专利申请数据可通过网络平台直接获取，数据采集过程相对简单（李春涛等，2020）。具体来讲，新三板上市企业专利数据来自佰腾网专利数据库，通过人工收集①方式整理出企业专利的申请和授权数据。从国泰安（CSMAR）数据库和万得（Wind）数据库获取企业的财务数据、董事会相关数据等。从历年的《中国城市统计年鉴》中收集整理出企业所属城市的特征数据。为使研究结果准确可信，我们对初始数据进行了如下处理：首先，剔除了金融类新三板上市企业样本；其次，剔除了数据缺失较为严重的企业样本；最后，剔除了存在离群值的样本并对连续型变量进行双侧 1% 的缩尾处理。经上述预处理后，最终获得 51162 个观测样本。

　　企业创新方面，我们选用专利申请量的自然对数②来衡量中小企业的创新产出水平（*Innovation*），其原因在于专利申请量不易受专利检测费用、年费、官僚风气等外界因素的干扰。较之专利授权量，申请量能更加准确地表征中小企业的创新产出水平。在此基础之上，我们依据中国《专利法实施细则》，将中小企业创新进一步细分为实质性创新（*Inn*）与策略性创新（*Sinn*）。前者是创新的核心，是推动中小企业发展的关键动力，以企业发明专利的自然对数来衡量；而后者则是为迎合政府而采取的手段，以实用新型专利与外观设计专利数量之和的自然对数来衡量。政府补贴方面，主要包括政府的直接补贴（*sub*）、间接补贴（税收优惠）（*tax*）以及直接与间接补贴的组合（*mix*）。在 51162 个观测样本中，有 15707 个企业样本没有获得任何补贴政策的支持（$w=0$）约占总样本的 30.7%；仅获得政府直接补贴（$w=1$）的企业样本为 12258 个，约占总样本的 23.9%；仅享受到间接补贴（$w=2$）的企业样本数为 13374 个，约占 26.1%；获得政府直接与间接补贴（$w=3$）的企业样本数为 9823 个，约占总样本的 19.2%。另外，参考既有研究，我们选取企业规模（*Size*）、董事会独立性（*Indep*）等对中小企业创新行为具有影响的特征因素作为控制变量，并采用企业所在城市的经济水平（*Gdp*）与人口数量（*Pop*）来控制城市层面的因素。上述变量的名称、符号及其定义归纳整理为表 9 – 9。表 9 – 10 报告了主要变量的基本统计特征。

---

　　①　在样本期间更名的企业，其原始公司名下的专利以及其全资子公司名下的专利均合并计入更名后企业当年的专利，但跨地域设立的子公司则不在合并范围内。

　　②　考虑到很多样本企业的年度专利申请数量为 0，而且专利申请数量的分布存在明显的厚尾现象，因此，企业创新需要对专利数量加 1 后取自然对数。

表 9-9   变量介绍

类型	变量名称	符号	定义
被解释变量	企业创新产出	*Innovation*	专利申请数加 1 后取自然对数
	实质性创新	*Inn*	发明专利申请数加 1 后取自然对数
	策略性创新	*Sinn*	实用新型专利与外观涉及专利申请数之和加 1 后取自然对数
核心解释变量	直接补贴	*sub*	虚拟变量。企业是否享受到政府补贴主要依据"政府补助"科目。若企业当年仅享受到政府直接补贴将其赋值为 1,其他情况则赋值为 0
	间接补贴（税收优惠）	*tax*	虚拟变量。企业是否享受到税收优惠主要依据"收到的各项税费返还"科目。若企业当年仅享受到税收优惠将其赋值为 1,其他情况则赋值为 0
	直接补贴与间接补贴组合	*mix*	虚拟变量。若企业当年同时享受到政府直接补贴与税收优惠将其赋值为 1,其他情况则赋值为 0
补贴政策变量	政府补贴	*w*	根据上述政策虚拟变量进行整理。$w=0$ 表示没有享受到任何补贴政策的支持;$w=1$ 表示仅享受到政府直接补贴;$w=2$ 表示仅享受到税收优惠;$w=3$ 表示同时享受到政府直接补贴与税收优惠
企业控制变量	企业规模	*Size*	企业总资产的自然对数
	资产负债率	*Lever*	年末负债与年末总资产的比值
	企业成长性	*Grow*	年末总资产增长率
	资本支出比例	*Cap*	购建固定资产、无形资产和其他长期资产所支付的现金总额与年末总资产的比值
	企业固定资产比	*Ppe*	固定资产总额比年末总资产
	董事会独立性	*Indep*	独立董事人数占董事会总人数的比例
地区控制变量	城市的经济水平	*Gdp*	年末地区 GDP 总量取自然对数
	城市人口数量	*Pop*	年末地区人口数量取自然对数

表 9 – 10　　　　　　　　　　　　　描述性统计

变量	均值	标准差	最小值	最大值	偏度	峰度	样本量
Innovation	0.8034	1.0550	0	7.1449	1.0472	3.0876	51162
Inn	0.4180	0.7368	0	6.2724	1.9189	6.6128	51162
Sinn	0.5873	0.9100	0	5.9736	1.3861	3.9794	51162
sub	0.2396	0.4837	0	1	− 0.5227	1.2732	51162
tax	0.2614	0.4804	0	1	0.5768	1.3327	51162
mix	0.1920	0.3382	0	1	1.0986	2.2069	51162
w	1.3493	1.1352	0	3	0.3499	1.7152	51162
Size	18.2204	1.1628	14.8630	23.7392	0.0426	2.8021	51162
Lever	0.4023	0.2097	0.0335	1.4287	0.2883	2.4893	51162
Grow	0.1132	0.4717	− 4.5654	0.9715	− 6.3151	59.8399	51162
Cap	0.2119	0.1859	0	0.8623	0.9127	3.1001	51162
Ppe	0.1629	0.1583	0	0.6973	1.1048	3.5708	51162
Indep	0.0189	0.0768	0	0.3861	3.9707	17.2013	51162
Gdp	18.2233	0.9918	15.5913	19.8942	− 0.5836	2.3749	51162
Pop	6.7943	0.6683	4.7113	8.5362	− 0.4885	2.9946	51162

9.4.1　多水平处理效应分析

中小企业能否获得政府直接补贴和（或）间接补贴的支持在现实中并不满足随机分布的要求，这是因为政府向中小企业实施的直接补贴、间接补贴以及两种补贴的组合具有明显的倾向性。例如，国有控股企业往往因其背景资源更容易获得政府部门直接补贴的支持，而能够创造大量就业机会的企业通常更容易享受到税收减免等政府间接补贴支持（余明桂等，2010）。信息不对称的存在致使政府难以获取真实的企业研发信息以判断是否应给予目标企业支持，这使得企业显性特征（如企业规模、杠杆率等）会影响企业获得政府补贴支持的概率（鞠晓生等，2013）。因此，在分析政府直接与间接补贴对中小企业创新的影响时，有必要考虑因政府补贴的"非随机分布特征"引发的样本选择偏差问题。虽然目前常用的内生转换回归（Endogenous Switching Regression，ESR）以及倾向得分匹配（Propensity Score Matching，PSM）能够相对有效地解决或缓解样本选择偏差问题，但这两种方法皆要求处理的变量必须是二值变量。为实现在"反事实"因果分析框架下估计多个处理状态的平均处理效应（Average Treatment Effect，ATE），卡塔内奥（Cattaneo，2010）推导出处理变量有多个不同水平时潜在结果分布特征的逆概率加权（Inverse-Probability Weighted，IPW）估计量和有效影响函数（Efficient-Influence-Function，EIF）估计量的大样本性质。利用这些有效的半参数估计量，可设计出多值处理效应的有效推断过程（蔡荣等，2019）。

考虑样本量为 n 的中小企业样本，其中每个样本都被分配了一个有 $J+1$ 个可能的处理水平 $j = 0, 1, \cdots, J$。对于企业 $i = 1, 2, \cdots, n$ 来说，可观测到的随机向量为 $\mathbf{z}_i = (y_i, T_i, \mathbf{x}_i')'$。其中，$y_i$ 表示被解释变量，涉及企业创新产出、实质性创新等；T_i 表示多值处理变量，若企业未获得直接或间接补贴支持则 $j = 0$，若仅获得政府直接补贴则 $j = 1$，若仅享受到间接补贴则 $j = 2$，若同时获得政府直接补贴与间接补贴则 $j = 3$；$\mathbf{x}_i'$ 表示 $k_x \times 1$ 维的协变量向量，涵盖企业特征及地区特征等控制变量。与此同时，引入指示变量 $d_i(j) = \mathbf{1}(T_i = j)$。其中，$\mathbf{1}(\cdot)$ 为示性函数，当企业 i 获得政府补贴支持 j 时定义为 1，否则为 0。由于每家企业 i 都存在一组潜在的结果变量（被解释变量），因此，我们可在多值处理效应的背景下，区分每个处理水平 $j = 0, 1, \cdots, J$ 的实际结果变量 y_i 以及 $J+1$ 个潜在结果变量 $y_i(j)$。

$$y_i = d_i(0)y_i(0) + d_i(1)y_i(1) + \cdots + d_i(J)y_i(J) \qquad (9-6)$$

其中，$\{y_i(0), y_i(1), \cdots, y_i(J)\}'$ 是对于样本中每家企业 $i = 1, 2, \cdots, n$ 的一系列潜在结果变量。

条件独立假设（Conditional Independence Assumption，CIA）和重叠假设（Overlap Assumption，OA）或称"无空值假设"是利用多水平处理效应模型进行分析时所必须满足的条件（Imbens and Wooldrige，2009；Binam et al.，2015）。其中，条件独立假设就是在给定协变量 $\mathbf{x}_i'$ 的情况下，每个潜在结果 $y(j)$ 的分布独立于随机处理变量 $d(j)$，换言之，$y(j) \perp d(j) \mid \mathbf{x}$。重叠假设则指的是样本企业 i 根据其协变量的特征而被安排到任何一种处理状态 T_i 的概率均为正，即 $p_j(\mathbf{x}) = \Pr(T = j \mid \mathbf{x}) > 0$。据此，以企业创新为结果变量的条件期望函数的表达式可记作：

$$E[y(j) \mid \mathbf{x}] = E[y_i \mid T_i = j, \mathbf{x}] = \beta_{0j} + \mathbf{x}\beta_{1j} \qquad (9-7)$$

其中，$\beta_j = [\beta_{0j}, \beta_{1j}]$ 为待估计参数。多水平处理效应模型须通过广义倾向得分法（General Propensity Score，GPS）来计算不同处理状态 T_i 对应的结果变量方程的条件期望值（Imbens，2000）。

考虑到每家企业的政府补贴处理状态 T_i 以及协变量 $\mathbf{x}$ 均能够被实际观测到，并且多水平 Probit 模型的适用性相对较差且限制比较多（Becker and Ichino，2002），我们采用多项 Logit 模型对广义倾向得分进行估计，也就是计算企业 i 分配到不同处理状态的概率。参照卡塔内奥（2010）以及卡塔内奥等（Cattaneo et al.，2013）的研究思路，可估计政府补贴处理状态 T_i 从 $k(k \in \{0, 1, \cdots, J\})$ 变成 j 时的平均处理效应，即：

$$ATE_{jk} = (\hat{\beta}_{0j} - \hat{\beta}_{0k}) + \frac{1}{n}\sum_{i=1}^{n} x_i(\hat{\beta}_{1j} - \hat{\beta}_{1k}) \qquad (9-8)$$

采用基于 GPS 构建的多水平处理效应模型，就直接补贴、间接补贴及其组合对中小企业创新的影响进行估计，以比较不同补贴策略的创新效应的差异性。表 9-11 列示了政府补贴实施策略对中小企业创新影响的边际处理效应（Marginal Treatment Effect，MTE）。

表 9-11 边际处理效应估计结果

变量	创新产出		实质性创新		策略性创新	
	系数	标准误	系数	标准误	系数	标准误
sub Vs. *no*	0.1218 ***	0.0121	0.0751 ***	0.0086	0.0818 ***	0.0104
tax Vs. *no*	0.1229 ***	0.0161	0.0768 ***	0.0119	0.0942 ***	0.0146
mix Vs. *no*	0.3226 ***	0.0152	0.1928 ***	0.0101	0.2275 ***	0.0129
tax Vs. *sub*	0.0011	0.0162	0.0018	0.0115	0.0124	0.0140
mix Vs. *sub*	0.2007 ***	0.0144	0.1177 ***	0.0095	0.1457 ***	0.0122
mix Vs. *tax*	0.1996 ***	0.0186	0.1159 ***	0.0127	0.1332 ***	0.0158
样本量	51162		51162		51162	

注：*** 表示在 1% 的显著性水平上显著；"no" 表示 w = 0 的情况。

由表 9-11 可知，与未受到任何政府补贴支持的企业相比，获得政府直接补贴支持的中小企业在创新产出、实质性创新及策略性创新方面均有明显提升，且均在 1% 的显著性水平上显著（前三行）。就单项补贴政策工具而言，间接补贴（税收优惠）的创新激励效应略强于政府直接补贴（第四行）。通过比较直接补贴和间接补贴组合与单项补贴政策工具对中小企业创新行为的作用效果发现，无论是在实质性创新还是策略性创新方面，直接与间接补贴的组合始终优于单项补贴政策支持（后两行）。

9.4.2 稳健性探讨

由于政府补贴并不是根据评估的要求来实施的，因此须进一步检验估计方法的适用性以及估计结果的可靠性。

9.4.2.1 重叠假设检验

重叠假设成立是进行多水平处理效应模型分析的前提条件。如图9-3所示，重叠假设检验结果证实"无任何政府补贴支持（$w=0$）""直接补贴（$w=1$）""间接补贴（$w=2$）""直接与间接补贴组合（$w=3$）"的条件概率均大于0且小于1，并且四种情况下的条件概率分布均存在重叠区间。

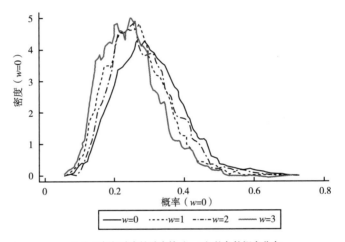

（a）无任何政府补贴支持（$w=0$）的条件概率分布

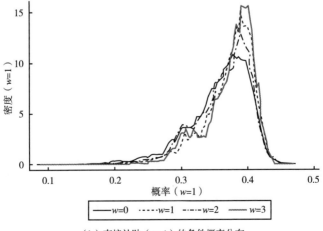

（b）直接补贴（$w=1$）的条件概率分布

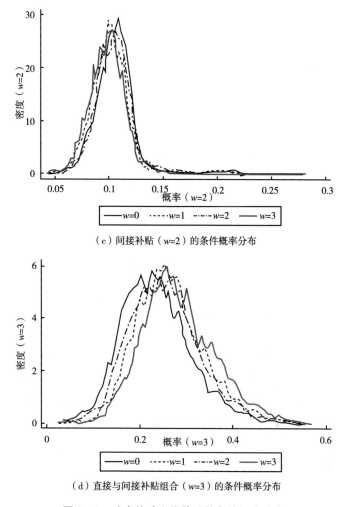

（c）间接补贴（w=2）的条件概率分布

（d）直接与间接补贴组合（w=3）的条件概率分布

图 9 - 3　政府补贴实施策略的条件概率分布

资料来源：由作者整理。

9.4.2.2　增加控制变量

在原先的估计中，增加描述企业所在城市经济水平及人口数量的地区控制变量。将新的估计结果（见表 9 - 12）与表 9 - 11 中的估计结果进行比较，发现无论是在估计值大小还是在显著性水平方面均未有明显差异，再次证实模型稳健。

9.4.3　目标企业选择分析

表 9 - 13 报告了政府相关部门在实施直接补贴、间接补贴及其补贴组合时着重关注的目标企业特征因素。结果显示，政府在补贴政策工具的选

表 9 – 12   增加控制变量后的估计结果

变量	创新产出		实质性创新		策略性创新	
	系数	标准误	系数	标准误	系数	标准误
sub Vs. *no*	0.1287 ***	0.0121	0.0811 ***	0.0086	0.0834 ***	0.0105
tax Vs. *no*	0.1293 ***	0.0170	0.0822 ***	0.0120	0.0958 ***	0.0147
mix Vs. *no*	0.3462 ***	0.0149	0.2093 ***	0.0101	0.2434 ***	0.0126
tax Vs. *sub*	0.0005	0.0163	0.0011	0.0116	0.0123	0.0141
mix Vs. *sub*	0.2174 ***	0.0142	0.1281 ***	0.0096	0.1599 ***	0.0118
mix Vs. *tax*	0.2169 ***	0.0185	0.1270 ***	0.0128	0.1476 ***	0.0157
样本量	51162		51162		51162	

注：*** 和 * 分别表示在 1% 和 10% 的显著性水平上显著；"*no*" 表示 $w = 0$ 的情况。

择上会明显受到企业规模、杠杆率等因素的影响。总体来讲，企业的规模越大、杠杆越低，其享受到政府补贴支持的概率就会越高。通常，规模较大的企业往往产品生产能力较强，他们更倾向于通过创新方式推动自身发展（Jefferson et al.，2006）；而低杠杆企业更能保证持续的研发投入，与高杠杆企业相比，其创新能力会更强（O'Brien，2003）。在创新方面表现出"强意愿"和"高能力"的企业，往往更容易得到政府机构的垂青，有较大概率成为政府补贴支持的实施对象。

表 9 – 13   多项 Logit 模型估计结果

项目	无补贴支持 $w = 0$	直接补贴 $w = 1$	间接补贴 $w = 2$	直接与间接补贴组合 $w = 3$
Size	—	0.3294 *** (0.0112)	0.1546 *** (0.0158)	0.5137 *** (0.0124)
Lever	—	-1.3490 *** (0.0558)	-0.5936 *** (0.0786)	-1.7659 *** (0.0625)
Grow	—	0.0909 *** (0.0248)	-0.1171 *** (0.0283)	-0.0285 (0.0279)
Cap	—	0.1325 (0.1472)	0.1451 (0.2072)	0.4882 *** (0.1578)
Ppe	—	0.1851 (0.1718)	-0.2941 (0.2436)	-0.4168 (0.4850)

续表

项目	无补贴支持 $w = 0$	直接补贴 $w = 1$	间接补贴 $w = 2$	直接与间接补贴组合 $w = 3$
Indep	—	0.8232 *** (0.1811)	1.2593 *** (0.2267)	0.3309 (0.2766)
常数项	—	-5.1610 *** (0.1950)	-3.5064 *** (0.2764)	-8.7300 *** (0.2175)
样本量	15707	12258	13374	9823

注：括号内为标准误；*** 和 ** 分别表示在1% 和 5% 的显著性水平上显著。

进一步地，就单项补贴政策工具而言，政策实施部门更倾向于将直接补贴资金发放给规模大、杠杆低、成长性强且董事会具备一定独立性特征的企业。这是因为成长性强的企业虽具有较大增长潜力，但由快速成长而导致的资金压力不利于推进风险较高且投资周期较长的创新项目（Richardson et al.，2002），而政府直接补贴的加持有益于为企业快速成长"保驾护航"。董事会独立性越高的企业，其创新能力往往越强（Adams and Ferreira，2007），这有利于提升政府直接补贴的效率。然而，与直接补贴工具略有不同，政府相关部门更愿意向成长性较弱的中小企业实施以税收优惠为主的间接补贴。从直接与间接补贴的组合来看，企业的规模及杠杆率是影响政府选择补贴目标的重要因素，而企业成长性及董事会独立性等因素并不能显著影响政府向企业实施直接与间接补贴组合的概率。

9.4.4 调节作用分析

我们将进一步探讨地区及行业差异对获得不同政府补贴支持的中小企业创新行为影响的差异。换言之，企业所属行业及所在地区对享受到不同政府补贴实施策略的中小企业创新影响的调节作用。

9.4.4.1 地区差异的调节作用

中国虽然地大物博，但资源分布不均。为考察地区差异对享受到不同补贴的中小企业创新行为影响的调节作用，我们按照企业所在地所属省份，将全样本划分为"东部地区企业组"与"中西部地区企业组"。两组子样本的估计结果如表9-14所示。

表 9 – 14　　地区差异的调节作用

东部地区企业组（样本量 37951）

项目	创新产出		实质性创新		策略性创新	
	系数	标准误	系数	标准误	系数	标准误
sub Vs. *no*	0.1439 ***	0.0144	0.0829 ***	0.0102	0.1044 ***	0.0124
tax Vs. *no*	0.1131 ***	0.0189	0.0776 ***	0.0136	0.0747 ***	0.0161
mix Vs. *no*	0.3209 ***	0.0171	0.1881 ***	0.0120	0.2304 ***	0.0143
tax Vs. *sub*	-0.0308	0.0217	-0.0053 ***	0.0019	-0.0297	0.0254
mix Vs. *sub*	0.1769 ***	0.0162	0.1052 ***	0.0133	0.1259 ***	0.0135
mix Vs. *tax*	0.2078 ***	0.0203	0.1105 ***	0.0143	0.1557 ***	0.0169

中西部地区企业组（样本量 13211）

项目	创新产出		实质性创新		策略性创新	
	系数	标准误	系数	标准误	系数	标准误
sub Vs. *no*	0.4207 ***	0.0519	0.3525 ***	0.0266	0.0355	0.0206
tax Vs. *no*	0.2052 ***	0.0395	0.1105 ***	0.0267	0.1916 ***	0.0357
mix Vs. *no*	0.4177 ***	0.0296	0.2798 ***	0.0209	0.2626 ***	0.0273
tax Vs. *sub*	-0.2155	0.5208	-0.2120	0.4272	0.1561 ***	0.0353
mix Vs. *sub*	-0.0030	0.5895	-0.0727	0.4718	0.2271 ***	0.0267
mix Vs. *tax*	0.2125 ***	0.0429	0.1693 ***	0.0296	0.0710	0.0498

注：括号内为标准误；*** 表示在 1% 的显著性水平上显著；"*no*"表示 $w=0$ 的情况。

由表 9-14 可知，从企业"创新产出"及"实质性创新"来看，除政府直接补贴之外，间接补贴以及直接与间接补贴的组合对中西部地区企业组的影响无论是在系数值大小还是在显著性水平方面均大于对东部地区企业组的影响。这说明较之东部地区，间接补贴以及补贴组合对于中西部地区的中小企业创新，尤其是在实质性创新方面，会起到更好的效果，而政府直接补贴则更适用于东部地区的中小企业。总体来看，无论是对于东部地区企业还是中西部地区企业，直接与间接补贴组合更有利于推动中小企业的创新，尤其是实质性创新。

9.4.4.2　行业差异的调节作用

通常情况下，中小企业的创新行为与其所在的行业之间存在明显的关联（袁建国等，2015）。借鉴既有研究的做法（黎文靖和郑曼妮，2016），我们根据国家统计局最新颁布的行业分类标准（GB/T4754）对企业样本进行分组。本部分通过多水平处理效应模型，分别基于"高科技企业组"和"非高科技企业组"两组子样本重新进行估计，结果如表 9-15 所示。

根据表 9-15 的估计结果可知，不同补贴实施策略的支持对高科技企业组创新的影响无论是在系数值大小还是在显著性水平方面均小于对非高科技企业组的影响。从某种意义上说，高科技企业的创新动力源于自身或行业竞争，而非高科技企业的创新动力在于政府补贴扶持。总体来看，无论是对于高科技企业还是非高科技企业，直接补贴与间接补贴的组合在推动中小企业创新方面始终优于单项补贴工具。值得注意的是，政府直接补贴与间接补贴在推动高科技企业创新方面的效果并无显著差异；而相较于政府直接补贴，间接补贴对非高科技企业的创新推动作用明显更强。

表9-15

行业差异的调节作用

高科技企业组（样本量22205）

项目	创新产出		实质性创新		策略性创新	
	系数	标准误	系数	标准误	系数	标准误
sub Vs. no	0.1241***	0.0189	0.0861***	0.0144	0.0892***	0.0161
tax Vs. no	0.0047	0.0239	0.0101	0.0179	0.0065	0.0201
mix Vs. no	0.1996***	0.0191	0.1286***	0.0145	0.1304***	0.0162
tax Vs. sub	−0.1193***	0.0222	−0.0761***	0.0165	−0.0826***	0.0187
mix Vs. sub	0.0756***	0.0168	0.0425***	0.0117	0.0412***	0.0115
mix Vs. tax	0.1949***	0.0223	0.1186***	0.0167	0.1238***	0.0188

非高科技企业组（样本量28957）

项目	创新产出		实质性创新		策略性创新	
	系数	标准误	系数	标准误	系数	标准误
sub Vs. no	0.1389***	0.0187	0.0905***	0.0123	0.0938***	0.0158
tax Vs. no	0.2402***	0.0248	0.1334***	0.0167	0.1848***	0.0218
mix Vs. no	0.4631***	0.0406	0.2671***	0.0235	0.3404***	0.0267
tax Vs. sub	0.1013***	0.0216	0.0429***	0.0095	0.0910***	0.0223
mix Vs. sub	0.3241***	0.0414	0.1766***	0.0242	0.2466***	0.0271
mix Vs. tax	0.2228***	0.0445	0.1336***	0.0267	0.1555***	0.0310

注：*** 表示在1%的显著性水平上显著；"no" 表示 $w=0$ 的情况。

9.5 总 结

从政府补贴影响企业创新的作用途径角度，可将政府补贴划分为"直接补贴"与"间接补贴"。直接补贴主要是通过政府支出的方式直接增加企业的收入。该类补贴涵盖内容丰富，既包括无偿性资金支持、财政贴息、研发人力补贴、研发费用补贴等创新投入端补贴，又涉及奖励性资金等创新产出端补贴；直接补贴的发放主体多样，既有县区级、地市级、省部级和中央级补贴，也存在由财政局、科技局等部门提供的补贴。间接补贴主要是通过减轻或延迟企业的纳税负担或时间给予企业创新支持的激励政策，具体包括税收优惠及减免、即征即退或先征后退、费用加计扣除等优惠性税收举措，但不包括国家以投资者身份向企业投入的资本。

为比较直接补贴、间接补贴的创新激励效果，本章从理论研究出发，借助数理模型，通过求解和比较在"政府未实施补贴"与"政府实施补贴"两种状态下的最优企业创新行为，理论探讨两种常用的补贴工具（直接补贴与间接补贴）对企业创新行为以及创新收益的影响效果。在此基础上，本章选择经济现象中关注度比较高的高技术企业和中小企业进行实证检验。在这两类企业中，直接补贴和间接补贴同时存在的概率较高，这使得我们不仅能检验不同补贴政策工具对企业创新的整体激励效果，还可对比分析这两种补贴政策工具之间的差异以及考察直接补贴与间接补贴组合的协调性。研究发现，直接补贴对高技术企业 R&D 物质资本投入的激励效果并不明显，间接补贴能够有效挤入高技术企业在 R&D 人力资本方面的投入。与实施单项补贴相比，政府采取"低直接补贴 + 低间接补贴"的实施策略更加有益于改善高技术企业创新收益。得到政府补贴支持的中小企业在创新产出水平、实质性创新及策略性创新方面均有明显提升，并且直接补贴与间接补贴的组合在激励中小企业创新方面的效果要优于单项补贴工具。"创新意愿强"和"创新能力高"的中小企业更容易得到政府相关机构的垂青，有较大概率成为政府补贴的实施对象。与直接补贴相比，间接补贴对非高科技中小企业创新的激励效果更强。间接补贴适用于促进中西部地区中小企业创新，而直接补贴则更适合促进东部地区中小企业创新。

本章对现有研究有以下几方面的扩展和延伸。首先，既有关于政府补贴对企业创新影响的研究结果差异较大，既构成了理论发展的主要阻碍，也导致了政府补贴政策制定与企业创新管理实践的迷茫。本章采用理论研究与经验研究相结合、规范研究与实证分析相结合的方式就直接补贴、间接补贴与企业创新行为之间的动态关系展开研究，深入分析不同补贴政策工具及其组合影响企业创新的机理和作用效果，为国家在顺应市场力量的前提下优化补贴政策和推进创新驱动发展战略提供理论依据。其次，企业的创新数量与创新质量不能简单等同，本章就直接补贴和间接补贴对企业的创新数量、创新质量（如实质性创新和策略性创新）的影响程度分别进行探讨，实现多角度检验政府补贴策略影响企业创新行为的作用效果，不但丰富了相关经验研究，还使所提出的政策建议更具客观性和全面性。最后，现有文献在分析单项补贴政策工具对企业创新的效果时，能够通过构建准自然实验的方式来缓解内生性及样本选择偏误问题，而在分析补贴工具组合的效果时，多采用在线性回归模型中引入政策工具交叉项的方式，难以在有效解决双向因果问题的情况下获得政策工具组合作用于企业创新行为的真实效果。本章结合中国情境，基于广义倾向得分匹配法构建的多水平处理效应模型，在有效规避样本选择偏误及内生性问题的同时，科学且精准地评估直接补贴、间接补贴及其组合对企业创新行为的实际效果。

本章研究存在一定的不足，值得未来继续深入探讨。首先，本章仅考虑了政府的直接补贴和间接补贴这两种政策工具及其组合对企业创新的影响，而现实中可能存在如政府采购、专利保护等多种不同类型的补贴政策工具，未来研究应尽可能地补充和完善补贴政策内容，使研究过程和研究结果更贴近现实。其次，影响政府补贴尤其是直接和间接补贴创新效果的因素众多，未来的研究中我们可以进一步扩大研究样本的范围并考虑外部环境因素如政策环境、营商环境等对研究结果的影响，以增强结论的普适性。

第 10 章 R&D 补贴、非 R&D 补贴与企业创新行为

10.1 问题提出

企业创新作为中国高质量发展的驱动力，无疑是破解经济转型时期经济发展深层次矛盾、加速我国由投资驱动向创新驱动转变的关键。然而，创新因具有高风险、高成本、长周期、外部性等特点，往往会抑制企业的创新积极性（廖爱红等，2021）。为弥补企业创新动力不足，世界发达国家均颁布实施了政府补贴政策，通过提供较大规模的补贴支持①来促进企业创新（安同良和千慧雄，2021）。中国也十分重视通过补贴来鼓励和引导企业的创新活动，"十四五"规划强调了要积极提升企业创新能力，加大对企业的补贴扶持力度，政府对企业创新的补贴措施正逐步系统化与制度化。

以补贴激励企业创新，不仅是长期以来政府纵深推进"双创"的主要方式，更是当前及今后一个时期政府实现"高质量发展"的重要基础。政府补贴是一把双刃剑，在我国补贴规模稳步提高、补贴范围不断加大的现实背景下，明晰政府补贴作用于企业创新的实际效果，最大限度增强补贴的激励效应，是我国构建国家创新体系、提升自主创新能力、推动高质量发展过程中面临的亟待解决的重要问题（王鸿源，2019）。然而，我国的政府补贴方式仍较为繁杂，并且中央与地方之间存在补贴政策冗乱的问题。现有研究多以补贴总额近似的方式来表征政府补贴，难以剥离出其他类型补贴（如生产补贴、非 R&D 补贴等）对企业创新活动可能存在的正

---

① 根据 OECD 提供的数据，2016 年研发支出较高的美国、德国和日本在补贴企业创新上的支出分别为 248.54 亿美元、21.11 亿欧元和 1259.57 亿日元。

向或负向的影响。这不仅不利于政府相关部门制定有效的补贴或补贴组合政策来推动企业创新，还会造成企业创新管理实践的迷茫。为此，本章尝试从政府补贴的功能属性出发，重点关注政府补贴中的"R&D 补贴"与"非 R&D 补贴"对企业创新行为的影响。该分类方式的优势在于以下三方面：其一，有益于剔除非 R&D 补贴的影响，有针对性地分析和挖掘 R&D 补贴对企业创新的影响效果；其二，有利于对比研究这两类补贴政策工具的创新激励效果及作用激励，解决现实中补贴方式繁杂、补贴工具繁多、补贴目标模糊等问题；其三，有益于强化理论探讨与实证分析间的内在关联。除此之外，在政府补贴的执行和实施过程中也存在许多困惑。例如，政府补贴尤其是 R&D 补贴具有稀缺性，哪些企业应成为补贴对象？补贴政策的预期效果强调创新不仅要注重数量增加，更要注重质量提升，那么何种补贴政策工具最有效？适合激励企业增加研发投入的补贴政策工具，是否同样适合激励企业提升创新产出，尤其是高质量创新产出？是否需要以 R&D 补贴与非 R&D 补贴的组合或者协同形式来激励企业研发创新？对不同企业是否应采取差异化的补贴政策工具？面对上述疑问，亟须深入探讨和评估 R&D 补贴与非 R&D 补贴在推动企业创新行为方面的真实作用效果。

鉴于此，本章通过理论与实证相结合的方式深入考察 R&D 补贴与非 R&D 补贴这两类补贴政策工具影响企业创新投入及创新产出的效果与机制以及两类补贴间的相互作用。首先，通过构建"政府—企业"两阶段动态博弈模型，理论探寻在政府实施不同补贴策略的情况下（"无补贴""R&D 补贴""非 R&D 补贴""R&D 与非 R&D 组合"）企业的最优创新行为；其次，以我国沪深 A 股上市企业为研究对象，利用剂量反应函数（Dose Response Function，DRF）、中介效应分析、多水平处理效应分析等方法，从企业创新投入、创新产出、实质性创新、策略性创新这四个角度深入探讨 R&D 补贴、非 R&D 补贴及其组合对企业创新行为的实际影响以及补贴效果的异质性。

10.2　理论探讨

假设市场中仅有两家企业：本地企业 i 与外地企业 j。两家企业生产同种类型的产品，其产量分别为 q_i 和 q_j。产品的市场价格可设定为 $p = a - (q_i + q_j)$，其中，a 表示市场规模。通过设定 c_i 与 c_j 来区分本地企业 i 与

外地企业 j 在边际成本上的差异。假定外地企业 j 在创新能力上占优，其边际成本较低，即 $c_j = c_{low}$。而本地企业 i 尝试通过加大研发投入来提高自身创新能力。假设企业 i 的创新投入水平为 x，创新投入的单位成本为 ω。若本地企业 i 研发成功，则 $c_i = c_{low}$；若研发失败则 $c_i = c_{high}$，并且 $a \gg c_{high} > c_{low} > 0$。一般情况下，企业创新项目的成功概率 $\phi(x)$ 与企业在该项目中投入的研发力度 x 有关，并且满足如下条件：$\phi'(x) > 0$，$\phi''(x) \leqslant 0$。为简化计算，我们设定企业创新项目成功的概率表达式为 $\phi(x) = x^k$，其中，$k \in (0, 1)$。

理论模型按博弈过程可分为两个阶段，与此同时，根据政府是否向企业提供补贴以及政府补贴的方式又可分为四种情况。从博弈过程来看，第一阶段，本地企业 i 通过选择最优的 R&D 投入水平 x 来实现利润最大化；第二阶段，企业进行产量（Cournot）竞争。模型中可能出现的四种情况如表 10 - 1 所示。

表 10 - 1　　　　　　　　　　四种可能情况

可能情况	政府补贴实施策略		
	R&D 阶段	生产阶段	补贴类型
B	○	○	无补贴
X	√	○	R&D 补贴
Q	○	√	非 R&D 补贴
XQ	√	√	补贴组合

注："○"表示未实施，"√"表示已实施；"可能情况"一列中的字母为与之对应的模型均衡上标及补贴类型下标。

10. 2. 1　无补贴（B）

本地企业 i 与外地企业 j 的利润函数分别为：

$$\pi_i = pq_i - c_i q_i - x\omega \qquad (10 - 1)$$

$$\pi_j = pq_j - c_j q_j \qquad (10 - 2)$$

我们利用逆向归纳法（Backward Induction）对模型进行求解。第二阶段，在企业 i 的创新项目成功的情况下，两家企业的边际成本均为 c_{low}，其产量为 $q_{i,s}^B = q_j^B = \dfrac{a - c_{low}}{3}$；在企业 i 的创新项目失败的情况下，本地企业与外地企业的产量分别为 $q_{i,e}^B = \dfrac{a - 2c_{high} + c_{low}}{3}$，$q_j^B = \dfrac{a + c_{high} - 2c_{low}}{3}$。

其中，下标 s 表示"创新项目成功"，而下标 e 表示"创新项目失败"。由上述可得：

$$q_i^B = \frac{a - 2c_i + c_{low}}{3}$$

$$q_j^B = \frac{a + c_i - 2c_{low}}{3}, \text{其中} \ i = \{high, low\} \quad (10-3)$$

第一阶段，企业 i 通过选择其研发投入水平 x 来实现利润最大化。企业 i 的创新项目一旦成功，其利润函数可表示为 $\pi_{i,s}^B = pq_{i,s}^B - c_{low} q_{i,s}^B - x\omega$；而当企业的创新项目失败时，利润函数则为 $\pi_{i,e}^B = pq_{i,e}^B - c_{low} q_{i,e}^B - x\omega$。据此，我们可通过最大化企业 i 的预期利润式（10-4）来计算出企业最优的 R&D 投入水平式（10-5）。

$$\underset{x}{\text{Max}} \ E\left[\phi(x) \cdot \pi_{i,s}^B + (1 - \phi(x)) \pi_{i,e}^B \right] \quad (10-4)$$

$$x^B = \left[\frac{4k(a - c_{high})(c_{high} - c_{low})}{9\omega} \right]^{\frac{1}{1-k}} \quad (10-5)$$

10.2.2　R&D 补贴（X）

政府向企业 i 实施 R&D 补贴（Sub_x），此时，企业 i 的利润函数可记为：

$$\pi_i = pq_i - c_i q_i - x(\omega - Sub_X) \quad (10-6)$$

由于 R&D 补贴实施于第一阶段，因而企业 i 和企业 j 的产量与基准情况下（无补贴）的产量水平一致。R&D 阶段，企业 i 通过决定其 R&D 投入量 x 来实现预期利润最大化，根据一阶条件可推导出企业研发水平的均衡表达式：

$$x^X = \left[\frac{4k(a - c_{high})(c_{high} - c_{low})}{9(\omega - Sub_X)} \right]^{\frac{1}{1-k}} \quad (10-7)$$

由式（10-7）可知，当 $Sub_X > 0$ 时，$x^X > x^B$ 恒成立，并且 $\dfrac{\partial x^X(Sub_X)}{\partial Sub_X} > 0$、$\dfrac{\partial^2 x^X(Sub_X)}{\partial Sub_X^2} > 0$。由此推断，政府 R&D 补贴能够激励企业增加 R&D 投入，并且随着 R&D 补贴强度的增加，补贴对企业 R&D 投入的激励效应会变强。

10.2.3　非 R&D 补贴（Q）

非 R&D 补贴多用于补贴企业的生产及经营。假设政府对本地企业 i 实施非 R&D 补贴（Sub_Q），在此情况下企业 i 的利润函数可记作：

$$\pi_i = pq_i - c_i q_i + Sub_Q \cdot q_i - x\omega \tag{10-8}$$

最大化企业 i 以及企业 j 的利润函数，并将所得一阶条件联立，可推导出企业 i 和企业 j 的均衡产量：

$$q_i^Q = \frac{a - 2c_i + c_{low} + 2Sub_Q}{3}$$
$$q_j^Q = \frac{a + c_i - 2c_{low} - Sub_Q}{3}, \quad 其中 \, i = \{high, low\} \tag{10-9}$$

根据企业 i 的预期利润最大化，有：

$$\underset{x}{\text{Max}} \, E[\phi(x) \cdot \pi_{i,s}^Q + (1 - \phi(x))\pi_{i,e}^Q] \tag{10-10}$$

可推导出：

$$x^Q = \left[\frac{4k(a - c_{high} + 2Sub_Q)(c_{high} - c_{low})}{9\omega}\right]^{\frac{1}{1-k}} \tag{10-11}$$

由式（10-11）可知：当 $Sub_Q > 0$ 时，$x^Q > x^B$ 恒成立，并且 $\dfrac{\partial x^Q(Sub_Q)}{\partial Sub_Q} > 0$、$\dfrac{\partial^2 x^Q(Sub_Q)}{\partial Sub_Q^2} > 0$。由此可知，政府非 R&D 补贴能够激励企业增加 R&D 投入。此外，随着政府非 R&D 补贴力度的增加，非 R&D 补贴对企业 R&D 投入的激励效应会变强。

结合式（10-11）与式（10-7），对仅存在 R&D 补贴与仅存在非 R&D 补贴两种情况下的企业 R&D 投入均衡水平进行比较发现：当 $Sub_Q < \widetilde{Sub}$ 时，$x^X > x^Q > x^R$，其中 $\widetilde{Sub} = \dfrac{(a - c_{high})Sub_X}{2(\omega - Sub_X)}$。由此，可以推断：当非 R&D 补贴水平低于某一阈值时，R&D 补贴对企业 R&D 投入的激励程度会强于非 R&D 补贴。

10.2.4　R&D 补贴与非 R&D 补贴组合（XQ）

当政府向企业 i 既提供 R&D 补贴又给予非 R&D 补贴时，企业 i 的利润函数表示为：

$$\pi_i = pq_i - c_iq_i + Sub_Q \cdot q_i - x(\omega - Sub_X) \qquad (10-12)$$

采用前述分析方法,对企业 i 在补贴组合下的 R&D 投入均衡进行求解,整理后可得:

$$x^{XQ} = \left[\frac{4k(a - c_{high} + 2Sub_Q)(c_{high} - c_{low})}{9(\omega - Sub_X)}\right]^{\frac{1}{1-k}} \qquad (10-13)$$

根据式(10-13),可证实 $\dfrac{\partial x^{XQ}}{\partial Sub_X}$、$\dfrac{\partial x^{XQ}}{\partial Sub_Q}$ 与 $\dfrac{\partial^2 x^{XQ}}{\partial Sub_X \partial Sub_Q}$ 皆大于 0[①]。

据此可以推断:当企业同时获得 R&D 补贴与非 R&D 补贴时,两类补贴均能促进企业加大 R&D 投入,并且其中一类补贴的激励效果会受到另一类补贴的影响。

10.3 实证分析

实证研究以我国沪深 A 股上市企业为研究对象。为尽可能降低数据错漏与变量缺失值的影响并使估计结果准确可信,我们综合 CSMAR 数据库、Wind 咨询和同花顺财经等多个数据库原始数据。研究窗口期设定为 2008 ~ 2015 年,选择该时段的主要原因在于:R&D 补贴与非 R&D 补贴的甄别主要根据上市企业年报财务报表的"营业外收入"科目下的政府补助明细项目,而自 2016 年开始中国各级政府出台了多项经济刺激计划,增加了 R&D 补贴与非 R&D 补贴的识别难度,许多补助项目(如"以工代训"补贴、"三专一平台"补贴等)难以准确判断是否属于 R&D 补贴,极易造成补贴分类失准。针对初始数据的预处理方面,我们先剔除了金融类以及 ST 和 PT 类上市企业样本,进而剔除主要变量缺失较为严重的样本,在此基础上剔除存在离群值的样本并对连续型变量进行双侧 1% 的缩尾处理,最终获得 17051 个观测样本。研究过程中所涉及变量的具体说明见表 10-2。

---

① $\dfrac{\partial x^{XQ}}{\partial Sub_X} = \dfrac{1}{(1-k)(\omega - Sub_X)} \cdot \left[\dfrac{4k(a - c_{high} + 2Sub_Q)(c_{high} - c_{low})}{9(\omega - Sub_X)}\right]^{\frac{1}{1-k}} > 0;$

$\dfrac{\partial x^{XQ}}{\partial Sub_Q} = \dfrac{2^{\frac{3-k}{1-k}}}{(1-k)(a - c_{high} + 2Sub_Q)} \cdot \left[\dfrac{4k(a - c_{high} + 2Sub_Q)(c_{high} - c_{low})}{9(\omega - Sub_X)}\right]^{\frac{1}{1-k}} > 0;$

$\dfrac{\partial^2 x^{XQ}}{\partial Sub_X \partial Sub_Q} = \dfrac{2^{\frac{3-k}{1-k}}}{(1-k)^2(\omega - Sub_X)(a - c_{high} + 2Sub_Q)} \cdot \left[\dfrac{4k(a - c_{high} + 2Sub_Q)(c_{high} - c_{low})}{9(\omega - Sub_X)}\right]^{\frac{1}{1-k}} > 0$

表 10－2		变量介绍	
类型	变量名称	符号	定义
被解释变量	创新投入	$RDinput$	企业研发支出与总资产的比值
	创新产出	$Innovation$	专利申请数加 1 后取自然对数
	实质性创新	Inn	发明专利申请数加 1 后取自然对数
	策略性创新	$Sinn$	实用新型专利与外观涉及专利申请数之和加 1 后取自然对数
核心解释变量	R&D 补贴	$Rdsubsidy$	根据上市企业披露的"政府补助明细"[①]，将与技术创新相关的具体项目名称归为 R&D 补贴，通过加总得到各家上市企业各年度的 R&D 补贴总额，并以企业获得 R&D 补贴额与企业总资产的比值来表征 R&D 补贴。考虑到可能存在的内生性以及补贴对企业影响具有一定的时滞性，采用上一年的数据作为度量指标
	非 R&D 补贴	$Nrdsubsidy$	将"政府补助明细"中与技术创新无关的项目名称归为非 R&D 补贴，然后进行加总，并以企业获得非 R&D 补贴与企业总资产的比值来表征非 R&D 补贴，由于内生性及时滞性，采用上一年的数据作为度量指标
补贴虚拟变量	（二值）R&D 补贴	$Rdsub$	虚拟变量。企业是否享受到政府 R&D 补贴主要依据"政府补助"科目[②]。若企业当年仅享受到政府 R&D 补贴，则设定为1，否则为0
	（二值）非 R&D 补贴	$Nrdsub$	虚拟变量。企业是否享受到非 R&D 补贴主要依据"政府补助"科目。若企业当年仅享受到非 R&D 补贴，则设定为1，否则为0
	（二值）补贴工具组合	$Mixsub$	虚拟变量。若企业当年同时享受到政府 R&D 补贴与非 R&D 补贴，则设定为1，否则为0
多水平处理变量	（多值）补贴政策	w	根据上述政策虚拟变量进行整理。$w = 0$ 表示仅享受到非 R&D 补贴；$w = 1$ 表示仅享受到政府 R&D 补贴；$w = 2$ 表示同时享受到政府 R&D 补贴与非 R&D 补贴
控制变量	企业规模	$Size$	企业总资产的自然对数
	企业年龄	Age	年龄取自然对数
	资产负债率	$Lever$	年末负债与年末总资产的比值

续表

类型	变量名称	符号	定义
控制变量	企业固定资产比率	Ppe	固定资产净额比年末总资产
	企业成长性	Grow	营业收入增长率
	股权集中度	Concen	第一大股东持股比例
	薪酬激励	Salary	董监高年薪总额取自然对数
	企业市场势力	Mpower	营业收入与营业成本的比值取自然对数
	企业研发基础	RDbase	企业已拥有的专利数量（取对数）
	生命周期	Cycle	企业生命周期：成长期、成熟期、衰退期
	产权性质	Soe	国有控股虚拟变量，国有企业为1，否则为0
	高新技术	Htech	是否属于高新技术企业，高新技术企业为1，否则为0
	风险投资	Risk	是否获得风险投资支持，获得风险投资的企业为1，否则为0
	董监高研发背景	Backrd	企业董监高是否具有研发背景，董监高具有研发背景的企业为1，否则为0
	东部企业	East	注册地为北京、天津、河北、辽宁、上海、江苏、浙江、福建、山东、广东和海南11个省份的企业
	中部企业	Mid	注册地为山西、吉林、黑龙江、安徽、江西、河南、湖北、湖南8个省级行政区的企业
	西部企业	West	注册地为四川、重庆、贵州、云南、西藏、陕西、甘肃、青海、宁夏、新疆、广西、内蒙古12个省份的企业

注：①上市企业获得政府补贴的信息披露于年报财务表附注"营业外收入"科目下的"政府补助明细"。

②遵循郭玥（2018）的做法，将在政府补助明细项目中出现"研发""研制""创新""火炬计划"等关键词的补助归属于R&D补贴。

被解释变量为企业创新，涉及企业的创新投入、创新产出以及实质性创新与策略性创新。借鉴既有研究的思路，选用企业研发支出与总资产的比值来衡量企业的创新投入（RDinput）。鉴于专利申请量不易受专利检测费用、年费、官僚风气等外界因素的干扰，相较于专利授权量，申请量能更加准确地表征上市企业的创新产出，我们选用专利申请量的自然对数[①]来衡量企业的创新产出（*Innovation*）。在此基础上，本研究依据中国《专利法实施细则》[②]，并借鉴黎文靖和郑曼妮（2016）的做法，将企业创新产出进一步细化为实质性创新（*Inn*）与策略性创新（*Sinn*）。前者是创新的核心，是推动企业发展的关键动力，以企业发明专利的自然对数来衡量；后者则是为迎合政府而采取的手段，以实用新型专利与外观设计专利数量之和的自然对数来衡量。多水平政策处理变量设定为 *w*，主要包括 R&D 补贴（*Rdsub*）、非 R&D 补贴（*Nrdsub*）以及二者的组合（*Mixsub*）。在 17051 个观测样本中，有 3543 个企业样本仅获得政府非 R&D 补贴的支持（*w* = 0），约占总样本的 20.77%；仅获得政府 R&D 补贴（*w* = 1）的企业样本为 958 个，约占总样本的 5.62%；同时获得 R&D 与非 R&D 两种补贴支持（*w* = 2）的企业样本数为 12550 个，约占总样本的 73.60%。另外，借鉴既有关于企业创新的文献（袁建国等，2015；冯根福等，2021），我们控制了企业层面和地区层面的特征变量。企业层面选取企业规模（*Size*）、企业股权集中度（*Concen*）、企业薪酬激励（*Salary*）、企业市场势力（*Mpower*）、企业所处生命周期（*Cycle*）以及企业产权性质（*Soe*）、是否为高新技术企业（*Htech*）、是否获得风险投资（*Risk*）、企业董监高是否具有研发背景（*Backrd*）等对企业创新具有重要影响的特征因素作为控制变量。此外，企业创新与其所在区域也有着密切关系，我们根据企业注册地所属城市（或省份），将企业划分为东部企业（*East*）、中部企业（*Mid*）以及西部企业（*West*），以控制区域层面的宏观因素对企业创新产生影响。表 10 - 3 报告了上述变量的基本统计特征。

表 10 - 3　　　　　　　　　　　描述性统计

变量	均值	标准差	最小值	最大值	偏度	峰度	样本量
RDinput	1.960	1.767	0.010	9.440	1.668	6.746	11989
Innovation	1.349	1.569	0	8.752	0.946	3.264	17051
Inn	0.896	1.231	0	8.663	1.499	5.407	17051
Sinn	0.992	1.393	0	8.072	1.332	4.172	17051

---

①　考虑到很多样本企业的年度专利申请数量为 0，而且专利申请数量的分布存在明显的厚尾现象，因此，企业创新需要对专利数量加 1 后取自然对数。

②　企业专利分为发明专利、实用新型专利和外观设计专利三类。发明专利是对产品和方法的创新，技术含量最高，体现了企业核心竞争力。实用新型专利只保护产品，主要针对其形状和构造，技术含量相对发明专利较低。外观设计专利则侧重产品外表的设计，不涉及产品本身的技术性能，技术含量最低。

变量	均值	标准差	最小值	最大值	偏度	峰度	样本量
Rdsub	0.056	0.230	0	1	3.854	15.858	17051
Nrdsub	0.207	0.405	0	1	1.440	3.074	17051
Mixsub	0.736	0.440	0	1	-1.071	2.147	17051
Rdsubsidy	0.260	0.479	0	2.823	3.202	14.587	17051
Nrdsubsidy	0.330	0.569	0	3.670	3.603	18.331	17051
w	1.528	0.815	0	2	-1.241	2.657	17051
Size	21.807	1.324	16.116	28.508	0.715	4.350	17051
Age	2.533	0.499	0	3.611	-1.529	6.637	17048
Lever	0.445	0.228	0.047	1.164	0.307	2.687	17051
Ppe	0.232	0.173	0.000	0.971	0.923	3.510	17051
Grow	0.149	0.360	-0.638	2.236	2.287	13.363	17051
Concen	36.173	15.567	0.290	99.000	0.496	2.771	17051
Salary	14.931	0.799	10.437	18.606	-0.074	3.994	17051
Mpower	0.358	0.301	-0.035	1.623	1.864	7.190	17051
Cycle	1.679	0.750	1	3	0.602	1.999	16889
Soe	0.432	0.495	0	1	0.273	1.074	17051
Htech	0.441	0.496	0	1	0.237	1.056	17051
Risk	0.213	0.409	0	1	1.398	2.954	17051
Backrd	0.827	0.378	0	1	-1.731	3.997	17049
East	0.645	0.478	0	1	-0.608	1.369	17051
Mid	0.150	0.357	0	1	1.955	4.822	17051
West	0.147	0.354	0	1	1.987	4.950	17051

10.3.1 R&D 补贴与非 R&D 补贴对企业创新投入的影响分析

我们将研究样本按照政府补贴类型的不同划分为三类：第一类为仅获得 R&D 补贴的上市企业数据样本；第二类为仅获得政府非 R&D 补贴的上市企业数据样本；第三类为同时获得两类补贴资助的上市企业数据样本。

10.3.1.1 R&D 补贴与企业创新投入

将第一类数据作为研究 R&D 补贴与企业创新投入关系的分析样本，利用最小二乘法（Ordinary Least Squares，OLS）和分位数回归（Quantile Regression，QR）这两种方法估计出 R&D 补贴对企业创新投入的影响。分别取 10%（Q10）、50%（Q50）以及 90%（Q90）的分位点进行分位数回归估计，具体结果如表 10 - 4 所示。

表 10 - 4　　　　　　R&D 补贴影响企业创新投入的估计结果

解释变量	被解释变量：企业创新投入			
	OLS	Q10	Q50	Q90
Rdsubsidy	0.831 ***	0.415 ***	0.900 ***	1.503 ***
	(7.65)	(3.42)	(6.86)	(4.83)
企业控制变量	yes	yes	yes	yes
地区	yes	yes	yes	yes
时间	yes	yes	yes	yes
拟合优度	adj R^2 = 0.237	Pseudo R^2 = 0.186	Pseudo R^2 = 0.206	Pseudo R^2 = 0.181

注：OLS 表示使用最小二乘法、Q 为分位数回归方法；括号内为 t 值（OLS）或 z 值（Q）；*** 表示在 1% 的显著性水平上显著。

根据最小二乘法估计的结果可以推断，当政府向企业实施 R&D 补贴（*Rdsubsidy*）时，企业的创新投入水平得到了明显的提升，理论分析部分得到的结果"政府 R&D 补贴能够激励企业增加 R&D 投入"得以验证。究其原因，可能是 R&D 补贴能够有效弥补或降低企业在研发过程中因创新项目失败或成果外溢而导致的损失，进而对创新投入产生挤入效果。基于分位数回归的估计结果可知，政府 R&D 补贴对于企业创新投入的挤入效果会伴随分位数的升高而变强，理论部分研究结果"随着 R&D 补贴强度的增加，补贴对企业 R&D 投入的激励效应会变强"得以验证。总体来看，无论是基于最小二乘法还是分位数回归，所得结论基本一致，二者的相互印证表明理论研究结果具有较高的可靠性和准确性。

我们以政府补贴额作为连续处理变量，采用剂量反应函数法（Dose-Response Function，DRF）分析政府 R&D 补贴对我国上市企业创新投入的影响，以期揭示政府的 R&D 补贴变化与企业创新投入之间内在的关联。该方法由平野和因本斯（Hirano and Imbens，2004）提出，旨在弥补处理变量仅为虚拟（二值型）变量的不足。结合本章研究内容，我们构建广义倾向得分匹配方程（10 - 14），该方程实质上是处理变量与结果变量正交。

$$RDinput(g) \perp Subsidy \mid X, \quad g \in [g_0, g_1] \qquad (10 - 14)$$

其中，$Subsidy = \dfrac{Rdsubsidy}{\max(Rdsubsidy)}$ 表示真实的政府 R&D 补贴强度；g 表示处

理变量，在区间 $[g_0,g_1]$ 上取值，依据一定步长将补贴强度 *Subsidy* 在极值区间内划分为若干观察点；创新投入 *RDinput* 表示被解释变量（结果变量）；*X* 表示协变量包括上市企业控制变量等。

剂量反应函数法（DRF）在估计过程中主要涉及三个步骤。第一步，在控制描述企业、地区、年份等控制变量（向量 *X*）后，利用极大似然法估计连续型补贴变量 *Subsidy* 的条件概率密度分布，使用 Logistic 分布函数来刻画其分布特征并获得广义倾向得分 M_i。第二步，建立结果变量（企业创新投入 *RDinput*）与连续型处理变量 *Subsidy* 以及广义倾向得分 M_i 之间的关系模型（10 – 15）。因该公式中变量之间可能存在非线性关系，可根据研究需要将检验结果设定为线型或者二次项型甚至三次项型，并估计出式中 $RDinput_i$ 的条件期望值。第三步，将基于式（10 – 15）估计出的向量矩阵 **β** 代入剂量反应函数（10 – 16），计算出 R&D 补贴在每一个强度下对结果变量 $RDinput_i$ 的平均期望值。

$$E(RDinput_i \mid Subsidy_i, M_i) = \beta_0 + \beta_1 Subsidy_i + \beta_2 Subsidy_i^2 + \beta_3 M_i$$
$$+ \beta_4 M_i^2 + \beta_5 Subsidy_i M_i \qquad (10-15)$$

$$E[RDinput(Subsidy)] = \frac{1}{N}\sum_i [\hat{\beta}_0 + \hat{\beta}_1 g + \hat{\beta}_2 g^2 + \hat{\beta}_3 \hat{M}(g,X_i) + \hat{\beta}_4 \hat{M}(g,X_i)^2$$
$$+ \hat{\beta}_5 g \cdot \hat{M}(g,X_i)] \qquad (10-16)$$

经上述分析过程，可得到在不同 R&D 补贴强度下的企业创新投入水平的反应值，如图 10 – 1 所示。

图 10 – 1 中共有三条曲线，居中的曲线（Dose Response）表示不同的 R&D 补贴强度与上市企业研发投入之间的函数关系，而位于两侧的虚线（Low bound 与 Upper bound）分别表示 95% 的置信区间的临界值。从反应函数的变化趋势可知，上市企业在 R&D 活动上的投入量会受到政府 R&D 补贴强度的影响。准确来讲，上市企业会随政府 R&D 补贴强度的增加而加大创新投入量，而这也恰好验证了理论结果。

10.3.1.2　非 R&D 补贴与企业创新投入

将第二类数据作为分析政府非 R&D 补贴对上市企业创新投入影响的研究样本。表 10 – 5 中 OLS 回归结果显示，当政府向企业实施非 R&D 补贴（*Nrdsubsidy*）时，企业的创新投入水平同样得到了明显提升。基于分位数回归的估计结果可知，非 R&D 补贴对于那些创新投入较少（Q10）的企业在激励创新方面的效果并不明显。而对于那些自身创新投入量已达到一定规模（Q50 与 Q90）的企业，政府非 R&D 补贴表现出一定的挤入

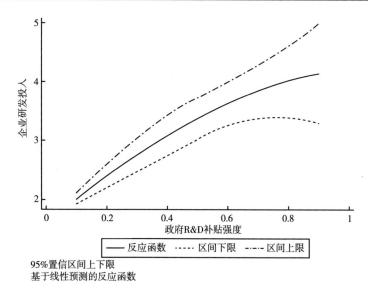

95%置信区间上下限
基于线性预测的反应函数

图 10 - 1 企业创新投入对于政府 R&D 补贴的剂量反应

资料来源：由作者整理。

效应，并且企业初始的创新投入量越大，非 R&D 补贴的挤入效果越强。可见，非 R&D 补贴与 R&D 补贴的出发点虽然不同，但非 R&D 补贴同样能够达到激励上市企业增加创新投入的目的。究其原因，主要是非 R&D 补贴能在很大程度上缓解上市企业生产经营的资金压力，政府资金的提供帮助上市企业降低单位产品的生产或交易成本，有益于上市企业"腾出资金搞研发"，并且大大降低了上市企业从事创新活动时的融资约束。由此，基于均值及分位数视角，理论分析部分得到的结果"政府非 R&D 补贴能够激励企业增加 R&D 投入"得以验证。

表 10 - 5 　　　　　　　非 R&D 补贴影响企业创新投入的估计结果

解释变量	被解释变量：企业创新投入			
	OLS	Q10	Q50	Q90
Nrdsubsidy	0. 404 ***	0. 002	0. 263 **	0. 796 ***
	(6. 89)	(0. 11)	(2. 07)	(2. 92)
企业控制变量	yes	yes	yes	yes
地区	yes	yes	yes	yes
时间	yes	yes	yes	yes
拟合优度	adj R^2 = 0. 290	Pseudo R^2 = 0. 040	Pseudo R^2 = 0. 204	Pseudo R^2 = 0. 233

注：OLS 表示使用最小二乘法、Q 为分位数回归方法；括号内为 t 值（OLS）或 z 值（Q）；*** 和 ** 分别表示在 1% 和 5% 的显著性水平上显著。

采用与前面相同的方法（剂量反应函数），以政府非 R&D 补贴额作为连续处理变量来分析上市企业创新投入对于不同强度的非 R&D 补贴的反应，结果如图 10 - 2 所示。

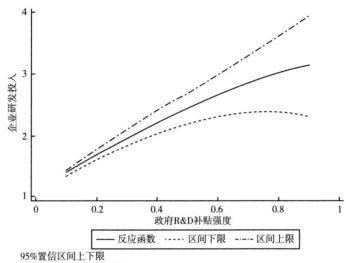

图 10 - 2　企业创新投入对于政府非 R&D 补贴的剂量反应

资料来源：由作者整理。

从剂量反应函数的变化趋势来看，非 R&D 补贴对上市企业创新投入的激励作用会随着补贴强度的增加而变强，理论分析部分得到的结果"随着政府非 R&D 补贴力度的增加，非 R&D 补贴对企业 R&D 投入的激励效应会变强"得以验证。

10.3.1.3　R&D 补贴和非 R&D 补贴的组合与企业创新投入

将第三类数据作为研究政府补贴政策工具组合与企业创新投入关系的分析样本。表 10 -6 整理了基于最小二乘法与分位数回归这两种方法估计出的结果。结果显示，当政府同时实施 R&D 补贴（*Rdsubsidy*）与非 R&D 补贴（*Nrdsubsidy*）时，这两类补贴政策工具均能对企业创新投入起到显著的激励和促进作用，并且 R&D 补贴比非 R&D 补贴的激励效果更强。据此，理论结果"当企业同时获得 R&D 补贴与非 R&D 补贴时，两类补贴均能促进企业加大 R&D 投入"得以证实。

为进一步考察政府 R&D 补贴（或非 R&D 补贴）作用于企业创新投入的实际效果是否会受到非 R&D 补贴（或 R&D 补贴）的影响，检验理论结果"当企业同时获得 R&D 补贴与非 R&D 补贴时，其中一类补贴的激励效果会受到另一类补贴的影响"是否成立，我们构建如下门槛回归模型：

表 10 - 6　　　　　　补贴工具组合影响企业创新投入的估计结果

解释变量	被解释变量：企业创新投入			
	OLS	Q10	Q50	Q90
Rdsubsidy	0.732 ***	0.236 ***	0.678 ***	1.530 ***
	(21.93)	(5.90)	(12.31)	(15.21)
Nrdsubsidy	0.250 ***	−0.002	0.120 ***	0.518 ***
	(8.13)	(−0.14)	(3.22)	(4.02)
企业控制变量	yes	yes	yes	yes
地区	yes	yes	yes	yes
时间	yes	yes	yes	yes
拟合优度	adj R^2 = 0.294	Pseudo R^2 = 0.158	Pseudo R^2 = 0.184	Pseudo R^2 = 0.211

注：OLS 表示使用最小二乘法、Q 为分位数回归方法；括号内为 t 值（OLS）或 z 值（Q）；*** 表示在 1% 的显著性水平上显著。

$$RDinput_i = \theta_1 Nrdsubsidy_i I(Rdsubsidy_i \leq \gamma_1^r) + \theta_2 Nrdsubsidy_i I$$
$$(\gamma_1^r < Rdsubsidy_i \leq \gamma_2^r) + \theta_3 Nrdsubsidy_i I(\gamma_2^r < Rdsubsidy_i$$
$$\leq \gamma_3^r) + \theta_4 Nrdsubsidy_i I(Rdsubsidy_i > \gamma_3^r) + \boldsymbol{\lambda}\mathbf{X} + cons + \varepsilon_i$$
$$(10 - 17)$$

$$RDinput_i = \beta_1 Rdsubsidy_i I(Nrdsubsidy_i \leq \gamma_1^n) + \beta_2 Rdsubsidy_i I$$
$$(\gamma_1^n < Nrdsubsidy_i \leq \gamma_2^n) + \beta_3 Rdsubsidy_i I(\gamma_2^n < Nrdsubsidy_i$$
$$\leq \gamma_3^n) + \beta_4 Rdsubsidy_i I(Nrdsubsidy_i > \gamma_3^n) + \boldsymbol{\lambda}\mathbf{X} + cons + \varepsilon_i$$
$$(10 - 18)$$

式（10 - 17）将 R&D 补贴设定为门槛变量，式（10 - 18）则将非 R&D 补贴设定为门槛变量，旨在考察当同时存在两种补贴时，其中一种补贴的变化是否会影响另一种补贴对企业创新投入的作用效果。上述公式中的 γ^r 表示政府 R&D 补贴的门槛值；γ^n 表示政府非 R&D 补贴的门槛值；$I(\cdot)$ 表示显性函数；$cons$ 表示常数项；ε_i 表示误差项；$\mathbf{X}$ 表示企业控制变量的向量矩阵。利用自助法抽样 300 次后，发现在以 Rdsubsidy 为门槛变量的回归方程中存在三个关于政府 R&D 补贴 Rdsubsidy 的显著门槛值（0.064、0.518 和 2.626），而在以 Nrdsubsidy 为门槛变量的回归方程中同样存在三个关于非 R&D 补贴 Nrdsubsidy 的显著门槛值（0.435、0.457 和 1.622）。门槛回归模型的估计结果如表 10 - 7 所示。

表 10 - 7　　　　　　　　　　　门槛回归模型估计结果

被解释变量：企业创新投入

以 R&D 补贴为门槛		以非 R&D 补贴为门槛	
解释变量		解释变量	
$Rdsubsidy_i \leqslant 0.064$	-0.181 ***	$Nrdsubsidy_i \leqslant 0.435$	0.643 ***
"低水平 R&D 补贴"	(-3.38)	"低水平非 R&D 补贴"	(17.58)
$0.064 < Rdsubsidy_i \leqslant 0.518$	0.222 ***	$0.435 < Nrdsubsidy_i \leqslant 0.457$	1.873 ***
"中低水平 R&D 补贴"	(5.39)	"中低水平非 R&D 补贴"	(7.16)
$0.518 < Rdsubsidy_i \leqslant 2.626$	0.817 ***	$0.457 < Nrdsubsidy_i \leqslant 1.622$	0.924 ***
"中高水平 R&D 补贴"	(14.20)	"中高水平非 R&D 补贴"	(14.13)
$Rdsubsidy_i > 2.626$	1.644 ***	$Nrdsubsidy_i > 1.622$	1.404 ***
"高水平 R&D 补贴"	(7.82)	"高水平非 R&D 补贴"	(11.16)
企业控制变量	yes	企业控制变量	yes
地区	yes	地区	yes
时间	yes	时间	yes
拟合优度	0.272	拟合优度	0.292

注：括号内为 t 值；*** 表示在 1% 的显著性水平上显著。

从表 10 - 7 左侧的估计结果来看，在政府 R&D 补贴力度较低的情况下（$Rdsubsidy_i \leqslant 0.064$），非 R&D 补贴的实施会挤出企业的创新投入。而当 R&D 补贴的实施力度处于中低水平时（$0.064 < Rdsubsidy_i \leqslant 0.518$），非 R&D 补贴的实施则会对企业创新投入产生挤入效果。伴随政府 R&D 补贴力度的不断提升，非 R&D 补贴对于企业创新投入的挤入效应也变得越来越强。值得深思的是，为何非 R&D 补贴会在政府 R&D 补贴处于较低水平时对企业创新投入产生挤出效应。究其原因，可能是获 R&D 补贴较低企业往往会通过"寻补贴"投资或寻租活动来改善其补贴收入水平，上市企业为此而产生的非研发性、非生产性支出会变大，并可能造成非 R&D 补贴被"挪作他用"，从而导致非 R&D 补贴抑制上市企业创新投入。另外，表 10 - 7 右侧的结果显示，伴随企业获政府非 R&D 补贴水平的提高，R&D 补贴对上市企业创新投入的影响呈现"N"型的变化趋势，并且在"中低水平非 R&D 补贴"的情况下，R&D 补贴对上市企业创新投入的激励作用最强。该结果一方面说明 R&D 补贴对上市企业创新投入的作用强度会受非 R&D 补贴的影响，从而实证检验了理论结果"当企业同时获得 R&D 补贴与非 R&D 补贴时，其中一类补贴的激励效果会受到另一类补贴的影响"；另一方面揭示出适度的非 R&D 补贴可以有效强化 R&D 补贴对

上市企业创新投入的影响效果，只有当政府对上市企业的非 R&D 补贴处于"适度区间"范围内，才能有效且充分地发挥 R&D 补贴对企业创新投入的激励作用，这与毛其淋和许家云（2015）的研究结论如出一辙。

10.3.2　R&D 补贴与非 R&D 补贴对企业创新产出的影响分析

促进企业的创新产出是经济转型升级、生产率提升乃至高质量发展的最终体现，而研发过程的高风险、创新成果的不确定以及企业异质性因素皆可能影响企业的创新产出。为此，我们利用中介效应模型，以上市企业创新投入为中介变量 M、创新产出为被解释变量 Y、补贴为解释变量 X（其中，R&D 补贴为 x_1，非 R&D 补贴为 x_2），通过控制企业异质性因素 CV（上市企业控制变量）及地区和时间因素 RT（地区控制变量与时间控制变量），深入考察不同补贴对异质企业创新的作用机制，并探讨不同政府补贴工具对异质企业创新产出的作用效果。选用"推后一期专利加 1 取对数"来衡量企业创新产出，使用此指标的优势在于：一方面，能体现出政府补贴以及上市企业创新投入对创新产出影响的滞后性；另一方面，解决了由政府补贴、上市企业创新投入及创新产出三者之间可能存在的互为因果关系引起的内生性问题。在中介效应模型中，上述变量间的关系可用如下方程表示：

$$Y = cX + \beta_1 CV + \phi_1 RT + e_1$$
$$M = aX + \beta_2 CV + \phi_2 RT + e_2$$
$$Y = c'X + bM + \beta_3 CV + \phi_3 RT + e_3 \qquad (10-19)$$

其中，系数 c 表示政府补贴对上市企业创新产出的总效应；系数 a 表示政府补贴对上市企业创新投入的效应；系数 b 表示在控制了政府补贴的影响后上市企业研发投入对其创新产出的效应；系数 c' 则表示在控制中介变量创新投入的影响后，政府补贴对上市企业创新产出的直接效应。间接效应为系数乘积 $a \times b$，它与总效应和直接效应的关系为 $c = c' + ab$；β_1、β_2 与 β_3 表示各方程中企业控制变量的系数向量；ϕ_1、ϕ_2 与 ϕ_3 表示地区及时间控制变量的系数向量；e_1、e_2 与 e_3 表示各方程中的随机干扰项。

遵循中介效应的检验方案，我们进行如下步骤。第一步，检验系数 c：如果显著表明政府补贴是引起上市企业创新产出变动的原因，可推断"中介效应"存在。第二步，依次检验系数 a 与系数 b，即政府补贴对研发投入的影响程度（a）和创新投入对创新产出的影响程度（b）：如果两个都显著，则表明补贴对创新产出的"间接效应"显著，转至第四步；如果至少有一个不显著，则进行下一步。第三步，利用 Bootstrap 法直接检验 H_0：$ab = 0$：如果拒绝原假设则说明政府补贴对上市企业创新产出的间接效应显著，可进行第四步；若无法拒绝原假设则停止分析。第四步，检验系数估计值 c' 是否显著：如果显著，表明存在"直接效应"，可进行第五步；如果不显著，则说明只存在政府补贴对上市企业创新产出的间接效应。第五步，比较 ab 与 c' 的符号：如果同号，属于"部分中介效应"；如果异号，则属"遮掩效应"①。

表 10 - 8 显示，在单项补贴的情况下，R&D 补贴能够有效提高上市企业的创新产出（总效应为 0.2660），其中，间接效应占总效应的 $ab/c \approx$ 21%，说明政府 R&D 补贴对上市企业创新产出的正向作用，有约 21% 的比重是通过企业创新投入这一中介变量传导的，R&D 补贴通过直接与间接两种途径来推动上市企业创新产出。就政府非 R&D 补贴而言，由于直接效应所对应的系数 c' 在统计上不显著，因而补贴无法直接对上市企业创新产出起到作用，而是通过"非 R&D 补贴激励企业加大创新投入，进而推动上市企业创新产出"这一间接路径实现的。当存在补贴组合时，R&D 补贴通过直接与间接两条路径同时作用于上市企业创新产出，并且间接效应略强于直接效应。非 R&D 补贴对创新产出的作用效果在统计上不显著，这是由遮掩效应引起的：直接效应为负，说明非 R&D 补贴会抑制上市企业的创新产出；而间接效应为正，说明非 R&D 补贴通过激励企业加大创新投入而提高了上市企业的创新产出，间接效应和直接效应符号相反，总效应出现了被遮掩的情况。此外，从表 10 - 8 中系数 a 的估计结果来看，无论是在单一补贴情况还是组合补贴情况下，且无论是 R&D 还是非 R&D 补贴，该系数估计值皆呈现正向显著的特征，表明补贴对上市企业创新投入始终具有正向激励作用。这不仅能与前面实证结果相互印证，还从侧面验证了本章的理论分析结论。

表 10 - 8　　　　　　　　　　中介效应模型估计结果

单项 R&D 补贴					
项目	c	a	b	c' 直接效应	ab 间接效应	结论
R&D 补贴	0.2660 *** (0.0735)	0.6451 *** (0.1381)	0.0868 *** (0.0261)	0.2100 *** (0.0746)	0.0559 *** (0.0206)	存在部分 中介效应

---

①　政府补贴对上市企业创新产出的直接作用和间接作用的方向相反，两个效应相互抵消从而导致补贴对创新产出的作用不显著。

续表

单项非 R&D 补贴

项目	c	a	b	c' 直接效应	ab 间接效应	结论
非 R&D 补贴	0.0956 ** (0.0507)	0.3555 *** (0.0655)	0.1017 *** (0.0228)	0.0595 (0.0510)	0.0361 *** (0.0105)	仅存在间接效应

R&D 补贴与非 R&D 补贴组合

项目	c	a	b	c' 直接效应	ab 间接效应	结论
R&D 补贴	0.1516 *** (0.0285)	0.7028 *** (0.0375)	0.1198 *** (0.0090)	0.0674 ** (0.0289)	0.0842 *** (0.0077)	存在部分中介效应
非 R&D 补贴	−0.0339 (0.0257)	0.2781 *** (0.0344)	0.1267 *** (0.0088)	−0.0692 *** (0.0255)	0.0352 *** (0.0050)	存在遮掩效应

注：括号内为标准误；*** 和 ** 分别表示在 1% 和 5% 的显著性水平上显著。

10.3.3　R&D 补贴、非 R&D 补贴及其组合的创新效果比较

10.3.3.1　基于创新投入及产出端的补贴策略效果比较

鉴于不同类型的政府补贴可能同时实施到某一企业，我们通过广义倾向得分匹配法（Generalized Propensity Score Matching，GPSM）构建多水平处理效应（MLTE）模型，在有效解决样本选择偏差导致的估计偏误问题以及缓解内生性的同时，评估和对比 R&D 补贴、非 R&D 补贴及其组合的创新效果。表 10-9 列示了在不同补贴策略下，政府补贴对企业创新投入强度影响的平均处理效应（ATT）及边际处理效应（Marginal Treatment Effect，MTE）估计结果。结果显示，三种补贴策略皆能有效激励企业创新投入的提升，并且随着分位数的增大，补贴激励效果也会随之变强。在这三类补贴策略中，补贴工具组合与 R&D 补贴在提升企业创新投入方面的激励效果均优于非 R&D 补贴。从均值及中位数角度来看，补贴工具组合与单项 R&D 补贴在提升企业创新投入方面的效果差异并不明显；从分位数角度来看，对于创新投入强度较低（Q25）或较高（Q75）的企业来说，单项 R&D 补贴的激励效果会明显优于补贴工具组合。

表 10 - 9　　　　　　　　基于创新投入端的补贴策略效果比较

变量		被解释变量：创新投入			
		Mean	Q25	Q50	Q75
ATT	(w = 0) Nrdsub	1. 744 ***	0. 160 ***	0. 970 ***	2. 200 ***
		(0. 057)	(0. 015)	(0. 056)	(0. 079)
	(w = 1) Rdsub	2. 124 ***	0. 920 ***	1. 860 ***	3. 050 ***
		(0. 099)	(0. 072)	(0. 069)	(0. 101)
	(w = 2) Mixsub	1. 992 ***	0. 760 ***	1. 670 ***	2. 700 ***
		(0. 017)	(0. 015)	(0. 017)	(0. 025)
	控制变量	yes	yes	yes	yes
	样本量	11941	11941	11941	11941
MTE	Rdsub Vs. Nrdsub	0. 380 ***	0. 760 ***	0. 890 ***	0. 850 ***
		(0. 114)	(0. 073)	(0. 087)	(0. 128)
	Mixsub Vs. Nrdsub	0. 248 ***	0. 600 ***	0. 700 ***	0. 500 ***
		(0. 059)	(0. 073)	(0. 058)	(0. 083)
	Mixsub Vs. Rdsub	− 0. 131	− 0. 160 ***	− 0. 190	− 0. 350 ***
		(0. 100)	(0. 073)	(0. 172)	(0. 104)
	控制变量	yes	yes	yes	yes
	样本量	11941	11941	11941	11941

注：括号内为标准误；Q 表示分位数；ATT 表示平均处理效应；MTE 表示边际处理效应；***
表示在 1% 的显著性水平上显著。

　　由于本研究选用企业专利申请量（自然对数）来衡量企业创新产出，
因而不适宜从分位数的角度探讨不同补贴策略激励企业创新产出的作用效
果。表 10 - 10 归纳了被解释变量分别为创新产出、实质性创新以及策略
性创新的 ATT 及 MTE 估计结果。由该表的平均处理效应（ATT）估计结
果可知，三种补贴策略皆在 1% 的显著性水平上有效促进企业创新产出。
从估计系数值大小来看，R&D 补贴是三种补贴策略中最有利于提升企业
创新质量（实质性创新）的补贴政策；而补贴工具组合则是最有益于激励
企业加大创新数量（策略性创新）的补贴政策。根据边际处理效应
（MTE）估计结果，就单项补贴工具而言，R&D 补贴对创新产出、实质性
创新和策略性创新的激励效应均明显强于非 R&D 补贴；且从系数值大小
来看，与非 R&D 补贴相比，显然 R&D 补贴在实质性创新方面具有更强的
激励效应。与获得非 R&D 补贴支持的企业相比，享受到 R&D 补贴或补贴
工具组合支持的企业在创新产出水平、实质性及策略性创新方面均有明显

提升，且均在 1% 的显著性水平上显著。通过对比补贴工具组合与 R&D 补贴的创新激励效应可知，在创新产出数量方面前者优于后者，而在创新质量方面后者则优于前者。

表 10 – 10 基于创新产出端的补贴策略效果比较

变量		被解释变量		
		创新产出	实质性创新	策略性创新
ATT	(w = 0) Nrdsub	1. 010 ***	0. 645 ***	0. 766 ***
		(0. 027)	(0. 021)	(0. 025)
	(w = 1) Rdsub	1. 402 ***	0. 989 ***	0. 984 ***
		(0. 082)	(0. 075)	(0. 065)
	(w = 2) Mixsub	1. 448 ***	0. 960 ***	1. 065 ***
		(0. 013)	(0. 011)	(0. 012)
	控制变量	yes	yes	yes
	样本量	16887	16887	16887
MTE	Rdsub Vs. Nrdsub	0. 391 ***	0. 344 ***	0. 218 ***
		(0. 086)	(0. 078)	(0. 069)
	Mixsub Vs. Nrdsub	0. 437 ***	0. 314 ***	0. 299 ***
		(0. 030)	(0. 023)	(0. 027)
	Mixsub Vs. Rdsub	0. 046	− 0. 029 *	0. 081 **
		(0. 082)	(0. 016)	(0. 041)
	控制变量	yes	yes	yes
	样本量	16887	16887	16887

注：括号内为标准误；*** 、** 和 * 分别表示在 1%、5% 和 10% 的显著性水平上显著。

综合表 10 – 9 和表 10 – 10 的分析结果，可以推断 R&D 补贴、非 R&D 补贴以及补贴工具组合皆可提升企业创新投入和促进企业创新产出，并且 R&D 补贴策略的激励效应强于非 R&D 补贴，仅补贴工具组合在策略性创新方面的激励效应显著强于 R&D 补贴。原因在于，政府向企业实施的补贴，无论是 R&D 补贴、非 R&D 补贴还是政策工具组合，都具有信号传递的作用，企业获得政府补贴后能够向外界释放积极信号，从而有助于企业获取更多的社会资源，进而提升企业创新的投入与产出。

10. 3. 3. 2 稳健性探讨

由于政府补贴并不是根据政策评估的要求来实施的，因此须进一步检

验评估估计方法和估计结果的适用性及可靠性。我们采用重叠假设检验等
方式（黄速建和刘美玉，2020）来考察模型的适用性以及不同政府补贴策
略对企业创新行为估计结果的可靠性。

首先，重叠假设检验。重叠假设（或称无空值假设）成立是进行多水
平处理效应模型分析的前提条件。重叠假设检验结果如图 10 - 3 所示。检
验结果证实"非 R&D 补贴（$w=0$）""R&D 补贴（$w=1$）""R&D 补贴与
非 R&D 补贴组合（$w=2$）"的条件概率均大于 0 且小于 1，并且三种补贴
策略情况下的条件概率分布均存在重叠区间。

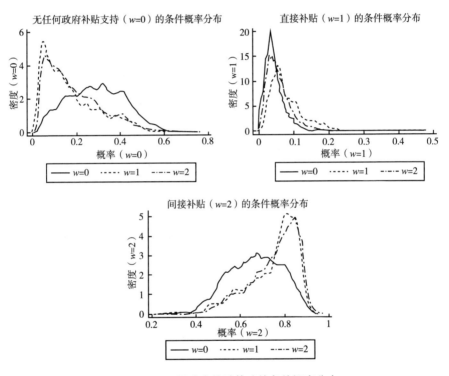

图 10 - 3　不同政府补贴策略的条件概率分布

资料来源：由作者整理。

其次，缩尾检验。依次剔除样本中企业创新投入、创新产出、实质性
创新、策略性创新最高和最低的 1% 的企业样本。基于缩尾处理后的企业
样本，对模型重新进行估计。通过比较表 10 - 11 与前面结果（表 10 - 9
和表 10 - 10）可知，估计结果的数值以及显著性并不存在明显差异，证
实研究结果具有较好的稳健性。

表 10 - 11　　　　　　　　　　　　缩尾检验结果

变量		被解释变量			
		创新投入	创新产出	实质性创新	策略性创新
ATT	(w = 0) Nrdsub	1. 738 ***	1. 004 ***	0. 638 ***	0. 760 ***
		(0. 057)	(0. 027)	(0. 020)	(0. 024)
	(w = 1) Rdsub	2. 124 ***	1. 368 ***	0. 935 ***	0. 982 ***
		(0. 100)	(0. 064)	(0. 049)	(0. 062)
	(w = 2) Mixsub	1. 992 ***	1. 439 ***	0. 951 ***	1. 058 ***
		(0. 017)	(0. 013)	(0. 010)	(0. 012)
	控制变量	yes	yes	yes	yes
	样本量	11940	16884	16884	16884
MTE	Rdsub Vs. Nrdsub	0. 385 ***	0. 364 ***	0. 296 ***	0. 221 ***
		(0. 115)	(0. 069)	(0. 053)	(0. 067)
	Mixsub Vs. Nrdsub	0. 253 ***	0. 435 ***	0. 312 ***	0. 297 ***
		(0. 059)	(0. 029)	(0. 022)	(0. 027)
	Mixsub Vs. Rdsub	− 0. 132	0. 070	− 0. 016	0. 076
		(0. 101)	(0. 065)	(0. 076)	(0. 063)
	控制变量	yes	yes	yes	yes
	样本量	11940	16884	16884	16884

注：括号内为标准误；*** 表示在 1% 的显著性水平上显著。

　　最后，替换补贴政策变量。为进一步验证前面所得结论，我们分别采用"政府补助"科目中的收入总额与企业总资产之比以及非创新补助投入与企业总资产的比值来度量 R&D 补贴与非 R&D 补贴的强度。因无法利用多水平处理效应模型对连续型政策变量的平均处理效应进行估计，我们尝试通过引入两种补贴工具交叉项的方式对结论进行检验。表 10 - 12 显示，R&D 补贴与非 R&D 补贴均可有效提升企业创新投入的强度，伴随分位数的增大，该创新激励效果也随之增强，并且 R&D 补贴在提升企业创新投入方面的正向激励效果优于非 R&D 补贴。上述结果与前面所得结论保持一致。此外，从均值及中位数角度来看，R&D 补贴与非 R&D 补贴交叉项的估计系数并不显著，说明二者的互补作用并不明显；从分位数角度来看，对于创新投入强度较低或较高的企业，R&D 补贴的激励效果明显优于补贴工具组合，这也间接验证了前面的研究结论。

表 10 - 12   替换补贴政策变量（基于创新投入端）

变量	被解释变量：创新投入			
	Mean	Q25	Q50	Q75
Nrdsubsidy	0.273 ***	0.043 *	0.147 ***	0.390 ***
	(0.030)	(0.024)	(0.031)	(0.048)
Rdsubsidy	0.761 ***	0.495 ***	0.771 ***	1.081 ***
	(0.033)	(0.026)	(0.033)	(0.052)
Nrdsubsidy × *Rdsubsidy*	0.016	- 0.027 *	0.043	- 0.180 **
	(0.047)	(0.015)	(0.048)	(0.076)
控制变量	yes	yes	yes	yes
Adj R²	0.281			
Pseudo R²		0.183	0.168	0.167
样本量	11792	11792	11792	11792

注：括号内为标准误；*** 、** 和 * 分别表示在1%、5%和10%的显著性水平上显著。

同理，以企业创新产出为被解释变量，采用 R&D 补贴和非 R&D 补贴的连续型变量及其交互项，重新进行估计。表 10 - 13 显示，R&D 补贴和非 R&D 补贴皆在 1% 的显著性水平上激励企业创新产出，且 R&D 补贴策略的激励效应明显强于非 R&D 补贴。从交叉项来看，以实质性创新为结果变量的估计方程中的交叉项显著为负，说明这两种补贴工具在推动企业实质性创新方面具有相互抑制或相互抵消的关系，这也证实了表 10 - 10 中 "*Mixsub Vs. Rdsub*" 实质性创新显著为负的结论。此外，在以策略性创新为结果变量的估计方程中，交叉项显著为正，表明这两种补贴工具在推动企业策略性创新方面具有相互支持的关系，间接证实了补贴工具组合在创新产出数量的激励效应优于 R&D 补贴。

表 10 - 13   替换补贴政策变量（基于创新产出端）

变量	被解释变量		
	创新产出	实质性创新	策略性创新
Nrdsubsidy	0.072 ***	0.092 ***	0.046 **
	(0.022)	(0.018)	(0.021)
Rdsubsidy	0.425 ***	0.438 ***	0.243 ***
	(0.028)	(0.022)	(0.026)
Nrdsubsidy × *Rdsubsidy*	0.167 ***	- 0.154 ***	0.116 ***
	(0.036)	(0.029)	(0.033)

续表

变量	被解释变量		
	创新产出	实质性创新	策略性创新
控制变量	yes	yes	yes
Adj R^2	0.197	0.181	0.163
样本量	15864	15864	15864

注：括号内为标准误；*** 和 ** 分别表示在 1% 和 5% 的显著性水平上显著。

10.3.4　影响政府实施补贴策略的企业因素分析

借助多项 Logit 模型，表 10 - 14 整理了影响政府实施补贴策略的企业因素。结果显示，政府在实施补贴政策的目标选择上会明显受到企业年龄、杠杆率、生命周期、产权性质、所属行业、风险投资、董监高研发背景等因素的影响。总体来看，"大龄"且处于"成熟期"的国有企业往往容易得到政府 R&D 补贴的垂青，而董监高具有研发背景以及低杠杆率也会提高企业获得 R&D 补贴的支持概率。同样，低杠杆企业享受到补贴工具组合支持的概率也较高。通常，低杠杆企业更能保证持续的研发投入，与高杠杆企业相比，其创新意愿和能力会更强（O'Brien，2003）。较高水平的固定资产比也是企业获得补贴工具组合支持的重要影响因素，可为企业创新项目顺利开展和推进提供坚实的物质保障（He and Tian，2016）。这不仅能够增强政府对企业全方位补贴扶持的信心，还有益于提升企业获得补贴工具组合支持的概率。此外，表 10 - 14 的结果还显示，政府倾向于为高新技术企业以及获得风险投资的企业提供补贴组合支持。

表 10 - 14　　　　　　　基于多项 Logit 模型的估计结果

变量	非 R&D 补贴 $w = 0$	R&D 补贴 $w = 1$	R&D 补贴与非 R&D 补贴组合 $w = 2$
Size	—	0.098 (0.132)	- 0.028 (0.058)
Age	—	0.532* (0.286)	- 0.139 (0.121)
Lever	—	- 2.115*** (0.581)	- 0.427* (0.259)
Ppe	—	1.020 (0.714)	1.096*** (0.304)

续表

变量		非 R&D 补贴 w = 0	R&D 补贴 w = 1	R&D 补贴与非 R&D 补贴组合 w = 2
Grow		—	0.007 (0.272)	−0.142 (0.126)
Concen		—	0.000 (0.008)	−0.001 (0.004)
Salary		—	−0.049 (0.178)	0.062 (0.080)
Mpower		—	0.269 (0.386)	0.293 (0.200)
Cycle	成长期	—	—	—
	成熟期	—	5.349** (2.728)	−1.841 (1.399)
	衰退期	—	0.914 (3.525)	0.049 (1.763)
Soe		—	3.485* (1.828)	0.030 (0.885)
Htech		—	0.067 (1.834)	4.231*** (0.936)
Risk		—	2.383 (2.199)	3.628*** (1.121)
BackRD		—	7.750*** (2.287)	1.315 (0.995)
常数项		—	−4.224 (2.551)	0.659 (1.093)
样本量		3503	951	12430

注：括号内为标准误；*** 、** 和 * 分别表示在 1%、5% 和 10% 的显著性水平上显著。

10.3.5 调节作用分析

进一步地，我们将深入探讨企业特征、所属行业、所在区位等因素对享受到不同补贴政策的企业创新影响的调节作用。

10.3.5.1 基于企业产权性质差异的调节作用分析

与非国有企业相比，国有企业因其拥有政府背书，往往能够获得更多的创新资源、更充裕的研发资金、更高的社会关注度。为考察不同补贴政策的实施策略在不同产权性质企业之间创新效应的异质性，我们依据样本企业"是否为国有企业"（Soe），分别基于"国有企业组"和"非国有企业组"估计不同补贴策略对企业创新的影响。两组子样本的估计结果如表 10 - 15 所示。

表 10 - 15　　　　企业产权性质差异的调节作用估计结果

变量		被解释变量			
		创新投入	创新产出	实质性创新	策略性创新
国有企业组（样本量7372）	Rdsub Vs. Nrdsub	0.158 (0.129)	0.495 *** (0.100)	0.260 *** (0.079)	0.384 *** (0.085)
	Mixsub Vs. Nrdsub	0.240 *** (0.072)	0.328 *** (0.041)	0.240 *** (0.032)	0.216 *** (0.037)
	Mixsub Vs. Rdsub	0.082 (0.112)	- 0.167 ** (0.065)	- 0.020 (0.075)	- 0.167 *** (0.080)
非国有企业组（样本量9679）	Rdsub Vs. Nrdsub	0.097 (0.131)	0.256 (0.172)	0.299 (0.177)	0.051 (0.106)
	Mixsub Vs. Nrdsub	0.059 (0.072)	0.208 *** (0.053)	0.122 *** (0.041)	0.120 ** (0.054)
	Mixsub Vs. Rdsub	- 0.038 (0.113)	- 0.048 (0.165)	- 0.176 (0.173)	0.069 (0.093)

注：括号内为标准误；*** 和 ** 分别表示在1%和5%的显著性水平上显著。

从国有企业组估计结果来看，R&D 补贴是激励企业加大创新数量最有效的补贴工具。相较于非 R&D 补贴，R&D 补贴与非 R&D 补贴的组合对激励国有企业创新投入和实质性创新水平提升具有显著的优势，但补贴组合的创新激励效果与 R&D 补贴的效果在统计上并无显著差异。从非国有企业组估计结果来看，补贴组合与 R&D 补贴在促进企业研发创新的效果方面无明显差异，仅能证实 R&D 补贴与非 R&D 补贴的组合在推进企业创新产出方面优于非 R&D 补贴。

10.3.5.2　基于行业差异的调节作用分析

企业所在行业的经营范围往往与企业创新行为之间存在着密切的联系。高新技术行业的知识与技术密集，企业必须依靠创新才能在竞争激烈的市场占领一席之地，而非高新技术行业的企业通常无须进行研发创新活动便可实现持续经营（袁建国等，2015）。为考察不同补贴策略对不同行业企业创新效应的异质性，本节依据企业"是否为高新技术企业"
（*Htech*）这一变量对样本进行细化。在此基础上，分别基于"高新技术企
业组"和"非高新技术企业组"估计不同补贴策略对企业创新的影响。
估计结果如表 10 - 16 所示。

表 10 - 16　　　　　　　行业差异的调节作用估计结果

变量		被解释变量			
		创新投入	创新产出	实质性创新	策略性创新
高新技术企业（样本量7521）	*Rdsub* Vs. *Nrdsub*	0.188	0.351 ***	0.309 ***	0.201 ***
		(0.135)	(0.104)	(0.088)	(0.095)
	Mixsub Vs. *Nrdsub*	0.078	0.387 ***	0.286 ***	0.265 ***
		(0.095)	(0.068)	(0.050)	(0.065)
	Mixsub Vs. *Rdsub*	−0.109	0.036	−0.023	0.064
		(0.101)	(0.083)	(0.075)	(0.073)
非高新技术企业（样本量9530）	*Rdsub* Vs. *Nrdsub*	0.331 ***	0.143 **	0.096 *	0.021
		(0.108)	(0.071)	(0.052)	(0.064)
	Mixsub Vs. *Nrdsub*	0.194 ***	0.218 ***	0.146 ***	0.108 ***
		(0.055)	(0.053)	(0.022)	(0.027)
	Mixsub Vs. *Rdsub*	−0.137	0.075	0.050	0.087
		(0.096)	(0.067)	(0.049)	(0.061)

注：括号内为标准误；*** 、** 和 * 分别表示在 1% 、5% 和 10% 的显著性水平上显著。

　　由表 10 - 16 可知，对于高新技术企业，政府 R&D 补贴以及补贴组合
在推进企业创新方面的作用效果均明显优于非 R&D 补贴。就非高新技术
企业而言，R&D 补贴在提升企业创新投入、创新产出以及实质性创新方
面的效果要优于非 R&D，而补贴组合不但在前述三方面优于非 R&D，在
激励企业策略性创新方面也具有明显优势。值得注意的是，补贴组合与
R&D 补贴间在激励企业创新产出方面的效果差异并不明显。

10.3.5.3　基于地区差异的调节作用分析

　　中国的东部、中部以及西部地区在经济发展水平、政策实施环境等方
面存在较大差异（彭水军和舒中桥，2021），使得政府补贴在激励企业创
新效果上可能存在区域差异性。为考察地区差异对享受到不同补贴策略的
企业创新行为影响的调节作用，本节依据企业所在地所属城市及省份，将
全样本划分为"东部地区企业组""中部地区企业组""西部地区企业组"
三组子样本。三组子样本的估计结果如表 10 - 17 所示。

表 10 - 17　　　　　　　　地区差异的调节作用估计结果

变量		被解释变量			
		创新投入	创新产出	实质性创新	策略性创新
东部企业 （样本量 11006）	*Rdsub* Vs. *Nrdsub*	0. 196 （0. 129）	0. 286 ** （0. 127）	0. 319 ** （0. 124）	0. 119 （0. 078）
	Mixsub Vs. *Nrdsub*	0. 053 （0. 073）	0. 270 *** （0. 042）	0. 201 *** （0. 033）	0. 154 *** （0. 038）
	Mixsub Vs. *Rdsub*	- 0. 143 （0. 109）	- 0. 016 （0. 121）	- 0. 118 （0. 121）	0. 035 （0. 071）
中部企业 （样本量 2566）	*Rdsub* Vs. *Nrdsub*	0. 707 *** （0. 188）	0. 550 *** （0. 174）	0. 212 * （0. 116）	0. 492 *** （0. 164）
	Mixsub Vs. *Nrdsub*	0. 335 ** （0. 140）	0. 403 *** （0. 085）	0. 338 *** （0. 055）	0. 260 *** （0. 080）
	Mixsub Vs. *Rdsub*	- 0. 372 *** （0. 138）	- 0. 147 （0. 159）	0. 125 （0. 107）	- 0. 231 * （0. 129）
西部企业 （样本量 2516）	*Rdsub* Vs. *Nrdsub*	0. 111 （0. 242）	0. 110 （0. 152）	- 0. 015 （0. 125）	0. 005 （0. 152）
	Mixsub Vs. *Nrdsub*	0. 157 （0. 112）	0. 492 *** （0. 060）	0. 265 *** （0. 047）	0. 354 *** （0. 053）
	Mixsub Vs. *Rdsub*	0. 046 （0. 231）	0. 381 *** （0. 146）	0. 281 ** （0. 120）	0. 348 ** （0. 147）

注：括号内为标准误；***、** 和 * 分别表示在 1%、5% 和 10% 的显著性水平上显著。

　　由表 10 - 17 可知，就东部企业而言，R&D 补贴与两类补贴的组合在激励企业创新尤其是实质性创新方面均优于非 R&D 补贴，但二者之间并无显著差异。就中部企业而言，在提升企业创新投入、促进企业策略性创新方面，R&D 补贴的效果最优；而在提升企业创新质量方面，R&D 补贴与补贴工具组合无明显差异且均优于非 R&D 补贴。就西部企业而言，补贴组合在激励企业创新方面的效果明显优于其他两类单项补贴。

10.3.5.4　基于生命周期差异的调节作用分析

　　处于不同生命周期的企业具有不同特征（王凤荣和高飞，2012），导致企业不仅在获取资源能力及自主创新动力方面存在差异（解维敏和方红星，2011），在"受补贴"效果方面也具有明显的异质性（陈红等，2019；

周海涛和张振刚，2016）。我们参考金森（Dickinson，2011）基于组合现
金流的划分方法①，根据经营、投资、筹资现金的净流量组合把企业划分
为"成长期""成熟期""衰退期"三个阶段②的子样本。三组子样本的
估计结果如表 10 - 18 所示。

表 10 - 18　　　　　　　　生命周期差异的调节作用估计结果

变量		被解释变量			
		创新投入	创新产出	实质性创新	策略性创新
成长期企业 （样本量 8336）	*Rdsub* Vs. *Nrdsub*	0. 434 *** （0. 151）	0. 235 ** （0. 096）	0. 281 *** （0. 081）	0. 084 （0. 083）
	Mixsub Vs. *Nrdsub*	0. 231 *** （0. 074）	0. 297 *** （0. 051）	0. 224 *** （0. 039）	0. 179 *** （0. 046）
	Mixsub Vs. *Rdsub*	- 0. 203 * （0. 104）	0. 062 （0. 085）	- 0. 056 （0. 073）	0. 094 （0. 073）
成熟期企业 （样本量 5638）	*Rdsub* Vs. *Nrdsub*	- 0. 093 （0. 163）	0. 199 ** （0. 090）	0. 198 *** （0. 071）	0. 024 （0. 082）
	Mixsub Vs. *Nrdsub*	- 0. 179 （0. 119）	0. 313 *** （0. 056）	0. 222 *** （0. 043）	0. 183 *** （0. 053）
	Mixsub Vs. *Rdsub*	- 0. 085 （0. 116）	0. 113 *** （0. 026）	0. 024 （0. 061）	0. 159 *** （0. 069）
衰退期企业 （样本量 2915）	*Rdsub* Vs. *Nrdsub*	0. 445 ** （0. 191）	0. 522 *** （0. 083）	0. 180 *** （0. 068）	0. 544 *** （0. 075）
	Mixsub Vs. *Nrdsub*	0. 055 （0. 133）	0. 300 *** （0. 056）	0. 188 *** （0. 042）	0. 210 *** （0. 050）
	Mixsub Vs. *Rdsub*	- 0. 389 ** （0. 158）	- 0. 221 ** （0. 070）	0. 008 （0. 060）	- 0. 333 *** （0. 064）

注：括号内为标准误；*** 、** 和 * 分别表示在1% 、5% 和10% 的显著性水平上显著。

就成长期企业而言，由于其自身规模与活性的特殊性，往往更容易产
生创新意愿与创新动力（Huergo，2006），结果证实 R&D 补贴无疑是激励
企业加大创新投入强度的最优补贴工具。就成熟期企业而言，虽具有充足

---

① 有关企业生命周期划分与度量方法，研究成果较为丰富，其中客观的现金流法、综合指
标分析法、销售收入趋势法等在实证研究中被广泛应用（王宛秋和马红君，2019）。

② 本研究中的样本企业均为已上市企业，通常在上市前企业已经度过了"初创期"，因而
我们在细化样本时不再考虑处于初创期阶段的企业样本。

的现金流支持研发创新并具备丰富的创新活动经验（Coad et al.，2016），但常因满足于现状、不思进取、缺乏创新变革发展的动力而逐渐沦为衰退期企业，R&D 与非 R&D 的补贴组合则是能激励其创新产出尤其是策略性创新的最优补贴策略。而就衰退期企业而言，R&D 补贴在提升企业创新产出数量上的效果要明显优于补贴组合和非 R&D 补贴。

10.4　总　　结

以补贴激励企业创新，既是长期以来政府纵深推进"双创"的主要方式，又是当前及今后一个时期政府实现"高质量发展"的重要基础。本章研究窗口期横跨"十一五"和"十二五"，在这期间我国政府补贴的规模和范围持续增大。以"十二五"期间的补贴的规模和范围为例，我国沪深 A 股上市企业获得的政府补贴资金从 721.18 亿元到 1302 亿元，总体提高了 80.5 个百分点；"获补"企业占全部上市企业的比重从 93.08% 攀升至 97%，补贴范围持续变大。在此背景下，本章尝试将 R&D 补贴从政府补贴中剥离出来，通过理论与实证相结合的方式，深入探讨政府补贴中的 R&D 补贴与非 R&D 补贴及其组合对企业创新的作用效果。从政府补贴影响企业创新的功能属性角度，我们将补贴区分为"R&D 补贴"与"非 R&D 补贴"。前者是政府为推进企业研发创新、助力企业参与全球技术竞争、占领技术前沿制高点的重要补贴支持工具。上市企业披露的"政府补助明细"中包含多种补贴名目，其中涉及"研发""研制""创新""火炬计划"等关键词的补助及补贴资金皆属于 R&D 补贴。非 R&D 补贴则涵盖了除 R&D 补贴以外的所有补贴形式，主要包括生产补贴、经营补贴等。

本章首先按照"政府是否向企业提供补贴"以及"实施的补贴类型"将政府补贴与企业创新关系分为四种不同情况，并基于两阶段"政府—企业"博弈模型，从理论层面分析和比较 R&D 补贴与非 R&D 补贴及其组合对企业创新的作用效果。研究表明，当政府实施单一补贴（R&D 补贴或者非 R&D 补贴）时，这些补贴均可激励企业增加创新投入，且伴随补贴强度的增加，该激励作用会越发明显。当政府同时实施 R&D 补贴与非 R&D 补贴（补贴组合）时，两种补贴均可激励企业增加创新投入，并且其中一种补贴对企业创新的激励强度会受一种补贴的规模的影响。我们基于中国沪深 A 股上市企业数据，借助 OLS 回归、分位数回归、剂量反应函数、门槛回归以及中介效应分析等模型就 R&D 补贴及非 R&D 补贴对上市企业创新投入及创新产出的影响效果及作用路径进行了系统且深入的分析。研究证实，无论是 R&D 补贴或是非 R&D 补贴，皆可达到激励上市企业增加创新投入的目的，并且补贴对上市企业创新投入的激励作用会随补贴强度的增加而变强。与非 R&D 补贴相比，R&D 补贴对上市企业创新投入的激励效果更为明显，并且适度的非 R&D 补贴可以有效强化 R&D 补贴对上市企业创新投入的影响效果，理论研究与实证分析的结果具有一致性。此外，研究还发现 R&D 补贴通过直接与间接两条路径推动上市企业的创新产出，而非 R&D 补贴对上市企业创新产出的影响则具有一定的"遮掩效应"。为比较单项补贴与补贴组合的创新激励效果，我们利用多水平处理效应模型从创新投入端、创新产出端尤其是实质性和策略性等多个角度深入分析了政府差异化补贴策略的异质性效果。研究发现，在促进企业创新产出数量方面，补贴组合优于 R&D 补贴；而在促进企业创新产出质量方面，R&D 补贴优于补贴组合。就东部地区的企业而言，补贴组合与 R&D 补贴在激励企业创新尤其是实质性创新方面均优于非 R&D 补贴；就中部地区企业而言，R&D 补贴在提升创新投入强度、促进策略性创新方面的效果最优；就西部地区企业而言，补贴组合在激励企业创新方面的效果明显优于单项补贴。从企业生命周期来看，对于处在成长期的企业而言，R&D 补贴无疑是激励企业加大创新投入的最优补贴工具；就处在成熟期的企业而言，补贴组合是激励企业创新产出尤其是策略性创新的最优补贴工具；对于处在衰退期的企业而言，R&D 补贴在提升企业创新产出数量上的效果要明显优于补贴组合。此外，研究还发现，"大龄"且处于"成熟期"的国有企业往往容易得到政府 R&D 补贴的垂青，而董监高具有研发背景以及低杠杆率也会提高企业获得 R&D 补贴的支持概率，政府倾向于为高新技术企业以及获得风险投资的企业提供补贴组合支持。为更加清晰地了解和比较不同类型的政府补贴实施策略在影响企业创新方面的效果差异，我们对研究结果进行了汇总，如表 10-19 所示。

表 10-19　　　　　　　　　　　异质性效果汇总

国有企业 \ 非国有企业					
左项	创新投入	创新产出	实质性创新	策略性创新	右项
R&D 补贴	- \ -	强 \ -	强 \ -	强 \ -	非 R&D 补贴
补贴组合	强 \ -	强 \ 强	强 \ 强	强 \ 强	非 R&D 补贴
补贴组合	- \ -	弱 \ -	- \ -	弱 \ -	R&D 补贴

续表

成长期 \ 成熟期 \ 衰退期					
左项	创新投入	创新产出	实质性创新	策略性创新	右项
R&D 补贴	强 \ – \ 强	强 \ 强 \ 强	强 \ 强 \ 强	– \ – \ 强	非 R&D 补贴
补贴组合	强 \ – \ –	强 \ 强 \ 强	强 \ 强 \ 强	强 \ 强 \ 强	非 R&D 补贴
补贴组合	弱 \ – \ 弱	– \ 强 \ 弱	– \ – \ –	– \ 强 \ 弱	R&D 补贴
高新技术企业 \ 非高新技术企业					
左项	创新投入	创新产出	实质性创新	策略性创新	右项
R&D 补贴	– \ 强	强 \ 强	强 \ 强	强 \ –	非 R&D 补贴
补贴组合	– \ 强	强 \ 强	强 \ 强	强 \ 强	非 R&D 补贴
补贴组合	– \ –	– \ –	– \ –	– \ –	R&D 补贴
东部 \ 中部 \ 西部					
左项	创新投入	创新产出	实质性创新	策略性创新	右项
R&D 补贴	– \ 强 \ –	强 \ 强 \ –	强 \ 强 \ –	– \ 强 \ –	非 R&D 补贴
补贴组合	– \ 强 \ 强	强 \ 强 \ 强	强 \ 强 \ 强	强 \ 强 \ 强	非 R&D 补贴
补贴组合	– \ 弱 \ 强	– \ – \ 强	– \ – \ 强	– \ 弱 \ 强	R&D 补贴

注：表格中左、右两项分别代表不同的补贴工具，"强 \ 弱"是左项相对于右项的比较结果，"–"表示两者无显著性差异。

本章对现有研究有以下几方面的扩展和延伸。其一，结合中国情境，明确 R&D 补贴与非 R&D 补贴及其组合的内涵，基于广义倾向得分匹配法构建的多水平处理效应模型，在有效规避样本选择偏误及内生性问题的同时，科学评估和对比 R&D 补贴、非 R&D 补贴及其组合对企业创新的实际效果。其二，已有的研究中，大多只侧重理论分析或实践操作，通过理论指导实践并通过实践检验理论的研究凤毛麟角。本章运用理论与实践相结合的方法，切实做到知行合一，为我国政府对企业创新实施 R&D 补贴的理论建设和政策制定提供借鉴。其三，企业的创新数量与创新质量不能简单等同，本章就 R&D 补贴、非 R&D 补贴及其组合对企业创新产出数量及创新产出质量的影响程度分别进行探讨，实现多角度考察政府补贴影响企业创新的作用效果。其四，既有研究多聚焦某一特定层面，探讨不同补贴在激励企业创新上的效果差异，本章在此基础上向前迈进一步，分析不同补贴及其组合对于不同类型企业创新的作用效果，在丰富相关经验研究的同时，为中国补贴政策的优化实施提供坚实的基础。

本章研究存在一定的不足，值得未来研究继续深入探讨。首先，本章仅考虑了政府的 R&D 补贴和非 R&D 补贴及其组合对企业创新的影响效果及作用机制，而在现实中 R&D 补贴分配存在明显的马太效应（李奎和杜丹，2022），换言之，已获补企业更易获得后续补贴，未获补企业未来也难获补贴。我们对 R&D 补贴分配问题的探索仍不够深入。其次，影响政府 R&D 补贴和非 R&D 补贴创新效果的因素众多，并且在不同行业这些因素的差异较大，在未来研究中我们可进一步聚焦医药、电子信息、新能源等 R&D 补贴支持力度较高的行业，挖掘在不同行业中对政府补贴影响企业创新具有明显调节作用的特殊因素。

第 11 章　补贴政策协同与最优实施策略

11.1　问题提出

无论是对于创新先进国家还是对于处在创新落后状态或创新追赶阶段的发展中国家，政府补贴始终是激励微观企业创新的重要举措（安同良和千慧雄，2021）。以美国为例，相关机构常采用"大额支付"[①] "联邦拨款"[②] "税收优惠"[③] 等补贴政策工具来刺激企业创新。日本、澳大利亚等国家主要依靠税收优惠工具来间接鼓励创新。韩国、奥地利等国则采取财政补贴与税收优惠两策并重的策略来推动创新。从中国的情况来看，长期以来中央与地方各级政府对鼓励企业创新高度重视，一系列国家创新战略如"创新驱动""智能制造""大众创业、万众创新"落地实施，政府对企业创新的补贴激励措施逐步地系统化和制度化。

当前，直接补贴、减税优惠以及政府采购是我国各级政府普遍采用的政府补贴手段。作为一种供给侧补贴工具，直接补贴涵盖了各种企业创新补贴和奖励、专利申请和授权资助奖励等。我国部分经济欠发达地区因补贴实施部门在甄别企业创新方面的能力有限，仅能通过专利数量、缴税能力等作为筛选补贴目标企业的标准，往往导致直接补贴工具仅能"锦上添花"而难以实现"雪中送炭"（张杰，2021）。税收优惠属环境侧补贴，

---

① 大额支付是指美国州政府或地方政府为创造就业、维护就业稳定、扩大商业活动而向企业发放的"一揽子"补贴计划。大额支付的实施主体主要是州政府，逐步由地方政府向州政府转变。

② 美国各级政府或联邦政府直接向企业提供财政支持计划。

③ 此类补贴涉及内容较多，主要包括区内的企业可享受税收抵免或补贴等优惠政策，完全集中在能源及其相关行业的由联邦政府给予的税收抵免优惠，允许纳税人从应纳销售税中扣除一些符合奖励规定的费用，或按规定将已征收的销售税退还给原纳税人等。税收优惠的实施主体是州政府，但在共和党总统任期内转移到地方政府。

主要涉及企业所得税减免和企业研发加计扣除等。该类补贴虽由国家层面制定，但具体的实施和监管却由地方政府相关机构来落实。权责分离导致在通过税收优惠激励企业创新的过程中可能存在较强的利益寻租动机，这就有可能扭曲税收优惠工具对企业创新的正向激励效应甚至可能引致税收优惠的创新抑制效应（杨国超等，2017）。政府采购作为一种以需求为基础的补贴工具，在引导产业发展方向、降低创新风险、培育领先企业和创新产品的市场竞争环境、提高企业竞争力等方面发挥了重要作用（王小平，2019）。

值得注意的是，直接补贴、税收优惠以及政府采购这三种不同的补贴政策工具在实施过程中具有一定的重叠性特征，两种甚至三种补贴集于企业一身的情况不在少数。以本章的分析数据为例，既获得直接补贴又享受到税收优惠的企业占总样本的比例高达44.45%。因此，在探讨政府补贴作用于企业创新的实际效果时，我们既应考虑到不同类型补贴工具的混合效应，又有必要挖掘不同类型补贴工具之间的交叉效应。另外，在政府补贴的执行过程中，仍存在很多困惑。譬如，适合激励企业创新投入的补贴政策工具或补贴工具组合，是否同样适合提升企业创新产出，尤其是提升高质量创新产出？不同补贴政策工具的协同会产生怎样的叠加效应？补贴政策工具的协同效果是否会因政策实施顺序而有所差异？面对上述疑问，亟须深入探讨各类补贴间的混合及交叉效应、评估不同补贴工具及其组合在推动企业创新方面的真实效果。

鉴于此，本章重点关注补贴政策协同性以及最优实施策略这两个问题，借助控制函数法、多时点双重差分法、多水平处理效应等方法，深入考察供给侧、需求侧和环境侧补贴及其组合对企业创新行为的真实影响，揭示多种补贴策略对异质企业创新的效果差异，挖掘出能够有效激励企业创新投入、提升企业创新产出尤其是改善创新产出质量的最优实施策略。

11.2   研究思路

首先，构建基于控制函数法（Control Functions Method，CFM）的估计框架，在有效解决内生性问题的基础上，进行政府补贴政策工具影响企业创新行为的混合效应和交叉效应检验。控制函数法可解决内生性变量问题，和传统的两阶段最小二乘法（2SLS）、工具变量法（IV）等方法类似，该方法需要找到满足外生性条件和排他性约束的工具变量，并通过两

阶段回归得到参数估计值。但不同于 2SLS 直接用第一阶段回归的拟合值
替换原内生变量，控制函数法是将第一阶段回归的残差项作为新的控制变
量加入原始模型中，相当于从原始模型的残差项中将与内生变量相关的部
分单独提取出来进行控制。与其他解决内生性问题的思路或方法相比，控
制函数法的优势在于适用范围更广，在随机系数模型和非线性模型的估计
中效率更高，并且可以更加方便且稳健地进行 Hausman 检验。我们借鉴伍
德里奇（Wooldridge，2015）提出的控制函数法设计思路，采用如下估计
框架加以检验：

$$
\begin{cases}
y_{it} = \alpha_0 + \beta_1 Subsidy_{it} + \beta_2 Tax_{it} + \beta_3 Procu_{it} + \mathbf{Z}_{it}\boldsymbol{\lambda} + \theta_i + \gamma_t + \varepsilon_{it} & \text{（a）} \\
sub_{it} = \alpha_1 + \mathbf{X}_{1it}\boldsymbol{\eta}_1 + \theta_i + \gamma_t + \upsilon_{it} & \text{（b）} \\
tax_{it} = \alpha_2 + \mathbf{X}_{2it}\boldsymbol{\eta}_2 + \theta_i + \gamma_t + \mu_{it} & \text{（c）} \\
pro_{it} = \alpha_3 + \mathbf{X}_{3it}\boldsymbol{\eta}_3 + \theta_i + \gamma_t + \tau_{it} & \text{（d）}
\end{cases}
$$

$$(11-1)$$

在式（11-1）第一个核心方程（a）中的结果变量 y 为企业创新，涉
及企业的创新投入、创新产出以及实质性创新与策略性创新。核心解释变
量 Subsidy、Tax 和 Procu 分别表示三种不同类型（直接补贴、税收优惠、
政府采购）的补贴规模。$\mathbf{Z}$ 为一系列控制变量，包括企业规模、企业年
龄、所属行业等；$\boldsymbol{\lambda}$ 为与之对应的系数向量；θ_i 和 γ_t 分别代表个体固定效
应和时间固定效应；ε_{it} 为服从 IID 的随机扰动项。在以 sub 为（虚拟）因
变量的控制函数中，$\mathbf{X}_1$ 和 $\boldsymbol{\eta}_1$ 分别代表影响企业获得直接补贴支持的影响
因素及其系数向量。同样地，在以 tax 和 pro 为（虚拟）因变量的控制函
数中，$\mathbf{X}_2$ 和 $\mathbf{X}_3$ 分别代表影响企业获得税收优惠和政府采购支持的影响因
素向量。值得注意的是，为明确向量 $\mathbf{X}_1$、$\mathbf{X}_2$ 和 $\mathbf{X}_3$ 中涉及的因素变量，我
们借鉴章元等（2018）的做法，通过面板 Logit 模型来探寻不同类型补贴
工具的倾向性，具体如下：

$$
\ln\left[\frac{\Pr(supported_{it} = 1 \mid x_{it},\boldsymbol{\beta},\mu_i)}{\Pr(supported_{it} = 0 \mid x_{it},\boldsymbol{\beta},\mu_i)}\right] = \mathbf{X}_{it}\boldsymbol{\beta} + \mu_i \qquad (11-2)
$$

其中，$supported_{it}$ 为样本企业是否获得（某种）补贴工具支持的二元虚拟
变量（dummy），包括"企业是否获得直接补贴工具支持"（sub）、"企业
是否获得税收优惠工具支持"（tax）以及"企业是否获得政府采购工具支
持"（pro）。当企业获得直接补贴工具支持时取值为 1，否则为 0；以此类
推。$\mathbf{X}_{it}$ 为影响企业是否受到（某种）补贴工具支持的企业特征变量，包

括企业年龄、规模、产权性质等，μ_i 表示个体效应。面板 Logit 模型涵盖混合效应、随机效应及固定效应等多种形式，因此，式（11-2）中，若个体效应 μ_i 与某个企业特征变量 x_{it} 相关，则应选择固定效应模型进行估计；若个体效应 μ_i 与所有企业特征变量均不相关，则应选择随机效应模型进行估计。在实际操作中，可通过 Hausman 检验在混合效应 Logit、固定效应 Logit 以及随机效应 Logit 中筛选出最适合的模型形式。

不同类型的补贴政策工具可能因政策实施的先后顺序不同而存在创新效果差异。为此，我们设置三种补贴政策工具实施顺序的所有可能组合，运用多时点 DID 模型探究政府在补贴政策实施顺序上的最优策略，模型具体如下：

$$y_{it} = \alpha_0 + \beta Porder_{it} + \mathbf{Z}_{it}\boldsymbol{\lambda} + \theta_i + \gamma_t + \varepsilon_{it} \qquad (11-3)$$

其中，$Porder_{it}$ 为补贴实施顺序虚拟变量，包含 *subfirst*、*taxfirst*、*profirst*、*sub&tax*、*sub&pro*、*tax&pro*、*sub&tax&pro* 7 个预设变量，分别代表"率先实施直接补贴""率先实施税收优惠""率先实施政府采购""先同时实施直接补贴和税收优惠""先同时实施直接补贴和政府采购""先同时实施税收优惠和政府采购""同时实施三种补贴"的实施策略。关于上述 7 种补贴实施顺序的识别主要参考孙薇和叶初升（2023）的做法：首先，明确各企业在样本期内首次获得各类补贴的年份；其次，按照各类补贴获得年份的先后顺序划定具体的补贴实施顺序策略，符合条件取值为 1，否则为 0。为保证估计结果具有可比性，各组回归的对照组均为"未获得任何补贴工具支持"的企业。

另外，不同类型的补贴政策工具可能因政策实施的组合内容不同而存在创新效果差异。为此，我们基于之前讲解过的多水平处理效应模型（Multi-level Treatment Effect model），分析和比较不同类型补贴工具及其组合对企业创新行为的影响效果，从补贴内容角度探寻能够激励企业创新的最优补贴实施策略。

11.3 补贴现状及特征事实

选取 2009~2019 年中国沪深 A 股上市企业数据作为研究样本。政府补贴、税收优惠以及关于上市企业的研发投入、专利产出、企业财务、企业性质等数据来自 CSMAR 数据库。为尽可能降低数据错漏与变量缺失值的影响，我们综合 CSMAR 数据库、Wind 咨询和同花顺财经等多个数据库原始数据。政府采购数据来源于中国政府采购网（http：//www. ccgp. gov. cn/）。为使研究数据准确可信，我们对初始数据进行了如下处理：首先，剔除金融类以及 ST 和 PT 类上市企业样本；其次，剔除主要变量缺失较为严重的样本；最后，剔除存在离群值的样本并对连续型变量进行双侧 1% 的缩尾处理，最终获得 29161 个观测样本。

11.3.1　补贴总体趋势

2009～2019 年，我国沪深 A 股上市企业数量呈快速增长趋势，从 2009 年的 1398 家增长至 2019 年的 3246 家，增长率达 132.19%。其中，获得政府直接补贴的企业由 2009 年的 798 家增长至 2019 年的 3013 家，增长率为 277.57%；获得税收优惠的企业由 2009 年的 925 家增长至 2019 年的 2524 家，增长率为 172.87%；获得政府采购的企业从无到 2019 年的 682 家。总体来讲，获得政府补贴支持的上市企业数量增长迅猛（见图 11 - 1）。

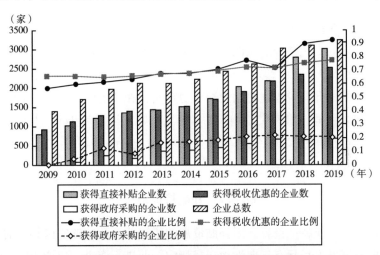

图 11 - 1　获直接补贴、税收优惠、政府采购的企业数及占比

资料来源：由作者整理。

与之对应，我国各类补贴工具对上市企业创新的支持力度也呈上升趋势。具体来看，政府直接补贴总额从 2009 年的 142.60 亿元增长至 2019 年的 1181.00 亿元，税收优惠总额从 2009 年的 423.20 亿元增长至 2019 年的 2296.00 亿元，政府采购总额增长至 2019 年的 123.60 亿元。政府对上市企业进行补贴的同时，企业创新投入力度也在不断增强。2009 年我国上市企业创新投入总额仅为 197.10 亿元，而到 2019 年企业创新投入总额已增长至 7971.00 亿元（见图 11 - 2）。

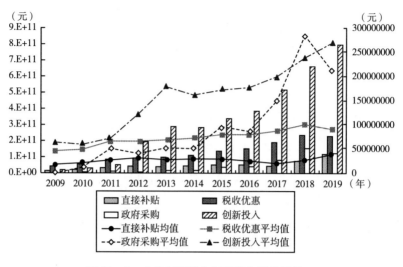

图 11 - 2　企业创新投入以及获各类补贴情况

资料来源：由作者整理。

图 11 - 3 揭示了政府直接补贴、税收优惠及政府补贴与上市企业创新投入增长率的变化路径。从图 11 - 3 中可以看出，政府直接补贴的增速略有放缓，在 2013 年和 2017 年各出现了负增长情况。2017 年之后，直接补贴增速开始攀升。税收优惠增速相对稳定，仅在 2019 年出现了负向增长。政府采购大致呈"阶梯式"增长，增速变化幅度逐渐减小①。上市企业创新投入的增长率在 2012 年取得了大幅增长，但到 2014 年出现了大幅下降，随后几年有所反弹。

11.3.2　补贴特征事实

首先，行业特征差异。因补贴资源的稀缺性，政府在实施补贴时往往会根据经济发展目标有指向性地选择特定行业进行资助。以 2019 年为例，政府实施的直接补贴、税收优惠与政府采购具有明显的行业差异性，其分布极不均衡（见图 11 - 4）。获得政府直接补贴最多的行业为制造业，其次是采矿业；获得税收优惠最多的行业为制造业，远超其他各行业，其次为批发和零售业；获得政府采购最多的行业为建筑业，其次为制造业。总体来看，制造业上市企业获得的政府补贴资源最多，其中直接补贴 807 亿

---

① 2009 年政府采购总额为 0，2011 年增长率为 1340.41%，2010 年和 2011 年这两年的增长率非常高。为便于观察其他指标增长率变化情况，2010 年和 2011 年政府采购增长率不在图中进行展示。

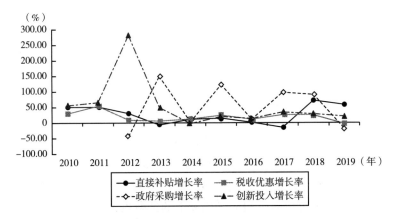

图 11-3　企业创新投入以及获各类补贴的增长率变化

资料来源：由作者整理。

元、税收优惠 1860 亿元。与此同时，制造业企业的创新投入高达 5380 亿元，明显高于其他行业企业。

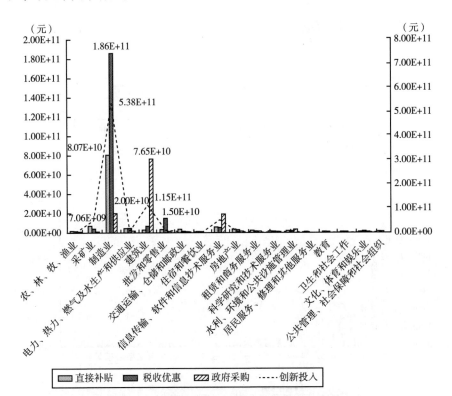

图 11-4　各行业获得的直接补贴、税收优惠与政府采购

资料来源：由作者整理。

　　其次，区域特征差异。受地理位置、资源禀赋等因素的影响，我国区域经济具有较为明显的发展不平衡性，这可能导致政府在实施补贴时会存在一定的政策倾斜。以 2019 年为例，从我国东中西部地区上市企业获得的政府补贴数据来看，东部地区的直接补贴、税收优惠和政府采购均远超中部及西部地区。与之相应，东部地区上市企业的创新投入总额也是最多的（见图 11 -5）。进一步，图 11 -6 展示了 2019 年政府直接补贴、税收优惠、政府采购以及企业创新投入在我国各省的分布情况。其中，获得政府补贴数额排名前列的省份均位于我国东部地区（如北京、广东、浙江、江苏、上海等）且远超于中西部省份。总体来讲，我国东部地区上市企业获得的补贴多，而这些企业投入到创新上的经费也多。

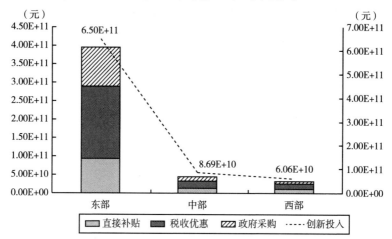

图 11 -5　各区域获得的直接补贴、税收优惠与政府采购

资料来源：由作者整理。

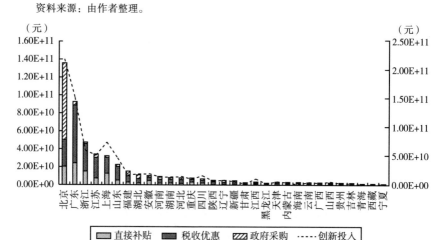

图 11 -6　各省份获得的直接补贴、税收优惠与政府采购

资料来源：由作者整理。

最后，所有制特征差异。国有企业与非国有企业往往在获得政府补贴方面存在较大差异。图 11 - 7 分别描绘了研究窗口期国有上市企业与非国有上市企业在创新投入以及获取政府补贴方面的变化趋势。对比发现，国有企业具有一定的"先天优势"，往往更容易获取政府补贴的支持。无论是直接补贴、税收优惠还是政府采购，国有企业享受到的补贴资金总额均高于非国有企业。具体来讲，2009 ~ 2019 年，国有企业所获各项补贴总额呈持续增长趋势，由 444 亿元增长至 2617 亿元，实现近乎六倍增长；非国有企业 2009 年所获补贴总额为 121.4 亿元，不到国有企业的 1/3，最高增长至 2018 年的 2855 亿元。

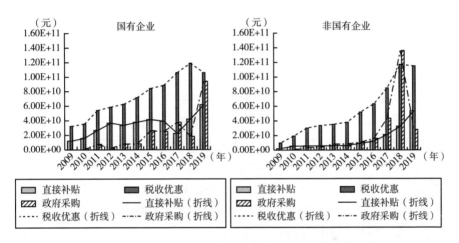

图 11 -7 国有企业与非国有企业获得政府补贴的变化趋势

资料来源：由作者整理。

11.4 实证分析

11.4.1 变量设定

被解释变量企业创新（y），涉及企业的创新投入（$RDinput$）、创新产出（$Innovation$）以及实质性创新（Inn）和策略性创新（$Sinn$）。借鉴既有文献常采取的方式，我们选用企业研发支出与总资产的比值来衡量企业的创新投入。在企业创新产出的度量方式上，鉴于专利申请量不易受专利检测费用、年费、官僚风气等外界因素的干扰（黎文靖和郑曼妮，2016），我们选用专利申请量的自然对数来衡量企业的创新产出。相较于专利授权量，专利的申请量能更加准确地表征上市企业的创新产出（吴伟伟和张天一，2021）。在此基础上，我们依据中国《专利法实施细则》，将企业创新产出进一步细化为实质性创新与策略性创新。前者是创新的核心，是推动企业发展的关键动力，以企业发明专利的自然对数来衡量；后者则是为迎合政府而采取的手段，以实用新型专利与外观设计专利数量之和的自然对数来衡量。

核心解释变量为政府补贴工具（$Subsidy$，Tax，$Procu$）与政府补贴策略（w）。政府补贴工具包括直接补贴、税收优惠与政府采购。通常，上市企业获得政府补助的相关信息披露于会计报表的"政府补助明细项目"。然而，该明细项目中既包含政府直接补贴的项目信息又同时涵盖企业获得的税费返还等项目信息，并未严格对直接补贴与税收优惠等工具加以区分。为此，我们以税收、税费及其衍生词等作为关键词进行检索，剔除含有这些关键词的项目信息，从而精准获取每家上市企业享受到政府直接补贴工具支持的实际数额。由于上市企业获得的税收优惠信息在企业财务报表中有详细披露，因此我们利用企业财务报表中相应指标来衡量税收优惠工具。既有文献多利用企业获得的政府采购合同数目来度量政府采购（王小平，2019；武威和刘玉廷，2020），但该方式难以精准刻画政府采购工具实施于每家企业的强度。为此，我们借助数据爬虫手段从"中国政府采购网"收集和整理政府机关或事业单位向每家上市企业购买产品及服务的资金总额，并以此来度量政府采购工具。

进一步地，我们通过设定政府补贴的多水平政策处理变量（w）来刻画政府补贴实施内容，主要包括直接补贴、税收优惠和政府采购这三种单一补贴工具以及这些工具之间的两两组合和三者组合。在29161个观测样本中，有3805个企业样本未获得任何政府补贴工具的支持（$w = 0$），约占总样本的13.05%；仅获得政府直接补贴（$w = 1$）的企业样本为4418个，约占总样本的15.15%；仅获得税收优惠（$w = 2$）的企业样本为4103个，约占总样本的14.07%；仅获得政府采购（$w = 3$）的企业样本为302个，约占总样本的1.04%；同时获得直接补贴与税收优惠两种补贴工具支持（$w = 4$）的企业样本数为12962个，约占总样本的44.45%；同时获得直接补贴与政府采购两种补贴工具支持（$w = 5$）的企业样本数为534个，约占总样本的1.83%；同时获得税收优惠与政府采购两种补贴工具支持（$w = 6$）的企业样本数为590个，约占总样本的2.02%；同时获得直接补贴、税收优惠与政府采购三种补贴工具支持（$w = 7$）的企业样本数为2447个，约占总样本的8.39%。另外，我们将补贴政策工具的实施顺序

定义为集合 *Porder*，在观测样本中，率先实施直接补贴 *subfirst*、税收优惠 *taxfirst* 以及政府采购 *profirst* 的企业样本分别为 3554 个、835 个以及 22 个；率先同时实施直接补贴和税收优惠 *sub&tax*、直接补贴和政府采购 *sub&pro* 以及税收优惠和政府采购 *tax&pro* 的企业样本数分别为 11816 个、184 个以及 81 个。

除此之外，我们参考企业创新相关文献，选取企业规模（*Size*）、企业年龄（*Age*）、企业产权性质（*Soe*）等一系列企业特征因素作为企业控制变量。上述变量的名称、符号及其定义归纳整理为表 11 - 1。表 11 - 2 报告了主要变量的基本统计特征。

表 11 - 1　　　　　　　　　　　　变量介绍

类型	变量名称	符号	定义
被解释变量	创新投入	*RDinput*	企业研发支出占营业收入的比值
	创新产出	*Innovation*	专利申请数加 1 后取自然对数
	实质性创新	*Inn*	发明专利申请数加 1 后取自然对数
	策略性创新	*Sinn*	实用新型专利与外观涉及专利申请数之和加 1 后取自然对数
解释变量			
补贴工具	直接补贴	*Subsidy*	补贴总额加 1 后取自然对数。企业享受到的直接补贴内容主要依据"政府补助"科目，包括直接补助、专项资金、人才资助款、奖项奖励经费及补偿收入等
		sub	直接补贴虚拟变量
	税收优惠	*Tax*	税收优惠总额加 1 后取自然对数。企业享受到的税收优惠内容主要依据"税收返还"科目，涉及增值税、所得税、消费税、关税及教育税附加返还款等
		tax	税收优惠虚拟变量
	政府采购	*Procu*	政府采购总额加 1 后取自然对数。企业享受到的政府采购内容涉及政府购买企业的产品及服务等。政府采购总额根据购买企业产品、服务成交金额及企业中标政府项目金额之和计算而得
		pro	政府采购虚拟变量

续表

类型	变量名称	符号	定义
补贴策略	补贴实施内容	w	由上述三种补贴工具整理而得。$w = 0$ 为未享受到任何补贴政策工具支持；$w = 1$ 为仅享受到直接补贴工具支持；$w = 2$ 为仅享受到税收优惠工具支持；$w = 3$ 为仅享受到政府采购工具支持；$w = 4$ 为同时享受到直接补贴与税收优惠两种政策工具支持；$w = 5$ 为同时享受到直接补贴与政府采购两种政策工具支持；$w = 6$ 为同时享受到税收优惠与政府采购两种政策工具支持；$w = 7$ 为同时享受到直接补贴、税收优惠与政府采购三种政策工具支持
	补贴实施顺序	$subfirst$	虚拟变量。率先实施直接补贴取值为1，否则为0
		$taxfirst$	虚拟变量。率先实施税收优惠取值为1，否则为0
		$profirst$	虚拟变量。率先实施政府采购取值为1，否则为0
		$sub\&tax$	虚拟变量。率先同时实施直接补贴和税收优惠取值为1，否则为0
		$sub\&pro$	虚拟变量。率先同时实施直接补贴和政府采购取值为1，否则为0
		$tax\&pro$	虚拟变量。率先同时实施税收优惠和政府采购取值为1，否则为0
		$sub\&tax\&pro$	虚拟变量。同时实施直接补贴、税收优惠和政府采购取值为1，否则为0
控制变量	高管政治关联	Pol	虚拟变量。企业董事长或总经理中任意一人现任或曾任政府部门科级干部、处级干部、厅级干部或部级干部取值为1，否则为0
	国有企业	Soe	虚拟变量。企业是否属于国有企业，国有企业取值为1，非国有企业取值为0
	企业绩效	Roa	企业总资产收益率，计算方式为（利润总额 + 利息支出）/平均资产总额
	企业规模	$Size$	企业总资产的自然对数
	企业资产负债率	$Lever$	年末负债与年末总资产的比值
	企业资金流动比率	$Liquidity$	流动资产/流动负债

续表

类型	变量名称	符号	定义
控制变量	企业财务状况	*Finan*	（净利润＋所得税费用＋财务费用）／（净利润＋所得税费用）
	企业董事会规模	*Board*	企业董事会人数
	企业股权集中度	*First*	企业第一大股东持股比例
	企业高管金融背景	*Finbg*	企业具有金融机构背景的高管人数
	企业年龄	*Age*	观测年份－企业成立年份＋1

表 11-2　　　　　　　　　　描述性统计

变量	均值	标准差	最小值	最大值	样本量
RDinput	0.0234	0.0262	0	1.2005	20123
Innovation	3.6888	2.1645	0	11.2118	12859
Inn	2.3906	1.7637	0	10.3738	12859
Sinn	2.0137	2.0635	0	9.8882	12859
Subsidy	10.1851	7.0045	0	23.1148	29161
Tax	11.0628	7.6781	0	23.0275	29161
Procu	2.1195	5.4767	0	25.3934	29161
w	3.0423	1.9904	0	7	29161
subfirst	0.2006	0.4004	0	1	17720
taxfirst	0.0471	0.2119	0	1	17720
profirst	0.0012	0.0352	0	1	17720
sub&tax	0.6668	0.4714	0	1	17720
sub&pro	0.0104	0.1013	0	1	17720
tax&pro	0.0046	0.0674	0	1	17720
sub&tax&pro	0.0632	0.2434	0	1	17720
Pol	0.3409	0.4740	0	1	27570
Soe	0.3646	0.4813	0	1	29161
Roa	0.0425	0.7518	-51.9468	108.3657	27742
Size	22.0645	1.3758	11.3483	28.6365	28613
Lever	18.0475	29.3893	0	984.1100	19675
Liquidity	2.7435	4.4455	-5.1316	204.7421	27743
Finan	1.6760	20.6881	-81.3442	2402.7740	25517

变量	均值	标准差	最小值	最大值	样本量
Board	8.6430	1.7365	0	20	27701
First	35.4241	15.2927	0.2900	100	27741
Finbg	2.2355	1.5506	1	20	16813
Age	17.5276	5.8758	1	62	29161

11.4.2　补贴政策工具选择倾向性分析

企业自身的特征对于其能否获得政府补贴支持以及获得何种补贴工具支持具有重要影响（张杰，2021）。我们利用 Hausman 检验，在混合效应面板 Logit、固定效应面板 Logit 以及随机效应面板 Logit 之中通过两两比较的方式，筛选出最适合模型估计的形式。基于模型估计结果，挖掘出能够影响补贴工具支持概率的企业特征因素，从而明确式（11-1）的控制函数（b、c 和 d）中 X_1、X_2 和 X_3 所涵盖的因素变量。表 11-3 检验结果表明，无论是以直接补贴（*sub*）、税收优惠（*tax*）或政府采购（*pro*）作为被解释变量，均应采用固定效应面板 Logit 模型进行估计。

表 11-3　　　　　　　　　　　　Hausman 检验结果

	补贴政策工具	固定效应 *Vs.* 混合效应	固定效应 *Vs.* 随机效应	最终选择
被解释变量	直接补贴	chi2（11）=273.52 Prob > chi2 = 0.000	chi2（11）=157.21 Prob > chi2 = 0.000	固定效应
	税收优惠	chi2（11）=172.71 Prob > chi2 = 0.000	chi2（11）=84.17 Prob > chi2 = 0.000	固定效应
	政府采购	chi2（11）=304.01 Prob > chi2 = 0.000	chi2（11）=111.63 Prob > chi2 = 0.000	固定效应

表 11-4 分别以"企业是否获得直接补贴工具支持"*sub*、"企业是否获得税收优惠工具支持"*tax* 以及"企业是否获得政府采购工具支持"*pro* 为被解释变量，考察企业特征因素与政府补贴工具支持间的联系。结果表明，企业的规模、年龄、资产负债率、董事会规模以及财务状况是影响其能否获得直接补贴工具支持的重要因素；企业规模、企业资金流动比率、企业股权集中度以及企业年龄是影响企业能否享受税收优惠工具支持的重要因素；高管政治关联、资产负债率、高管金融背景以及企业年龄是企业能否获得政府采购工具支持的重要因素。据此，式（11-1）的控制函数

（b、c 和 d）中的向量应定义为 $X_1 = (Size, Lever, Finan, Board, Age)$，$X_2 = (Size, Liquidity, First, Age)$，$X_3 = (Pol, Lever, Finbg, Age)$。

表 11 - 4　企业特征因素对不同补贴工具实施概率影响的估计结果

变量	（1） 直接补贴	（2） 税收优惠	（3） 政府采购
Pol	0.0712 (0.0905)	-0.0432 (0.1156)	0.2642* (0.1293)
Soe	-0.2035 (0.2468)	-0.0304 (0.3378)	-0.5773 (0.5841)
Roa	0.0164 (0.9005)	-1.4495 (1.0738)	-2.8854 (2.3421)
Size	0.3410*** (0.0714)	0.3874*** (0.0852)	0.0155 (0.1633)
Lever	0.0021* (0.0011)	-0.0004 (0.0015)	0.0047** (0.0023)
Liquidity	0.0147 (0.0172)	-0.0660** (0.0282)	-0.0293 (0.0276)
Finan	-0.0175* (0.0095)	0.0047 (0.0149)	0.0075 (0.0276)
Board	0.0815** (0.0328)	0.0212 (0.0419)	-0.0548 (0.0616)
First	-0.0053 (0.0048)	-0.0165*** (0.0060)	0.0083 (0.0099)
Finbg	-0.0151 (0.0263)	0.0174 (0.0339)	-0.0757* (0.0397)
Age	0.1656*** (0.0162)	0.0958*** (0.0197)	0.3432*** (0.0366)
样本量	7528	4447	2696

注：括号内为标准误；***、** 和 * 分别表示在1%、5%和10%的显著性水平上显著。

11.4.3   混合效应及交叉效应分析

11.4.3.1   混合效应

将不同的补贴政策工具同时纳入统一的研究框架，可挖掘出不同补贴工具之间的混合效应。表 11 – 5 汇总了基于 CFM 估计框架得到的关于三种不同类型补贴工具对企业创新的混合效应检验结果。第（1）列显示了以企业创新投入为被解释变量的估计结果，税收优惠与政府采购的估计系数分别在 5% 和 1% 的显著性水平上显著为正，而直接补贴的估计系数则显著为负。这说明作为供给侧工具的直接补贴对企业创新投入产生了显著的挤出效应，而需求侧和环境侧工具则对企业创新投入产生显著的挤入效应。从三种补贴工具的边际弹性来看，直接补贴每提高 1 个百分点，可导致企业创新投入降低 0.0008 个百分点；税收优惠每提高 1 个百分点，可使得企业创新投入提升 0.0013 个百分点；而政府采购每提高 1 个百分点，可以促进企业创新投入提高 0.0009 个百分点。对比单项补贴工具的作用效果发现，税收优惠工具对企业创新投入的正向激励最为突出。从三种补贴工具的综合效应来看，挤入效应大于挤出效应，这些补贴工具对企业创新投入的综合激励效应呈现正向作用。

表 11 – 5 的第（2）列 ~ 第（4）列从企业创新的产出端出发，利用 CFM 估计框架就三种补贴工具对企业创新产出、实质性创新以及策略性创新的混合效应结果进行了检验。结果证实：就企业创新产出而言，解释变量 *Subsidy* 和 *Tax* 均在 1% 的显著性水平上显著为正，说明直接补贴与税收优惠对企业创新产出产生了显著的激励效应；解释变量 *Procu* 的估计系数显著为负，说明政府采购对企业创新起到了抑制作用，政府采购每提高 1 个百分点，将导致企业创新产出水平降低 0.0687 个百分点。综合实质性创新与策略性创新的估计结果发现，政府采购对实质性创新的激励效应并不明显，对策略性创新则具有显著的抑制效应。

表 11 – 5   混合效应的 CFM 检验

变量	（1）	（2）	（3）	（4）
	创新投入	创新产出	实质性创新	策略性创新
Subsidy	– 0.0008 **	0.2510 ***	0.2439 ***	0.1338 ***
	(0.0004)	(0.0436)	(0.0362)	(0.0503)
Tax	0.0013 **	0.1794 ***	0.0771 *	0.1323 **
	(0.0005)	(0.0492)	(0.0408)	(0.0531)

续表

变量	（1） 创新投入	（2） 创新产出	（3） 实质性创新	（4） 策略性创新
Procu	0.0009***	-0.0687**	0.0391	-0.2634***
	(0.0003)	(0.0268)	(0.0321)	(0.0723)
控制变量	yes	yes	yes	yes
年份	yes	yes	yes	yes
行业	yes	yes	yes	yes
拟合优度	0.2383	0.2832	0.2742	0.2781
样本量	8254	5302	5302	5302

注：括号内为标准误；*** 、** 和 * 分别表示在1%、5%和10%的显著性水平上显著。

总体来看，直接补贴虽对企业创新投入产生了一定的挤出效果，但针对企业创新产出却始终展现出正向的激励作用；无论是对于企业的创新投入抑或创新产出，税收优惠始终能够起到积极的促进作用；政府采购虽能在一定程度上挤入企业的创新投入，但却会抑制企业的创新产出尤其是策略性创新。

11.4.3.2　交叉效应

为进一步检验三种补贴政策工具在激励企业创新时可能具有的"互补"或"互斥"效应，我们参照张杰（2021）的做法，在 CFM 估计框架中引入三种补贴工具的交互项。表 11-6 的第（1）列显示，直接补贴与税收优惠交叉项（*Subsidy* × *Tax*）的估计系数在统计上不显著；直接补贴与政府采购交叉项（*Subsidy* × *Procu*）的估计系数在 10% 水平上显著为负；税收优惠与政府采购交叉项（*Tax* × *Procu*）的估计系数在 1% 的统计水平上显著为负。上述估计结果表明：在激励企业创新投入方面，直接补贴与政府采购这两种工具之间以及税收优惠与政府采购之间，均形成了较突出的互斥效应（相互抵消），而直接补贴与税收优惠之间并无明显的互补或互斥效应。在激励企业创新产出方面，直接补贴与税收优惠之间形成了明显的互斥效应，而税收优惠与政府采购之间则形成了较好的互补效应。结合实质性创新与策略性创新的估计结果发现，直接补贴与税收优惠之间以及直接补贴与政府采购之间的互补效应虽有利于强化企业的策略性创新，但对代表高质量的实质性创新却会因补贴工具间的互斥而产生显著的创新抑制效应；税收优惠与政府采购的组合可凭借补贴工具间存在的互补效应来提升企业的创新质量，但在激励企业策略性创新时却表现出两种补贴工具的互斥。

表 11 - 6 交叉效应的 CFM 检验

变量	(1)	(2)	(3)	(4)
	创新投入	创新产出	实质性创新	策略性创新
Subsidy	- 0.0029 **	1.4171 ***	1.1109 ***	0.5892 ***
	(0.0013)	(0.2598)	(0.1942)	(0.2231)
Tax	0.0052 *	1.0824 ***	0.5903 ***	0.4598 ***
	(0.0024)	(0.2348)	(0.1755)	(0.1706)
Procu	0.0043 ***	- 0.3259 **	0.1576	- 0.7604 **
	(0.0015)	(0.1480)	(0.1106)	(0.2951)
Subsidy × Tax	0.0001	- 0.0914 ***	- 0.0623 ***	0.0438 ***
	(0.0001)	(0.0168)	(0.0125)	(0.0137)
Subsidy × Procu	- 0.0001 *	0.0060	- 0.0086 *	0.0221 **
	(0.0000)	(0.0065)	(0.0049)	(0.0112)
Tax × Procu	- 0.0004 ***	0.0167 **	0.0181 ***	- 0.0276 **
	(0.0001)	(0.0084)	(0.0062)	(0.0107)
控制变量	yes	yes	yes	yes
年份	yes	yes	yes	yes
行业	yes	yes	yes	yes
拟合优度	0.2630	0.3455	0.3395	0.3436
样本量	8254	5302	5302	5302

注：括号内为标准误；***、** 和 * 分别表示在 1%、5% 和 10% 的显著性水平上显著。

11.4.4 基于补贴政策工具实施顺序的最优策略分析

表 11 - 7 结果显示，补贴政策工具的不同实施顺序对企业创新投入的影响存在明显差异。政府采取率先实施直接补贴的策略并不能显著促进企业增加创新投入；三种补贴政策工具同时实施有助于提升企业的创新动力，能够显著挤入企业在创新方面的投入；率先实施税收优惠或者率先实施直接补贴与政府采购的组合，不仅无法有效激励企业加大创新投入，还可能会起到一定的抑制效果。

表 11 - 8 报告了补贴政策工具的不同实施顺序对企业创新产出的影响效果。其中，率先实施直接补贴 *subfirst* 和率先实施直接补贴和税收优惠 *sub&tax* 的 DID 估计量显著为正，表明这两种实施顺序能够有效促进企业创新产出。与 *subfirst* 的估计值相比，*sub&tax* 的估计系数更大，说明率先实施直接补贴和税收优惠的创新激励效果相对更强。值得注意的是，同时

表 11 - 7　　　　　　　　　补贴政策工具实施顺序（创新投入）

项目	创新投入						
	(1)	(2)	(3)	(4)	(5)	(6)	(7)
subfirst	0.0009 (0.0026)						
taxfirst		-0.0279 *** (0.0035)					
profirst			—				
sub&tax				-0.0008 (0.0012)			
sub&pro					-0.0154 *** (0.0024)		
tax&pro						—	
sub&tax&pro							0.0098 *** (0.0032)
控制变量	yes	yes	yes	yes	yes	yes	yes
年份	yes	yes	yes	yes	yes	yes	yes
行业	yes	yes	yes	yes	yes	yes	yes
拟合优度	0.069	0.157	—	0.114	0.457	—	0.254
样本量	2321	717	—	9408	198	—	1100

注：括号内为标准误；*** 、** 和 * 分别表示在 1%、5% 和 10% 的显著性水平上显著；因创新投入端存在部分变量样本量过少，无法估计出准确值，故使用"—"表示不存在。

实施三种补贴政策工具的 DID 估计量为 -1.457 且显著，说明多补贴工具同时实施，容易引发"过度补贴"问题，不但浪费了有限的创新资源还抑制了企业创新产出水平的提升。

表 11 -8　　　　　　　　补贴政策工具实施顺序（创新产出）

项目	创新投入						
	(1)	(2)	(3)	(4)	(5)	(6)	(7)
subfirst	0.7020 *** (0.0877)						
taxfirst		—					
profirst		—					

项目	创新投入						
	(1)	(2)	(3)	(4)	(5)	(6)	(7)
sub&tax				1.0320 ***			
				(0.1580)			
sub&pro					0.1230		
					(0.2330)		
tax&pro						—	
sub&tax&pro							-1.4570 ***
							(0.1280)
控制变量	yes	yes	yes	yes	yes	yes	yes
年份	yes	yes	yes	yes	yes	yes	yes
行业	yes	yes	yes	yes	yes	yes	yes
拟合优度	0.938	—	—	0.873	0.734	—	0.780
样本量	808	—	—	3534	73	—	419

注：括号内为标准误；***、** 和 * 分别表示在1%、5%和10%的显著性水平上显著；因创新投入端存在部分变量样本量过少，无法估计出准确值，故使用"—"表示不存在。

11.4.5 基于补贴政策工具实施内容的最优策略分析

11.4.5.1 效果比较

我们采用多水平处理效应模型，就不同补贴政策工具实施内容对企业创新的影响进行估计。表11-9列示了在不同补贴策略下，政府补贴工具及其组合作用于企业创新投入、创新产出、实质性创新以及策略性创新的平均处理效应估计结果。

表 11-9   创新效果比较

项目	(1) 创新投入	(2) 创新产出	(3) 实质性创新	(4) 策略性创新
2 Vs. 1	0.0029 ***	0.4224 ***	0.0390	0.0134
	(0.0007)	(0.0740)	(0.0588)	(0.0699)
3 Vs. 1	0.0036 **	-0.3461 *	-0.5296 ***	-0.0142
	(0.0014)	(0.1790)	(0.1173)	(0.1706)
4 Vs. 1	0.0042 ***	0.8093 ***	0.4016 ***	0.1736
	(0.0006)	(0.0592)	(0.0467)	(0.0551)

项目	(1)	(2)	(3)	(4)
	创新投入	创新产出	实质性创新	策略性创新
5 Vs. 1	0.0023 **	0.3758 **	− 0.0512	0.3312 **
	(0.0009)	(0.1338)	(0.1004)	(0.1323)
6 Vs. 1	0.0226 ***	0.7895 ***	0.3937 ***	0.1202
	(0.0042)	(0.1288)	(0.1153)	(0.1224)
7 Vs. 1	0.0180 ***	1.2499 ***	0.6551 ***	0.3396 ***
	(0.0009)	(0.0761)	(0.0630)	(0.0746)
3 Vs. 2	0.0007	− 0.7685 ***	− 0.5687 ***	− 0.0008
	(0.0013)	(0.1897)	(0.1175)	(0.1710)
4 Vs. 2	0.0013 ***	0.3868 ***	0.3626 ***	0.1602 **
	(0.0004)	(0.0583)	(0.0474)	(0.0565)
5 Vs. 2	− 0.0006	− 0.0466	− 0.0902	0.3178 **
	(0.0008)	(0.1334)	(0.1008)	(0.1329)
6 Vs. 2	0.0196 ***	0.3671 **	0.3547 ***	0.1068
	(0.0042)	(0.1284)	(0.1156)	(0.1229)
7 Vs. 2	0.0151 **	0.8275 ***	0.6160 ***	0.3262 ***
	(0.0007)	(0.0754)	(0.0634)	(0.0756)
4 Vs. 3	0.0006	1.1554 ***	0.9314 ***	0.1594
	(0.0012)	(0.1845)	(0.1120)	(0.1655)
5 Vs. 3	− 0.0013	0.7219 ***	0.4784 ***	0.3170
	(0.0014)	(0.2200)	(0.1430)	(0.2046)
6 Vs. 3	0.0189 ***	1.1357 ***	0.9234 ***	0.1059
	(0.0044)	(0.2171)	(0.1538)	(0.1983)
7 Vs. 3	0.0144 ***	1.5961 ***	1.1847 ***	0.3254
	(0.0014)	(0.1906)	(0.1197)	(0.1730)
5 Vs. 4	− 0.0019 **	− 0.4334 ***	− 0.4529 ***	0.1576
	(0.0007)	(0.1258)	(0.0943)	(0.1257)
6 Vs. 4	0.0183 ***	− 0.0197	− 0.0079	− 0.0534
	(0.0042)	(0.1205)	(0.1099)	(0.1152)
7 Vs. 4	0.0138 ***	0.4406 ***	0.2534 ***	0.1659 ***
	(0.0007)	(0.0609)	(0.0525)	(0.0621)
6 Vs. 5	0.0202 ***	0.4137 **	0.4449 ***	− 0.2110
	(0.0043)	(0.1701)	(0.1414)	(0.1665)

项目	(1)	(2)	(3)	(4)
	创新投入	创新产出	实质性创新	策略性创新
7 Vs. 5	0.0157 ***	0.8741 ***	0.7063 ***	0.0084
	(0.0010)	(0.1346)	(0.1033)	(0.1354)
7Vs. 6	－0.0045	0.4603 ***	0.2613 **	0.2194
	(0.0043)	(0.1296)	(0.1177)	(0.1257)
控制变量	yes	yes	yes	yes
样本量	20123	12859	12859	12859

注：Vs. 为 Versus 的简写；变量中的"1"表示单一补贴工具直接补贴，"2"表示单一补贴工具税收优惠，"3"表示单一补贴工具政府采购，"4"表示直接补贴与税收优惠的补贴工具组合，"5"表示直接补贴与政府采购的补贴工具组合，"6"表示税收优惠与政府采购的补贴工具组合，"7"表示直接补贴、税收优惠与政府采购的补贴工具组合；括号内为标准误；*** 、 ** 、＊分别表示在1%、5%、10%的显著性水平上显著。

表 11 - 9 的第（1）列展示了以企业创新投入为被解释变量的估计结果。就补贴策略中的单项补贴而言，税收优惠与政府采购始终优于直接补贴；就两种补贴工具组合的策略而言，税收优惠和政府采购的组合策略效果最佳。由直接补贴、税收优惠和政府采购构成的多工具组合策略与由税收优惠和政府采购构成的两工具组合策略，在激励企业创新投入方面无显著差异，这两种策略皆有可能成为最优策略。第（2）列展示了以企业创新产出为被解释变量的估计结果，结果表明：在三种单项补贴策略中，最有利于激励企业创新的是直接补贴；在两工具组合策略中，直接补贴和税收优惠的组合策略效果最佳，税收优惠和政府采购的组合策略次之，直接补贴和政府采购组合策略的效果最弱。在所有可能的补贴策略之中，由直接补贴、税收优惠和政府采购构成的多工具组合策略在激励企业创新产出方面的效果最佳。除此之外，表 11 - 9 的结果还说明：在激励企业实质性创新方面，多工具组合是最优的补贴策略；而在激励企业策略性创新方面，两种或多种补贴工具的组合策略与单项补贴策略相比，未显现出明显优势。

11.4.5.2　稳健性探讨

由于政府补贴并不是根据政策评估的要求来实施的，因此须进一步检验评估方法的适用性和结果的可靠性。我们分别采用重叠假设检验和缩尾检验的方式来检验模型的适用性以及不同补贴策略对企业创新估计结果的可靠性。

首先，重叠假设检验。重叠假设成立是进行多水平处理效应模型分析的前提条件。检验结果（见图 11-8）证实"直接补贴（$w=1$）""税收优惠（$w=2$）""政府采购（$w=3$）""直接补贴与税收优惠组合（$w=4$）""直接补贴与政府采购组合（$w=5$）""税收优惠与政府采购组合（$w=6$）""直接补贴、税收优惠与政府采购三种工具组合（$w=7$）"的条件概率均大于 0 且小于 1，并且在这些情况下的条件概率分布均存在重叠区间。

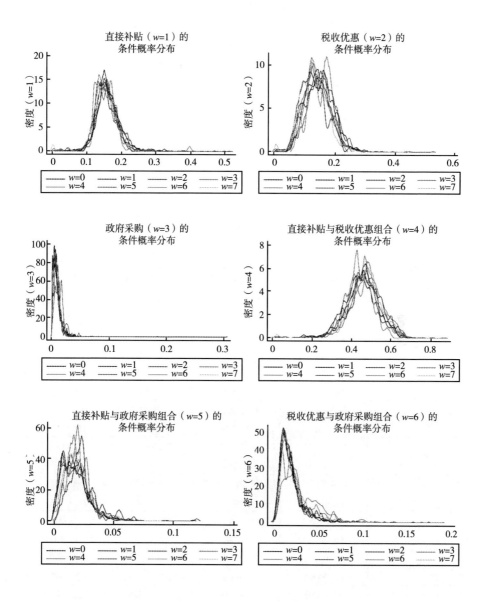

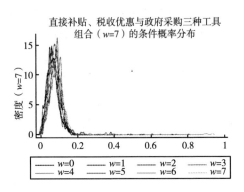

图 11 - 8　补贴策略的条件概率分布

资料来源：由作者整理。

其次，缩尾检验。依次剔除数据中企业创新投入、创新产出、实质性创新、策略性创新最高和最低的1%的企业样本。通过比较表 11 - 9 与表 11 - 10 的估计结果发现，估计值及其显著性并未发生明显变化，结论具有较好的稳健性。

表 11 - 10　　　　　　　　　　　缩尾检验结果

项目	（1） 创新投入	（2） 创新产出	（3） 实质性创新	（4） 策略性创新
2Vs. 1	0. 0037 *** （0. 0004）	0. 4209 *** （0. 0737）	0. 0390 （0. 0585）	0. 0142 （0. 0696）
3 Vs. 1	0. 0046 *** （0. 0012）	- 0. 3439 * （0. 1799）	- 0. 5271 *** （0. 1172）	- 0. 0177 （0. 1705）
4 Vs. 1	0. 0051 *** （0. 0003）	0. 8008 *** （0. 0589）	0. 3933 *** （0. 0464）	0. 1685 （0. 0548）
5 Vs. 1	0. 0034 *** （0. 0008）	0. 3766 ** （0. 1335）	- 0. 0505 （0. 1004）	0. 3274 ** （0. 1331）
6 Vs. 1	0. 0193 *** （0. 0025）	0. 7861 *** （0. 1281）	0. 3963 *** （0. 1152）	0. 1193 （0. 1219）
7 Vs. 1	0. 0175 *** （0. 0006）	1. 2366 *** （0. 0754）	0. 6394 *** （0. 0620）	0. 3317 *** （0. 0739）
3Vs. 2	0. 0008 （0. 0013）	- 0. 7649 *** （0. 1897）	- 0. 5661 *** （0. 1174）	- 0. 0034 （0. 1710）
4 Vs. 2	0. 0013 *** （0. 0004）	0. 3798 *** （0. 0579）	0. 3542 *** （0. 0471）	0. 1543 ** （0. 0562）
5 Vs. 2	- 0. 0003 （0. 0008）	- 0. 0443 （0. 1331）	- 0. 0895 （0. 1003）	0. 3132 ** （0. 1317）

续表

项目	(1)	(2)	(3)	(4)
	创新投入	创新产出	实质性创新	策略性创新
6 Vs. 2	0.0155 ***	0.3651 **	0.3573 ***	0.1051
	(0.0025)	(0.1277)	(0.1155)	(0.1225)
7 Vs. 2	0.0137 ***	0.8156 ***	0.6004 ***	0.3175 ***
	(0.0006)	(0.0746)	(0.0625)	(0.0750)
4 Vs. 3	0.0004	1.1448 ***	0.9203 ***	0.1508
	(0.0012)	(0.1844)	(0.1119)	(0.1655)
5 Vs. 3	−0.0012	0.7206 ***	0.4765 ***	0.3097
	(0.0014)	(0.2199)	(0.1427)	(0.2039)
6 Vs. 3	0.0147 ***	1.1300 ***	0.9235 ***	0.1016
	(0.0028)	(0.2167)	(0.1538)	(0.1981)
7 Vs. 3	0.0129 ***	1.5805 ***	1.1665 ***	0.3141
	(0.0013)	(0.1903)	(0.1193)	(0.1728)
5 Vs. 4	−0.0016 **	−0.4242 ***	−0.4438 ***	0.1589
	(0.0007)	(0.1255)	(0.0938)	(0.1245)
6 Vs. 4	0.0142 ***	−0.0147	−0.0030	−0.0492
	(0.0025)	(0.1197)	(0.1098)	(0.1148)
7 Vs. 4	0.0124 ***	0.4357 ***	0.2462 ***	0.1632 ***
	(0.0005)	(0.0600)	(0.0514)	(0.0615)
6 Vs. 5	0.0158 ***	0.4094 **	0.4469 ***	−0.2081
	(0.0026)	(0.1694)	(0.1411)	(0.1654)
7 Vs. 5	0.0140 ***	0.8599 ***	0.7899 ***	0.0043
	(0.0008)	(0.1341)	(0.1024)	(0.1341)
7 Vs. 6	−0.0017	0.4505 ***	0.2430 **	0.2125
	(0.0026)	(0.1287)	(0.1173)	(0.1251)
控制变量	yes	yes	yes	yes
样本量	19722	12732	12732	12732

注：Vs. 为 Versus 的简写；变量中的"1"表示单一补贴工具直接补贴，"2"表示单一补贴工具税收优惠，"3"表示单一补贴工具政府采购，"4"表示直接补贴与税收优惠的补贴工具组合，"5"表示直接补贴与政府采购的补贴工具组合，"6"表示税收优惠与政府采购的补贴工具组合，"7"表示直接补贴、税收优惠与政府采购的补贴工具组合；括号内为标准误；***、**分别表示在1%、5%的显著性水平上显著。

11.4.5.3　企业产权性质差异与政府补贴最优策略

在中国特殊的国情中，"国有"和"非国有"两种不同产权性质的企业不仅在管理模式、决策机制、社会地位上存在差异，在获得政府补贴支持方面也有明显的不同（张杰等，2015）。根据研究样本中的信息可知，占企业总样本 36.46% 的国有企业平均获得的直接补贴、税收优惠以及政府采购金额分别为 360 万元、798 万元和 213 万元，而占企业总样本量 63.54% 的非国有企业分别为 100 万元、395 万元和 181 万元。从平均获得金额角度来看，国有企业占据绝对优势。这必然导致各式政府补贴工具及其组合对不同所有制企业的创新活动产生不可忽视的异质性效应。据此，我们利用 CFM 估计框架分别针对国有企业与非国有企业两组子样本进行估计。估计结果整理为表 11 - 11 与表 11 - 12。

表 11 - 11　　　　　　基于国有企业样本的交叉效应和混合效应检验

项目	创新投入		创新产出		实质性创新		策略性创新	
Subsidy	- 0.0034 ***	- 0.0031 *	0.4200 ***	0.8512 **	0.2688 ***	1.7059 ***	0.2089 **	0.9761 *
	(0.0010)	(0.0017)	(0.1081)	(0.4132)	(0.0873)	(0.5714)	(0.0897)	(0.5597)
Tax	0.0008	0.0021	0.1106 **	0.7651 ***	0.1804 **	0.8094 **	0.0188	0.6128
	(0.0011)	(0.0019)	(0.0485)	(0.2913)	(0.0707)	(0.4028)	(0.0867)	(0.5467)
Procu	0.0027 ***	0.0046 **	- 0.1322 *	- 0.7984 ***	0.1369	0.2127	- 0.2024 *	- 1.1283 **
	(0.0002)	(0.0022)	(0.0676)	(0.2318)	(0.0879)	(0.3205)	(0.1046)	(0.4634)
Subsidy × Tax		0.0002 **		- 0.0562 **		- 0.0866 ***		0.0507 *
		(0.0001)		(0.0232)		(0.0322)		(0.0299)
Subsidy × Procu		- 0.0001 ***		0.0223 ***		- 0.0231 **		- 0.0370 ***
		(0.0000)		(0.0084)		(0.0116)		(0.0131)
Tax × Procu		- 0.0001		0.0312 **		0.0230		- 0.0333
		(0.0001)		(0.0125)		(0.0172)		(0.0217)
控制变量	yes	yes	yes	yes	yes	yes	yes	yes
年份	yes	yes	yes	yes	yes	yes	yes	yes
行业	yes	yes	yes	yes	yes	yes	yes	yes
拟合优度	0.1832	0.2349	0.3447	0.3621	0.3102	0.3781	0.3239	0.3892
样本量	2793	2793	1719	1719	1719	1719	1719	1719

注：括号内为标准误；***、** 和 * 分别表示在 1%、5% 和 10% 的显著性水平上显著。

表 11 - 12　　　　　　基于非国有企业样本的交叉效应和混合效应检验

项目	创新投入		创新产出		实质性创新		策略性创新	
Subsidy	- 0.0013 ***	- 0.0054 ***	0.2049 ***	1.0113 ***	0.1903 ***	0.7339 ***	0.0396	0.0478
	(0.0003)	(0.0009)	(0.0388)	(0.1812)	(0.0301)	(0.1312)	(0.0339)	(0.1366)
Tax	0.0005 *	0.0028 ***	0.1547 ***	0.7541 ***	0.0186 **	0.3782 ***	0.0233 *	0.0967 *
	(0.0003)	(0.0010)	(0.0493)	(0.1719)	(0.0081)	(0.1245)	(0.0129)	(0.0435)
Procu	0.0017	0.0016	- 0.0534	- 0.1801	- 0.0535 ***	- 0.2241 **	- 0.0001 *	- 0.6663 ***
	(0.0003)	(0.0012)	(0.0425)	(0.1312)	(0.0196)	(0.0949)	(0.0000)	(0.2107)

项目	创新投入		创新产出		实质性创新		策略性创新	
Subsidy × Tax	0.0003 ***		0.0660 ***		0.0426 ***		0.0063	
	(0.0000)		(0.0124)		(0.0089)		(0.0097)	
Subsidy × Procu	0.0000		0.0021		0.0023		0.0299	
	(0.0001)		(0.0055)		(0.0039)		(0.0182)	
Tax × Procu	0.0006 ***		0.0104		0.0062 *		-0.0189	
	(0.0001)		(0.0069)		(0.0029)		(0.0178)	
控制变量	yes	yes	yes	yes	yes	yes	yes	yes
年份	yes	yes	yes	yes	yes	yes	yes	yes
行业	yes	yes	yes	yes	yes	yes	yes	yes
拟合优度	0.2245	0.2802	0.3179	0.3652	0.3398	0.4312	0.2865	0.3911
样本量	5461	5461	3583	3583	3583	3583	3583	3583

注：括号内为标准误；***、** 和 * 分别表示在1%、5%和10%的显著性水平上显著。

　　首先，从创新投入角度进行分析。对比表 11－11 与表 11－12 的结果发现，政府采购工具有助于激励国有企业提高创新投入水平，而税收优惠工具则能够显著挤入非国有企业的创新投入。就国有企业而言，直接补贴与政府采购这两种工具间存在显著的"互斥"效应，而税收优惠与政府采购之间的交互（互补或互斥）效应并不明显；就非国有企业而言，直接补贴与政府采购间的交互效应在统计上不显著，而税收优惠与政府采购之间则会产生十分显著的"互补"效应。其次，从创新产出角度分析。政府采购对国有企业创新具有一定的抑制效应，但该类工具与另外两种补贴工具间存在明显的"互补"效应；政府采购在激励非国有企业创新产出方面并无明显效果，并且该工具与另外两种补贴工具间也不存在显著的交互效应。再次，从实质性创新角度分析。对于国有企业，直接补贴和税收优惠之间以及直接补贴与政府采购之间皆存在显著的"互斥"效应；而对于非国有企业，直接补贴和税收优惠之间则表现出较强的"互补"效应。最后，从策略性创新角度分析。直接补贴对国有企业创新具有显著的激励效应而对非国有企业的作用不明显；税收优惠对国有企业的影响效果虽不明显，但却能够显著激励非国有企业创新。就国有企业而言，直接补贴和税收优惠间具有"互补"效应，而直接补贴和政府采购之间则存在一定的"互斥"效应；就非国有企业而言，各补贴工具之间的交互效应皆不显著。

　　进一步地，利用多水平处理效应模型分别估计不同政府补贴策略对国有企业和非国有企业创新的影响。两组子样本在创新投入、创新产出、实质性创新以及策略性创新方面的平均处理效应差异如图 11－9 所示。

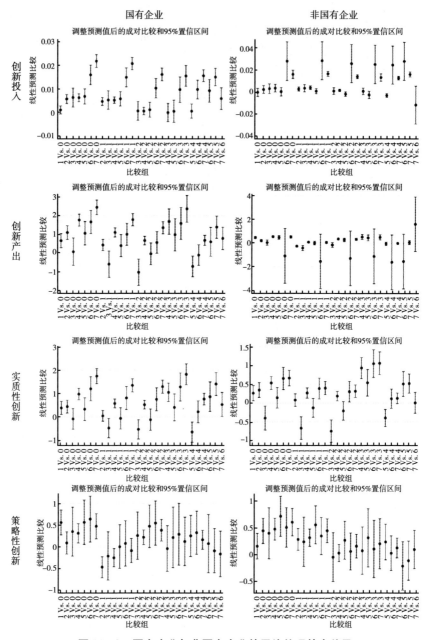

图 11-9　国有企业与非国有企业的平均处理效应差异

注：Vs. 为 Versus 的简写；变量中的"0"表示无补贴工具，"1"表示单一补贴工具直接补贴，"2"表示单一补贴工具税收优惠，"3"表示单一补贴工具政府采购，"4"表示直接补贴与税收优惠的补贴工具组合，"5"表示直接补贴与政府采购的补贴工具组合，"6"表示税收优惠与政府采购的补贴工具组合，"7"表示直接补贴、税收优惠与政府采购的补贴工具组合；图中圆点表示 ATE，圆点上下两侧线段为 95% 的置信区间。

资料来源：由作者整理。

从创新投入来看，与单项或两工具组合策略相比，由直接补贴、税收优惠和政府采购构成的多工具组合策略在激励国有企业创新投入方面的正向效果最好；而对于非国有企业，由税收优惠和政府采购构成的两工具组合以及多工具组合皆是激励企业创新投入的有效策略。从创新产出来看，对于国有企业"7"为最优策略，说明政府向国有企业实施多工具组合的策略对激励企业创新最为有效；对于非国有企业，单项工具、两工具组合或是多工具组合皆有可能成为最佳的补贴实施策略。从实质性创新来看，多工具组合的补贴策略最适于国有企业；而直接补贴与税收优惠的组合、税收优惠与政府采购的组合以及多工具组合等策略皆有可能成为推动非国有企业实质性创新的最优补贴策略。从策略性创新来看，无论是对国有企业还是非国有企业而言，均不存在最优的政府补贴策略。

11.5　总　　结

补贴政策协同既是政府和企业关注的重点，又是学界和实务界关注的热点。补贴政策协同可以从多个视角被界定。基于过程视角来讲，补贴政策协同是多个组织或部门之间的联合进程，各部门通过协调补贴目标筛选机制、整合补贴资源分配方案、优化补贴信息共享平台等一系列过程，最终选择更为行之有效的补贴政策实施策略；基于结果的视角来讲，若多补贴政策工具组合带来的创新激励效应高于单项补贴政策工具产生的创新激励效应，则可认为存在补贴政策协同。补贴政策协同的方式多样，涉及央地补贴协同、差异化补贴工具协同、长短期补贴协同等多个维度，本章着重关注差异化补贴工具的协同性。

差异化补贴工具协同具有两面性。一方面，多种补贴政策工具协同有利于汇集和利用有限的补贴资源，提高补贴政策整体的执行效率，改善和强化补贴政策的创新激励效果，从而接近或实现帕累托最优状态。另一方面，差异化补贴工具协同也可能会对企业创新的自由度、补贴机构间的竞争以及公共部门的内部控制构成挑战（Peters，2018）。以我国光伏产业为例，政策协同并非越强越好，尤其是金融措施与财政税收措施协同会对企业绩效产生负向影响（郭本海等，2018）。我国政府采取以直接补贴为代表的供给侧补贴工具、以税收优惠为代表的环境侧补贴工具和以政府采购为代表的需求侧补贴工具等"有形之手"，究竟能否通过补贴政策工具协同给企业创新带来正向激励值得深究。

为探究我国现行补贴政策的协同性,揭示多样性的补贴策略对异质性企业创新的效果差异,并挖掘出能够有效激励企业创新投入、提升企业创新产出数量及质量的最优补贴策略,本章在设计合理的结构型计量方程、采取适用的控制函数法框架以及构建多水平处理效应模型的基础上,着力将中国最典型的三种补贴工具纳入统一的研究框架,检验这三种补贴工具可能具有的混合效应和交叉效应,分析和比较这三种补贴工具及其组合影响企业创新的投入端和产出端的真实效果。本书不仅有助于科学、合理地评价补贴政策组合效果,同时也为完善补贴政策体系设计提供实证依据与实践指导。研究发现,以直接补贴为代表的供给侧补贴工具对企业创新投入产生了显著的挤出效应,而以政府采购为代表的需求侧补贴工具和以税收优惠为代表的环境侧工具则对企业创新投入产生了显著的挤入效应。在提升企业创新产出方面,直接补贴与税收优惠能够起到明显的激励作用,而政府采购的实施则会产生显著的抑制效果。直接补贴与税收优惠之间以及直接补贴与政府采购之间的互补效应虽有利于强化企业的策略性创新,但对代表高质量的实质性创新却会因补贴工具间的互斥而产生显著的创新抑制效应;税收优惠与政府采购的组合可凭借补贴工具间存在的互补效应来提升企业的创新质量,但在激励企业策略性创新时却表现出两种补贴工具的互斥。由直接补贴、税收优惠和政府采购构成的多工具组合策略,无论是在挤入企业创新投入还是激励企业创新产出质量方面,皆可能成为政府最优的补贴实施策略,并且这种策略对于激励国有企业创新尤为明显。

本章的边际贡献主要体现为以下三点。其一,构建合适的分析框架。如何将多种不同的补贴工具统一到同一个计量模型分析框架中,一直是相关领域的难点。结合中国现实背景,本章依据从现实数据中挖掘出的信息来设计控制函数法估计框架,并将三种补贴工具纳入同一结构型计量方程之中。其二,独特视角。既有研究多从单一补贴工具视角考察中国的补贴政策对企业创新活动的影响,忽略了企业可能同时获得多种补贴工具支持的现实,导致估计结果失准。本章在有效规避样本选择偏误及内生性问题的同时,基于政策组合视角科学评估直接补贴、税收优惠、政府采购及其组合影响企业创新投入及创新产出尤其是创新产出质量的实际效果。其三,补贴工具的精准度量。既有研究多通过构建政策虚拟变量的方式来刻画政府采购,鲜有使用政府采购的实际金额对政府采购进行准确度量。本章借助数据爬虫手段从"中国政府采购网"收集和整理政府机关或事业单位向每家上市企业购买产品及服务的资金总额并以此来度量政府采购工具,从而实现对政府采购这一补贴工具的精准量化。

　　本章研究存在一定的不足值得未来研究继续深入探讨。首先，本章仅采用各类补贴工具的交互值来测度补贴政策的协同，存在测量指标单一、缺乏测度创新等问题。未来研究需要进一步地挖掘和开发补贴政策协同的测量量表，丰富补贴政策协同的测度指标和方法。其次，本章对影响补贴政策协同作用发挥的特征因素探究仍比较初步，仅关注了企业产权性质。未来可以从环境不确定性、区域发展差异化等视角，分析影响补贴政策协同作用结果发挥的情境因素（Baniak and Grajzl，2014）。

| PART Ⅳ: |

典型企业及案例篇

第 12 章　典型企业创新与政府补贴

12.1　问题提出

当今世界，超过 2/3 的企业和 1/3 的上市企业为家族企业①，且该比例仍在不断攀升。截至目前，家族企业在我国 A 股市场上市的企业中占比为 35%（许宇鹏，2020），其重要性不言而喻。普华永道（Price Water-house Coopers，PWC）发布的《2018 年中国家族企业调研报告》显示，中国的家族企业作为非国有企业中最重要的组成部分，已在中国 A 股市场非国有企业中占据"半壁江山"，其比例高达 55.7%。从德勤咨询（Deloitte Consulting）发布的《2019 年全球家族企业调查报告》可以看出，创新是家族企业实现可持续发展的关键。在多变的市场环境以及社会、政治等因素的影响下，家族企业的创新尤为重要。

我国传统化石能源的储量与消费并不均衡，石油和天然气储量分别占全球的 1.5% 和 4.5%，而消费量却分别占全球的 16.7% 和 8.6%。石油与天然气对外依存度已达到 70% 和 40% 以上，"十四五"时期随着油气消费量增长，对外依存还将继续攀升。按现有的能源供给结构和能源消费需求，在承诺时间内实现"碳达峰"和"碳中和"，必须要在新能源领域取得颠覆性重大突破，只能依靠自主创新。由于我国 2/3 的碳排放源自能源使用，因此，新能源企业创新就成为中国实现"3060"目标②的关键。

---

① 《福布斯》杂志按照"所有权或控制权归某一家族所有，且至少有两名家族成员实际参与经营管理"的标准，发现在 A 股上市企业中近 30% 属于家族企业（王明琳和何秋琴，2020）。

② "3060"目标，指应对气候变化，要推动以二氧化碳为主的温室气体减排。中国提出，二氧化碳排放力争 2030 年前达到峰值，力争 2060 年前实现碳中和。

　　制造业是立国之本，强国之基。改革开放以来，我国依托人口红利、政策红利等传统低成本优势，从基础薄弱、结构单一的制造业弱国蜕变成为世界第一制造大国。然而，伴随着人口红利式微、欧美跨国企业高端制造业回流、低端制造业向东南亚地区转移等问题带来的"空心化"威胁，我国制造业企业逐渐显现出对于"谋求全球价值链攀升新要求""创新驱动发展战略新需要"等多个方面的不适应。助力制造业企业创新既是我国畅通国民经济循环、构建新发展格局的关键一环，又是我国推进创新驱动发展战略、实现经济高质量发展的重要前提。

　　创新往往需要借助政府的"扶持之手"加以推动。理论上，政府补贴应能够有效解决市场失灵并激励家族企业以及新能源企业的创新行为。然而，现实中由于存在政府与企业间信息不对称、企业逆向选择等问题，造成补贴对这类特殊企业的创新激励效果并不理想，部分新能源企业及家族企业为获得政府创新扶持采取了低质量的"策略性创新"，甚至出现"骗补"等极端情况（赵文等，2020）。

　　家族企业、新能源企业和制造业企业具有一定的特殊性和重要性。与一般企业相比，家族企业具有"控制权集中、融资比例高、代际传承难"等特点。具体来讲，控制权方面，家族企业的股权通常完全集中在家族成员手中，家族对企业握有高度的控制权并且注重企业的长期控制；融资方面，家族企业主要通过银行贷款、资本市场和股票市场进行融资，而中国家族企业在风险资本或私募股权中融资的比例远高于全球平均水平；传承方面，超过半数的家族企业有拟定长期发展目标，但成功传承到第二代的仅占30%（Birley，1986），而顺利传承到第三代的家族企业仅为15% ~ 16%（Morris et al.，1997），即"富不过三代"。这些独有特性可能会影响政府补贴的实施效果。就新能源企业而言，因我国新能源仍处于起步阶段，在创新发展的过程中，企业常常要面临核心技术缺乏、设施配置不齐全、创新资金短缺以及技术人才匮乏等诸多问题，并且新能源的科技含量高、开发时间长、投资风险大、资源不集中等特点又会给新能源企业创新"雪上加霜"，造成新能源企业对补贴政策的过度依赖。制造业企业作为我国经济增长的主要驱动力、科技创新的核心推动力、国家经济安全的基础条件和支柱，其重要性和特殊性不言而喻。当前我国制造业企业亟须摆脱过去"高投入、高消耗、低效率"的标签，实现由单纯追求规模向追求创新的转变，推进我国从"制造大国"向"制造强国"以及"智造强国"转型。

　　鉴于家族企业、新能源企业、制造业企业的特殊性和重要性，本章将重点关注这三类企业的创新行为与政府补贴之间的关系。通过考察政府补贴对企业创新行为的实际作用，解答"是否应该补贴"；在此基础上，探讨政府补贴的实施强度对企业创新行为的影响效果及作用激励，解答"应如何补贴"；进一步地，通过对企业的细化和分类，挖掘政府补贴实施在异质企业上的效果差异，解答"怎样优化补贴"等。

12.2　家族企业创新与政府补贴

从有关家族企业创新的数据来看，家族企业创新投入占营业收入比均值仅为 3.46%，远低于同期非家族企业 4.17% 的均值水平（罗宏和秦际栋，2019）。创新投入的不足，不仅会抑制家族企业自身竞争力的提升、降低其持续发展能力，还会给经济高质量发展带来诸多不利影响[①]。科学且合理地利用补贴政策激励家族企业创新、稳步提升家族企业的核心竞争力、纵深推动家族企业创新发展至关重要。以往多数研究，或关注政府补贴对于普通企业创新活动的作用效果和影响机理，或聚焦那些能够影响家族企业创新行为的内部及外部因素，但鲜有文献就政府补贴对家族企业创新的影响效果及作用机制这一重要问题进行深入探讨。另外，现有研究多聚焦政府补贴对企业创新投入或是创新产出的影响，未能以动态的思维将企业创新投入水平、创新产出数量以及创新产出质量同时纳入研究框架，导致研究结论针对性较弱且缺乏政策内涵。此外，既有研究对家族企业异质性的考虑不足，部分学者虽有注意到外部环境因素及内部控制因素对家族企业创新的影响差异，但对家族企业内涵的理解仍过于简单，并未将"代际传承""国有股权参股比例""控制家族股权比例"等家族企业独有的特征因素纳入考量范畴，掩盖了诸多家族企业实际运行中的重要问题。为此，我们从家族企业创新投入水平、创新产出数量以及创新产出质量三个不同视角，在充分考虑家族企业异质性的情况下，挖掘政府补贴对家族企业创新的作用效果并探索政府补贴影响家族企业创新的影响机理和路径。

12.2.1　研究思路与方法

首先，我们利用面板数据模型和 Heckman 两阶段估计模型，考察了政

---

① 家族企业虽重视创新但也不可避免地存在着创新投入不足的问题（Naldi et al.，2007；陈德球和钟昀珈，2011；唐清泉等，2015）。另外，家族企业明显的风险厌恶、内部结构僵化等问题会进一步抑制其创新投入意愿，导致家族企业投入低于非家族企业（De Massis et al.，2013）。

府补贴对家族企业创新的影响。借鉴黎文靖和郑曼妮（2016）的做法，我们构建了如下估计模型：

$$Y_{it} = c + \beta X_{it} + \alpha Z_{it} + \theta_i + \gamma_t + \varepsilon_{it} \tag{12-1}$$

其中，被解释变量 Y 表示家族企业创新，包括创新投入、创新产出和创新质量。核心解释变量 X 表示政府补贴；Z 表示一系列控制变量；α 表示相应的系数；θ_i 和 γ_t 分别表示个体固定效应和时间固定效应；ε_{it} 表示随机扰动项。

考虑到样本中并非所有的家族企业都能获得政府补贴支持，我们采用 Heckman 两阶段方法来解决潜在的样本选择偏差（Sample Selection Bias）问题，并以此检验式（12-1）的估计结果。Heckman 两阶段方法的具体形式如下：

$$Y_2 = \alpha Z + \delta \tag{12-2}$$

$$Y_1 = B_0 + B_1 X + \sigma \rho_{\varepsilon\delta} \lambda(T - \alpha Z) + \sigma' \varepsilon' \tag{12-3}$$

式（12-2）为选择方程（Selection Equation），该方程利用 Probit 模型进行估计。其中，Y_2 为潜在二分变量，表示决定选择的因素；δ 为服从正态分布的误差项。预测值 $T - \alpha Z$ 将被保留为的估计值用于第二阶段分析。式（12-3）为观测方程（Outcome Equation），以逆米尔斯比率（Inverse Mills Ratio）作为回归变量。当 Y_2 大于某个阈值 T 时，Y_1 为观测值，并且当 $Y_2 \leqslant T$ 时 Y_1 为删失值。值得注意的是，我们可通过在 $\phi(T - \alpha Z)$ 处估计的正态密度函数除以 1 减去在 $1 - \Phi(T - \alpha Z)$ 处估计的正态累积分布函数，来估计每种情况下的逆米尔斯比率，则：

$$\lambda(T - \alpha Z) = \frac{\phi(T - \alpha Z)}{1 - \Phi(T - \alpha Z)} \tag{12-4}$$

其次，运用中介效应分析方法，挖掘政府补贴对家族企业创新的作用机制。我们构建如下方程：

$$Med_{it} = c_1 + \beta_1 X_{it} + \alpha_1 Z_{it} + \theta_i + \gamma_t + \varepsilon_{it} \tag{12-5}$$

$$Y_{it} = c_2 + \beta_2 X_{it} + \delta_2 Med_{it} + \alpha_2 Z_{it} + \theta_i + \gamma_t + \varepsilon_{it} \tag{12-6}$$

其中，Med 为中介变量。根据面板数据模型系数 β 衡量政府补贴对家族企业创新的总体影响；式（12-5）中的系数 β_1 衡量政府补贴对中介变量的影响；式（12-6）中的系数 β_2 反映了政府补贴对家族企业创新的直接影响，而系数乘积 $\beta_1 \delta_2$ 则反映了间接影响。

12.2.2　数据介绍

以中国沪深 A 股中的家族企业为研究对象，我们收集整理了 2009 ~

2016 年的家族企业数据。结合学界对家族企业的定义以及实务界的共识，我们将同时满足以下特征和条件的上市企业定义为家族企业。企业的最终控制权能够归结到一个自然人或一个家族，该自然人或家族对企业要拥有实质控制权，并且最终控制人需要是上市企业的（直接或间接）第一大股东。有关家族企业的财务数据、公司治理数据以及注册地等信息源自 CSMAR 数据库。有关家族企业创新投入及创新产出的数据主要源自 Wind 数据库。因收集后的初始数据在研究窗口期内存在较为严重的缺漏问题，我们对初始样本进行了预处理，具体步骤如下。首先，我们剔除了在研究窗口期内家族企业的最终控制人发生变化或者缺乏控制权计算条件的企业样本。其次，剔除了 ST、*ST 以及其他处于非正常交易状态的家族企业样本。最后，剔除了所属行业为金融保险业的家族企业样本以及重要变量存在严重缺失的家族企业样本。最终得到有效样本 4365 个。

被解释变量为家族企业创新，涉及家族企业的创新投入水平（*RDinput*）、创新产出水平（*Innovation*）以及创新产出质量（*RDquality*）。核心解释变量为政府补贴（*Subsidy*）。此外，我们从企业管理与行业竞争两个角度出发，设定如下四个分组变量："二代接班"（*Gene*）、"二职合一"（*Dual*）、"高新技术行业"（*Ht*）以及"激烈竞争"（*Concu*）。参考潘越等（2015）与李溪等（2018）的做法，将企业年龄（*Age*）、资产规模（*Size*）、市场占有率（*Ms*）等企业特征变量，以及董事会规模（*Board*）、独立董事占比（*Indep*）等企业治理变量作为控制变量纳入研究框架。为进一步考察政府补贴对家族企业创新的作用机制，我们借鉴刘莉亚等（2015）使用的方法，构造了融资约束指数（*Sa*），并引入了盈利风险（*Irisk*）、国有股权参股（*Gsta*）等变量。具体的变量定义如表 12 - 1 所示，相关变量的描述性统计如表 12 - 2 所示。

表 12 - 1　　　　　　　　变量介绍

类型	名称	变量	定义
被解释变量	创新投入	*RDinput*	采用企业当年（*t* 期）的研发支出取对数来衡量
	创新产出	*Innovation*	采用企业 *t* +1 期的总专利申请数取对数来衡量
	创新质量	*RDquality*	采用企业 *t* +1 期的发明专利申请数取对数来衡量

续表

类型	名称	变量	定义
解释变量	政府补贴	*Subsidy*	采用企业当年（*t*期）获得政府补助金额取对数来衡量
分组变量	二代接班	*Gene*	参考胡旭阳和吴一平（2017）的做法，采用家族继承人（继承人指创始人的儿子儿媳或女儿女婿）担任董事及以上职务来表示，完成二代接班的家族企业定义为1，否则为0
	二职合一	*Dual*	家族企业的董事长与总经理二职合一，定义为1，否则为0
	高新技术	*Htech*	将航空航天、电子设备制造、软件和信息技术服务、医药制造等行业定义为高新技术行业。若家族企业属于上述行业则赋值为1，否则为0
	激烈竞争	*Concu*	采用HHI指数来测度家族企业所处行业的竞争激烈程度，以样本中的HHI均值为标准，当观测值HHI低于该均值，则认为家族企业所处行业的竞争激烈，定义为1，否则为0
特征变量	企业规模	*Size*	采用企业的总资产取自然对数来衡量
	财务杠杆	*Lever*	采用负债总额与资产总额相除来衡量
	盈利能力	*Roa*	采用资产收益率来反映企业盈利能力
	运营能力	*Oper*	采用销售收入总额与平均资产总额的比值来衡量总资产周转率，用于评价企业的运营能力与利用效率
	企业价值	*Tobinq*	采用公司市场价值与资产重置成本的比值来衡量
	企业增长	*Grow*	（本期期末销售收入－去年同期销售收入）/去年同期销售收入金额，体现销售收入的变化
	市场份额	*Ms*	采用企业在其市场销售额占同类销售额的比重来衡量
	企业年龄	*Age*	采用1加上企业成立时间后取自然对数来衡量

续表

类型	名称	变量	定义
治理变量	董事会规模	*Board*	采用董事会人数取对数来衡量
	独立董事占比	*Indep*	采用董事会成员中独立董事的比例为独立董事占比来衡量
	控制家族权力	*Fhold*	采用实际控制人家族成员的调整股权比例来衡量
	控制家族规模	*Fdir*	采用实际控制人家族成员人数占董事会总人数的比例为控制家族董事占比来衡量
	家族管理程度	*Fman*	采用企业的高层团队中受家族所控制成员数的占比来衡量
中介变量	融资约束	*Sa*	根据刘莉亚等（2015）的做法构造融资约束指数
	盈利风险	*Irisk*	采用家族企业的利润波动来衡量
	国有股权参股	*Gsta*	采用参股国有股权持股数与控股家族持股数之间的比值来衡量

表 12 - 2 描述性统计

变量	均值	中位数	方差	最小值	最大值
RDinput	14.508	17.158	6.524	0.000	20.227
Innovation	1.647	1.609	1.480	0.000	5.176
RDquality	1.091	0.693	1.184	0.000	4.357
Subsidy	8.052	12.285	7.951	0.000	21.022
Gene	0.264	0.000	0.441	0.000	1.000
Dual	0.220	0.000	0.414	0.000	1.000
Htech	0.260	0.000	0.439	0.000	1.000
Concu	0.872	1.000	0.334	0.000	1.000
Size	21.659	21.577	0.991	19.503	24.570
Lever	0.394	0.383	0.198	0.045	0.866
Roa	0.048	0.043	0.053	-0.127	0.226
Oper	1.124	0.939	0.782	0.101	4.880
Tobinq	3.163	2.469	2.227	1.004	14.180
Grow	0.209	0.133	0.460	-0.620	2.918
Ms	0.004	0.001	0.010	0.000	0.073
Age	1.896	1.946	0.747	0.000	3.135

变量	均值	中位数	方差	最小值	最大值
Board	2.213	2.213	0.126	1.792	2.565
Indep	0.442	0.417	0.052	0.385	0.600
Fhold	37.196	35.770	15.025	11.810	76.380
Fdir	0.126	0.111	0.136	0.000	0.556
Fman	0.091	0.000	0.141	0.000	0.667
Sa	-3.416	-3.355	0.245	-3.951	-2.945
Irisk	0.027	0.018	0.031	0.000	0.273
Gsta	0.040	0.000	0.100	0.000	0.567

12.2.3 政府补贴对家族企业创新的影响分析

12.2.3.1 基准回归

表 12 - 3 列示了政府补贴对家族企业创新投入（*RDinput*）、创新产出（*Innovation*）以及创新产出质量（*RDquality*）影响的回归结果。研究表明政府补贴向家族企业提供的补贴资金，不仅有助于提升企业的创新投入意愿，还有利于推动家族企业在创新方面的产出水平及产出质量，这与政府补贴作用于普通企业的效果并无二致（陈玲和杨文辉，2016）。与一般企业相比，家族企业往往更不愿将其资源投入到具有高风险性的研发创新项目之中，一方面是由于家族企业的内部资源不足，另一方面则是因为外部资本融资可能会破坏原有家族企业在企业掌控度上的平衡（Duran et al.，2015）。政府补贴可在不影响家族决策权的情况下，补足家族企业创新资金的缺口，从而实现激励家族企业创新的目标。

另外，我们也注意到企业特征变量以及企业治理变量对于家族企业创新的影响。资产规模（*Size*）和盈利能力（*Roa*）与家族企业的创新意愿、水平以及质量皆呈显著正相关。对于规模较小的家族企业来说，盈利能力较不稳定且缺乏抗风险能力，致使其创新投入的意愿偏低（李婧等，2010）。而伴随企业规模的扩大以及盈利能力的增长，企业的创新意愿会不断提升（张西征等，2012）。企业市场占有率（*Ms*）和企业年龄（*Age*）则与家族企业创新之间呈现显著的负相关。家族企业在某一行业的市场占有率越高，其创新动力往往会越弱，这说明同行之间适度的竞争有助于推动家族企业创新发展。与此同时，企龄高的家族企业，往往受制于已固化或僵化的发展框架，创新求变的能力远不及新创企业。此外，董事会规模

（Board）与家族企业创新产出及创新产出质量的关系显著为正，但与创新投入无明显关联。控制家族持股占比（Fhold）与家族企业创新产出水平和创新产出质量呈显著负相关关系，但与创新投入无明显关联（罗宏和秦际栋，2019）。

表 12 - 3　　　　　　　　政府补贴影响家族企业创新的估计结果

项目	被解释变量：家族企业创新		
	模型 1 RDinput	模型 2 Innovation	模型 3 RDquality
Subsidy	0. 046 *** （5. 038）	0. 008 *** （3. 015）	0. 004 ** （2. 023）
Size	1. 011 *** （8. 401）	0. 220 *** （7. 348）	0. 189 *** （7. 557）
Lever	- 1. 290 *** （- 2. 481）	0. 088 （0. 722）	0. 242 ** （2. 403）
Roa	9. 334 *** （4. 967）	3. 536 *** （8. 376）	3. 364 *** （9. 179）
Oper	- 0. 048 （- 0. 387）	0. 016 （0. 583）	- 0. 009 （- 0. 378）
Tobinq	- 0. 133 *** （- 2. 873）	- 0. 038 *** （- 3. 560）	- 0. 012 （- 1. 268）
Grow	- 0. 144 （- 0. 751）	- 0. 167 *** （- 3. 987）	- 0. 138 *** （- 4. 072）
Ms	- 47. 445 *** （- 2. 934）	- 8. 103 *** （- 3. 386）	- 5. 776 *** （- 3. 084）
Age	- 1. 424 *** （- 10. 288）	- 0. 445 *** （- 13. 854）	- 0. 339 *** （- 12. 842）
Board	0. 589 （0. 885）	0. 459 *** （2. 632）	0. 280 * （1. 860）
Indep	- 0. 138 （- 0. 088）	0. 443 （1. 017）	0. 525 （1. 374）
Fhold	- 0. 008 （- 1. 307）	- 0. 003 ** （- 2. 056）	- 0. 004 *** （- 3. 042）
Fdir	- 1. 016 （- 1. 392）	0. 258 （1. 304）	- 0. 224 （- 1. 332）

续表

项目	被解释变量：家族企业创新		
	模型 1 RDinput	模型 2 Innovation	模型 3 RDquality
Fman	0.509 (0.814)	-0.136 (-0.729)	-0.319 ** (-1.972)
常数项	-13.176 *** (-4.268)	-4.385 *** (-5.610)	-3.861 *** (-5.659)
年份	yes	yes	yes
行业	yes	yes	yes
拟合优度	0.5234	0.3317	0.2414
样本量	4365	4365	4365

注：括号内为经异方差修正后的 t 值；*** 、** 和 * 分别表示在 1% 、5% 和 10% 的显著性水平上显著。

12.2.3.2 稳健性检验

我们采用如下三种方式对估计结果进行稳健性检验：其一，替换核心解释变量；其二，更换估计方法；其三，补充匹配过程。

首先，替换核心解释变量。考虑到政府补贴决策可能与家族企业创新投入及创新产出（包括创新的数量和质量）行为决策之间互为因果，会造成内生性问题。因此，我们将使用核心解释变量政府补贴的滞后一期（L. Subsidy），重新检验政府补贴与家族企业创新行为这二者之间的关系。由表 12 - 4 稳健性检验的估计结果中可看出，滞后一期的政府补贴依然与家族企业创新有正向相关性，但显著性水平略有弱化。从控制变量的估计结果来看，无论是符号还是显著性水平，皆与表 12 - 3 结果相近。表 12 - 4 的估计结果证实，采用政府补贴滞后一期，结论依然成立。

表 12 - 4　　　　　　　稳健性检验：替换核心解释变量

项目	被解释变量：家族企业创新		
	(1) RDinput	(2) Innovation	(3) RDquality
L. Subsidy	0.040 *** (3.885)	0.005 * (1.694)	0.003 (1.065)
Size	1.125 *** (8.312)	0.211 *** (6.037)	0.196 *** (6.712)

续表

项目	被解释变量：家族企业创新		
	(1) RDinput	(2) Innovation	(3) RDquality
Lever	- 1. 051 *	0. 179	0. 343 ***
	(- 1. 762)	(1. 183)	(2. 711)
Roa	7. 816 ***	4. 086 ***	3. 967 ***
	(3. 749)	(8. 078)	(8. 961)
Oper	0. 221 *	0. 040	0. 016
	(1. 649)	(1. 223)	(0. 559)
Tobinq	- 0. 058	- 0. 028 **	- 0. 002
	(- 1. 102)	(- 2. 092)	(- 0. 193)
Grow	0. 257	- 0. 184 ***	- 0. 178 ***
	(1. 242)	(- 3. 536)	(- 4. 088)
Ms	- 55. 137 ***	- 9. 299 ***	- 7. 190 ***
	(- 2. 965)	(- 3. 415)	(- 3. 318)
Age	- 1. 403 ***	- 0. 580 ***	- 0. 458 ***
	(- 7. 856)	(- 12. 910)	(- 12. 242)
Board	0. 504	0. 270	0. 079
	(0. 676)	(1. 343)	(0. 448)
Indep	- 1. 578	0. 249	0. 224
	(- 0. 887)	(0. 476)	(0. 483)
Fhold	0. 001	- 0. 004 **	- 0. 005 ***
	(0. 094)	(- 2. 320)	(- 3. 458)
Fdir	- 1. 030	0. 379	- 0. 187
	(- 1. 205)	(1. 607)	(- 0. 917)
Fman	0. 509	- 0. 271	- 0. 447 **
	(0. 717)	(- 1. 215)	(- 2. 259)
常数项	- 12. 391 ***	- 3. 150 ***	- 3. 254 ***
	(- 3. 476)	(- 3. 435)	(- 4. 048)
年份	yes	yes	yes
行业	yes	yes	yes
拟合优度	0. 5286	0. 3355	0. 2444
样本量	3101	3101	3101

注：括号内为经异方差修正后的 t 值；***、** 和 * 分别表示在 1%、5% 和 10% 的显著性
水平上显著。

其次，更换估计方法。考虑到样本中并非所有家族企业中都能够获得政府补贴，我们采用 Heckman 两阶段法对模型重新进行估计以解决可能存在的变量遗漏以及样本选择偏误等问题。基于加入逆米尔斯比率后的第二阶段方程进行估计，并将结果整理至表 12 – 5。实证结果表明，考虑样本选择偏误问题后，主要结论依然成立，唯有企业市场占有率（Ms）的显著性微幅下降。

表 12 – 5　　　　　　　稳健性检验：更换估计方法

项目	第一阶段	第二阶段		
	$Subsidy$	$RDinput$	$Innovation$	$RDquality$
$Subsidy$		0.045 ***	0.007 ***	0.004 **
		(4.956)	(2.894)	(2.013)
$Size$	− 0.056 *	0.869 ***	0.161 ***	0.188 ***
	(− 1.732)	(4.425)	(3.864)	(5.270)
$Lever$	− 0.036	− 1.350 **	0.067	0.244 **
	(− 0.256)	(− 2.551)	(0.543)	(2.402)
Roa	0.512	10.907 ***	4.197 ***	3.383 ***
	(1.078)	(4.435)	(8.024)	(7.438)
$Oper$	0.145 ***	0.282	0.157 **	− 0.007
	(4.896)	(0.730)	(2.006)	(− 0.095)
$Tobinq$	− 0.062 ***	− 0.296	− 0.107 ***	− 0.013
	(− 4.609)	(− 1.587)	(− 3.024)	(− 0.418)
$Grow$	− 0.082 *	− 0.356	− 0.257 ***	− 0.139 ***
	(− 1.741)	(− 1.220)	(− 4.170)	(− 2.646)
Ms	9.182 ***	− 27.311	0.267	− 5.618
	(2.845)	(− 0.991)	(0.055)	(− 1.343)
Age	0.016	− 1.385 ***	− 0.429 ***	− 0.340 ***
	(0.458)	(− 9.610)	(− 12.971)	(− 12.434)
$Board$	0.404 **	1.514	0.855 ***	0.287
	(2.083)	(1.249)	(3.275)	(1.261)
$Indep$	0.235	0.434	0.676	0.526
	(0.506)	(0.257)	(1.505)	(1.334)
$Fhold$	0.008 ***	0.011	0.005	− 0.004
	(4.811)	(0.497)	(1.154)	(− 1.003)
$Fdir$	− 0.199	− 1.481	0.058	− 0.227
	(− 0.951)	(− 1.637)	(0.261)	(− 1.213)

续表

项目	第一阶段	第二阶段		
	Subsidy	RDinput	Innovation	RDquality
Fman	0.793 ***	2.229	0.618	−0.310
	(3.962)	(1.091)	(1.526)	(−0.902)
常数项	0.082	−15.938 ***	−5.577 ***	−3.870 ***
	(0.095)	(−3.665)	(−5.685)	(−4.515)
年份	yes	yes	yes	yes
行业	yes	yes	yes	yes
拟合优度	—	0.5205	0.3309	0.2404
样本量	—	4353	4353	4353

注：括号内为经异方差修正后的 t 值；*** 、** 和 * 分别表示在 1%、5% 和 10% 的显著性水平上显著。

最后，补充匹配过程。利用倾向得分匹配法为获得政府补贴的家族企业样本寻找配对样本，并就政府补贴对家族企业创新投入及产出的影响效果进行检验。我们采用 PSM 方法中的近邻匹配（1∶1）对样本进行匹配，各变量在匹配后，处理组和对照组之间的均值不存在显著差异（见表 12 − 6），匹配后的样本具有较好的性质。进而，查看匹配样本后的估计结果（见表 12 − 7），发现三组模型中政府补贴对家族企业创新的影响方向及显著性与前面实证结果完全一致。该结果表明政府补贴对家族企业创新具有促进作用且稳健性检验结果通过。

表 12 − 6　　　　　　　　　　匹配效果检验

变量		均值		t 检验		
		处理组	对照组	标准化偏差	t 值	p 值
Size	匹配前	21.689	21.627	6.2	2.05	0.040 **
	匹配后	21.677	21.667	1.0	0.31	0.760
Lever	匹配前	0.392	0.397	−2.4	−0.79	0.430
	匹配后	0.395	0.394	0.4	0.13	0.895
Roa	匹配前	0.049	0.046	5.1	1.70	0.089 *
	匹配后	0.048	0.047	0.4	0.13	0.898
Oper	匹配前	1.208	1.037	22.1	7.29	0.000 ***
	匹配后	1.063	1.079	−2.0	−0.67	0.505
Tobinq	匹配前	2.931	3.404	−21.3	−7.06	0.000 ***
	匹配后	3.069	3.141	−3.2	−1.04	0.299

续表

变量		均值		t 检验		
		处理组	对照组	标准化偏差	t 值	p 值
Grow	匹配前	0.195	0.222	-5.8	-1.93	0.053 *
	匹配后	0.206	0.203	0.7	0.22	0.828
Ms	匹配前	0.004	0.003	6.1	2.02	0.043 **
	匹配后	0.003	0.003	-0.6	-0.18	0.858
Age	匹配前	1.848	1.945	-12.9	-4.28	0.000 ***
	匹配后	1.917	1.913	0.6	0.19	0.847
Board	匹配前	2.219	2.207	9.0	2.98	0.003 ***
	匹配后	2.211	2.213	-2.3	-0.72	0.470
Indep	匹配前	0.441	0.443	-5.4	-1.77	0.077 *
	匹配后	0.442	0.442	-0.1	-0.04	0.972
Fhold	匹配前	38.726	35.599	20.9	6.91	0.000 ***
	匹配后	36.010	36.532	-3.5	-1.08	0.279
Fdir	匹配前	0.139	0.113	18.5	6.10	0.000 ***
	匹配后	0.116	0.119	-2.1	-0.66	0.508
Fman	匹配前	0.107	0.075	22.9	7.54	0.000 ***
	匹配后	0.767	0.082	-3.8	-1.23	0.218

注：***、** 和 * 分别表示在 1%、5% 和 10% 的显著性水平上显著。

表 12 - 7　　　　　　　　　匹配样本后的估计结果

解释变量	被解释变量：家族企业创新		
	(1) RDinput	(2) Innovation	(3) RDquality
Subsidy	0.054 *** (5.447)	0.010 *** (3.640)	0.007 *** (3.214)
Size	0.978 *** (7.327)	0.241 *** (7.311)	0.196 *** (7.076)
Lever	-1.092 * (-1.887)	0.074 (0.539)	0.236 ** (2.072)
Roa	8.179 *** (3.927)	3.416 *** (7.218)	3.303 *** (7.946)
Oper	0.069 (0.447)	0.030 (0.907)	0.022 (0.838)

续表

解释变量	被解释变量：家族企业创新		
	（1） *RDinput*	（2） *Innovation*	（3） *RDquality*
Tobinq	-0.116** (-2.119)	-0.038*** (-3.041)	-0.016 (-1.502)
Grow	-0.235 (-1.540)	-0.207*** (-4.168)	-0.180*** (-4.500)
Ms	-55.948*** (-3.088)	-7.897*** (-3.214)	-7.135*** (-3.531)
Age	-1.434*** (-9.244)	-0.481*** (-13.490)	-0.352*** (-11.946)
Board	0.156 (0.207)	0.477** (2.421)	0.283* (1.660)
Indep	-1.373 (-0.784)	0.217 (0.457)	0.205 (0.491)
Fhold	-0.006 (-0.843)	-0.003 (-1.551)	-0.003** (-2.104)
Fdir	-1.118 (-1.374)	0.324 (1.468)	-0.241 (-1.299)
Fman	0.143 (0.189)	-0.061 (-0.274)	-0.016 (-0.084)
常数项	1.335 (0.044)	-12.398* (-1.747)	-11.091* (-1.841)
年份	yes	yes	yes
行业	yes	yes	yes
拟合优度	0.5258	0.3430	0.2497
样本量	3614	3614	3614

注：括号内为经异方差修正后的 t 值；*** 、** 和 * 分别表示在 1%、5% 和 10% 的显著性水平上显著。

12.2.4　政府补贴影响家族企业创新的分组讨论

本部分从企业管理角度及行业竞争角度对家族企业创新行为进行分组讨论。企业管理角度主要涉及家族企业是否完成"二代接班"（*Gene*）与家族企业是否采用"二职合一"（*Dual*）；行业竞争角度主要涉及家族企业是否为"高新技术行业"（*Htech*）与所在行业的竞争是否激烈（*Concu*）。

12.2.4.1　企业管理角度

首先，我们针对家族企业是否完成"二代接班"进行分组讨论。家族企业的代际传承是一个多维的现象（Drozdow，1998；Kaye，1996），同时也是一个长期的社会化过程（Longenecker，1978），所以家族企业"创业代"及"守业代"的不同特征将决定家族企业的未来走向（沈艺峰和陈述，2020；徐睿哲和马英杰，2020）。由表 12－8 可知，无论是家族继承人接班还是专业经理人接管，政府补贴对家族企业创新投入的影响始终呈现出显著的促进作用。从创新产出水平来看，政府补贴对未实现代际传承的家族企业的促进作用显著，而对于已完成二代接班的企业却无显著影响。从创新产出质量来看，政府补贴对于未完成"二代接班"的家族企业具有正向且显著的影响，但对已实现代际传承的家族企业的影响效果并不明显甚至可能会带来负面效果。究其原因，可能与"创业代"和"守业代"之间知识性资源储备①水平差异有关（许长新和赵梦琼，2019）。家族企业的知识性资源具有较强的差异化且难以模仿，而"创业代"历经长时间、高强度的研发创新已积累了能够保证企业可持续创新的知识性资源储备（King and Zeithaml，2001；张建宇，2014）。虽然"守业代"有着较高的创新投入意愿，但与"创业代"相比，其知识性资源积累严重不足，并且常会陷入"少主难服众"的尴尬阶段（李新春等，2015），难以将政府补贴的积极作用充分发挥到创新产出及创新质量上。因此，政府补贴对于已完成"二代接班"的家族企业在创新产出与创新质量方面并没有显著的促进效果。

表 12－8　　　　　　　　　　　　家族企业"二代接班"

组别	(1) *RDinput*		(2) *Innovation*		(3) *RDquality*	
	未完成"二代接班"	已完成"二代接班"	未完成"二代接班"	已完成"二代接班"	未完成"二代接班"	已完成"二代接班"
Subsidy	0.045 ***	0.048 ***	0.010 ***	0.002	0.008 ***	－0.003
	(4.316)	(2.756)	(3.326)	(0.337)	(2.985)	(－0.798)
控制变量	yes	yes	yes	yes	yes	yes
年份	yes	yes	yes	yes	yes	yes

---

① 企业的知识性资源包括智力资源、人脉资源、技术资源等。

续表

组别	(1) RDinput		(2) Innovation		(3) RDquality	
	未完成"二代接班"	已完成"二代接班"	未完成"二代接班"	已完成"二代接班"	未完成"二代接班"	已完成"二代接班"
行业	yes	yes	yes	yes	yes	yes
拟合优度	0.5576	0.4369	0.3614	0.2722	0.2654	0.2129
样本量	3214	1151	3214	1151	3214	1151
组间差异	不显著		显著		显著	

注：括号内为经异方差修正后的 t 值；*** 分别表示在 1% 的显著性水平上显著。

其次，针对家族企业的董事长与总经理是否"二职合一"进行分组讨论。董事长是否兼任总经理，是企业治理结构的一个重要特性，"二职合一"是企业内部权力高度集中化的主要体现之一。通常情况下，当某一企业的管理权与控制权集于同一家族成员手中时，该家族成员的个人意愿便能够在最大程度上影响企业的创新行为。根据表 12-9 的估计结果可知，无论家族企业是否属"二职合一"，政府补贴均可有效促进企业创新投入，对两类企业的影响效果并无显著差异。从创新产出水平来看，政府补贴对于两组企业的影响效果差异不明显，组间差异不显著。而从创新产出质量来看，政府补贴对于"二职分离"企业的影响显著为正。究其原因，可能是由于"二职合一"的家族企业领导者期望获得更好的业绩表现，并也愿意为此承担更高的创新风险（Li and Tang，2010）。这类领导者通常具有较强的创新意愿，通过开发新产品或新服务来获取超额利润，从而推动企业创新发展，但在一味追求创新投入及产出数量的过程中却往往会忽视创新产出的质量。

表 12-9　　　　　　　家族企业"二职合一"

组别	(1) RDinput		(2) Innovation		(3) RDquality	
	二职分离	二职合一	二职分离	二职合一	二职分离	二职合一
Subsidy	0.043 *** (4.001)	0.047 *** (2.844)	0.008 *** (2.842)	0.007 (1.242)	0.006 ** (2.295)	0.002 (0.355)
控制变量	yes	yes	yes	yes	yes	yes
年份	yes	yes	yes	yes	yes	yes

续表

组别	(1) RDinput		(2) Innovation		(3) RDquality	
	二职分离	二职合一	二职分离	二职合一	二职分离	二职合一
行业	yes	yes	yes	yes	yes	yes
拟合优度	0.5372	0.5483	0.3289	0.3980	0.2484	0.3116
样本量	3404	961	3404	961	3404	961
组间差异	不显著		不显著		显著	

注：括号内为经异方差修正后的 t 值；*** 和 ** 分别表示在1%和5%的显著性水平上显著。

12.2.4.2 行业竞争角度

首先，针对家族企业是否属于"高新技术行业"进行分组讨论。由表 12 - 10 可知，政府补贴有利于促进非高新技术家族企业的创新投入水平及创新产出数量的提升，但对创新产出质量的影响并不显著。这是因为非高新技术行业中的家族企业，其研发门槛往往较低，政府补贴在企业创新投入水平及创新产出数量上的效果立竿见影，但在创新产出质量上却难以产生效果。而对于高新技术行业家族企业来说，却恰好相反，政府补贴无法显著激励家族企业加大创新投入，但却能够明显提升企业的创新产出质量。究其原因，可能是高新技术行业企业常会面临较为严重的技术溢出及融资约束问题，这使得该类企业对于提高核心竞争力、提升创新质量的需求更加迫切，而政府补贴无疑是这类企业开展探索式创新实现高质量创新成果的重要助力（毕晓方等，2017）。

表 12 - 10　　　　　　家族企业是否属"高新技术行业"

组别	(1) RDinput		(2) Innovation		(3) RDquality	
	非高新技术行业	高新技术行业	非高新技术行业	高新技术行业	非高新技术行业	高新技术行业
Subsidy	0.060 ***	0.017	0.005 *	0.015 ***	0.002	0.012 **
	(5.144)	(1.341)	(1.751)	(3.002)	(0.945)	(2.578)
控制变量	yes	yes	yes	yes	yes	yes
年份	yes	yes	yes	yes	yes	yes
拟合优度	0.5309	0.3205	0.3667	0.2568	0.2774	0.1511
样本量	3231	1134	3231	1134	3231	1134
组间差异	显著		不显著		显著	

注：括号内为经异方差修正后的 t 值；*** 、** 和 * 分别表示在1%、5%和10%的显著性水平上显著。

其次，针对家族企业所处行业是否"竞争激烈"进行讨论（见表 12 - 11）。从创新投入水平以及创新产出质量来看，政府补贴对于两组企业影响的组间差异明显。行业竞争较缓和的家族企业往往会将创新目标锁定在"高质量"上，将政府补贴资金用于提升创新产出的质量；而行业竞争较激烈的家族企业则更加注重创新的投入及产出数量。行业竞争状况往往会影响企业对环境的认知，这些认知又会反过来影响家族企业的创新战略选择，选择他们相信能够与环境相适应的战略（Bettis and Prahalad，2017）。与竞争和缓的企业相比，竞争激烈的企业常会采取较激进的"重投入而轻质量"战略（Baucus and Near，1991），而这种战略也会沿用至企业对政府补贴的使用当中。

表 12 - 11　　　　　　　家族企业所属行业是否"竞争激烈"

组别	(1) *RDinput*		(2) *Innovation*		(3) *RDquality*	
	竞争和缓	竞争激烈	竞争和缓	竞争激烈	竞争和缓	竞争激烈
Subsidy	0.037 (1.125)	0.044 *** (4.726)	0.0200 *** (3.058)	0.006 ** (2.289)	0.016 *** (2.879)	0.003 (1.409)
控制变量	yes	yes	yes	yes	yes	yes
年份	yes	yes	yes	yes	yes	yes
拟合优度	0.4464	0.5411	0.4028	0.3122	0.3362	0.2238
样本量	560	3805	560	3805	560	3805
组间差异	显著		不显著		显著	

注：括号内为经异方差修正后的 t 值；*** 和 ** 分别表示在 1% 和 5% 的显著性水平上显著。

12.2.5　政府补贴影响家族企业创新的机制分析

结合既有文献，我们归纳出政府补贴影响家族企业创新可能的三条作用路径：其一，政府补贴通过缓解家族企业的融资约束（Sa）来促进企业创新；其二，政府补贴通过降低家族企业盈利风险（$Irisk$）来促进企业创新；其三，政府补贴通过加大国有股权在家族企业中的比重（$Gsta$）来激励企业创新。采用 Sobel 检验以及 Bootstrap 检验对上述三条作用路径进行中介效应检验。

12.2.5.1　融资约束机制

表 12 - 12 检验结果表明，政府补贴无法通过缓解家族企业融资约束

来影响家族企业的创新投入行为。银行信贷是中国家族企业的主要融资渠道，但以国有商业银行为代表的银行信贷往往更青睐于国有企业，对民营企业尤其是家族企业的银行信贷支持较少。政府补贴虽能缓解企业融资约束并向金融市场传递获得补贴的企业具有优质"信号"（胡春阳和余泳泽，2019），但企业却因可能存在的信息披露制度不完善、资金监管不到位等问题难以将融资所得投入创新（郭晓丹和何文韬，2011）。此外，结果还证实政府补贴通过缓解企业融资约束，能够显著提升家族企业的创新数量及创新质量。究其原因，可能解释是政府补贴在缓解企业融资约束的同时，助力家族企业与高校或科研院所的产研合作（吴俊和黄东梅，2016），进而提升了企业的创新数量及质量。

表 12 - 12　　　　　　　　　　基于融资约束的中介效应检验

项目		*RDinput*	*Innovation*	*RDquality*
Sobel 检验	Sobel	不显著	显著	显著
	间接效应	0.003	0.001 *	0.001 *
		(1.594)	(1.909)	(1.859)
	直接效应	0.054 ***	0.007 **	0.006 **
		(3.876)	(1.973)	(2.154)
Bootstrap 检验	间接效应	0.003	0.001 *	0.001
		(1.380)	(1.904)	(1.640)
	直接效应	0.054 ***	0.007 *	0.006 **
		(4.150)	(1.950)	(2.140)

注：括号内为 z 值；*** 、** 和 * 分别表示在 1% 、5% 和 10% 的显著性水平上显著。

12.2.5.2　盈利风险机制

表 12 - 13 中 Sobel 检验以及 Bootstrap 检验的结果皆证实，政府补贴可通过降低家族企业盈利风险的路径来影响企业创新投入水平，但对于企业创新数量及质量的影响并不显著。可能原因在于，政府发放给家族企业的补贴资金，一方面有助于家族企业收集和获取较为详细的政策信息及变动情况，优化了家族企业尤其是家族企业掌舵人对于预期盈利风险的精准判断（徐业坤等，2013）；另一方面则为企业健康发展提供了一定的资源保障，通过缓解企业受经济周期波动以及突发性事件的影响来降低盈利风险。盈利风险的降低使家族企业不再有"后顾之忧"，可放心大胆地将资金投入于创新活动之中。然而，补贴资金的数额毕竟有限，难以支撑家族企业从事"周期长且不确定性强"的高质量创新，因此对以专利申请数为衡量基础的创新数量及创新质量没有显著的影响。

表 12 – 13　　　　　　　　　　基于盈利风险的中介效应检验

项目		RDinput	Innovation	RDquality
Sobel 检验	Sobel	显著	不显著	不显著
	间接效应	0. 004 *	0. 000	0. 000
		(1. 729)	(1. 447)	(0. 245)
	直接效应	0. 105 ***	0. 018 ***	0. 009 ***
		(9. 264)	(6. 643)	(4. 215)
Bootstrap 检验	间接效应	0. 004 *	0. 000	0. 000
		(1. 770)	(1. 450)	(1. 240)
	直接效应	0. 105 ***	0. 018 ***	0. 011 ***
		(10. 120)	(6. 230)	(5. 130)

注：括号内为 z 值；*** 和 * 分别表示在 1% 和 10% 的显著性水平上显著。

12. 2. 5. 3　国有股权参股机制

表 12 – 14 检验结果表明，政府补贴可通过加大国有股权在家族企业中的比重来间接地激励企业创新并提升企业的创新产出质量，但其对创新产出数量的间接效应并不显著。究其原因，可能是政府补贴会改变国有资本对该家族企业的投资信心，而投资信心的提升往往会提高国有资本进入家族企业参股的意愿。国有股权的参股或增持有益于拓展家族企业的创新资源，进而强化企业的创新意愿及创新投入力度（罗宏和秦际栋，2019）。另外，国有股权参股为家族企业建立起与政府部门之间的联系（宋增基等，2014），在很大程度上增强了地方政府对家族企业的关注和保护，为企业在发明专利申请及授权方面提供了一定保障，进而推动了企业创新质量的提升[1]。

表 12 – 14　　　　　　　　　基于国有股权参股的中介效应检验

项目		RDinput	Innovation	RDquality
Sobel 检验	Sobel	显著	不显著	显著
	间接效应	0. 002 *	0. 000	0. 000 *
		(1. 856)	(1. 355)	(1. 663)
	直接效应	0. 104 ***	0. 017 ***	0. 011 ***
		(9. 137)	(6. 586)	(4. 946)

---

[1]　2015 年 9 月 24 日，国务院出台《国务院关于国有企业发展混合所有制经济的意见》，提出鼓励国有资本通过投资入股、联合投资、并购重组等多种方式，与非国有企业尤其是家族企业进行股权融合、战略合作、资源整合。

续表

项目		RDinput	Innovation	RDquality
Bootstrap 检验	间接效应	0.002 * (1.740)	0.000 (1.4250)	0.000 * (1.750)
	直接效应	0.103 *** (8.990)	0.017 *** (6.110)	0.011 *** (5.050)

注：括号内为 z 值；*** 和 * 分别表示在 1% 和 10% 的显著性水平上显著。

　　家族企业的创新发展对于中国推进创新驱动发展战略、迈入高质量发展新阶段至关重要。本部分从家族企业创新投入水平、创新产出数量以及创新产出质量三个不同视角，在充分考虑家族企业异质性的情况下，细化政府补贴对家族企业创新的作用效果并探索政府补贴影响家族企业创新的作用机理和路径。综合以上分析发现，得益于政府补贴，家族企业的创新投入水平、创新产出数量以及创新产出质量均得到了明显的提升。从创新投入水平来看，政府补贴能够有效提升非高新技术行业以及激烈竞争行业中家族企业的创新投入意愿；从创新产出数量来看，政府补贴对于未完成"二代接班"的家族企业的作用效果更为明显；从创新产出质量来看，政府补贴对满足"尚未完成代际传承"或"董事长与总经理二职分离"或"隶属高新技术行业"等条件的家族企业具有显著的创新激励效应。此外，通过挖掘政府补贴影响家族企业创新的作用机理和路径发现，政府补贴不仅能够通过缓解企业的融资约束来推动家族企业创新产出数量与质量的提升，还能通过降低企业盈利风险的路径来增强家族企业的创新投入意愿。此外，控制国有股权在家族企业中的比重也是政府补贴影响家族企业创新行为的重要路径。

12.3　新能源企业创新与政府补贴

　　纵观全球，新能源产业的"繁华"与政府补贴有着密切的关系。以美国为例，2013 年对包括运输和发电在内的新能源企业的累计补贴达 152.6 亿美元（约合 947.6 亿元人民币），2016 年累计补贴金额虽有所降低但仍有 66.8 亿美元（约合 460.9 亿元人民币）。① 与美国相比，日本更早意识

---

① 资料来源于美国能源信息署发布的《全面能源战略》报告。

到新能源的重要性，并于 1974 年实施了"新能源技术开发计划"。2008年，日本在新能源补贴上的预算达 1113 亿日元（约合 55.7 亿元人民币），近年来对新能源企业的补贴强度不减反增，尤其是在新能源汽车领域。[①]与美国、日本等发达国家类似，我国也高度重视新能源企业的创新发展，在 2007 年发布了《可再生能源中长期发展规划》，提出积极推进可再生能源新技术的产业化发展的目标；2010 年政策再度加码，将新能源产业设定为战略性新兴产业；2016 年补贴政策进一步被强化，"风光"[②] 补贴总量达 1800 亿元人民币。[③] 伴随中国新能源产业规模的不断扩大，政府补贴缺口也在逐年加大，对补贴的过度依赖使得新能源企业极度脆弱（Ouyang and Lin，2014）。我国针对新能源企业的补贴政策依然存在着补贴手段单一、补贴管理混乱、政策缺乏稳定性及针对性等问题。这对于抗压能力较弱、研发资源匮乏的新能源企业无疑是难以规避的绊脚石。[④] 政府补贴影响新能源企业创新的机理不明，致使相关部门缺乏对补贴的有效管控。例如，尚德电力等企业的破产，主要原因就是对补贴的监管力度不够，导致企业盲目追求产能和规模，滋生出一系列"骗补"行为。[⑤] 除此之外，政府补贴的创新激励效果往往因新能源企业的不同而存在较大差异，不重视这种差异性就会导致补贴政策缺乏针对性，难以实现"好钢用在刀刃上"。

为明晰政府补贴与新能源企业创新之间的关系，我们以中国 A 股和新三板的新能源上市企业为研究对象，采用基于倾向得分匹配的双重差分（PSM – DID）与基于熵平衡的双重差分（Entropy Balancing Difference-in-Differences，EB – DID）两种方法考察政府补贴作用于新能源企业创新的实际效果。在明确政府补贴作用效果的基础上，我们将新能源企业的 R&D 物质资本投入和 R&D 人力资本投入作为政府补贴强度对新能源企业创新的影响渠道进行中介效应检验，明晰政府补贴影响新能源企业创新的作用路径与机制。进一步地，我们根据新能源企业在产权性质等方面的差异对研究样本进行细化，探究政府补贴作用于不同类型新能源企业的效果

---

① 资料来源于日本发布的《系能源发展与节能政策》报告。

② "风光"指风电企业和光伏企业。

③ 资料来源于《尽快转变风电光伏补贴方式》。

④ 比亚迪是拿新能源补贴的绝对大户，据与国家补贴有关的财报数据显示，2018 年比亚迪计入当期损益的政府补助约为 20.73 亿元，这意味着比亚迪收到的政府补贴占其利润总额（27.8亿元）的比例达到 74.5%。

⑤ 2016 年 9 月，财政部公布了"骗补"企业的案例，涉及新能源企业的补贴金额超过10 亿元。

差异。

12.3.1 研究思路与方法

考虑到政府补贴并不是一个严格的外生变量，政府往往会选择那些创新基础较好的新能源企业进行补贴，这会造成内生性问题。为此，可采用双重差分法进行模型估计，具体如下：

$$Innovation_{it} = \rho_0 + \theta_i + \delta_t + \rho_1 \cdot Sub_{it} + X_{it}g + \varepsilon_{it} \qquad (12-7)$$

其中，$Innovation_{it}$ 表示新能源企业创新产出水平；Sub_{it} 表示因个体而异的处理期虚拟变量，若政府在第 t 年向新能源企业 i 实施补贴，则代表该企业当年为处理组企业，Sub_{it} 取值为 1，否则取值为 0；X_{it} 表示一组新能源企业的控制变量；θ_i 表示个体效应项，δ_t 表示年度固定效应，ε_{it} 为随机扰动项。

确保处理组和对照组具有可比较性尤为重要（李贲和吴利华，2018），双重差分法虽可缓解内生性问题并分离出"政策处理效应"，但却难以避免研究样本的选择偏差问题。为此，在双重差分估计之前，应先通过倾向得分匹配法（Propensity Score Matching，PSM）和熵平衡法（Entropy Balancing，EB）来改善样本选择偏差。PSM 的基本思想是，在未获得政府补贴的对照组中找到一家新能源企业，使其与处理组中新能源企业尽可能相似，从而使得匹配后两个样本组的配对企业之间仅在是否获得政府补贴 Sub 方面有所不同。具体步骤为：首先，利用 $Probit$ 模型计算倾向得分值，构建一个以 Sub 为被解释变量的回归模型，处理组取值为 1，对照组取值为 0，解释变量是能够影响两组相似度的有关新能源企业特征的协变量，$\Pr(Sub_{it} = 1) = \Psi(X_{it})$；其次，根据倾向得分值，对每个处理组的新能源企业，从对照组中寻找与其倾向得分最接近的企业作为其对照组，换言之，"一对一"近邻匹配。相较于倾向得分匹配法，熵平衡法的优势在于能够更准确地处理高维度数据，通过同时控制处理组和对照组样本协变量的多阶矩来实现精确匹配。参考前人的研究思路（Hainmueller，2012），我们在控制地区分布均衡的同时，采用 Logistic 模型对协变量进行回归，从而估算出熵平衡的权重。据此，我们将分别采用 PSM 与 EB 两种方法，在消除样本选择偏差的基础上通过双重差分法来解决内生性问题，从而精准地考察政府补贴影响新能源企业创新的真实效果。

进一步地，借助面板数据模型和中介效应检验探索政府补贴影响新能源企业创新的机理。考虑到新能源企业的创新基础相对薄弱，补贴效果可能具有一定的滞后性，我们在分析过程中同时引入了政府补贴及其滞后项。估计模型如下：

$$Innovation_{it} = \alpha_0 + \theta_i + \delta_t + \alpha_1 \cdot Subsidy_{it} + \alpha_2 \cdot Subsidy_{i,t-1} + \boldsymbol{X}_{it}\boldsymbol{g} + \varepsilon_{it}$$

$$(12-8)$$

其中，$Subsidy$ 表示政府补贴的实施强度。式（12-8）旨在检验当没有中介变量时政府补贴强度对企业创新的影响效果。

$$M_{it} = \beta_0 + \theta_i + \delta_t + \beta_1 \cdot Subsidy_{it} + \beta_2 \cdot Subsidy_{i,t-1} + \boldsymbol{X}_{it}\boldsymbol{g} + \varepsilon_{it}$$

$$(12-9)$$

式（12-9）中的 M 分别代表 R&D 物质资本投入（RD_C）与 R&D 人力资本投入（RD_L）。

$$\begin{aligned} Innovation_{it} = \gamma_0 + \theta_i + \delta_t + \gamma_1 \cdot Subsidy_{it} + \gamma_2 \cdot Subsidy_{i,t-1} \\ + \gamma_3 \cdot M_{it} + \boldsymbol{X}_{it}\boldsymbol{g} + \varepsilon_{it} \end{aligned}$$

$$(12-10)$$

式（12-10）则是将中介变量分别加入至式（12-8）中，通过观察和比较回归系数的变化来检验是否存在中介效应。

12.3.2　数据介绍

本研究以 2002～2015 年中国 A 股和新三板的新能源领域上市企业数据为分析样本。所使用的新能源上市企业的专利数据源自国家知识产权局和上市企业招股说明书。新能源上市企业的基本信息及财务数据等源自 CSMAR 数据库、Wind 数据库以及上市企业年报。新能源上市企业的风险投资数据来自 "投资中国" 网站[①]（www. investchinaccpit. com）。由于数据的来源较多并且数据的口径可能存在差异（张倩，2019），我们对初始数据进行了如下预处理：首先，剔除了在研究窗口期内某一年度数据严重缺失的企业样本；其次，对连续变量在 1% 的水平上进行 winsorize 处理，以此消除极端异常值的干扰。预处理后，最终获得符合条件的新能源企业有 144 家，共 957 条观测数据。研究中所涉及变量的类别、名称、符号及定义归纳为表 12-15。

---

① 该网站统计了 2000 年至今的有关新能源领域风险投资事件的较为详细的信息。

表 12 – 15 变量介绍

类别	变量名称	符号	定义
被解释变量	企业创新产出	Innovation	ln（企业当年全年专利申请数 +1）
核心解释变量	政府补贴（dummy）	Sub	虚拟变量。通过新能源企业当年是否获得政府补贴来定义：若企业当年获得补贴，赋值为1；否则为0
	政府补贴	Subsidy	ln（企业当年获得的政府补贴金额 +1）
中介变量	R&D 物质资本投入	RD_C	采用 R&D 资本存量作为企业当期的 R&D 资本投入水平
	R&D 人力资本投入	RD_L	ln（企业当年具有硕士及以上学历的员工人数 +1）
控制变量	企业财务杠杆	Lever	期末总负债/期末总资产
	企业盈利能力	Roa	总资产净利润率
	企业产权性质	Soe	虚拟变量。若属于国有控股（或参股）企业则赋值为1，否则为0
	企业是否获得风险投资	Risk_I	虚拟变量。若企业获风险投资则赋值为1，否则为0

注：①由于资产净利润率综合考虑了股东和债权人共同的资金所产生的利润率，与仅反映由股东投入的资金所产生的利润率（Roe）相比，更能全面反映企业对资产的利用情况。

②新能源企业的风险投资数据来自"投资中国"网站。

考虑到专利由申请到授权往往需要一定时间，并且授权过程常会受到专利机构工作效率、偏好等因素影响，因而与专利授权数相比企业当年的专利申请数能够更有效、更准确地衡量新能源企业创新水平。R&D 物质资本与 R&D 人力资本皆为重要的新能源企业创新投入要素。借鉴白俊红（2011）的思路，通过 R&D 资本存量来表征新能源企业 R&D 物质资本投入水平（RD_C）。

$$RD\_C_t = \frac{Expense\_RD_t}{P\_index_t} + (1 - \delta_t)RD\_C_{t-1} \qquad (12-11)$$

其中，$Expense\_RD_t$ 为当期 R&D 支出；δ_t 为折旧率，基期资本存量为企业首次 R&D 支出的数额，折旧率参考陈诗一（2011）的做法，基于《中国工业经济统计年鉴》数据测算出不同行业的可变折旧率；P_index_t 为当期的 R&D 支出价格指数，基于 2003 ~ 2016 年《中国科技统计年鉴》的数据；RD_C_{t-1} 为上一期的 R&D 物质资本存量。另外，本研究在测度核心解释变量"政府补贴"时，主要从"政府是否补贴"（Sub）与"政府补贴强度"（$Subsidy$）两方面来进行考察。相关变量的简单统计描述如表 12 – 16 所示。

表 12 – 16　　　　　　　　　　　描述性统计

变量	均值	标准差	最小值	最大值	样本量
Innovation	1.6692	1.4793	0	7	955
Sub	0.6468	0.4782	0	1	957
Subsidy	4.1695	3.4563	0	12.63	955
RD_C	7.2789	3.0437	0	13.04	907
RD_L	4.7721	1.4197	0	8.04	767
Lever	51.8992	23.8110	0.98	349.42	954
Roa	5.7569	14.0968	– 183.51	91.4	951
Soe	0.1724	0.3779	0	1	957
Risk_I	0.3803	0.4857	0	1	957

12.3.3　政府补贴对新能源企业创新的影响分析

为精准考察政府补贴影响新能源企业创新的作用效果，我们在利用双重差分方法进行估计之前，先分别通过倾向得分匹配法（PSM）与熵平衡法（EB）来处理样本偏差问题。

首先，基于倾向得分匹配。利用 Probit 模型计算倾向得分值（企业获得政府补贴的概率为 $\Pr(Sub_{it} = 1) = \Psi(\mathbf{X}_{it})$），并采用"一对一"近邻匹配法进行匹配。匹配后的平衡性检验结果见表 12 – 17。结果显示，匹配之前的处理组与控制组差异非常明显，无法直接利用 DID 进行分析。匹配后的企业性质、企业是否获得风险投资、企业财务杠杆以及盈利能力在处理组与对照组间不存在显著性差异，表明匹配之后的处理组与对照组已经非常相似，基本具有一致特征。

表 12 – 17　　　　　　　　　　　PSM 匹配的平衡性检验

变量	匹配前/匹配后	均值		标准化偏差	t 检验	
		处理组	对照组		t 值	显著性
Soe	U	0.199	0.125	20.1	2.87	0.004 ***
	M	0.199	0.233	– 9.4	– 1.46	0.144
Risk_I	U	0.381	0.379	0.5	0.07	0.940
	M	0.381	0.396	– 3.0	– 0.53	0.597
Lev	U	50.135	55.151	– 20.7	– 3.12	0.002 ***
	M	50.135	49.544	2.4	0.49	0.622
Roa	U	4.635	9.568	– 41.9	– 6.56	0.000 ***
	M	4.635	5.266	– 5.4	– 1.22	0.222

注：U 表示匹配前，M 表示匹配后；*** 表示在 1% 的显著性水平上显著。

其次，基于熵平衡。表 12 – 18 对比了熵平衡法处理前后处理组与控制组在各变量的均值、方差、倾斜度方面的差异。结果显示控制变量经熵平衡处理后基本无差异，样本偏差问题得以有效解决。

表 12 – 18　　　　　　　　　　　熵平衡处理前后对比

项目	处理组			控制组		
	均值	方差	倾斜度	均值	方差	倾斜度
熵平衡处理前						
Soe	0.199	0.159	1.508	0.125	0.110	2.263
Risk_I	0.381	0.236	0.487	0.379	0.236	0.498
Lev	50.130	487.500	0.208	55.150	690.500	4.402
Roa	4.635	81.460	0.479	9.569	196.300	1.155
熵平衡处理后						
Soe	0.199	0.159	1.508	0.198	0.159	1.511
Risk_I	0.381	0.236	0.487	0.381	0.236	0.489
Lev	50.130	487.500	0.208	50.130	487.501	0.209
Roa	4.635	81.460	0.479	4.635	81.460	0.479

表 12 – 19 报告了基于 PSM – DID 和 EB – DID 两种方法估计出的政府补贴作用于新能源企业创新的平均处理效应（ATE）。结果显示，无论使用 PSM – DID 还是 EB – DID，核心解释变量 Sub 的平均处理效应估计系数均在 5% 的显著水平上显著为正，表明政府补贴能够显著提升新能源企业的创新水平。以表 12 – 19 中第（2）列的估计结果为例，平均处理效应的

估计系数为 0.2142，说明相较于未获得政府补贴支持的新能源企业，"获补"企业专利申请数平均提高了约 21.42%。此外，回归结果还证实，企业获得风险投资有助于提升其创新水平，这从侧面验证了王昶等（2020）的研究结论。

表 12 - 19　　　　　　　　　　政府补贴效果估计

项目		被解释变量：企业创新产出			
		(1)	(2)	(3)	(4)
		PSM – DID	PSM – DID	EB – DID	EB – DID
核心解释变量	Sub	0.2094 **	0.2142 **	0.2514 **	0.2503 **
		(0.1060)	(0.1086)	(0.1112)	(0.1107)
控制变量	Soe	0.3211		0.1061	
		(0.2163)		(0.1240)	
	Risk_I	0.6179 ***		0.7531 ***	
		(0.1199)		(0.0975)	
	Lever	0.0026		0.0016	
		(0.0019)		(0.0017)	
	Roa	– 0.0024		0.0012	
		(0.0039)		(0.0040)	
行业		yes	yes	yes	yes
年份		yes	yes	yes	yes
样本量		947	943	947	943
拟合优度		0.1543	0.2066	0.1722	0.2251

注：括号内为标准误；*** 和 ** 分别表示在 1% 和 5% 的显著性水平上显著。

综上可知，倾向得分匹配法与熵平衡皆能很好地解决样本偏误问题，并且无论是从估计系数的大小还是显著性来看，PSM – DID 与 EB – DID 的估计结果均证实政府补贴能够有效促进新能源企业的创新产出水平。

12.3.4　政府补贴影响新能源企业创新的机制分析

进一步地，我们以政府补贴强度（Subsidy）为核心解释变量，借助中介效应检验方法，分别从 R&D 物质资本投入（RD_C）和 R&D 人力资本投入（RD_L）这两方面探讨政府补贴影响新能源企业创新的作用机制，估计结果如表 12 -20 所示。

表 12 - 20　　　　　　　　　　政府补贴作用机制估计结果

项目		第一阶段	第二阶段		第三阶段	
		(1)	(2)	(3)	(4)	(5)
		Innovation	RD_C	RD_L	Innovation	Innovation
核心解释变量	Subsidy	0.1349 *** (0.0208)	0.0731 ** (0.0316)	0.0400 *** (0.0154)	0.0494 ** (0.0213)	0.0552 *** (0.0206)
	L. Subsidy	−0.0010 (0.0199)	0.0242 (0.0297)	0.0451 *** (0.0143)	−0.0025 (0.0200)	0.0075 (0.0198)
中介变量	RD_C				0.1334 *** (0.0209)	
	RD_L					0.3192 *** (0.0471)
控制变量	Soe	0.2794 (0.2359)	−0.5628 (0.4292)	0.1524 (0.2115)	0.2312 (0.2317)	−0.1000 (0.2344)
	Risk_I	0.5942 *** (0.1314)	0.5789 *** (0.2199)	0.4145 *** (0.1106)	0.6054 *** (0.1326)	0.5795 *** (0.1374)
	Lever	0.0030 (0.0025)	0.0045 (0.0039)	0.0027 (0.0020)	0.0035 (0.0025)	0.0050 * (0.0026)
	Roa	−0.0022 (0.0044)	0.0138 ** (0.0067)	−0.0073 ** (0.0034)	−0.0079 * (0.0044)	−0.0004 (0.0048)
行业		yes	yes	yes	yes	yes
年份		yes	yes	yes	yes	yes
样本量		797	763	710	763	710
拟合优度		0.2176	0.3931	0.1999	0.2372	0.2367

注：括号内为标准误；***、** 和 * 分别表示在1%、5%和10%的显著性水平上显著。

表 12 - 20 中的第（1）列、第（2）列和第（4）列考察了以 R&D 物质资本投入为传导路径的中介效应检验：在不含有中介变量 R&D 物质资本投入 RD_C 的情况下，系数 α_1 的估计值为 0.1349 且在 1% 的统计水平上显著，说明政府补贴对新能源企业创新存在显著的促进作用。第（2）列中政府补贴的系数 β_1 估计值为 0.0731 且在 5% 的统计水平上显著，表明政府补贴的实施强度越大，新能源企业在 R&D 物质资本方面的投入就会越多。第（4）列中介变量 R&D 物质资本投入的系数 γ_3 估计值为 0.1334 且在 1% 的显著性水平上显著，表明 R&D 物质资本投入对提升新能源企业创新具有显著的正向影响。而系数 γ_1 的估计值为 0.0494 远小于

α_1 并且在 5% 的显著性水平上显著，说明引入中介变量 RD_C 后，政府补贴对新能源企业创新仍存在显著的正向影响，但其影响程度要比引入中介变量前要小，表明 R&D 物质资本投入确实在政府补贴影响新能源企业创新的过程中起到了部分中介作用。换言之，政府补贴会通过为新能源企业提供研发所需资金来激励该企业创新。究其原因，可能是因为新能源企业创新具有回报周期长且创新成果易溢出等特点，很可能会导致企业资金周转困难，而政府补贴帮助新能源企业承担了一部分研发成本，相应地减轻了企业资金周转压力，进而激励企业开展创新活动、提高创新产出。另外，表 12-20 中第（1）列、第（3）列和第（5）列考察了以 R&D 人力资本投入为传导路径的中介效应检验。结果显示，政府补贴有助于通过激励新能源企业加大在研发人员上的投入来提升新能源企业的创新产出水平。此外，第（3）列中的政府补贴一阶滞后项估计系数显著，说明政府补贴对新能源企业在 R&D 人力资本投入方面的影响存在一定的滞后效应。

12.3.5 政府补贴影响新能源企业创新的分组讨论

本部分着重从新能源企业的产权性质和融资行为（是否获得风险投资）这两方面考察政府补贴影响新能源企业创新的异质性效果。

12.3.5.1 基于新能源企业产权性质

我们将研究样本按照 Soe 的取值划分成两个子样本，并分别对两组数据进行分析。结合表 12-21 和表 12-22 可知，政府补贴对非国有新能源企业创新具有显著的激励作用，但对国有新能源企业创新的作用效果并不显著。与国有新能源企业相比，非国有新能源企业往往具有创新资源匮乏、融资能力较弱等特征。为获得政府补贴资金的支持，非国有新能源企业往往具有更强的意愿来提升自身创新能力（温桂荣和黄纪强，2020）。此外，表 12-22 中结果还证实，政府补贴能够通过"R&D 物质资本提升效应"以及"R&D 人力资本提升效应"来强化非国有新能源企业的创新产出水平。

表 12-21　　　　　　　　**国有新能源企业组的估计结果**

项目		第一阶段	第二阶段		第三阶段	
		Innovation	RD_C	RD_L	Innovation	Innovation
核心解释变量	Subsidy	0.0193	0.0419	-0.0050	-0.0290	0.0445
		(0.0471)	(0.1121)	(0.0307)	(0.0517)	(0.0493)

续表

项目		第一阶段	第二阶段		第三阶段	
		Innovation	*RD_C*	*RD_L*	*Innovation*	*Innovation*
核心解释变量	*LSubsidy*	-0.0339 (0.0455)	-0.0405 (0.1044)	0.0081 (0.0299)	-0.0536 (0.0475)	-0.0817* (0.0472)
中介变量	*RD_C*				-0.0295 (0.0436)	
	RD_L					0.3379*** (0.1261)
控制变量		yes	yes	yes	yes	yes
行业		yes	yes	yes	yes	yes
年份		yes	yes	yes	yes	yes
样本量		144	123	128	123	128
拟合优度		0.3993	0.5940	0.1771	0.3621	0.3918

注：括号内为标准误；*** 和 * 分别表示在 1% 和 10% 的显著性水平上显著。

表 12 - 22　　　　　　　　　非国有新能源企业组的估计结果

项目		第一阶段	第二阶段		第三阶段	
		Innovation	*RD_C*	*RD_L*	*Innovation*	*Innovation*
核心解释变量	*Subsidy*	0.0890*** (0.0233)	0.2379*** (0.0342)	0.0570*** (0.0153)	0.0499** (0.0238)	0.0603*** (0.0235)
	LSubsidy	0.0248 (0.0226)	0.1269*** (0.0328)	0.0390*** (0.0144)	0.0037 (0.0224)	0.0147 (0.0222)
中介变量	*RD_C*				0.1788*** (0.0255)	
	RD_L					0.3488*** (0.0525)
控制变量		yes	yes	yes	yes	yes
行业		yes	yes	yes	yes	yes
年份		yes	yes	yes	yes	yes
样本量		653	640	582	640	582
拟合优度		0.1607	0.3160	0.2100	0.2506	0.2355

注：括号内为标准误；*** 和 ** 分别表示在 1% 和 5% 的显著性水平上显著。

12.3.5.2　基于新能源企业融资行为

风险投资与企业创新具有非常紧密的联系（Lerner and Nanda, 2020；

马嫣然等，2018），风险投资作为一种市场化手段往往会对新能源企业创新产生作用（齐绍洲等，2017）。将研究样本按照 *Risk_I* 的取值划分成"获得风投企业"与"未获得风投企业"两个子样本。表 12 - 23 和表 12 - 24 的结果表明，就已获得风投的新能源企业而言，政府补贴不但有利于直接推动企业创新，还能通过"R&D 物质资本提升效应"和"R&D 人力资本提升效应"两条路径来间接促进企业创新产出水平；而对于未获得风投的新能源企业来说，政府补贴仅能通过"R&D 人力资本提升效应"间接带动新能源企业创新。

表 12 - 23　　　　　　　获风投新能源企业组的估计结果

项目		第一阶段	第二阶段		第三阶段	
		Innovation	RD_C	RD_L	Innovation	Innovation
核心解释变量	Subsidy	0.1142 *** (0.0339)	0.1790 *** (0.0449)	0.0527 ** (0.0245)	0.0623 * (0.0334)	0.0734 ** (0.0333)
	LSubsidy	− 0.0162 (0.0332)	0.0837 * (0.0436)	0.0202 (0.0232)	− 0.0356 (0.0317)	− 0.0088 (0.0314)
中介变量	RD_C				0.2375 *** (0.0403)	
	RD_L					0.5183 *** (0.0813)
控制变量		yes	yes	yes	yes	yes
行业		yes	yes	yes	yes	yes
年份		yes	yes	yes	yes	yes
样本量		332	327	289	327	289
拟合优度		0.1216	0.3106	0.2517	0.2170	0.1600

注：括号内为标准误；***、** 和 * 分别表示在 1%、5% 和 10% 的显著性水平上显著。

表 12 - 24　　　　　　　未获风投新能源企业组的估计结果

项目		第一阶段	第二阶段		第三阶段	
		Innovation	RD_C	RD_L	Innovation	Innovation
核心解释变量	Subsidy	0.0709 *** (0.0228)	0.1130 ** (0.0448)	0.0440 *** (0.0166)	0.0373 (0.0260)	0.0544 ** (0.0245)
	LSubsidy	0.0445 ** (0.0224)	0.0333 (0.0426)	0.0680 *** (0.0157)	0.0289 (0.0245)	0.0369 (0.0238)

续表

项目		第一阶段	第二阶段		第三阶段	
		Innovation	*RD_C*	*RD_L*	*Innovation*	*Innovation*
中介变量	*RD_C*				0.0640 ** (0.0260)	
	RD_L					0.1293 ** (0.0580)
控制变量		yes	yes	yes	yes	yes
行业		yes	yes	yes	yes	yes
年份		yes	yes	yes	yes	yes
样本量		465	436	421	436	421
拟合优度		0.1622	0.3887	0.2134	0.2340	0.2048

注：括号内为标准误；*** 和 ** 分别表示在 1% 和 5% 的显著性水平上显著。

　　发展新能源、参与能源转型大势所趋，新能源企业千帆竞发。新能源企业的创新发展对于中国纵深推进创新驱动发展战略、加快实现"3060"目标、稳步迈入高质量发展新阶段至关重要。本部分着重考察政府补贴影响新能源企业创新的效果、机制及异质性。综合以上分析发现，政府补贴的实施能够显著推动新能源企业创新产出水平的提升。政府补贴对非国有新能源企业创新产出水平的提升具有显著的激励效应，但对国有新能源企业创新的作用效果并不明显。就获得风投的新能源企业而言，政府补贴会通过"R&D 物质资本提升效应"和"R&D 人力资本提升效应"两条路径来影响企业创新产出；而对于未获得风投的新能源企业来说，政府补贴仅通过"R&D 人力资本提升效应"来间接鼓励企业创新。

12.4　制造业企业创新与政府补贴

　　近年来，伴随人口红利式微、欧美跨国企业高端制造业回流、低端制造业向东南亚地区转移等问题带来的"空心化"威胁，我国制造业企业逐渐显现出对于"谋求全球价值链攀升新要求""创新驱动发展战略新需要"等多方面的不适应。中国制造业企业亟须摆脱过去"高投入、高消耗、低效率"的标签，实现由单纯追求规模向追求创新的转变。在符合国际惯例和竞争中性的原则下，政府补贴是促进制造业企业创新的可行且有效的方法（Cerqua and Guido，2014；曹毅和陈虹，2021）。然而，学界主要围绕政府补贴能否激励制造业企业创新展开探讨（樊利和李忠鹏，2020；伍红和郑家兴，2020；王羲等，2022；李江和吴玉鸣，2023），对于政府补贴能否助力制造业企业创新"提质增效"着墨不多。鉴于此，本部分以我国 69525 家制造业企业为研究对象，借助分位数双重差分、渐进式双重差分等方法，重点考察政府补贴对制造业企业创新"提质增效"的静态、动态及分位数影响效果，并在此基础上深入挖掘政府补贴影响制造业企业创新质量提升以及创新效率改善的作用路径。此外，我们充分考虑制造业企业的异质性，将制造业企业根据产权性质、出口行为、行业竞争等特征进行分组讨论，以考察政府补贴对制造业企业创新的差异化影响。

12.4.1　研究思路与方法

首先，考察政府补贴影响制造业企业创新的平均处理效应。考虑到研究对象为获得政府补贴的制造业企业，我们将获得补贴的制造业企业设定为"处理组"，未获得补贴的制造业企业设定为"控制组"，借助双重差分法（DID）评估政府补贴对制造业企业创新起到的实际效果。若政府补贴有效，那么在政府补贴实施前后制造业企业在创新方面会具有明显的变化。构建如下双重差分模型：

$$Y_{it} = \alpha + \beta_1 \cdot treat_i \times time_t + \varphi \cdot Z_{it} + \gamma_t + u_i + \varepsilon_{it} \qquad (12-12)$$

其中，i 表示企业；t 表示年份；被解释变量 Y_{it} 表示制造业企业创新，涉及企业的创新质量及创新效率；$treat_i$ 表示处理组虚拟变量，享受到政府补贴的样本企业为处理组（$treat_i = 1$），否则为控制组（$treat_i = 0$）；$time_t$ 表示处理期虚拟变量，企业获得补贴之前 $time_t = 0$，获得补贴后 $time_t = 1$；交互项 $treat_i \times time_t$ 的估计系数 β_1 可用于评估政府补贴影响制造业企业创新的实际效果。Z_{it} 表示控制变量；u_i 表示企业固定效应；γ_t 表示年份固定效应；ε_{it} 表示误差项。

其次，考察政府补贴在不同分位点上的效果。式（12-12）能够估计出政府补贴对制造业企业创新的平均影响效果，然而政府补贴可能会因企业创新情况的不同而存在异质性。我们借鉴哈夫内斯和莫格斯塔德（Havnes and Mogstad，2015）以及胡磊等（2020）的分析思路，利用分位数双重差分法（Quantile DID）探究政府补贴对于处在不同分位点上的企业创新的异质性影响，模型设定如下：

$$Q_{Y_{it}}(\tau \mid x_{it}) = \alpha + \beta_2 \cdot treat_i \times time_t + \varphi \cdot Z_{it} + \gamma_t + u_i + \varepsilon_{it}$$

$$(12-13)$$

其中，τ 表示分位点；系数 β_2 表示在不同分位点处政府补贴对制造业企业创新的影响效果。其他变量的意义与式（12 – 12）相同。

进一步地，考察政府补贴的动态效果。政府补贴对制造业企业创新的影响或许不会"立竿见影"，有可能存在一个动态的变化过程。为此，我们采用渐进式双重差分方法（Time-varying DID）考察政府补贴的动态效果，模型具体如下：

$$Y_{it} = \alpha + \beta_3 \cdot \sum_{t=begin\ year}^{t=end\ year} treat_i \times TR_t + \varphi \cdot Z_{it} + \gamma_t + u_i + \varepsilon_{it}$$

$$(12-14)$$

其中，TR_t 表示虚拟变量，在第 t 年定义为 $TR_t = 1$，非第 t 年定义为 $TR_t = 0$。其余变量的含义与式（12 – 12）相同。

最后，挖掘政府补贴作用于制造业企业创新的机制。为分析政府补贴影响制造业企业创新的渠道，我们参考克里斯托菲茨克和凯辛（Christofzik and Kessing，2018）的做法，在式（12 – 12）的基础上加入 $treat_i \times time_t$ 与中介变量 Med_{it} 的交互项。模型具体如下：

$$Y_{it} = \alpha + \beta_4 \cdot treat_i \times time_t \times Med_{it} + \beta_5 \cdot treat_i \times time_t + \varphi \cdot Z_{it} + \gamma_t + u_i + \varepsilon_{it}$$

$$(12-15)$$

12.4.2　数据介绍

考虑到数据的可得性与完整性，我们以 1998 ~ 2014 年中国 69525 家制造业企业数据作为研究样本。微观制造业企业数据主要来源为"中国工业企业数据库""中国工业污染源重点调查企业数据库""国家知识产权局专利数据库"。企业所在地的城市层面数据源自历年《中国城市统计年鉴》和各省份统计年鉴。为更合理地融合多源数据，我们根据法人代码将"中国工业企业数据库"与"中国工业污染源重点调查企业数据库"进行匹配。对于未匹配到的企业样本将根据"企业名称＋行政代码"的方式进行匹配。借鉴勃兰特等（Brandt et al.，2012）和聂辉华等（2012）的处理方式，基于法人代码、企业名称、法人代表、电话号码和邮编等信息交叉识别同一企业，并删除职工人数少于 8 人、流动资产或固定资产净值大于总资产、累计折旧小于当期折旧、资产负债率小于 0 以及工资、增值税等为负的样本，同时剔除补贴收入、实收资本、职工人数、固定资产、资产总计等关键指标缺失的样本。预处理后的样本企业为 69525 家，共计215812 个观测样本。

被解释变量为制造业企业的创新质量（*RDquality*）和创新效率①（*RDeff*）。前者以企业新产品产值占总产值比重来测度；后者则基于 Olley-Pakes 法（以下简称 OP 法）计算出的全要素生产率来表征。此外，我们采用发明专利申请量和基于 Levinsohn-Petrin 法（以下简称 LP 法）计算出的全要素生产率作为衡量企业创新质量和创新效率的替代变量，将其用于稳健性检验。具体的变量定义如表 12 – 25 所示。

表 12 – 25　　　　　　　　　　变量介绍

类型	名称	变量	定义
被解释变量	创新质量	*RDquality*	制造业企业新产品产值占总产值比重
	创新效率	*RDeff*	基于 OP 法计算出的制造业企业全要素生产率
解释变量	政府补贴	$treat_i \times time_t$	处理组虚拟变量与处理期虚拟变量的交互项
中介变量	研发投资渠道	*crdinv*	制造业企业研发投资规模（千元），再取对数
	设备折旧渠道	*cdep*	制造业企业当年折旧占固定资产原价比重
控制变量	企业所有制	*Soe*	制造业企业为国有企业取值为 1，否则为 0
	企业规模	*Size*	企业固定资产净值（千元），再取对数
	企业年龄	*Age*	统计年份减去企业设立年份 +1，再取对数
	企业出口	*Export*	企业存在出口行为取值为 1，否则为 0
	企业杠杆	*Lever*	企业资产负债率
	行业竞争程度	*HHI*	赫芬达尔指数乘以 100

表 12 – 26 汇总了上述变量的描述性统计结果。综合中国制造业企业在创新质量和创新效率这两方面的特征来看，企业整体的创新质量不高，并且企业间的创新质量以及创新效率的差距较大，后续考察政府补贴在不同分位点处影响企业创新的效果十分重要且必要。

---

① 全要素生产率反映了制造业企业创新过程中各种创新投入要素的平均产出水平，能够全面地反映制造业企业创新效率。全要素生产率的计量方法很多，但相比其他方法，OP 法是一致半参估计法，能更好地解决同时性偏误和选择性偏差以及内生性问题，LP 法优于选择中间变量作为工具变量进行回归。

表 12 - 26　　　　　　　　　　描述性统计

变量	均值	标准差	最小值	最大值	观测值
RDquality	3.925	13.943	0	88.752	188683
RDeff	1.488	1.084	-8.358	7.779	210535
$treat_i \times time_t$	0.191	0.393	0	1	215812
crdinv	7.298	2.213	-6.543	16.946	56081
cdep	5.793	5.110	0	33.246	215595
Soe	0.215	0.411	0	1	215812
Size	9.371	1.655	-0.120	16.957	215812
Age	2.421	0.995	0	7.602	215812
Export	0.128	0.283	0	1	215812
Lever	0.661	0.293	0.025	1.577	215812
HHI	3.114	3.517	0.140	38.382	215812

12.4.3　政府补贴对制造业企业创新的影响分析

12.4.3.1　平均处理效应

表 12 - 27 报告了以制造业企业的创新质量和创新效率为被解释变量的平均处理效应估计结果。从企业创新质量来看，政府补贴的估计系数为 0.4512 且在 1% 的显著性水平上显著，表明与未获得政府补贴的控制组企业相比，获得补贴的制造业企业在创新质量方面提升了近 45.12%。从企业创新效率来看，政府补贴平均处理效应的估计系数为 0.0193 且在 10% 的水平上显著为正，说明政府补贴能够显著增强制造业企业的创新效率。可见，政府补贴有益于提升制造业企业的创新质量及创新效率。

表 12 - 27　　　　　　　　政府补贴的平均处理效应

项目	(1) 创新质量	(2) 创新效率
$treat_i \times time_t$	0.4512 *** (0.1470)	0.0193 * (0.0100)
控制变量	yes	yes
企业固定效应	yes	yes
年份固定效应	yes	yes
拟合优度	0.6152	0.6676
样本量	166642	188670

注：括号内为标准误；*** 和 * 分别表示在 1% 和 10% 的显著性水平上显著。

为排除估计结果的偶然性，我们先后采用"替换被解释变量""样本缩尾处理""新增控制变量""调整估计方法"等方式对估计结果的稳健性进行检验，回归结果如表 12 - 28 所示。首先，我们采用发明专利申请量和基于 LP 法计算出的全要素生产率作为衡量企业创新质量和创新效率的替代变量，替换结果变量后的估计结果显示政府补贴的系数及其显著性水平并未发生明显改变。其次，我们对数据样本进行了双侧 1% 的缩尾处理以消除潜在的极端值对估计结果的干扰，结果显示缩尾处理后的估计结果与前面的结论基本一致。再次，我们在已有控制变量的基础上新增"企业循环用水率"（recycle），并对模型重新进行估计，结果显示政府补贴的估计系数虽有变化但作用方向及显著性并未改变。最后，我们借助倾向得分匹配法从控制组中找出与处理组具有相似特征的企业，并基于匹配后的数据样本通过双重差分法估计出政府补贴作用于制造业企业创新质量和创新效率的平均处理效应，结果显示利用 PSM - DID 方法估计得到的系数值无明显变化并且显著性有所提升。综上可知，政府补贴可有效提升制造业企业的创新质量、增强制造业企业的创新效率，估计结果稳健可信。

表 12 - 28　　　　　　　　　　稳健性检验

项目	(1) 替换被解释变量		(2) 样本缩尾处理		(3) 新增控制变量		(4) 调整估计方法	
	创新质量	创新效率	创新质量	创新效率	创新质量	创新效率	创新质量	创新效率
$treat_i \times time_t$	0.0073 *	0.0402 ***	0.3908 ***	0.0137 ***	0.4004 ***	0.0179 ***	0.4511 ***	0.0193 ***
	(0.0040)	(0.0104)	(0.0692)	(0.0050)	(0.0911)	(0.0058)	(0.0862)	(0.0055)
控制变量	yes	yes	yes	yes	yes	yes	yes	yes
企业固定效应	yes	yes	yes	yes	yes	yes	yes	yes
年份固定效应	yes	yes	yes	yes	yes	yes	yes	yes
拟合优度	0.4571	0.7420	0.6192	0.6679	0.6202	0.6667	0.6153	0.6676
样本量	193931	188670	164754	184319	149821	171503	166640	188668

注：括号内为标准误；*** 和 * 分别表示在 1% 和 10% 的显著性水平上显著。

12.4.3.2　分位数效应

我们采用既能有效避免极端值干扰又能明确各分位点上政府补贴效果的分位数双重差分方法，考察政府补贴对制造业企业产品质量和生产效率的分位数效果。以 0.01 为间隔，分成 99 个分位点对模型进行估计。图 12 - 1 （a）展示了在不同分位点处政府补贴对企业创新质量的影响效果。将双重差分变量的估计系数和置信区间进行整理，以"点实线"表示对应分位数回归的系数，两侧虚线分别代表分位数回归的置信区间上限与下限；"实线"表示平均处理效应，横轴分位数水平为企业产品质量所处分位点，纵轴分位数处理效应表示双重差分的估计系数。

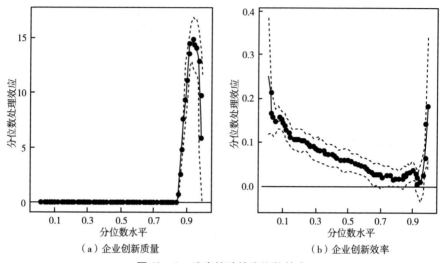

图 12 - 1 政府补贴的分位数效应

资料来源：由作者整理。

结果表明，政府补贴对创新质量高于85%分位点的制造业企业产生了显著的激励效果，并且该激励效果会随分位数的增大而呈现出一定的倒"U"型变化；而对于那些创新质量低于85%分位点的制造业企业，政府补贴难以推动其创新质量的提升，这也间接验证了我国补贴政策坚持"扶优扶强"方针的合理性。图 12 - 1（b）展示了在不同分位点处政府补贴对企业创新效率的影响效果。结果表明，政府补贴对制造业企业创新效率始终起到激励效果，并且该激励效果会随分位数增大而呈现出正"U"型变化。尤其是对于那些高于95%分位点的少数"头部"制造业企业，政府补贴的激励效果会随其创新效率的提升而迅速增强。

12.4.3.3 动态效应

我们利用多期时变双重差分方法考察政府补贴的动态效应。图 12 - 2 展示了以制造业企业创新质量和创新效率为被解释变量的政府补贴动态效应。其中，横轴表示制造业企业获得政府补贴支持的相对时间；纵轴为平均处理效应；条形图部分描述了该时期参与估计的样本量。

由图 12 - 2 可知，政府补贴实施前的处理效应皆近乎零，而实施后的效应均显著不为零，估计模型符合双重差分法的平行趋势假定；政府补贴

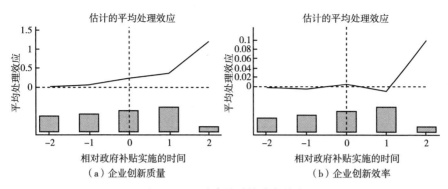

图 12 - 2　政府补贴的动态效应

资料来源：由作者整理。

对制造业企业创新质量和创新效率的激励效果存在一定的滞后性，从补贴实施后的第二年起开始展现出"提质增效"的作用。

12.4.4　政府补贴影响制造业企业创新的机制分析

我们从"研发投资渠道"和"设备折旧渠道"出发，检验政府补贴影响制造业企业创新"提质增效"的作用机制，回归结果如表 12 - 29 所示。结果显示，政府补贴可通过"研发投资渠道"和"设备折旧渠道"来提升制造业企业的创新质量和创新效率。就"研发投资渠道"而言，政府补贴通过挤入制造业企业研发投入，不仅强化了制造业企业的创新能力，提升了制造业企业的创新质量，还为创新效率的改善提供了技术基础。就"设备折旧渠道"而言，政府补贴为制造业企业陈旧设备的更新换代提供了资金支持，为制造业企业创新质量的提升和创新效率的改善打下了坚实的物质基础。

表 12 - 29　　　　　　　　机制检验结果

项目	(1)	(2)	(3)	(4)
	创新质量	创新质量	创新效率	创新效率
$treat_i \times time_t$	0.1586 ***	0.2421 ***	0.1034 ***	0.0268 ***
	(0.0274)	(0.0556)	(0.0229)	(0.0034)
$treat_i \times time_t \times crdinv_{it}$	0.0178 **		0.0130 **	
	(0.0084)		(0.0065)	
$treat_i \times time_t \times cdep_{it}$		0.0070 **		0.0017 ***
		(0.0029)		(0.0005)

续表

项目	(1) 创新质量	(2) 创新质量	(3) 创新效率	(4) 创新效率
控制变量	yes	yes	yes	yes
企业固定效应	yes	yes	yes	yes
年份固定效应	yes	yes	yes	yes
拟合优度	0.6912	0.7302	0.6382	0.6472
样本量	14332	45888	18250	30134

注：括号内为标准误；*** 和 ** 分别表示在1%和5%的显著性水平上显著。

　　从研发投资的角度来看，制造业企业创新具有"高风险、长周期、高投入"的特征，且研发成果也具有较强的外部性（徐建斌等，2023），企业无法完全独占研发创新带来的收益。这些特征会显著削弱制造业企业开展高质量创新活动的积极性（薛阳和胡丽娜，2020）。政府补贴能够填补制造业企业研发资金的缺口，弥补"搭便车"行为给创新企业造成的利润损失，有效降低了企业研发投入成本（张杰，2020），从而实现制造业企业创新质量和创新效率的提高。从设备折旧的角度来看，政府补贴能够有效缓解制造业企业的融资约束，增强了企业加速固定资产折旧的动机。通过加速折旧，制造业企业承担大额固定资产成本的压力得到缓解（储德银等，2016）。在新设备的加持下，制造业企业的创新质量和创新效率会得到进一步提升。

12.4.5　政府补贴影响制造业企业创新的分组讨论

　　基于制造业企业的产权性质、出口行为以及所在行业竞争程度，我们对企业样本进行分组讨论，重点考察政府补贴对不同类型制造业企业的创新质量及创新效率可能起到的异质性效果。

12.4.5.1　产权性质差异

　　国有制造业企业与非国有制造业企业不仅在隶属层级及功能定位上有所不同，在管理模式和决策机制上也存在着较大差异。这可能导致政府补贴对不同产权性质企业提质增效的作用出现较大差异。为此，我们将制造业企业样本划分为"国有企业组"与"非国有企业组"两组子样本并进行分组讨论，结果如表12-30所示。

表 12 - 30　　　　　　　　　　　基于产权性质差异的分组估计结果

项目	国有企业		非国有企业	
	(1)	(2)	(3)	(4)
	创新质量	创新效率	创新质量	创新效率
$treat_i \times time_t$	0.1945	0.0188	0.5108 ***	0.0186 ***
	(0.1769)	(0.0139)	(0.1018)	(0.0062)
控制变量	yes	yes	yes	yes
企业固定效应	yes	yes	yes	yes
年份固定效应	yes	yes	yes	yes
拟合优度	0.7034	0.6420	0.5943	0.6387
样本量	35928	36710	125683	147014

注：括号内为标准误；*** 表示在 1% 的显著性水平上显著。

根据表 12 - 30 的结果，政府补贴难以显著改善国有制造业企业的创新质量和创新效率。究其原因，可能是因为政府补贴具有明显的国有企业倾向性（余明桂等，2010），而充足甚至过度的政府补贴往往会造成国有制造业企业缺乏创新动力，从而导致企业资源配置效率降低、创新效率损失等一系列问题（方明月，2014；张天华和张少华，2016）。与之相反，政府补贴在提升非国有企业创新质量以及改善非国有企业创新效率方面的效果十分明显。长期以来，"融资难、融资贵"一直是阻碍非国有制造业企业高质量发展的难题，而政府的补贴支持向市场释放出获补企业的优质信号，有效地缓解了非国有制造业企业的融资约束问题，在很大程度上推动了非国有制造业企业"提质增效"。

12.4.5.2　出口行为差异

在国际环境日益多变的当下，制造业出口企业一方面要承担更大的经营风险，另一方面又有更多机会与优质企业合作交流。这使得政府补贴实施在出口企业与非出口企业上的效果可能存在一定差异。我们按照制造业企业是否具有出口行为，将研究样本划分为"出口企业组"与"非出口企业组"，估计结果如表 12 - 31 所示。

表 12 - 31 的结果显示，政府补贴对制造业出口企业创新质量提升具有显著且较强的促进作用，但对其创新效率的影响并不明显。而对于制造业非出口企业而言，政府补贴能够显著激励企业"提质增效"。究其原因，可能是因为制造业非出口企业通常在创新方面相对较弱，提升空间较大。政府补贴通过增加制造业企业收入，能够助力企业开展研发创新活动，进而推动制造业企业创新。

表 12 - 31　　　　　　　　基于出口行为差异的分组估计结果

项目	出口企业		非出口企业组	
	（1）	（2）	（3）	（4）
	创新质量	创新效率	创新质量	创新效率
$treat_i \times time_t$	0.7061***	0.0071	0.2422***	0.0234***
	（0.1823）	（0.0088）	（0.0940）	（0.0073）
控制变量	yes	yes	yes	yes
企业固定效应	yes	yes	yes	yes
年份固定效应	yes	yes	yes	yes
拟合优度	0.6737	0.6646	0.5747	0.6767
样本量	45315	51719	115794	131086

注：括号内为标准误；*** 表示在1%的显著性水平上显著。

12.4.5.3　竞争程度差异

低竞争程度的制造业企业多为垄断企业或寡头企业，他们的利润空间较大且更易聚集创新资源；而高竞争程度的制造业企业常要面对创新资源短缺、创新资金不足等困难，发展难度较高。对于处在不同竞争程度的制造业企业，政府补贴既可能是"锦上添花"也可能是"雪中送炭"，其创新效果可能存在一定的异质性。为此，我们将样本企业划分为"低竞争企业组"与"高竞争企业组"，分组估计政府补贴的实际作用效果，估计结果如表 12 - 32 所示。

表 12 - 32　　　　　　　　基于竞争程度差异的分组估计结果

项目	低竞争企业		高竞争企业	
	（1）	（2）	（3）	（4）
	创新质量	创新效率	创新质量	创新效率
$treat_i \times time_t$	0.6710***	0.0100	0.1598	0.0182**
	（0.1440）	（0.0084）	（0.1048）	（0.0078）
控制变量	yes	yes	yes	yes
企业固定效应	yes	yes	yes	yes
年份固定效应	yes	yes	yes	yes
拟合优度	0.6469	0.6886	0.5895	0.6558
样本量	77926	88065	79573	91628

注：括号内为标准误；*** 和 ** 分别表示在1%和5%的显著性水平上显著。

表 12 - 32 的结果表明，政府补贴有益于推动低竞争制造业企业的创

新质量提升、促进高竞争制造业企业的创新效率改善，但对于低竞争制造业企业的创新效率以及高竞争制造业企业的创新质量并无显著影响。在竞争激烈的行业中，企业创新成果被模仿替代的风险较高，政府补贴虽能给制造业企业提供一定的补贴资金支持，但企业管理层往往会为了规避风险而减少创新活动支出，放弃提升难度较大的质量转而追求效率改善。低竞争行业企业为巩固自身的垄断地位，往往有较强的意愿开展创新活动。这类企业会将补贴资金用于研发创新，通过提升创新质量占据更多的市场份额，从而获得高额利润。

概括来讲，本部分从制造业企业创新的"提质"和"增效"两方面考察了政府补贴的静态效应、分位数效应以及动态效应，并深入挖掘了政府补贴影响制造业企业"提质增效"的作用渠道及异质性效果。分析发现，政府补贴有利于激励制造业企业在创新方面的提质增效，该激励效果存在一定的滞后性，一般从补贴实施后的第二年开始显现。政府补贴对创新质量高于85%分位点的制造业企业产生了显著的激励效果，并且该激励效果会随分位数的增大而呈现出一定的倒"U"型变化；而对于创新质量低于85%分位点的制造业企业，政府补贴对其创新质量提升无显著影响。政府补贴对制造业企业的创新效率改善始终起到激励作用，并且激励效果会随分位数增大而呈现出"U"型变化。尤其是对于那些高于95%分位点的少数"头部"企业，政府补贴的激励效果会随其创新效率的改善而迅速增强。另外，政府补贴可通过挤入企业研发投资和加速企业设备折旧这两条渠道来提升制造业企业的创新质量和创新效率。此外，政府补贴对具有不同特质的制造业企业提质增效的效果差异明显。从制造业企业的产权性质来看，政府补贴有益于改善非国有企业的创新质量及创新效率但对国有企业的作用效果并不明显。从制造业企业的出口行为来看，政府补贴能够显著激励非出口企业"提质增效"，对出口企业创新质量提升具有显著且较强的促进作用，但对出口企业创新效率的影响并不明显。从制造业企业所在行业的竞争程度来看，政府补贴有利于低竞争程度企业实现"提质"，有助于高竞争程度企业实现"增效"。

12.5　总　　结

家族企业、新能源企业和制造业企业具有一定的特殊性和重要性，本章针对家族企业控制权集中、融资比例高、代际传承难等特点，针对新能源企业 R&D 物质资本与人力资本严重不足等特点，针对制造业企业高投入、高消耗、低效率等特点，着重研究政府补贴支持与企业创新发展之间的关系及其内在作用机制。研究证实，得益于政府补贴，家族企业、新能源企业以及制造业企业的创新水平均得到了明显提升。政府补贴对国有新能源企业创新的作用效果并不明显，但对非国有新能源企业具有显著的创新激励效用。政府补贴有助于制造业非国有企业以及非出口企业创新"提质增效"，有益于制造业出口企业和低竞争企业创新"提质"，有利于制造业高竞争企业创新"增效"。与已实现"二代接班"的家族企业相比，政府补贴更加有益于提升未完成"二代接班"家族企业的创新产出数量。从创新产出质量来讲，政府补贴对于满足"董事长与总经理二职分离""未完成代际传承""隶属高新技术行业"等条件的家族企业具有显著的创新激励效应。对于获得风险投资的新能源企业来说，政府补贴会通过提升企业的 R&D 物质资本和 R&D 人力资本这两条路径来激励创新；而对于未获得风险投资的新能源企业来讲，政府补贴仅从提升 R&D 人力资本这一渠道来间接鼓励创新。政府补贴不仅能够通过缓解企业融资约束来推动家族企业创新产出数量与质量的共同提升，还能通过降低企业盈利风险的路径来增强家族企业的创新投入意愿。此外，控制国有股权在家族企业中的比重也是政府补贴影响家族企业创新的重要路径。就制造业企业而言，政府补贴可通过挤入企业研发投资和加速企业设备折旧这两条渠道来提升企业的创新质量和创新效率。

　　本章的边际贡献主要体现在以下几个方面：其一，以往多数研究，或关注政府补贴对于一般化企业创新的作用效果和影响机理，或聚焦那些能够影响家族企业，或新能源企业，抑或制造业企业创新行为的内部及外部因素。本章在此基础上向前迈进一步，针对政府补贴作用于家族企业、新能源企业及制造业企业创新的效果、机制及异质性这一重要问题进行深入探讨，弥补了现有文献的欠缺。其二，创新投入与创新产出属于过程与结果的关系，二者不能简单等同，并且创新产出的数量与质量以及效率也应区别对待。本章尝试从企业创新投入、创新数量、创新质量、创新效率等多个不同角度出发，实现了多角度检验政府补贴影响企业创新的作用效果，不但丰富了补贴政策相关研究，还有益于提出更具客观性和全面性政策建议。其三，家族企业的治理与传承具有其独特性①，并且代际传承、

---

　　① 例如，对于家族企业而言，家族成员不仅是股东，而且在企业担任重要的管理职务，对企业经营管理都有很强的话语权，家族内部治理的好坏会影响到家族企业的发展。

控制权配置等问题往往会严重影响到家族企业未来的创新及发展方向；新能源企业面临着技术不完善、市场不成熟、政策环境好等问题和机遇（龚红和朱翎希，2021）；制造业企业是促进产业升级和跨国贸易的主力军，其创新质量和创新效率是一国综合实力、竞争力和创新力的集中体现。本章在分析框架中引入了衡量家族企业代际传承（例如，是否完成"二代接班"等）和控制权配置（例如，控制家族持股比例、控制家族董事占比、控制家族高管占比等）、衡量新能源企业融资行为和产权性质以及衡量制造业企业设备折旧和出口行为的相关变量，不仅对家族企业、新能源企业和制造业的独特性进行了精准控制，还为相关研究开辟了一条新的思路。

　　本章研究存在一定的不足，值得未来研究继续深入探讨。首先，新能源和制造业各行业的创新活动具有不同特征，政府补贴的效果及作用方式会存在一定差异，后续研究可进一步细化新能源和制造业中的各行业领域，使研究结论及政策建议更具针对性。其次，政府实施补贴的方式多样，并且不同的补贴时点对于家族企业、新能源企业和制造业企业创新会存在差异（刘丰云等，2021），后续有必要在数据可得的情况下，深入挖掘补贴组合及补贴实施时点对企业创新的影响效果。再次，对新能源企业创新的衡量较为粗糙，未考虑不同类型专利的含金量存在差异，后续研究可基于中国专利分类标准，对新能源企业创新进行更为细致的划分。最后，企业的管理创新和营销创新也属于创新研究范畴，后续研究可将管理创新和营销创新纳入研究框架，以使研究结论更加全面。

第 13 章　典型企业案例分析

当前，我国经济正处于迈向高质量发展的重要时期，大力培育和发展新能源、物联网等新兴产业，既是提升我国核心竞争力的必然要求，也是推动我国从"制造大国"向"制造强国"以及"智造强国"转型的战略选择。企业尤其是上市企业作为创新的主体，在追求经济效益的同时往往需要承担诸如实现国家战略性新兴行业崛起、维护经济稳定发展等经济和社会目标。新能源企业作为我国构建清洁低碳安全高效能源体系和推进能源结构转型的关键、物联网创新企业作为我国战略性新兴产业的重要组成部分、智能装备制造企业作为我国制造业的未来支柱和核心，虽具有科技研发的前瞻性，但同时存在收益不确定性、跨学科研究交叉复杂等特征，不仅需要大量前期资本的投入，还需要来自政策层面的宏观规划和补贴支持。为此，本章分别以具有代表性的新能源企业"隆基绿能科技股份有限公司"、物联网创新企业"京东方科技集团股份有限公司"以及智能装备制造企业"湖北京山轻工机械股份有限公司"作为案例对象，通过对这三家典型企业在政府补贴影响下的研发投入及创新产出等行为变化进行剖析，深入挖掘政府补贴及其补贴工具与这些典型企业创新行为之间的内在联系，归纳总结出企业在自身经营中合理利用政府补贴发展的经验，以期为相关行业补贴政策的制定提供一些可供参考的现实依据。

13.1　隆基绿能科技股份有限公司案例分析

全球范围内实现可持续能源转型是应对气候变化和能源安全等挑战的重要举措。在"双碳"目标指引下，我国正加快构建清洁低碳安全高效的能源体系，加速推进能源结构转型，计划到 2025 年非化石能源消费比重达到 20% 左右，到 2030 年非化石能源消费比重达到 25% 左右，到 2060 年非化石能源消费比重达到 80% 以上。① 这些目标的设定凸显了我国发展新能源产业的决心和信心。新能源企业创新是推动新能源产业发展和实现能源转型的关键。作为新能源领域的龙头企业,隆基绿能科技股份有限公司(以下简称隆基绿能)② 一直保持高强度的研发投入,在产业链整合、国际市场拓展等多个方面处于世界领先地位。本部分以该企业为研究案例,深入挖掘政府补贴与隆基绿能创新行为的关系,对于明晰政府补贴的实施方案以及新能源企业的创新发展路径具有一定的参考意义。

隆基绿能成立于 2000 年,2012 年在上海证券交易所上市(股票代码:601012)。企业初创时致力于半导体领域的生产制造,自 2020 年开始企业连续三年的出货量和市场占有率位居全球首位,已成为全球最大的太阳能单晶硅光伏产品制造商。隆基绿能始终以技术领先、服务客户需求为导向,将加强科技研发和创新的投入力度作为业绩增长的核心要素。企业以"善用太阳光芒,创造绿能世界"为使命,秉承"稳健可靠、科技引领"的品牌定位,聚焦科技创新,形成支撑全球零碳发展的"绿电 + 绿氢"产品和解决方案。隆基绿能以西安总部为中心向外辐射,生产基地覆盖海内外多个地区,业务遍及全球 150 余个国家和地区,建立起全球的营销网络和多样化产品及服务。企业拥有 1 个国家级企业技术中心和 8 个省级技术中心,旨在建立世界一流的光伏技术研发平台,打造全球光伏产业创新中心。

隆基绿能作为全球新能源行业的头部企业之一,在新能源技术领域具有重要的地位和贡献,其研发方向紧跟我国创新战略,得到政府相关部门的大力扶持。政府补贴金额逐年上涨,从 2016 年的 0.39 亿元增至 2022 年的 4.63 亿元,累计金额超过 15 亿元(见图 13 - 1)。2022 年的补贴增长最多,较 2021 年增长了 1.16 亿元。从隆基绿能"获补"增速来看,整体呈下降趋势,由 2016 年的 124.06% 跌至 2021 年的 22.33%,2022 年有所回升。

13.1.1　政府补贴与隆基绿能研发投入关系

首先,从隆基绿能的研发人力投入来看,2016 ~ 2022 年,隆基绿能从事研发及技术创新人员的数量逐年递增,由 2016 年的 451 人增加到 2022

---

① 资料来源于中国政府网:《中共中央 国务院关于完整准确全面贯彻新发展理念做好碳达峰碳中和工作的意见》。

② 关于隆基绿能科技股份有限公司的相关资料来源于隆基绿能科技股份有限公司官方网站(https://www.longi.com/cn/about - longi/)、隆基绿能科技股份有限公司的企业年报以及国泰安数据库。

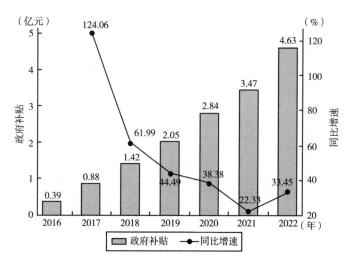

图 13-1 隆基绿能获得的政府补贴

资料来源：隆基绿能企业年报、国泰安数据库。

的 4036 人（见图 13-2）。截至 2022 年末，隆基绿能的研发人员占全体员
工的比重达 6.66%。可见，隆基绿能重视研发团队建设，不断引进科研人
才，为保持领先的创新能力提供了有力的人才保障。

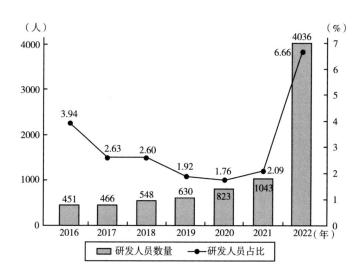

图 13-2 隆基绿能的研发人力投入

资料来源：隆基绿能企业年报。

企业在研发方面的人力投入，不能单从数量来看，还需从投入质量上
进行挖掘。表 13-1 展示了 2016~2022 年，隆基绿能的员工学历水平。
从 2016 年开始，员工整体规模不断扩大，尽管在 2021 年本科及大专员工

数量有所下降，但相比 2016 年依然增长幅度明显。结合图 13 - 2 信息可知，2016 ~ 2022 年，随着隆基绿能获得政府补贴金额的逐年增加，企业具有博士及硕士学位的员工人数也有明显增加。

表 13 - 1　　　　　　　　隆基绿能员工学历情况　　　　　　单位：人

年份	博士及硕士	本科及大专	大专以下
2016	264	4637	6543
2017	383	7407	9912
2018	483	7674	12899
2019	644	12914	19315
2020	829	17012	28790
2021	1101	16642	32224
2022	1746	23772	35083

注：根据隆基绿能企业年报整理。

其次，从隆基绿能的研发资金投入来看，企业不仅储备了大量科技人才，在研发资金投入力度上也表现突出。自 2012 年上市以来，企业累计研发投入超过 190 亿元。隆基绿能年报中的研发情况相关数据显示，2016 ~ 2022 年企业研发投入资金持续增长，由 2016 年的 5.63 亿元增长至 2022 年的 71.41 亿元，研发资金投入规模扩大了十余倍，基本占到了当期企业营业收入的 5% 以上（见图 13 - 3）。总体来看，在研究窗口期内，隆基绿能的研发投入水平与政府为其提供的补贴金额的变化趋势基本保持一致，说明二者间存在一定的正相关关系。

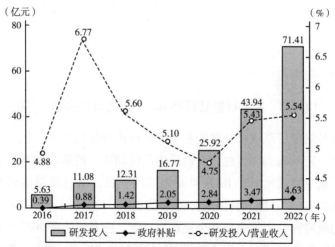

图 13 - 3　隆基绿能的研发资金投入与获得的政府补贴

资料来源：隆基绿能企业年报。

13.1.2 政府补贴与隆基绿能创新产出关系

从企业创新产出数量来看, 2016 ~ 2022 年, 隆基绿能的专利申请量逐年增长, 且增速较为平稳。企业专利授权量呈阶梯式增长, 2017 年仅授权82 个专利, 2018 年专利授权迅速增长至 272 个, 同比增长达 231.71%, 2022 年专利授权量较 2021 年的增速为 122.45%(见图 13 - 4)。

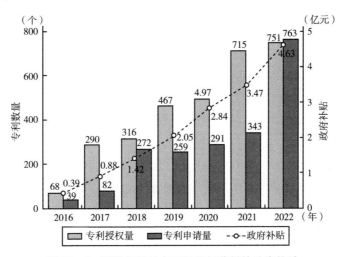

图 13 - 4   隆基绿能的专利数量与获得的政府补贴

资料来源: 国家知识产权局。

企业已获授权的专利可能会因时限等原因失效, 使得国家知识产权局公布数据与企业当期年报披露数据可能会存在一定的差异。由图 13 - 5 可知, 在有效授权专利数据中, 隆基绿能的实用新型专利数最多且逐年增加; 发明专利的授权数量整体呈上升趋势, 从 2016 年的 6 件增至 2022 年的 86 件。总体来看, 隆基绿能的创新产出数量会随着企业获得补贴支持力度的增强而逐步提升。

13.1.3   隆基绿能获得的 R&D 补贴和非 R&D 补贴

以隆基绿能所获政府补贴的总额来分析政府补贴与企业创新的关系可能会存在一定的偏差。为此, 我们采用关键词法, 搜索政府补贴明细项目的名称, 从中筛选出属于 R&D 补贴范畴的项目, 通过加总得到各期隆基绿能获得的 R&D 补贴。具体划分标准见表 13 - 2。我们以 2022 年隆基绿能获得的政府补贴明细项目及金额数据为例。隆基绿能于 2022 年获得的政府补贴明细共有 18 项, 补贴金额共计 463237999.91 元, 其中, 第 1 项 ~ 第8 项属于 R&D 补贴, 而第 8 项 ~ 第 18 项属于非 R&D 补贴。

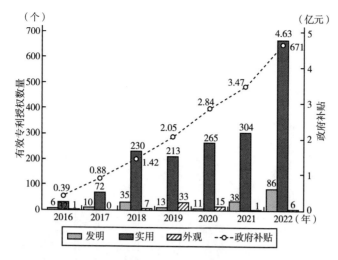

图 13 – 5　隆基绿能的有效专利授权数量与获得的政府补贴

资料来源：国泰安数据库、国家知识产权局。

表 13 – 2 　　　　　　　　　　**2022 年隆基绿能获补情况**

序号	政府补贴明细项目	本期金额数	补贴分类及总额
1	研发后奖励	15307600. 00	R&D 补贴 合计 57962736. 06
2	科技创新项目	13603400. 00	
3	转型升级专项资金	9381448. 62	
4	三重一创补贴款	7796654. 74	
5	银川经济技术开发区重大项目扶持资金	4116249. 30	
6	硅单晶超长周期连续拉晶关键技术开发	3350000. 00	
7	国家机器人项目	3128205. 13	
8	技改项目	1279178. 27	
9	固定资产投资奖励	89131042. 91	非 R&D 补贴 合计 405275263. 85
10	地方财政贡献奖励	71519796. 98	
11	产业发展专项资金	33500000. 00	
12	特殊贡献奖	25600000. 00	
13	总部型企业奖励	21828000. 00	
14	外经贸发展专项资金	19553900. 00	
15	稳增长奖励	16158100. 00	
16	稳岗补贴	5564392. 48	
17	以工代训补贴资金	190881. 53	
18	其他	122229149. 95	

注：资料来源于《国泰安中国上市公司财务报表附注数据库》损益项目——政府补助。

由图 13−6 可知，隆基绿能 2016~2022 年获得的 R&D 补贴在总量上呈现上升趋势，但 R&D 补贴的强度具有下降趋势，并且企业获得的 R&D 补贴占全年度研发投入的比例也在下降，由 2016 年的 2.38% 下降至 2022 年的 0.81%。

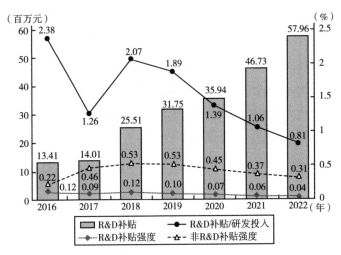

图 13−6 隆基绿能获得 R&D 补贴与非 R&D 补贴

资料来源：隆基绿能企业年报、国泰安数据库。

如图 13−7 所示，研究窗口期内，隆基绿能的专利授权量快速增长，并且企业获得的 R&D 补贴规模上也有大幅度提升，这说明政府补贴尤其是 R&D 补贴与企业创新产出之间具有一定的正向关联。

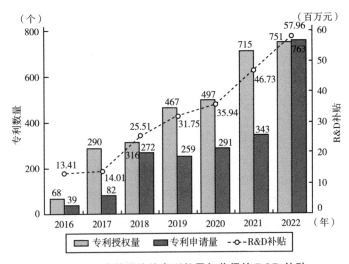

图 13−7 隆基绿能的专利数量与获得的 R&D 补贴

资料来源：国家知识产权局、国泰安数据库。

概括来讲，本部分以新能源行业的领军企业隆基绿能为案例分析对象，通过收集整合该企业 2016～2022 年的企业年报、国泰安数据库以及国家知识产权局等数据，着重描述和分析了企业的获补情况以及政府补贴尤其是 R&D 补贴与企业创新投入及创新产出的关系。研究发现，隆基绿能在研究窗口期内获得的政府补贴金额持续上涨。除 2022 年之外，隆基绿能获政府补贴的同比增速整体上呈下降趋势。涉及企业生产的政府补贴项目金额在所有项目金额中最大，R&D 补贴占政府补贴总额的比例整体上呈现下降趋势。企业所获得政府补贴与其研发人员数量和研发资金投入量同步增长，并且伴随政府补贴的增加，企业专利数量和专利质量也有较大提升。综上所述，政府补贴与企业创新行为之间具有一定的正向关联，隆基绿能获补有利于该企业在研发投入及创新产出方面的改善和提升。

13.2　京东方科技集团股份有限公司案例分析

物联网是基于互联网的新型网络技术，有着广阔的应用前景，是世界经济发展的新增长点。受金融海啸的冲击，传统产业发展严重受阻，各国政府将发展物联网产业视为提振经济的重要手段。我国政府十分重视物联网产业的发展，相继出台了一系列推动物联网产业健康发展政策法规。例如，2012 年工信部发布《物联网"十二五"发展规划》，物联网发展的任务目标得以明确；2013 年出台《国务院关于推进物联网有序健康发展的指导意见》，为物联网产业发展指明了前进方向；2020 年颁布的《关于深入推进移动物联网全面发展的通知》，为营造良好的物联网发展环境提供了政策基础。物联网企业作为我国战略性新兴产业的重要组成部分，虽具有科技研发的前瞻性，但同时存在收益不确定性、跨学科研究交叉复杂等特征，不仅需要大量前期资本的投入，还需要来自政策层面的宏观规划和补贴支持。京东方科技集团股份有限公司（以下简称京东方）①作为全球领先的物联网创新企业，始终秉持对技术的尊重和对创新的坚持。本部分以该企业为研究案例，基于京东方披露的有关 2013～2022 年的相关信息并结合巨潮资讯网、Wind 数据库、东方财富网等相关数据，深入挖掘京

---

① 关于京东方科技集团股份有限公司的相关资料来源于京东方科技集团股份有限公司官方网站（https：//boe.com/about/index）、京东方企业年报、巨潮资讯网、Wind 数据库、东方财富网等。

东方所获政府补贴支持与其创新行为的关系。

京东方科技集团股份有限公司创立于 1993 年 4 月，2001 年在深圳证券交易所上市（股票代码：000725）。公司前身是北京电子管厂，现已发展成为以半导体显示为核心，以物联网、传感器及解决方案等为主营业务的物联网创新企业。京东方在全国各地大力投资，实现了研发创新的成果转化，获得了产品生产的规模效应，行业地位大幅提升，其技术与产品的更新迭代速度也在不断加快。截至 2022 年，京东方已在北京、成都、绵阳、合肥、鄂尔多斯、重庆、福州、武汉、昆明、南京等地拥有了 17 条半导体显示生产线。在全球大尺寸 LCD 面板市场中，京东方市场份额占比最高，达到 26.7%；在中小型尺寸 AMOLED 面板市场中，京东方占据总市场份额的 12%，位居全球第二，仅次于韩国三星的 56%。

2013 ~ 2022 年，京东方在研发投入方面呈现持续稳步增长态势（见表 13 - 3）。从研发资金投入来看，2013 ~ 2022 年累计研发资金投入692.84 亿元人民币，2021 ~ 2022 年京东方的研发资金投入连续两年突破百亿元人民币。从研发人力投入来看，京东方研发人员数量迅猛增长，2016 ~ 2022 年年平均增长 1115 人。

表 13 - 3 京东方研发资金与研发人员投入情况

年份	研发人员数量（人）	研发人员数量占比（%）	研发投入金额（亿元人民币）	研发投入占营业收入比重（%）
2013	1653	6.14	19.04	5.64
2014	2060	6.03	24.77	6.73
2015	2603	6.08	33.19	6.82
2016	13270	27	41.39	6.01
2017	17141	27.42	69.72	7.43
2018	19627	28.73	72.38	7.45
2019	19617	30.17	87.48	7.54
2020	19694	25.76	94.42	6.97
2021	19708	24.80	124.43	5.63
2022	21075	23.86	126.02	7.06

注：根据京东方企业年报整理。

京东方当前的专利持有量位居全球前列。根据世界知识产权组织（WIPO）公布的 2022 年全球国际专利申请排名，京东方以 1884 件 PCT 专利申请量位列全球第七，连续 7 年进入全球 PCT 专利申请 TOP10；根据美国专利服务机构 IFI Claims 发布的 2022 年度美国专利授权量统计报告，京东方全球排名第 11 位，连续五年跻身全球 TOP20（见图 13 - 8）。

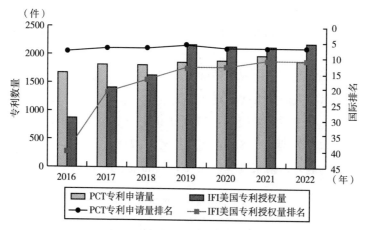

图 13 - 8 京东方的国际专利及排名情况

资料来源：京东方企业年报、Wind 数据库等。

2013 ~ 2022 年，京东方年新增专利授权数量和年新增发明专利授权数量均大幅增长，十年累计新增专利授权 30313 件，其中，发明专利授权 20855 件，占专利授权总量的 68.8%。2013 ~ 2022 年，京东方的创新质量持续提升，其发明专利授权占比从 2013 年的 12.3% 迅猛提升到 2020 ~ 2022 的年均 80.4%（见图 13 - 9）。

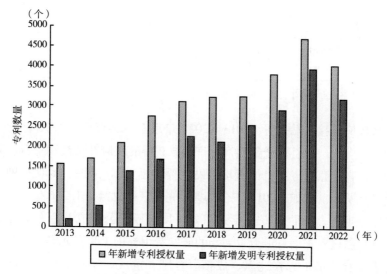

图 13 - 9 京东方新增专利情况

资料来源：京东方企业年报、Wind 数据库等。

　　京东方的创新发展离不开我国政府及相关部门通过贷款支持、国家资本金入股、直接补贴、税收优惠等形式的资金支持（见表 13 - 4）。从贷款支持来看，京东方获得的政府信贷资金持续增长且总额庞大，2013 ~ 2022 年京东方累计获得 6426. 41 亿元人民币的贷款支持。其中，由国家开发银行提供给京东方的政策性贷款尤为重要，约 1216. 5 亿元人民币。这些贷款支持为京东方实现规模经济和预期发展目标提供了保障。此外，政府以国家资本金入股的方式向京东方大量注资。2013 ~ 2022 年京东方共进行了 2 次非公开定向增发股票：2014 年京东方非公开定向增发 457. 13 亿元，国家资本金入股 215. 81 亿元，占比 47. 21%；2021 年非公开定向增发共募集 200 亿元，国家资本金入股 109. 88 亿元，占比 54. 94%。

表 13 - 4　　　　　　　　　　京东方获得的政府资金支持

年份	贷款支持	国家资本金入股	直接补贴	税收优惠	合计
2013	44. 27		8. 38	0. 90	53. 55
2014	220. 19	215. 81	8. 30	1. 31	445. 62
2015	444. 42		10. 45	2. 04	456. 91
2016	431. 01		19. 15	1. 64	451. 80
2017	954. 16		9. 62	1. 68	965. 46
2018	837. 49		20. 74	3. 27	861. 50
2019	916. 15		26. 41	5. 90	948. 46
2020	961. 87		23. 32	6. 44	991. 63
2021	857. 33	109. 88	20. 78	14. 29	1002. 28
2022	759. 51		54. 59	26. 52	840. 62
合计	6426. 41	325. 69	201. 73	63. 99	7017. 82

注：根据京东方企业年报及 Wind 数据库相关数据整理。

　　从政府直接补贴来看，2013 ~ 2022 年京东方共获得 201. 73 亿元人民币的补贴资金。就补贴金额而言，京东方获得的政府补贴波动上升。就补贴种类而言，京东方获得的直接补贴主要包括 R&D 补助、专项补助资金等政策性奖励。例如，2015 年合肥鑫晟光电获得总额为 1. 236 亿元人民币的政府专项资金补助，2018 年京东方下属控股子公司成都京东方光电获得成都高新区电子信息产业发展局的研发费用补助 1. 8 亿元等。从政府税收优惠来看，京东方在北京、成都、合肥、重庆、鄂尔多斯、福州、绵阳、苏州、昆明、南京等地的多家子公司都享受 15% 的所得税优惠税率，2013 ~ 2022 年京东方享受的税收优惠金额逐年增加，累计金额多达 63. 99

亿元人民币。

13. 2. 1 政府资金支持与京东方创新行为的关系

为挖掘京东方创新行为与政府资金支持之间的联系，我们首先利用皮尔逊检验来考察二者间的相关性，具体结果如表 13 – 5 所示。

表 13 – 5　　　　　　政府补贴与京东方创新行为的相关性检验

京东方创新行为		研发人力投入	研发资金投入	新增专利授权量	新增发明专利授权量
政府资金支持	皮尔逊相关系数	0. 8876 ***	0. 8398 ***	0. 8585 ***	0. 8795 ***
	P 值（双尾）	0. 0006078	0. 002364	0. 001472	0. 0007962

注：*** 表示在 1% 的显著性水平上显著。

研发投入方面，政府资金支持与京东方研发人力投入之间呈正相关，相关系数为 0.8876 且在 1% 的水平上显著；政府资金支持与京东方研发资金投入之间亦在 1% 的显著性水平上呈正相关，相关系数为 0.8398。结合图 13 – 10 和图 13 – 11 可进一步证实，京东方获得的政府资金支持与京东方的研发人力投入和研发资金投入的走势基本一致。具体来讲，2013 ~ 2017 年京东方获得的政府资金支持数额逐年增加，其研发人力投入和研发资金投入也逐渐升高；在 2018 年以及 2022 年，京东方获得的政府资金支持明显下降，致使当年京东方的研发投入近乎停滞。可以认为，政府的资金支持有益于京东方加大在研发人力和研发资金方面的投入力度。

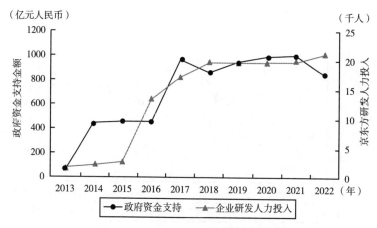

图 13 – 10　政府对京东方的资金支持与京东方研发人力投入

资料来源：京东方企业年报。

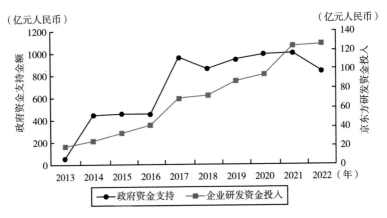

图 13 – 11　政府对京东方的资金支持与京东方研发资金投入

资料来源：京东方企业年报。

创新产出方面，政府资金支持与京东方的年新增专利授权量呈正相关，相关系数为 0. 8585 且在 1% 的水平上显著；政府资金支持与京东方年新增发明专利授权量亦在 1% 的显著性水平上呈正相关，相关系数为 0. 8795。根据图 13 – 12 可知，京东方获得的政府资金支持与其年新增专利授权量和年新增发明专利授权量的走势基本保持一致。2013～2017 年以及 2019～2021 年，京东方获得的政府资金支持规模逐年增加，其年新增专利授权量和年新增发明专利授权量也随之提升；2018 年京东方获得政府资金支持的数额有所降低，导致其当年新增专利授权量仅小幅增长而新增发明专利授权量有明显下降；2022 年因政府资金支持的力度明显降低，

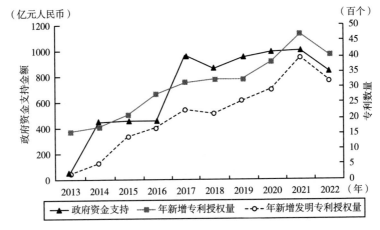

图 13 – 12　政府对京东方的资金支持与京东方创新产出

资料来源：京东方企业年报、Wind 数据库等。

导致京东方当年新增专利授权量和新增发明专利授权量均出现大幅度下降。
从中可以看出，政府资金支持与京东方创新产出之间存在明显的正向关联。

13.2.2 政府直接补贴和间接补贴与京东方创新行为的关系

直接补贴和间接补贴（税收优惠）是政府激励京东方企业创新的两种
重要手段。由图 13－13 可知，直接补贴占政府对京东方资金支持总量的
比重逐年下降，从 2013 年的 90.29% 逐渐降至 2022 年的 68.3%。反观间
接补贴，其规模和比重逐年增加。

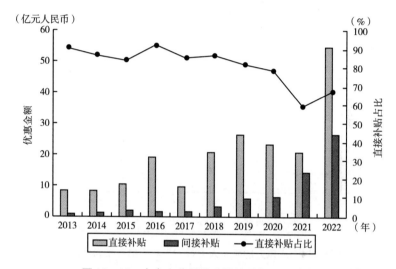

图 13－13 京东方获得的直接补贴与间接补贴

资料来源：京东方企业年报。

表 13－6 汇报了基于皮尔逊检验得到的两类政府补贴与京东方创新行
为之间的相关性。结果显示，直接补贴和间接补贴均与京东方的研发投入
以及创新产出存在显著的正相关关系。

表 13－6　　　　两类政府补贴与京东方创新行为的相关性检验

京东方创新行为		研发人力投入	研发资金投入	新增专利授权量	新增发明专利授权量
直接补贴	皮尔逊相关系数	0.6517 **	0.7539 **	0.6371 **	0.6278 *
	P 值（双尾）	0.04118	0.01179	0.04757	0.05195
间接补贴	皮尔逊相关系数	0.5528 *	0.8180 ***	0.6987 **	0.6916 **
	P 值（双尾）	0.09746	0.003833	0.02459	0.02674

注：***、** 和 * 分别表示在 1%、5% 和 10% 的显著性水平上显著。

结合图 13 – 14、图 13 – 15 和图 13 – 16 可以发现，在绝大多数年份中，政府的直接补贴和间接补贴皆与京东方的研发投入及创新产出存在明显的关联。值得注意的是，在 2017 年、2020 年和 2021 年这三年中，政府直接补贴的下降并未引起京东方当年的研发投入与创新产出的下降，原因有二：其一，京东方可能通过信贷、融资等其他渠道获得了更多的资金；其二，直接补贴对京东方创新的影响可能存在一定的滞后，导致企业在 2018 年和 2022 年的研发投入增长减缓、专利授权数量下降。总体来看，京东方如今的发展离不开政府一直以来的资金支持，政府的直接补贴和间接补贴有效地推动了企业创新活动的开展。

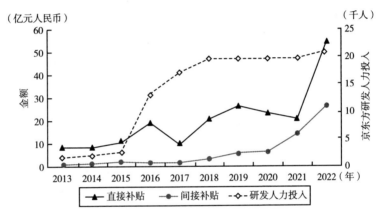

图 13 – 14　京东方的研发人力投入与获得的直接和间接补贴

资料来源：京东方企业年报、Wind 数据库等。

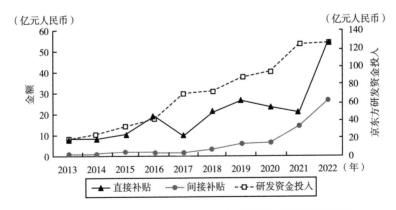

图 13 – 15　京东方的研发资金投入与获得的直接和间接补贴

资料来源：京东方企业年报、Wind 数据库等。

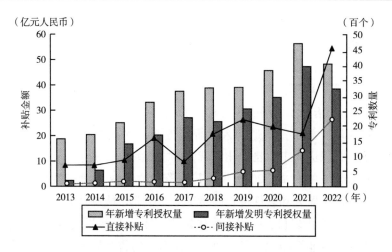

图 13 – 16 京东方的创新产出与获得的直接和间接补贴

资料来源：京东方企业年报、Wind 数据库等。

13.3 湖北京山轻工机械股份有限公司案例分析

作为社会经济发展的基础性产业，装备制造业既是制造业的支柱和核心，又是制造业实现产业升级、技术进步的基础条件。而智能装备制造业作为装备制造业的重要发展方向，已成为当今衡量一国技术水平和综合实力的重要标志。智能制造装备是具有感知、分析、推理、决策、控制功能的各类制造装备的统称，是先进制造技术、信息技术以及人工智能技术在制造装备上的集成和深度融合。我国制造业正处于迈向高质量发展的关键时期，大力培育和发展智能装备制造业，是提升我国产业核心竞争力的必然要求，也是推动我国从"制造大国"向"制造强国"以及"智造强国"转型的战略选择。湖北京山轻工机械股份有限公司（以下简称京山轻机）① 通过近十年的内生式发展和外延式并购，形成了以"光伏自动化 + 包装自动化 + 电池自动化"为核心的工业自动化布局，逐步构建起京山轻机智能装备生态圈。本部分以京山轻机为研究案例，通过剖析京山轻机近年获得的政府补贴，分析补贴尤其是不同类型的补贴对该企业创新行为的影响，期望借此案例为相似企业合理利用补贴和相关部门完善监管体制提供一定参考。

---

① 关于湖北京山轻工机械股份有限公司的相关资料来源于京山轻工机械股份有限公司企业年报、Wind 数据库、CSMAR 数据库等。

京山轻机成立于1957年10月，前身是湖北省京山轻工机械厂，主要进行农业机械化制造。经多年苦心经营，京山轻机于1998年6月在深圳证券交易所正式挂牌上市（股票代码：000821），开启了跨越式发展的全新征程，为进军高端汽车零部件领域（2011年）、开发非银行金融领域（2014年）、开拓国际市场的多元化布局奠定了基础。自2012年开始，京山轻机在高端智能装备制造和人工智能方面加大投入。2015年，其并购三协精密，扩张进入工业自动化领域，标志着京山轻机集团正式开始对智能装备制造领域的布局。2016年，其投资成立武汉深海奕智科技有限公司，开拓移动机器人和软件视觉的研发，为企业智能制造转型升级提供助力。2017年，京山轻机正式进军光伏领域，完成对苏州晟成光伏的收购，主要从事光伏行业智能化装备的研发、制造、销售和服务等，并借此完成了企业在中国华东和华南两大区域的产业布局。历经多年的发展，京山轻机现有18家控股公司和合资企业，已成为集研发、生产、销售、服务于一体的国际化智能装备制造企业。

京山轻机建有行业内唯一一家国家级技术研发中心，其子公司晟成光伏是国内知名的光伏智能装备供应商。2019～2022年京山轻机的光伏自动化生产线业务营收分别为6.93亿元、11.58亿元、22.26亿元和32.60亿元，营收占比分别达到30.61%、37.83%、54.49%和66.97%，已经逐渐发展成为该企业的核心业务（见图13-17）。

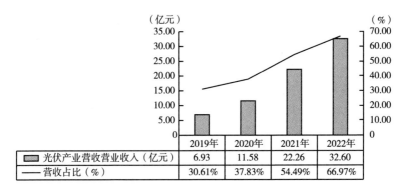

图13-17　京山轻机光伏产业营收

资料来源：京山轻机企业年报。

我们参照王临夏（2020）的做法，以企业的研发资金投入与营业收入的比值以及研发人员数量占总员工数量的比值作为衡量企业研发投入的标准。此外，我们尝试从企业专利申请数（包括发明专利、实用新型专利、外观设计专利申请数）和企业无形资产这两个维度来考察企业京山轻机的创新产出情况。相关数据源自 CSMAR 数据库中的"公司研究"板块以及京山轻机年报。京山轻机虽然获得了政府补贴的相关数据但并未形成统一的披露形式。为此，我们参考既有研究做法（Chen et al.，2018；郭玥，2018），针对企业补助明细进行关键词检索。具体来讲，当政府补贴中包含与创新相关的关键词的条目（例如开发、研发、技术创新、自主创新、知识产权、引才引智等）时，将其统计为 R&D 补贴，其余项目计为非 R&D 补贴。京山轻机对政府补贴明细条目的披露只能追溯到 2008 年，表 13 - 7 展示了该企业于 2008 ~ 2022 年获得的 R&D 补贴与非 R&D 补贴。

表 13 - 7 京山轻机各年获得的 R&D 与非 R&D 补贴

年份	R&D 补贴 （百万元）	非 R&D 补贴 （百万元）
2008	1.92	1.07
2009	8.97	1.47
2010	2.35	0.30
2011	0.02	0.56
2012	1.01	7.93
2013	0.55	0.78
2014	1.92	2.48
2015	2.48	2.25
2016	6.10	3.53
2017	14.15	1.15
2018	22.51	1.88
2019	19.81	7.96
2020	18.35	9.72
2021	33.88	3.45
2022	34.28	9.85

注：根据京山轻机企业年报、Wind 数据库等相关数据整理。

总体来看，京山轻机获得的政府补贴总和大致呈现逐年上升趋势（见图 13 - 18）。除 2012 年企业因厂房拆迁及拆迁户赔偿等原因使得非 R&D 补贴高于 R&D 补贴之外，其余各年份企业获得的 R&D 补贴均高于非 R&D 补贴。"十三五"期间政府明确提出大力支持光伏及相关产业，2016 ~ 2018 年京山轻机获得的 R&D 补贴大幅增长。自 2018 年出台"531"新政，政府补贴政策收紧，导致京山轻机获得的 R&D 补贴数额出现连续下降。在此期间，非 R&D 补贴的发放数额大幅上涨，使得京山轻机整体收到的总补贴数额维持住了增长势头，并在 2020 年后实现较快增长。

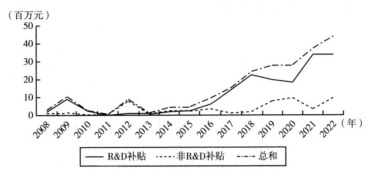

图 13 – 18　京山轻机获得的政府补贴

资料来源：京山轻机企业年报、Wind 数据库等。

图 13 – 19 展示了 2012～2021 年京山轻机获得政府补贴及其研发创新情况。从图中可以大致看出，企业研发投入强度会伴随政府补贴强度的提升而增加。企业创新产出的变化较为复杂，既出现了 2017 年在政府补贴强度与研发投入强度"双双持平"情况下企业专利申请数大幅上涨，又出现了 2021 年专利申请数骤然下降。前者可能是因为京山轻机在 2017 年时收购苏州晟成进军光伏产业，企业并购使得专利申请数大幅提升；后者则可能与新冠疫情冲击有关。

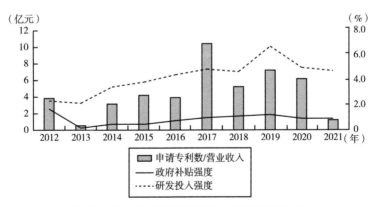

图 13 – 19　京山轻机研发投入与专利申请情况

资料来源：京山轻机企业年报、Wind 数据库等。

13.3.1　政府补贴与京山轻机研发投入关系

从图 13 – 20 可以看出，2012～2018 年京山轻机获得的 R&D 补贴与其研发资金投入总体呈上升趋势，企业研发投入强度随获得 R&D 补贴强度的提升而增加。同时，研发投入中政府 R&D 补贴所占的比重经历了先升高后下降的变化。2012 年，我国政府逐渐加大了在智能装备制造、光伏等领域的扶持力度，京山轻机研发投入中 R&D 补贴比重急速上升，至2018 年达到最高的 21.39%。"5·31"新政后，政府补贴政策收紧，通过直接补贴形式发放的 R&D 补贴数额锐减，其在企业研发投入中的比重也有明显下降。然而，政府 R&D 补贴的收紧不但没有抑制企业的创新发展，反而倒逼京山轻机不断加大创新投入力度以保持市场竞争力。尤其是在2017~2021 年，京山轻机对于政府 R&D 补贴的依赖性逐渐降低，有效提升了企业创新的活力和独立性。

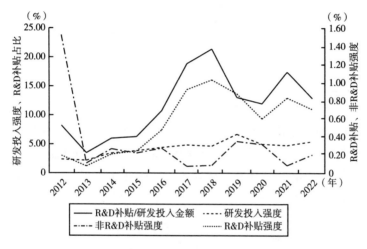

图 13-20　京山轻机的研发资金投入与获得的政府补贴

资料来源：京山轻机企业年报、Wind 数据库等。

因京山轻机的研发人员统计数据是从 2015 年开始披露，我们绘制了2015~2022 年京山轻机研发人员数量占比以及补贴强度等的变化情况（见图 13-21）。可以发现，京山轻机研发人员数量占比总体来看是一个波动上升的过程。在 2019 年之前，京山轻机研发人员数量占比与 R&D 补贴强度存在明显的正相关；而在 2019 年之后，研发人员数量占比与 R&D补贴强度则呈现一定的负相关。

13.3.2　政府补贴与京山轻机创新产出关系

我们从京山轻机的专利申请量以及无形资产这两个维度来分析政府补贴与创新产出关系。专利申请量尤其是发明专利申请量能够较为客观地体现出企业的创新产出水平，为避免企业规模变化带来的影响，我们采用专

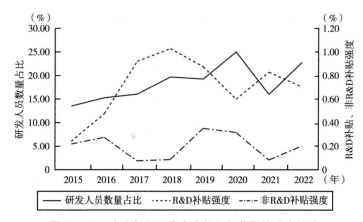

图 13 – 21 京山轻机研发人力投入与获得的政府补贴

资料来源：京山轻机企业年报、Wind 数据库等。

利申请数与营业收入（亿元）的比值来对其进行衡量。由图 13 – 22 可知，在 2018 年之前，除 2017 年因并购苏州晟成导致当年专利申请量急剧增高外，其余各年京山轻机的专利申请与 R&D 补贴强度的变化趋势基本一致，表明 R&D 补贴与创新产出之间具有明显的正向关联。2018 年之后，企业专利申请与非 R&D 补贴强度的变化趋势高度一致。在此期间，R&D 补贴强度有所降低，而非 R&D 补贴起到了较好的补充作用，为企业创新提供了一定助力。

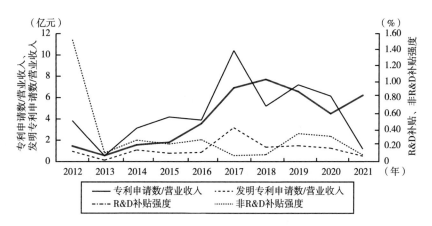

图 13 – 22 京山轻机的专利申请与获得的政府 R&D 及非 R&D 补贴

资料来源：京山轻机企业年报、Wind 数据库等。

通过创新研发形成的无形资产，消除了投资、并购等因素的干扰，是一种能够有效描绘企业创新产出变化的测度指标。由图 13 – 23 可知，2012~2021 年，京山轻机创新研发形成的无形资产与 R&D 补贴的变化趋

势大体一致，二者间呈现较为明显的正相关关系，而企业无形资产与非
R&D 补贴之间的关联性不强。

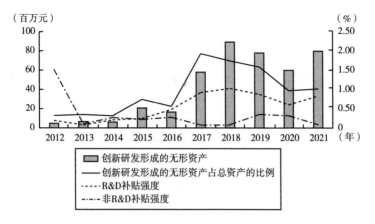

图 13 – 23 京山轻机创新研发形成的无形资产

资料来源：京山轻机企业年报、Wind 数据库等。

概括来讲，本部分以智能装备制造企业京山轻机为案例分析对象，通
过收集整理 2008 ~ 2022 年与企业研发创新以及政府补贴相关的信息和数
据，重点挖掘了 R&D 和非 R&D 这两类补贴对京山轻机研发资金投入、研
发人员投入、创新专利以及创新无形资产的可能影响。研究发现：政府补
贴尤其是 R&D 补贴支持，有益于强化京山轻机在研发资金以及研发人员
方面的投入，激发企业的研发意愿和创新动力。在政府补贴的支持下，京
山轻机无论是在专利申请数量还是在创新研发形成无形资产方面均取得了
长足的进步。

13.4 经验启示

通过对新能源企业"隆基绿能科技股份有限公司"、物联网创新企业
"京东方科技集团股份有限公司"以及智能装备制造企业"湖北京山轻工
机械股份有限公司"进行分析，我们总结出如下经验启示。对于企业而
言，应尽可能做好应对补贴退坡的准备，需适时调整经营战略，摆脱对政
府补贴的过度依赖。例如，京山轻机可借助当前的补贴资金着力支持钙钛
矿设备等高盈利项目的发展，尽快摆脱当前"高营收、低利润"的困境；
隆基绿能应采取多元化的创新策略，尽可能借助市场导向、产研合作等创

新路径来提升自主创新能力和市场竞争力。此外，企业应重视在研发创新方面的投资结构，不仅要持续增加研发资金投入，还需重视研发人才队伍建设。例如，京山轻机一方面可通过布局高端智能装备制造和人工智能等高新技术领域吸引更多政府扶持，另一方面可将企业研发资金用于开发钙钛矿设备、团簇型多腔式蒸镀设备和空间式原子层沉积（Atomic Layer Deposition，ALD）设备等，加快技术迭代，加强技术储备，以技术创新赢得市场；隆基绿能应在现有补贴资源的支持下，进一步强化对外部科研人才的引进和对内部科研人员的培养，建立起强效的创新团队，为技术创新筑基。对于政府而言，应进一步完善科学的补贴目标选择机制，对补贴目标进行严格的评估和筛选。在补贴发放前对企业技术创新的可行性、发展潜力、经济环境效益等进行审核，确保补贴资金的投入能够产生明显的创新效果和收益。当前国内仍缺乏一种政府补贴的统一披露方式，各家企业的公示标准也各不相同，这对补贴发放后的监督和管理造成了极大不便。政府应加强补贴信息披露制度建设，建立公示平台并及时公布企业的补贴信息和补贴使用情况，从而提高补贴监督管理能力，逐渐减少和杜绝企业的骗补行为。除此之外，政府还应进一步优化补贴政策设计，尽可能发挥补贴的调节功能，避免企业对政府补贴的过度依赖。相关部门可通过探索多元化的支持方式来鼓励企业创新，通过直接补贴、税收优惠等政策工具的协同，合理引导企业创新发展方向，推动特定领域或关键技术研发。另外，相关部门还应注意不同补贴政策工具对不同类型企业创新行为的差异化影响效果和作用机制，为处在不同行业中的企业制定具有针对性的补贴政策，务求将有限的补贴资金集中到提升企业创新能力上。

| PART V : |

结论篇

第14章　结论、启示与展望

放眼世界，各国纷纷通过实施政府补贴来激励企业创新。德国的"德国2020高科技战略"、英国的"我们的增长计划：科学和创新"、美国的"美国创新战略"以及欧盟国家的"地平线2020"等，无一不是借助补贴等政策手段推进技术突破和推动企业创新。着眼中国，中央与地方各级政府对鼓励企业创新高度重视，一系列国家战略如"创新驱动""智能制造""大众创业、万众创新"落地实施，政府对企业创新的补贴激励措施正逐步地系统化和制度化。政府补贴是一把"双刃剑"，在我国补贴力度不断加强、补贴范围不断增大、补贴方式不断增多的背景下，明晰政府补贴策略与企业创新行为之间的关系，剖析不同方式、不同规模、不同强度的政府补贴对不同类型企业的差异化创新行为的作用效果，有选择性、针对性地向企业实施补贴，最大限度强化政府补贴的创新激励作用，已成为推动我国经济高质量发展过程中不容忽视且亟待解决的重大问题。

14.1　结　　论

14.1.1　简述各章发现

随着政府补贴与企业创新相关研究的持续拓展与深化，该领域研究成果呈现出蓬勃增长之势。这不仅反映了学界与业界对这一议题的高度关注，更凸显出深入探究其内在机理的迫切需求。在这样的背景下，本书旨在全方位、系统性地剖析政府补贴与企业创新之间千丝万缕的联系，各章节层层递进，逐步揭开这一复杂关系的神秘面纱。第1章为绪论。第2章综合运用语义网络分析、LDA主题分析、战略坐标图分析等前沿且多元的文本挖掘技术，对CNKI数据库中的中文文献以及英文WoS数据库的英文文献展开地毯式搜索与深度剖析。之所以采取如此全面的研究方法，是因为只有广泛涉猎、精细挖掘，才能精准捕捉到既有研究中的关键脉搏。研究发现 R&D 补贴、创新政策、企业研发等基础领域虽尚显稚嫩，却已然成为当下乃至未来一段时间内学界争相关注、探讨的热点议题；与此同时，R&D 补贴与可再生能源之间的关系研究则凭借其前瞻性与创新性，有望在未来引领学界的研究风向，成为众人瞩目的焦点。更为重要的是，通过对海量文献的系统性梳理，那些隐匿在字里行间、已被学界广泛认可的研究发现与核心观点得以清晰呈现，为后续章节深入探究政府补贴与企业创新的复杂关联筑牢了坚实的理论根基。第 3 章将视角聚焦于企业创新的核心驱动力——自主研发与技术外溢。众所周知，在当今竞争激烈的商业环境中，企业若想脱颖而出，创新无疑是关键利器，而自主研发与技术外溢恰是企业实现创新突破的两条关键路径。然而，如何才能在实战中切实推动企业自主创新能力的飞跃式提升？又该采取何种策略高效承接并充分利用先进企业的技术外溢红利？这些问题已然成为横亘在学界与实务界面前亟待攻克的重要堡垒。于是，第 3 章从技术外溢这一独特视角切入，采用理论探讨与实证分析紧密结合之法，深挖政府补贴在这一复杂创新生态系统中的角色与作用机制。研究发现，技术溢出对企业创新投入的影响恰似一把"双刃剑"，在高分位点处对企业创新投入起到抑制效果；而在中低分位点处呈现出显著的激励作用。值得注意的是，当技术溢出这一变量存在时，政府补贴始终对企业创新投入及创新效率发挥着正向促进的强大力量，而且随着企业创新投入与效率不断提升，政府补贴的激励效果越发彰显，为企业的创新发展注入源源不断的动力。沿着企业创新的脉络继续前行，第 4 章敏锐地捕捉到产研合作这一协同创新的关键模式。在当今时代，科技创新的复杂性与日俱增，单打独斗式的创新模式越发显得力不从心，产研合作应运而生，并迅速成为企业创新版图中不可或缺的重要拼图。它不仅能够分摊企业独自创新时所面临的沉重成本与巨大风险，降低高质量创新的难度门槛；还能源源不断地为企业拓宽创新所需的知识储备，助力企业创新发展。基于此，第 4 章从产研合作视角出发，着重探究政府补贴在实施过程中的分配策略，以及产研合作这一特殊情境下政府补贴与企业创新之间盘根错节的内在联系。研究结果表明，当产研合作迈向更深层次时，政府的补贴策略也随之发生微妙变化，会倾向于增强对科研机构的补贴，将更多资源投向科研创新的源头，与此同时，对企业创新的直接支持力度看似有所减弱，实则蕴含着更深层次的战略考量。进一步深挖发现，在政府补贴激励企业创新的漫长征途中，产研合作扮演着举足轻重的中介角色。政府补贴借助推动产研合作所引发的创新激励效果，在非国有企业、高新技术企业以及东部地区企业中展现得淋漓尽致。更为关键的是，通过提升产研合作的等级，政府补贴能够精准地弥补非高新技术企业研发资金匮乏、技术储备不足的先天短板，从而助力企业实现创新质量与绩效的双提升。创新之路，道阻且长，企业除了依靠自身研发与产研合作外，还需借助外部资源的强大助力，融资和寻租便成为企业获取外部助力的重要途径，而政府补贴在其中扮演着至关重要的牵线搭桥角色，与企业的寻租、融资以及创新行为紧密缠绕，难解难分。第 5 章从融资寻租视角出发，重点考察政府补贴作用于企业实质性创新和策略性创新的真实效果。研究发现，政府补贴对企业实质性创新的激励效果显著强于策略性创新，这意味着政府补贴在推动企业真正实现技术突破、创造核心价值方面发挥着更为关键的作用；与那些无寻租行为的企业相比，政府补贴对于存在寻租行为的企业创新激励效果竟然更为突出，这一结果看似违背常理，实则反映出寻租行为背后复杂的利益博弈与潜在的创新驱动因素；此外，政府补贴对具有长期融资约束的企业创新激励效果更强，助力这些企业突破融资困境，实现创新发展，而对于仅存在短期融资约束的企业，其激励效果则相对较弱，未能充分发挥最大效能。企业创新的征程绝非一帆风顺，除了外部资源的调配，企业内部的核心决策层——高管团队，也对创新成果有着深远影响。高管们凭借其丰富的过往经历、深厚的技术背景以及广泛的政治关联等个性特征，在企业发展的画布上勾勒出独特的轨迹，他们的每一个决策、每一次判断，可能引发企业命运的巨大变革。第 6 章正是基于这一深刻洞察，立足高管背景特征视角，以严谨的实证研究着重探讨企业高管背景对于政府补贴目标选择以及企业创新绩效的关键作用效果。研究发现：高管的政治关联背景和研发技术背景，成为政府筛选补贴对象时重点考量的关键信号，拥有这些背景的上市企业，更容易获得政府补贴资源的青睐；在非国有企业中，兼具政治关联及研发技术背景的高管更是如鱼得水，他们更容易吸引相关部门的目光，使得企业获得补贴的概率大幅提升；不仅如此，企业高管的研发技术背景和学历背景还如同催化剂，能够显著强化政府补贴对于企业创新的激励效果。当我们将目光从企业内部转向外部时，会发现企业外部环境如同孕育创新的广袤土壤，肥沃程度直接决定了企业创新的茁壮成长与否。第 7 章紧扣这一关键要素，从产权保护制度、市场化水平、金融发展情况等多个外部环境视角出发，实证检验政府补贴影响企业创新的效果是否会因某一外部环境因素的变化而发生改变。相关研究结果为我们揭示了外部环境与政府补贴、企业创新之间错综复杂的关系：外部环境的优劣，如同天平的两端，在极大程度上左右着政府补贴对企业创新的作用效果，尤其是在企业创新投入及创新风险这两个关键战场上，其影响更为显著；在产权保护制度越完善的地区，政府补贴越有益于提升企业的研发强度；而在经济发展态势不同的地区，政府补贴则扮演着截然不同的角色，在经济发展较好地区，它可能如同一把"双刃剑"，容易加剧企业创新风险，让企业在创新的道路上如履薄冰；在经济欠发达地区，它又好似避风港，有助于降低企业创新风险，为企业保驾护航；当企业所在地的第三产业产值占该地区 GDP 的比重处于特定区间时，政府补贴有助于企业创新质量的提升或帮助企业巧妙规避创新风险，实现稳健发展。

在深入了解政府补贴与企业创新在各个维度的关联后，我们深知，理论研究最终要落地生根，为现实政策制定与企业决策提供切实可行的指导。第 8 章肩负起这一重任，在精心设计准自然实验的基础上，精准评估我国典型补贴政策对中小企业创新尤其是科技型中小企业创新的净影响，同时深入挖掘典型补贴政策与企业创新之间相互作用背后的微观渠道，试图揭开隐藏在数据背后的深层逻辑。研究发现：直接补贴有益于激励中小企业的实质性创新；而税收优惠在这方面则略显黯淡，对中小企业创新的激励效果并不明显，未能充分发挥预期作用；就科技型中小企业而言，直接补贴和税收优惠对策略性创新的激励效果始终强于实质性创新，这反映出科技型中小企业在创新策略选择上的一些特点；然而，对于中西部地区的科技型中小企业来讲，典型补贴政策却仿佛陷入了泥沼，不但难以显著激励企业创新，甚至可能带来一定的负面作用，这也为后续政策调整敲响了警钟。政府补贴的形式丰富多样，从作用途径来看，可分为直接补贴与间接补贴，二者犹如两条并行的轨道，却又各自有着独特的运行规律。第 9 章聚焦于此，重点关注直接补贴和间接补贴与企业创新之间的动态关联，评估和比较两类补贴的创新激励效果，并尝试设计补贴组合来优化补贴效率。研究发现：政府采取低水平直接补贴与低水平间接补贴相结合的策略，有益于改善高技术企业的创新收益；得到政府补贴支持的中小企业，在创新产出水平、实质性创新及策略性创新方面均有明显提升，而且直接补贴与间接补贴的组合在激励中小企业创新方面的效果要优于单项补贴工具，"双拳出击胜于单拳"；与直接补贴相比，间接补贴对非高科技中小企业创新的激励效果更强；间接补贴适用于促进中西部地区中小企业创新，而直接补贴则更适合促进东部地区中小企业创新，各展所长，共同推动中小企业创新发展。从功能属性对政府补贴进行划分，又可得到 R&D 补贴与非 R&D 补贴两大阵营。第 10 章以理论与实证相结合的方式，深入探讨 R&D 补贴与非 R&D 补贴及其组合对企业创新的作用效果。研究发现：无论是 R&D 补贴还是非 R&D 补贴，皆可激励企业加大创新投入，且该激励效果随补贴强度的提升而变强；与非 R&D 补贴相比，R&D 补贴对企业创新的激励效果更为明显，并且适度的非 R&D 补贴可以有效强化 R&D 补贴对企业创新的激励效果；在促进创新数量上，补贴组合优于 R&D 补贴，而在促进创新质量上，R&D 补贴优于补贴组合；就东部地区企业而言，补贴组合与 R&D 补贴在激励企业创新尤其是实质性创新方面均优于非 R&D 补贴，东部地区企业凭借自身优势能更好地利用补贴资源实现创新突破；对于成长期企业，R&D 补贴无疑是激励企业创新投入的最优补贴工具；而对于成熟期企业，补贴组合是激励企业创新尤其是策略性创新的最优补贴工具。在实际政策实施过程中，直接补贴、税收优惠以及政府采购这三种补贴政策工具并非孤立存在，它们之间存在着一定的重叠性特征，企业常常同时被多种补贴所眷顾，两种甚至三种补贴集于一身的情况屡见不鲜。第 11 章敏锐地捕捉到这一现实问题，重点关注补贴政策协同性以及最优实施策略这两个关键议题。研究发现：直接补贴与税收优惠之间、直接补贴与政府采购之间的互补效应虽有利于强化企业的策略性创新，但对代表高质量的实质性创新却会因补贴工具间的互斥而产生显著的创新抑制效应；税收优惠与政府采购的组合可凭借补贴工具间存在的互补效应来提升企业的创新质量，但在激励企业策略性创新时却表现出两种补贴工具的互斥；由直接补贴、税收优惠和政府采购构成的多工具组合策略，无论是在挤入企业创新投入还是激励企业创新产出质量方面，皆可能成为政府最优的补贴实施策略，并且这种策略对于激励国有企业创新尤为明显，国有企业凭借自身规模与资源优势能更好地整合利用多种补贴工具实现创新飞跃。

家族企业、新能源企业和制造业企业作为经济领域中的重要力量，各自具有独特的经营模式与发展需求。第 12 章重点关注这三类典型企业的创新行为与政府补贴之间的关系。研究发现：得益于政府补贴，家族企业、新能源企业以及制造业企业的创新水平均得到了显著提升；与已实现"二代接班"的家族企业相比，政府补贴更有助于提升未完成"二代接班"家族企业的创新产出数量；从创新产出质量来看，政府补贴对于满足"董事长与总经理二职分离""未完成代际传承""隶属高新技术行业"等条件的家族企业具有显著的激励效果；政府补贴不仅能够通过缓解企业融资约束来推动家族企业创新产出数量与质量的共同提升，还能通过降低企业盈利风险的路径来增强家族企业的创新投入意愿；对于获得风险投资的新能源企业来说，政府补贴会通过提升企业的 R&D 物质资本和 R&D 人力资本这两条路径来激励创新，驱动创新引擎；就制造业企业而言，政府补贴可通过挤入企业研发投资和加速企业设备折旧这两条渠道来提升企业的创新质量和创新效率，推动产业升级。本书第 13 章作为收官之作，精心选取了新能源领域代表性企业"隆基绿能科技股份有限公司"、物联网创新企业"京东方科技集团股份有限公司"以及智能装备制造企业"湖北京山轻工机械股份有限公司"作为案例对象，深入挖掘政府补贴及其补贴工具与这些典型企业创新行为之间的内在联系，并归纳总结出企业在自身经营中合理利用政府补贴发展的经验。至此，本书完成了对政府补贴与企业创新全方位、多层次的深度剖析，为学界、业界以及政策制定者们呈上了一份翔实且极具价值的研究报告。

14.1.2　梳理核心结果

通过对本书各章研究结果进行汇总整理，我们将主要研究结果梳理为"政府补贴的实施策略""政府补贴的实施效果""政府补贴的工具选择"这三方面。

其一，有关政府补贴的实施策略。"大龄"且处于成熟期的国有企业往往容易得到政府 R&D 补贴的垂青，而企业的"董监高"具有研发背景也会提高企业获得 R&D 补贴的支持概率。政府倾向于为高新技术企业以及获得风险投资的企业提供补贴组合支持。当且仅当市场中技术溢出达到一定程度时，政府才有为企业提供补贴资金的动机，并且随着市场技术溢出的增强，政府向企业实施补贴的意愿和力度也会随之增大。政府补贴本身的可积累性决定了补贴的数额和规模不是越大越好，采取"低补贴、低优惠"的双低补贴策略更有利于提高企业的创新收益。在激励中小企业创新方面，直接补贴更适用于中国东部地区，而税收优惠以及直接补贴和税收优惠的组合则更适用于中西部地区。由直接补贴、税收优惠和政府采购构成的多工具组合策略，无论是在挤入企业创新投入还是激励企业创新产出质量方面，皆可能成为政府最优的补贴实施策略，并且这种策略对于激励国有企业创新尤为明显。

其二，有关政府补贴的实施效果。企业的创新投入及创新效率会随着政府补贴实施力度增强而提升。相较于企业策略性创新，政府补贴对于企业实质性创新的激励效果更强。企业具有长期融资约束有助于强化政府补贴对企业创新的激励效果，而短期融资约束则会减弱政府补贴对企业创新的激励效果。与不存在寻租的企业相比，政府补贴对于寻租企业的创新激励效果更强。在政府补贴激励企业创新的过程中，产研合作发挥了显著且重要的中介作用，产研合作的建立以及产研合作等级的提升有助于政府补贴发挥改善企业创新质量的功能。外部环境的好坏，在极大程度上影响了政府补贴激励企业创新的效果：一地区产权保护制度越是完善，越有利于提升政府补贴促进企业研发强度的效果；一地区经济发展水平越高，政府补贴越容易引发和加剧企业的创新风险，而在经济欠发达地区，政府补贴有助于降低企业创新风险。当企业所在地的第三产业产值占该地区GDP的比重较低时，政府补贴有助于企业创新质量的提升。高管的研发技术背景和学历背景能够强化政府补贴对于企业创新的激励效果。对于未完成"二代接班"的家族企业，政府补贴对企业创新数量和质量均能起到明显的激励效果。

其三，有关政府补贴的工具选择。在促进企业创新数量方面，补贴工具组合优于单项R&D补贴；在提升企业创新质量方面，单项R&D补贴优于补贴工具组合。针对处于成长期的企业而言，R&D补贴无疑是激励企业加大创新投入强度的最优补贴工具；对于成熟期企业来说，补贴组合是激励企业创新产出尤其是策略性创新的最优补贴工具；而对于衰退期企业来讲，R&D补贴是提升其创新产出数量的不二选择。另外，对于中小企业而言，直接补贴在激励创新尤其是实质性创新方面的效果要优于税收优惠。税收优惠对非高科技中小企业的创新激励效果相对更强。税收优惠与政府采购这两种补贴工具的组合可凭借工具之间的"互补"作用来提升企业的创新质量，但在激励企业策略性创新时却表现出两种补贴工具之间的"互斥"作用。

14.2 启　示

根据本书理论探讨、实证分析及案例研究所得结论，我们提出如下几点政策启示。

其一，慎重选择补贴对象，提高政府补贴效率。在补贴对象的筛选及审核过程中，政府相关部门应摒弃过去的"所有制歧视"，对于通过审核的非国有企业应予以重视并给予适当的政策倾斜。影响企业获得政府补贴支持的因素众多，相关部门在筛选补贴支持目标时，要综合考虑企业的规模、杠杆率、成长性以及董事会独立性等因素，尤其是在实施补贴政策工具组合时应重点关注企业的规模和杠杆率。另外，相关部门应在综合考虑企业特点的基础上，灵活地对补贴资金进行差异化安排。在选择补贴对象时，提高帮扶精准度，努力做到因企施策，以避免企业产生创新能力与创新目标失配的创新激进思维与"靠补贴吃饭"的创新惰性思维。此外，相关部门应多关注处在高集中度、高竞争度行业内的企业，如新能源企业、制造业企业等，并考虑从引导培养角度对家族企业创新予以适当补贴支持。

其二，强化对获补企业的事中监督管理。相关部门应完善政府补贴制度，采用事前严格审核和事中严格监督的方式，及时掌握企业的发展计划和创新思路。具体来讲，相关部门应明确企业的技术来源是外部授权还是内部自主研发，企业的产品创新模式属于探索式还是开发式等，借此可有效降低政府补贴资金"误用""挪用""滥用"的可能性。值得注意的是，家族企业的"二代接班"影响着企业的创新决策，甚至关乎企业命运。相关部门应在注重补贴创新激励功能的同时，尽可能发挥其"引导功能"，帮助家族企业培育好接班者并减少代际差异在企业创新中的内耗，引导其"持续创业"而非"单纯守业"，使企业在代际传承过程中保持持续不断的创新活力。此外，相关部门应与企业尤其是中小规模企业建立起长效的信息互通和反馈机制，依据企业的发展动态和创新行为变化及时调整补贴的实施力度、优化补贴实施结构，从而达到以补贴助力企业"提质增效"的目的。

其三，优化补贴政策设计和实施方案。相关部门应高度重视补贴实施方案的科学化和合理化，在顺应市场需求的前提下，设计和实施差异化的补贴政策。具体来讲，一方面，政府应结合企业及其所在地区、所处行业的特征，有针对性地制定补贴目标筛选标准；另一方面，对于那些创新力度不足、创新效率低下的企业，政府应适度降补，而对于具有研发潜力但缺乏资金供给的企业，可适度增补。针对高技术企业，相关部门在设计补贴实施方案时应尽量遵循"低补贴、低优惠"的双低原则，仅以弥补高技术企业在创新过程中的资金不足为目标，避免补贴引起企业对政府产生依赖性，导致"越补越亏"的恶果。针对中小企业，应避免"一刀切"的管理模式，增加和扩充能够及时且有效反映创新质量和创新结构的新指标，最大限度地激发出中小企业的创新潜力。针对科技型中小企业，应提高企业获得政府补贴扶持的准入门槛，从严设定企业享受政策优惠的条件，避免将过多的政府资源用于从事策略性创新的企业上，尽可能让"好钢用在刀刃上"。

其四，建立健全的事后评估反馈机制。相关部门应积极采用科学的补贴政策评估手段，如断点回归设计、合成控制法、双重差分等准自然实验方法，对既有补贴项目进行评价、复盘和总结，并对企业以往补贴使用信息建立数据档案，以此作为企业能否获得新一轮补贴的依据，构建良性循环。事后评估反馈机制本身就是一种震慑，相关部门应尽可能发挥事后评估反馈这一倒查机制的"倒逼效应"，让补贴实施机构及获补企业不能再抱有侥幸心理，认为只要补贴项目完成就可以蒙混过关，为政府补贴精准且高效的实施构建起"最后防线"。

其五，激发补贴工具的协同效应，开展策略化的工具补充与移除。相关部门在实施补贴时，应充分发挥直接补贴、税收优惠等补贴政策工具的协同互补效应，形成政策合力，实现补贴工具最优组合效果和创新最大绩效。对已享受到单项补贴工具或补贴工具组合支持的企业，相关部门应开展策略化的工具补充与移除。例如，当企业已享受到税收优惠支持时，为进一步激励企业开展高质量的实质性创新避免策略性创新，可对该企业补充实施政府采购政策；当企业同时享受到直接补贴与政府采购时，为缓解该工具组合对企业创新活动的抑制效果、实现企业高质量创新，应及时取消对该企业的政府采购行为。此外，相关部门应积极引入和学习国外新兴补贴政策工具并创立适合本国创新发展的新工具，扩大补贴政策"工具箱"，增加在补贴工具组合设计中的选择空间，为优化补贴政策绩效提供更多可选策略。

其六，积极改善外部环境，促使政府补贴与外部环境相辅相成。政府实施补贴主要目的是激励当地企业创新，但往往事倍功半，根本原因在于外部环境尚未完善。若想让补贴政策发挥出最大的效果，相关部门必须营造良好的外部环境，推进地方的市场化进程、优化金融体系以及构建完善的产权保护制度，只有在政府补贴与外部环境相辅相成的情况下，才能最大限度地激励企业创新。例如，相关部门可适度调整产权保护制度与第三产业发展的比重。政府补贴若要有效提升企业创新质量，产权保护制度不宜太松或太严，三产比重不能过高。此外，政府应着力为企业创新打造一个透明且公平的制度环境。无论是何种类型的企业，只要符合补贴的条件和资格，相关部门应"一视同仁"地给予规范内的补贴资金扶持。这不仅有益于企业间的公平竞争，也有利于将政府的"认证"信号有效传递至市场。

14.3　展　　望

本成果尚存在有待拓展之处，后续研究可在以下几方面进行扩展和完善。

其一，因受到微观企业数据可得性的制约，研究设计中仍可能忽略了一些能够影响企业获得政府补贴资助的因素，未来可通过问卷调查、实地调研、专家访谈相结合的方式最大限度地补齐可能缺漏的因素，找到问题的精准答案。

其二，政府补贴影响企业创新行为的作用路径较多，本书虽基于研发溢出、高管背景、融资寻租、产研合作、外部环境等多个视角探讨了政府补贴作用于企业创新的机制，但未来仍可从信息披露视角、官员腐败视角等多视角深入考察政府补贴策略与企业创新行为的关系。

其三，政府实施补贴的方式多样，并且不同的补贴时点对于企业创新可能会存在一定的差异。后续有必要在数据可得的情况下，深入挖掘不同的补贴时点对企业创新行为的影响效果。

附录 1：英文缩写说明

2SLS	Two Stage Least Square（两阶段最小二乘法）
ADF	Augmented Dickey-Fuller（增强型迪基–福勒）
ATE	Average Treatment Effect（平均处理效应）
ATT	Average Treatment effect for the Treated group（处理组的平均处理效应）
CDM	Crepon，Duguet and Mairesse（克雷蓬、杜盖和马伊雷斯）
CFM	Control Functions Method（控制函数法）
CIA	Conditional Independence Assumption（条件独立假设）
CNKI	China National Knowledge Infrastructurez（中国知网）
CSMAR	China Stock Market Accounting Research（中国经济金融研究数据库）
DDD	Difference in Difference in Difference（三重差分）
DID	Difference In Difference（双重差分）
DRF	Dose Response Function（剂量反应函数法）
EB	Entropy Balancing（熵平衡）
EM	Expectation Maximization（期望最大化）
EIF	Efficient Influence Function（有效影响函数）
ESR	Endogenous Switching Regression（内生转换回归）
FE	Fixed Effect（固定效应）
FRD	Fuzzy Regression Discontinuity（模糊断点回归）
GMM	Generalized Method of Moments（广义矩估计）
GPS	General Propensity Score（广义倾向得分法）
IID	Independent and Identically Distributed（独立同分布）
IPW	Inverse Probability Weighting（逆概率加权）
LDA	Latent Dirichlet Allocation（潜在狄利克雷分配）
LLC	Levin-Lin-Chu（莱文–林–楚）

MTE	Marginal Treatment Effect（边际处理效应）
OA	Overlap Assumption（重叠假设）
OECD	Organization for Economic Cooperation and Development（世界经济合作与发展组织）
OLS	Ordinary Least Square（最小二乘法）
PSM	Propensity Score Matching（倾向匹配得分）
PT	Particular Transfer（特别处理）
PVAR	Panel Vector Auto-Regression（面板向量自回归）
PWC	Price Waterhouse Coopers（普华永道）
QR	Quantile Regression（分位数回归）
RD	Regression Discontinuity（断点回归）
R&D	Research and Development（研究与实验发展）
RE	Random Effect（随机效应）
SAR	Spatial Autoregressive Regression（空间自回归模型）
SQAR	Spatial Quantile Autoregressive Regression（空间分位数自回归）
SRD	Sharp Regression Discontinuity（精确断点回归）
SSCI	Social Science Citation Index（社会科学索引）
ST	Special Treatment（特别处理）
WoS	Web of Science（科学引文索引网络版）

附录2：符号说明

◇ 理论分析符号说明

a	市场规模
h	消费量
q	产品产量
u	产品质量
σ	产品间的替代（或互补）关系
p	产品价格
M	家庭数量
π	企业利润
S	政府补贴（率）
C	企业成本
t	产品运输成本
ω	劳动者工资成本
ρ	创新溢出水平
x	创新投入水平
G	政府支出
W	社会总福利
PS	生产者剩余
CS	消费者剩余
MPL	劳动者的边际产出

◇ 实证分析符号说明

$RDinput$	企业创新投入

Innovation	企业创新产出
Inn	企业实质性创新
Sinn	企业策略性创新
RDeff	企业创新效率
RDquality	企业创新质量
RDrisk	企业创新风险
Subsidy	政府补贴
Rdsubsidy	R&D 补贴强度
Nrdsubsidy	非 R&D 补贴强度
Rdsub	R&D 补贴（虚拟变量）
Nrdsub	非 R&D 补贴（虚拟变量）
Mixsub	R&D 补贴与非 R&D 补贴的组合
Tax	税收优惠
Procu	政府采购
sub	企业是否获得直接补贴支持（虚拟变量）
tax	企业是否获得税收优惠支持（虚拟变量）
pro	企业是否获得政府采购支持（虚拟变量）
mix	企业是否获得补贴工具组合支持（虚拟变量）
subfirst	率先实施直接补贴（虚拟变量）
taxfirst	率先实施税收优惠（虚拟变量）
profirst	率先实施政府采购（虚拟变量）
sub&tax	同时实施直接补贴和税收优惠（虚拟变量）
sub&pro	同时实施直接补贴和政府采购（虚拟变量）
tax&pro	同时实施税收优惠和政府采购（虚拟变量）
sub&tax&pro	同时实施三种补贴政策工具（虚拟变量）
RD_C	企业 R&D 物质资本投入
RD_L	企业 R&D 人力资本投入
Size	企业规模
Lever	企业资产负债率
Roa	企业总资产报酬率

Age	企业年龄
Export	企业出口及海外业务比重
Ci	企业资本密集度
Ppe	企业固定资产比
Grow	企业成长性
Concen	企业股权集中度
Salary	企业薪酬激励
Mpower	企业市场势力
Cycle	企业生命周期
Soe	企业产权性质
HHI	企业所在行业的集中度
Htech	企业主营业务是否属于高新技术行业
Risk	企业是否获得风险投资
Backrd	企业董监高是否具有研发背景
East	企业所在位置是否属东部地区省份
Mid	企业所在位置是否属中部地区省份
West	企业所在位置是否属西部地区省份
Ratio	企业科研人员比例
State	企业国有化程度
Foreign	企业外资持股比例
Liquidity	企业流动性资产
Long	企业长期贷款
Short	企业短期贷款
Equity	企业股权融资
Ind	企业所属行业
Location	企业所处位置
Pol	企业高管政治关联背景

Tech	企业高管研发技术背景
Deg	企业高管学历背景
Tobinq	企业托宾 Q 值
Cf	企业现金流量
Profit	企业盈利能力
Ah	企业实际控制人持股
Rent	企业寻租
Lroan	企业长期融资约束
Sroan	企业短期融资约束
Re	企业留存收益
Capital	企业营运资本
Indep	企业独立董事占比
Board	企业董事会规模
First	企业第一大股东持股比例
Ins	企业的机构持股
Ipp	企业所在地的产权保护水平
Hcap	企业所在地的人力资本水平
Market	企业所在地的市场化水平
Finan	企业所在地的金融发展水平
Eco	企业所在地的经济发展水平
Third	企业所在地的第三产业发展水平
Risk_I	企业是否获得风险投资
Gene	家族企业是否完成二代接班
Dual	企业的董事长与总经理是否二职合一
Concu	企业所属行业的竞争是否激烈
Ms	企业市场占有率
Fhold	家族企业的控制家族持股比例

Fdir	家族企业的控制家族董事占比
Fman	家族企业的控制家族高管占比
Sa	企业融资约束指数
Irisk	企业盈利风险
Gsta	企业的国有股权参股
Oper	企业总资产周转率
RDgain	创新收益
Dis	要素市场扭曲程度
Wdist	工资扭曲度
Cap	企业资本支出比例
Pop	企业所在城市的人口数量
RDbase	企业研发基础
Finan	企业财务状况
Finbg	企业高管金融背景
recycle	企业循环用水率
δ	折旧率
cdep	设备折旧渠道
crdinv	研发投资渠道
P_index	R&D 支出价格指数
treat	处理变量
Income	企业营业收入
Top10	企业前十大股东持股比率
policy	政策干预变量
score	驱动变量
cutoff	断点
w	多水平政策处理变量

主要参考文献

[1] 安同良，千慧雄. 中国企业 R&D 补贴策略：补贴阈限、最优规模与模式选择 [J]. 经济研究，2021（1）：122 - 137.

[2] 安同良，周绍东，皮建才. R&D 补贴对中国企业自主创新的激励效应 [J]. 经济研究，2009（10）：87 - 98.

[3] 白俊红，李婧. 政府 R&D 资助与企业技术创新—基于效率视角的实证分析 [J]. 金融研究，2011（6）：181 - 193.

[4] 白俊红. 中国的政府 R&D 资助有效吗？来自大中型工业企业的经验证据 [J]. 经济学（季刊），2011（4）：1375 - 1400.

[5] 白旭云，王砚羽，苏欣. 研发补贴还是税收激励——政府干预对企业创新绩效和创新质量的影响 [J]. 科研管理，2019，40（6）：9 - 18.

[6] 毕晓方，翟淑萍，姜宝强. 政府补贴、财务冗余对高新技术企业双元创新的影响 [J]. 会计研究，2017（1）：46 - 52 + 95.

[7] 卞元超，白俊红. 政府支持、产学研协同与技术创新绩效 [J]. 南大商学评论，2017，14（3）：46 - 74.

[8] 蔡荣，汪紫钰，杜志雄. 示范家庭农场技术效率更高吗？——基于全国家庭农场监测数据 [J]. 中国农村经济，2019（3）：65 - 81.

[9] 曹毅，陈虹. 外商直接投资、全要素生产率与出口产品质量升级——基于中国企业层面微观数据的研究 [J]. 宏观经济研究，2021（7）：54 - 65 + 175.

[10] 陈朝月，许治. 时间效应视角下直接补贴与税收优惠的创新效应评估研究 [J]. 科学学与科学技术管理，2021，42（10）：71 - 83.

[11] 陈德球，钟昀珈. 制度效率、家族化途径与家族投资偏好 [J]. 财经研究，2011，37（12）：107 - 117.

[12] 陈红，张玉，刘东霞. 政府补助、税收优惠与企业创新绩效——不同生命周期阶段的实证研究 [J]. 南开管理评论，2019，22（3）：187 - 200.

［13］陈林，朱卫平．出口退税和创新补贴政策效应研究［J］．经济研究，2008（11）：74－87．

［14］陈玲，杨文辉．政府研发补贴会促进企业创新吗？——来自中国上市公司的实证研究［J］．科学学研究，2016，34（3）：433－442．

［15］陈凌，吴炳德．市场化水平、教育程度和家族企业研发投资［J］．科研管理，2014，35（7）：44－50．

［16］陈强远，林思彤，张醒．中国技术创新激励政策：激励了数量还是质量［J］．中国工业经济，2020（4）：79－96．

［17］陈诗一．中国工业分行业统计数据估算：1980—2008［J］．经济学（季刊），2011，10（3）：735－776．

［18］陈文婷，李新春．上市家族企业股权集中度与风险倾向、市场价值研究——基于市场化程度分组的实证［J］．中国工业经济，2008（10）：139－149．

［19］陈岩，湛杨灏，王丽霞，等．研发投入、独立董事结构与创新绩效——基于中国上市家族企业的实证检验［J］．科研管理，2018，39（1）：95－107．

［20］成力为，戴小勇．研发投入分布特征与研发投资强度影响因素的分析——基于我国30万个工业企业面板数据［J］．中国软科学，2012（8）：152－165．

［21］储德银，杨姗，宋根苗．财政补贴、税收优惠与战略性新兴产业创新投入［J］．财贸研究，2016，27（5）：83－89．

［22］戴晨，刘怡．税收优惠与财政补贴对企业 R&D 影响的分析比较［J］．经济科学，2008（3）：58－71．

［23］戴魁早，刘友金．要素市场扭曲、区域差异与 R&D 投入——来自中国高技术产业与门槛模型的经验证据［J］．数量经济技术经济研究，2015（9）：3－20．

［24］邓超，张恩道，樊步青，许志勇．政府补贴、股权结构与中小创新型企业经营绩效研究——基于企业异质性特征的实证检验［J］．中国软科学，2019（7）：184－192．

［25］邓姣．政府补助与企业业绩相关性研究——以软件和信息技术服务业为例［D］．合肥：合肥工业大学，2016．

［26］丁玮蓉，丁洁瑜，王红建．企业特征、政府补贴与上市旅游企业绩效——基于旅游产业外部性的理论分析［J］．旅游学刊，2020，35（10）：43－56．

[27] 董明放，韩先锋．研发投入影响了战略性新兴产业技术效率吗？[J]．科学学与科学技术管理，2016（1）：95－106．

[28] 樊利，李忠鹏．政府补贴促进制造业企业研发投入了吗？——基于资本结构的门槛效应研究[J]．经济体制改革，2020（2）：112－119．

[29] 范寒冰，徐承宇．政府补贴对企业绩效的影响研究——来自中国企业－劳动力匹配调查的经验证据[J]．宏观质量研究，2018，7（2）：1－12．

[30] 方明月．市场竞争、财务约束和商业信用——基于中国制造业企业的实证分析[J]．金融研究，2014（2）：111－124．

[31] 冯根福，郑明波，温军，张存炳．究竟哪些因素决定了中国企业的技术创新——基于九大中文经济学权威期刊和 A 股上市公司数据的再实证[J]．中国工业经济，2021（1）：17－35．

[32] 傅利平，李小静．政府补贴在企业创新过程的信号传递效应分析——基于战略性新兴产业上市公司面板数据[J]．系统工程，2014，32（11）：50－58．

[33] 高新伟，闫昊本．新能源产业补贴政策差异比较：R&D 补贴，生产补贴还是消费补贴[J]．中国人口资源与环境，2018，28（6）：30－40．

[34] 高雨辰，柳卸林，马永浩，张华．政府研发补贴对企业研发产出的影响机制研究——基于江苏省的实证分析[J]．科学学与科学技术管理，2018，39（10）：51－67．

[35] 龚红，朱翎希．政府研发与非研发补贴"光环效应"对企业外部融资的影响——来自新能源企业的实证[J]．科技进步与对策，2021，38（4）：70－77．

[36] 顾亮，刘振杰．我国上市公司高管背景特征与公司治理违规行为研究[J]．科学学与科学技术管理，2013，34（2）：152－164．

[37] 顾元媛．寻租行为与 R&D 补贴效率损失[J]．经济科学，2011（5）：91－103．

[38] 郭本海，李军强，张笑腾．政策协同对政策效力的影响——基于 227 项中国光伏产业政策的实证研究[J]．科学学研究，2018，36（5）：790－799．

[39] 郭兵，罗守贵．地方政府财政科技资助是否激励了企业的科技创新？——来自上海企业数据的经验研究[J]．上海经济研究，2015

（4）：70－78＋86.

［40］郭菊娥，王梦迪，冷奥琳．企业布局搭建创新联合体重塑创新生态的机理与路径研究［J］．西安交通大学学报（社会科学版），2022，42（1）：76－84.

［41］郭晓丹，何文韬．战略性新兴产业政府 R&D 补贴信号效应的动态分析［J］．经济学动态，2011（9）：88－93.

［42］郭玥．政府创新补助的信号传递机制与企业创新［J］．中国工业经济，2018（9）：98－116.

［43］韩忠雪，崔建伟，王闪．技术高管提升了企业技术效率吗？［J］．科学学研究，2014（4）：559－568.

［44］何威风，刘启亮．我国上市公司高管背景特征与财务重述行为研究［J］．管理世界，2010（7）：144－155.

［45］贺晓宇．政府 R&D 补贴对中国企业创新的激励作用研究［D］．合肥：安徽大学，2014.

［46］胡本田，高珲．政府补助行为对创新型企业高质量发展的影响［J］．区域金融研究，2020（9）：70－78.

［47］胡春阳，余泳泽．政府补助与企业全要素生产率——对 U 型效应的理论解释及实证分析［J］．财政研究，2019（6）：72－85.

［48］胡浩志，黄雪．寻租、政府补贴与民营企业绩效［J］．财经问题研究，2016（9）：107－112.

［49］胡凯，吴清．R&D 税收激励、知识产权保护与企业的专利产出［J］．财经研究，2018，44（4）：102－115.

［50］胡磊，李震林，张强．国有企业的外部监管效应研究［J］．经济评论，2020（3）：118－130.

［51］胡旭阳，吴一平．创始人政治身份与家族企业控制权的代际锁定［J］．中国工业经济，2017（5）：152－171.

［52］黄华华．国家级城市群建设对企业创新的影响及作用机制研究［D］．厦门：华侨大学，2021.

［53］黄继承，盛明泉．高管背景特征具有信息含量吗？［J］．管理世界，2013（9）：144－153＋171.

［54］黄速建，刘美玉．不同类型信贷约束对小微企业创新的影响有差异吗［J］．财贸经济，2020，41（9）：55－69.

［55］黄先海，谢璐．战略性贸易产业 R&D 补贴的实施策略研究——事前补贴与事后补贴之比较［J］．国际贸易问题，2017（11）：9－13.

［56］黄鑫，周小梅．产业创新政策与企业寻租——基于中央与地方政策的比较分析［J］．工业技术经济，2023（4）：66 – 76.

［57］蒋兴华，汪玲芳，范心雨．基于合作博弈的跨组织技术创新利益分配机制［J］．科技管理研究，2021，41（16）：185 – 198.

［58］焦旸．经济政策不确定性与企业创新——基于企业风险偏好视角的实证研究［J］．投资与创业，2021，32（15）：22 – 25.

［59］鞠晓生，卢获，虞义华．融资约束、营运资本管理与企业创新可持续性［J］．经济研究，2013（1）：4 – 16.

［60］康志勇．政府科技创新资助政策对企业产品创新影响研究——基于匹配模型的检验［J］．研究与发展管理，2018，30（2）：103 – 113.

［61］孔东民，刘莎莎，王亚男．市场竞争、产权与政府补贴［J］．经济研究，2013，48（2）：55 – 67.

［62］雷明，虞晓雯．我国低碳经济增长的测度和动态作用机制——基于非期望 DEA 和面板 VAR 模型的分析［J］．经济科学，2015（2）：44 – 57.

［63］黎文靖，汪顺，陈黄悦．平衡的发展目标与不平衡的发展——增长目标偏离与企业创新［J］．管理世界，2020，36（12）：162 – 175.

［64］黎文靖，郑曼妮．实质性创新还是策略性创新？——宏观产业政策对微观企业创新的影响［J］．经济研究，2016（4）：60 – 73.

［65］李贲．企业资源禀赋、制度环境对新企业成长的影响研究［D］．南京：东南大学，2018.

［66］李贲，吴利华．开发区设立与企业成长：异质性与机制研究［J］．中国工业经济，2018（4）：79 – 97.

［67］李春涛，宋敏．中国制造业企业的创新活动：所有制和 CEO 激励的作用［J］．经济研究，2010（5）：55 – 67.

［68］李春涛，闫续文，宋敏，杨威．金融科技与企业创新——新三板上市公司的证据［J］．中国工业经济，2020（1）：81 – 98.

［69］李建标，梁馨月．民营企业是为创新而寻租吗？——基于税负的中介效应研究［J］．科学学研究，2016（3）：453 – 461.

［70］李江，吴玉鸣．政府补助与制造业企业创新：基于"量"与"质"的视角［J］．现代经济探讨，2023（4）：88 – 98.

［71］李婧，贺小刚，连燕玲，吕斐斐．业绩驱动、市场化进程与家族企业创新精神［J］．管理评论，2016，28（1）：96 – 108.

［72］李婧，贺小刚，茆键．亲缘关系、创新能力与企业绩效［J］．南开管理评论，2010，13（3）：117 – 124.

［73］李奎，杜丹．企业 R&D 补贴分配的 "马太效应" 及其影响研究 ［J］．科学学研究，2022，40（7）：1274 – 1284.

［74］李玲，陶厚永．纵容之手、引导之手与企业自主创新——基于股权性质分组的经验证据 ［J］．南开管理评论，2013，16（3）：69 – 79 + 88.

［75］李树培．我国企业自主创新动力不足：原因与对策的博弈分析 ［J］．南开经济研究，2009（3）：116 – 127.

［76］李涛，刘会，田芮佳，万伟．税收优惠、财务冗余与研发投资——基于门槛效应和Ⅳ – 2SLS 模型的实证分析 ［J］．投资研究，2018，37（12）：4 – 16.

［77］李万福，杜静，张怀．创新补助究竟有没有激励企业创新自主投资——来自中国上市公司的新证据 ［J］．金融研究，2017（10）：130 – 145.

［78］李维安，李浩波，李慧聪．创新激励还是税盾？——高新技术企业税收优惠研究 ［J］．科研管理，2016，37（11）：61 – 70.

［79］李溪，郑馨，张建琦．制造企业的业绩困境会促进创新吗——基于期望落差维度拓展的分析 ［J］．中国工业经济，2018（8）：174 – 192.

［80］李香菊，杨欢．财税激励政策、外部环境与企业研发投入——基于中国战略性新兴产业 A 股上市公司的实证研究 ［J］．当代财经，2019（3）：25 – 36.

［81］李新春，韩剑，李炜文．传承还是另创领地？——家族企业二代继承的权威合法性构建 ［J］．管理世界，2015（6）：110 – 124.

［82］李彦龙．税收优惠政策与高技术产业创新效率 ［J］．数量经济技术经济研究，2018（1）：60 – 76.

［83］梁莱歆，马如飞，田元飞．R&D 资金筹集来源于企业技术创新 ［J］．科学学与科学技术管理，2009（7）：89 – 93.

［84］廖爱红，卢艳秋，庞立君．龙头带动型集群政府研发补贴策略选择研究 ［J］．中国管理科学，2021：1 – 10.

［85］廖列法，勒孚刚．基于 LDA 模型和分类号的专利技术演化研究 ［J］．现代情报，2017，37（5）：13 – 18.

［86］廖列法，勒孚刚，朱亚兰．LDA 模型在专利文本分类中的应用 ［J］．现代情报，2017，37（3）：35 – 39.

［87］林承亮，许为民．技术外部性下创新补贴最优方式研究 ［J］．科学学研究 2012，30（5）：766 – 772.

［88］林洲钰，林汉川，邓兴华．政府补贴对企业专利产出的影响研究 ［J］．科学学研究，2015，33（6）：842 – 849.

［89］刘灿雷，王永进，王若兰．上游管制、行业间谈判势力与企业研发创新［J］．国际贸易问题，2019（6）：16-30.

［90］刘斐然，胡立君，范小群．产学研合作对企业创新质量的影响研究［J］．经济管理，2020，42（10）：120-136.

［91］刘丰云，沈亦凡，何凌云．补贴时点对新能源研发创新的影响与区域差异［J］．中国人口・资源与环境，2021，31（1）：57-67.

［92］刘锦，王学军．寻租、腐败与企业研发投入——来自30省12367家企业的证据［J］．科学学研究，2014（10）：1509-1517.

［93］刘莉亚，何彦林，王照飞，程天笑．融资约束会影响中国企业对外直接投资吗？——基于微观视角的理论和实证分析［J］．金融研究，2015（8）：124-140.

［94］刘瑞．市场化进程、政府补贴与企业创新绩效［J］．财会通讯，2019（30）：49-53.

［95］刘小元，林嵩．地方政府行为对创业企业技术创新的影响——基于技术创新资源配置与创新产出的双重视角［J］．研究与发展管理，2013，25（5）：12-25.

［96］刘一新，张卓．政府资助对产学研协同创新绩效的影响——来自江苏省数据［J］．科技管理研究，2020，40（10）：42-47.

［97］刘元雏，华桂宏．企业集团能否改善政府补贴对创新产出的激励作用——来自战略性新兴产业上市公司的经验证据［J］．科技进步与对策，2020，37（18）：70-79.

［98］柳光强，杨芷晴，曹普桥．产业发展视角下税收优惠与财政补贴激励效果比较研究［J］．财贸经济，2015（8）：38-47.

［99］卢馨，李慧敏，陈烁辉．高管背景特征与财务舞弊行为的研究——基于中国上市公司的经验数据［J］．审计与经济研究，2015，30（6）：58-68.

［100］卢真，朱俊杰．财政补贴与企业创新产出质量——基于上市公司面板数据［J］．河北经贸大学学报，2019，40（5）：35-42+59.

［101］鲁桐，党印．公司治理与技术创新：分行业比较［J］．经济研究，2014，49（6）：115-128.

［102］陆国庆，王舟，张春宇．中国战略性新兴产业政府创新补贴的绩效研究［J］．经济研究，2014（7）：44-53.

［103］罗宏，秦际栋．国有股权参股对家族企业创新投入的影响［J］．中国工业经济，2019（7）：174-192.

[104] 马文聪，叶阳平，陈修得. 创新政策组合：研究评述与未来展望 [J]. 科技进步与对策，2020，37（15）：152-160.

[105] 马晓楠，耿殿贺. 战略性新兴产业共性技术研发博弈与政府补贴 [J]. 经济与管理研究，2014（1）：73-78.

[106] 马嫣然，蔡建峰，王淼. 风险投资背景、持股比例对初创企业技术创新产出的影响——研发投入的中介效应 [J]. 科技进步与对策，2018，35（15）：1-8.

[107] 马永红，刘海礁，柳清. 产业共性技术产学研协同研发策略的微分博弈研究 [J]. 中国管理科学，2019，27（12）：197-207.

[108] 马永红，那琪. 产学研合作创新补贴方式研究：以欠发达地区企业为例 [J]. 科学进步与对策，2016（1）：38-44.

[109] 毛其淋，许家云. 政府补贴对企业新产品创新的影响——基于补贴强度"适度区间"的视角 [J]. 中国工业经济，2015（6）：94-107.

[110] 毛其淋，许家云. 中间要素贸易自由化、制度环境与生产率演化 [J]. 世界经济，2015（9）：80-106.

[111] 孟维站，徐喆，刘宇佳，赫子嫣. 我国科技政策组合特征对高技术产业创新效率的分阶段影响 [J]. 经济问题，2019（6）：49-54.

[112] 聂辉华，江艇，杨汝岱. 中国工业企业数据库的使用现状和潜在问题 [J]. 世界经济，2012，35（5）：142-158.

[113] 潘越，潘健平，戴亦一. 公司诉讼风险、司法地方保护主义与企业创新 [J]. 经济研究，2015，50（3）：131-145.

[114] 彭红星，毛新述. 政府创新补贴、公司高管背景与研发投入——来自我国高科技行业的经验证据 [J]. 财贸经济，2017（3）：147-161.

[115] 彭水军，舒中桥. 服务贸易开放、市场化改革与中国制造业企业生产率 [J]. 金融研究，2021（11）：22-40.

[116] 齐绍洲，张倩，王班班. 新能源企业创新的市场化激励——基于风险投资和企业专利数据的研究 [J]. 中国工业经济，2017（12）：95-112.

[117] 权小锋，刘佳伟，孙雅倩. 设立企业博士后工作站促进技术创新吗——基于中国上市公司的经验证据 [J]. 中国工业经济，2020（9）：175-192.

[118] 尚洪涛，黄晓硕. 中国医药制造业企业政府创新补贴绩效研究 [J]. 科研管理，2019，40（8）：32-42.

[119] 沈艺峰，陈述. 中国传统家族文化与企业可持续发展？以企业

家子女结构为视角 [J]. 厦门大学学报（哲学社会科学版），2020（1）：94－106.

[120] 生延超. 创新投入补贴还是创新产品补贴：技术联盟的政府策略选择 [J]. 中国管理科学，2008（6）：184－192.

[121] 宋增基，冯莉茗，谭兴民. 国有股权，民营企业家参政与企业融资便利性——来自中国民营控股上市公司的经验证据 [J]. 金融研究，2014（12）：133－147.

[122] 孙薇，叶初升. 政府采购何以牵动企业创新——兼论需求侧政策"拉力"与供给侧政策"推力"的协同 [J]. 中国工业经济，2023（1）：95－113.

[123] 孙莹. 战略性新兴产业公司治理、研发投入延迟效应与企业绩效关系研究 [J]. 科技进步与对策，2017，34（5）：66－72.

[124] 唐清泉，黎文飞，蔡贵龙. 家族控制、风险投资和企业 R&D 投资 [J]. 证券市场导报，2015（1）：32－38.

[125] 唐清泉，罗党论. 政府补贴动机及其效果的实证研究——来自中国上市公司的经验证据 [J]. 金融研究，2007（6）：149－163.

[126] 陶丹. 产学研协同创新成本分摊机制研究 [J]. 科技进步与对策，2018，35（5）：8－13.

[127] 陶丹，朱德全. 产学研协同创新的研发成本协调与政府补贴策略研究 [J]. 科技管理研究，2016，36（14）：101－106.

[128] 田彬彬，王俊杰，邢思敏. 税收竞争、企业税负与企业绩效——来自断点回归的证据 [J]. 华中科技大学学报（社会科学版），2017，31（5）：127－137.

[129] 佟爱琴，陈蔚. 政府补贴对企业研发投入影响的实证研究——基于中小板民营上市公司政治联系的新视角 [J]. 科学学研究，2016（7）：1044－1053.

[130] 涂玉龙，陈春花. 家族性、家族企业文化与家族企业绩效：机制与路径 [J]. 科研管理，2016，37（8）：103－112.

[131] 涂正革，邓辉，谌仁俊，甘天琦. 中央环保督察的环境经济效益：来自河北省试点的证据 [J]. 经济评论，2020（1）：3－16.

[132] 汪秋明，韩庆潇，杨晨. 战略性新兴产业中的政府补贴与企业行为——基于政府规制下的动态博弈分析视角 [J]. 财经研究，2014，40（7）：43－53.

[133] 王昶，王恺霖，宋慧玲. 风险投资与政府补贴对新材料企业技

术创新的激励效应及差异 [J]. 资源科学, 2020, 42 (8): 1566-1579.

[134] 王成东, 綦良群, 蔡渊渊. 研发效率导向下的产业研发投入结构 [J]. 中国科技论坛, 2015 (4): 11-16.

[135] 王春元. 税收优惠刺激了企业 R&D 投资吗? [J]. 科学学研究, 2017, 35 (2): 255-263.

[136] 王德祥, 李昕. 政府补贴、政治关联与企业创新投入 [J]. 财政研究, 2017 (8): 79-89.

[137] 王凤荣, 高飞. 政府干预、企业生命周期与并购绩效——给予我国地方国有上市公司的经验数据 [J]. 金融研究, 2012, 33 (12): 137-150.

[138] 王刚刚, 谢富纪, 贾友. R&D 补贴政策激励机制的重新审视——基于外部融资激励机制的考察 [J]. 中国工业经济, 2017 (2): 60-78.

[139] 王鸿源. 政府补贴对企业创新投入及产出的影响 [D]. 厦门: 华侨大学, 2019.

[140] 王建华, 明云莉, 孙俊. 不同激励契约下的产学研合作协调研究 [J]. 科技管理研究, 2021, 41 (11): 115-124.

[141] 王俊. R&D 补贴对企业 R&D 投入及创新产出影响的实证研究 [J]. 科学学研究, 2010, 28 (9): 1368-1374.

[142] 王理想. 政府补贴与中国上市公司创新行为研究——基于企业高管背景的视角 [D]. 厦门: 华侨大学, 2018.

[143] 王临夏. 研发投入、政府补助与企业绩效——来自新能源汽车上市企业的经验 [J]. 经营与管理, 2020 (1): 44-49.

[144] 王明琳, 何秋琴. 内部人的创新活动更为保守吗? ——来自中国上市家族企业研发投入的经验证据 [J]. 外国经济与管理, 2020, 42 (12): 104-118.

[145] 王宛秋, 马红君. 技术邻近性、研发投入与技术并购创新绩效——基于企业生命周期的视角 [J]. 管理评论, 2019, 31 (11): 1-10.

[146] 王维, 郑巧慧, 乔朋华. 金融环境、政府补贴与中小企业技术创新——基于中小板上市公司的实证研究 [J]. 科技进步与对策, 2014, 31 (23): 87-92.

[147] 王文华, 胡美玲. 内外部治理环境、政府补贴与创新投入 [J]. 财会通讯, 2021 (5): 70-74.

[148] 王文轲, 曹麒麟, 杨琴. 企业技术创新投入管理与政府资助博弈研究——以煤矿安全投入为例 [J]. 软科学, 2014 (2): 43-46.

[149] 王羲, 张强, 侯稼晓. 研发投入、政府补助对企业创新绩效的

影响研究 [J]. 统计与信息论坛, 2022, 37 (2): 108 - 116.

[150] 王小鲁, 樊纲, 余静文. 中国分省份市场化指数报告 (2016) [M]. 北京: 社会科学文献出版社, 2017.

[151] 王小平. 政府采购能够促进企业技术创新吗? ——来自国家高新产业园的实证检验 [J]. 现代财经 (天津财经大学学报), 2019, 39 (8): 51 - 70.

[152] 王孝松, 常远. 制度型开放与企业创新——来自中国工业企业数据的经验研究 [J]. 学术研究, 2023 (1): 73 - 81.

[153] 王旭超, 胡香华, 凌畅. 高管团队创新注意力、技术并购与企业创新绩效——基于中国上市公司的经验证据 [J]. 科学学与科学技术管理, 2023: 1 - 20.

[154] 王宇, 刘志彪. 补贴方式与均衡发展: 战略性新兴产业成长与传统产业调整 [J]. 中国工业经济, 2013 (8): 57 - 69.

[155] 魏志华, 吴育辉, 曾爱民. 寻租、财政补贴与公司成长性——来自新能源概念类上市公司的实证证据 [J]. 经济管理, 2015 (1): 1 - 11.

[156] 温桂荣, 黄纪强. 政府补贴对高新技术产业研发创新能力影响研究 [J]. 华东经济管理, 2020, 34 (7): 9 - 17.

[157] 温明月. 政府研发补贴的连续性与企业研发投入——基于 185 家制造业上市公司的实证分析 [J]. 公共行政评论, 2017 (1): 116 - 140.

[158] 巫强, 刘蓓. 政府研发补贴方式对战略性新兴产业创新的影响机制研究 [J]. 产业经济研究, 2014, 73 (6): 41 - 49.

[159] 吴俊, 黄东梅. 研发补贴、产学研合作与战略性新兴产业创新 [J]. 科研管理, 2016, 37 (9): 20 - 27.

[160] 吴伟伟, 张天一. 非研发补贴与研发补贴对新创企业创新产出的非对称影响研究 [J]. 管理世界, 2021, 37 (3): 137 - 160.

[161] 吴延兵. 中国哪种所有制类型企业最具创新性? [J]. 世界经济, 2012 (6): 3 - 27.

[162] 伍红, 郑家兴. 政府补助和减税降费对企业创新效率的影响——基于制造业上市企业的门槛效应分析 [J]. 当代财经, 2021 (3): 28 - 39.

[163] 伍健, 田志龙, 龙晓枫, 熊琪. 战略性新兴产业中政府补贴对企业创新的影响 [J]. 科学学研究, 2018 (1): 158 - 166.

[164] 武威, 刘玉廷. 政府采购与企业创新: 保护效应和溢出效应 [J]. 财经研究, 2020, 46 (5): 17 - 36.

[165] 夏清华, 何丹. 政府研发补贴促进企业创新了吗——信号理论

视角的解释 [J]. 科技进步与对策, 2020, 37 (1): 92-101.

[166] 肖文, 林高榜. 政府支持、研发管理与技术创新效率——基于中国工业行业的实证分析 [J]. 管理世界, 2014 (4): 71-80.

[167] 谢建国, 周春华. 研发效率、技术溢出与政府创新补贴 [J]. 南方经济, 2012 (1): 28-38.

[168] 熊维勤. 税收和补贴政策对 R&D 效率和规模的影响——理论与实证研究 [J]. 科学学研究, 2011, 29 (5): 698-706.

[169] 修苗苗, 戴玉才. 政府补贴、研发投入与企业经济绩效——以新能源上市公司为例 [J]. 青岛大学学报 (自然科学版), 2020, 33 (3): 102-109.

[170] 徐建斌, 彭瑞娟, 何凡. 政府创新补贴提升数字经济企业研发强度了吗? [J]. 经济管理, 2023, 45 (4): 172-190.

[171] 徐建中, 孙颖. 市场机制和政府监管下新能源汽车产业合作创新演化博弈研究 [J]. 运筹与管理, 2020, 29 (5): 143-151.

[172] 徐齐利, 聂新伟, 范合君. 政府补贴与产能过剩 [J]. 中央财经大学学报, 2019 (2): 98-128.

[173] 徐睿哲, 马英杰. 家族企业代际传递促进了企业创新吗?——来自创业板市场的经验证据 [J]. 技术经济, 2020, 39 (10): 80-86.

[174] 徐伟民. 科技政策与高新技术企业的 R&D 投入决策——来自上海的微观实证分析 [J]. 上海经济研究, 2009 (5): 55-64.

[175] 徐细雄, 淦未宇. 制度环境与技术能力对家族企业治理转型的影响研究 [J]. 科研管理, 2018, 39 (12): 131-140.

[176] 徐业坤, 钱先航, 李维安. 政治不确定性, 政治关联与民营企业投资——来自市委书记更替的证据 [J]. 管理世界, 2013 (5): 116-130.

[177] 许长新, 赵梦琼. 家族代际差异与企业创新投资决策的关系研究 [J]. 科研管理, 2019, 40 (12): 282-291.

[178] 许永斌, 万源星, 谢会丽. 家族控制权强度对企业科技创新行为影响研究 [J]. 科研管理, 2020, 41 (6): 29-36.

[179] 解维敏, 方红星. 金融发展、融资约束与企业研发投入 [J]. 金融研究, 2011 (5): 171-183.

[180] 薛阳, 胡丽娜. 制度环境、政府补助和制造业企业创新积极性: 激励效应与异质性分析 [J]. 经济经纬, 2020, 37 (6): 88-96.

[181] 严若森, 陈静, 李浩. 基于融资约束与企业风险承担中介效应

的政府补贴对企业创新投入的影响研究 [J]. 管理学报, 2020, 17 (8): 1188 - 1198.

[182] 颜晓畅, 黄桂田. 政府财政补贴、企业经济及创新绩效与产能过剩——基于战略性新兴产业的实证研究 [J]. 南开经济研究, 2020 (1): 176 - 198.

[183] 颜晓畅. 政府研发补贴对创新绩效的影响: 创新能力视角 [J]. 现代财经 (天津财经大学学报), 2019, 39 (1): 59 - 71.

[184] 杨国超, 刘静, 廉鹏, 芮萌. 减税激励、研发操纵与研发绩效 [J]. 经济研究, 2017, 52 (8): 110 - 124.

[185] 杨其静. 企业成长: 政治关联还是能力建设? [J]. 经济研究, 2011 (10): 54 - 66 + 94.

[186] 杨晓妹, 刘文龙, 王有兴. 政府创新补贴与企业技术创新——兼论补贴合理区间 [J]. 财贸研究, 2021, 32 (10): 70 - 83.

[187] 杨洋, 魏江, 罗来军. 谁在利用政府补贴进行创新? ——所有制和要素市场扭曲的联合调节效应 [J]. 管理世界, 2015 (1): 75 - 86.

[188] 杨晔, 王鹏, 李怡虹, 杨大楷. 财政补贴对企业研发投入和绩效的影响研究——来自中国创业板上市公司的经验证据 [J]. 财经论丛, 2015 (1): 24 - 31.

[189] 杨芷晴. 不同产权性质下的地方政府财政补贴质量——来自中国企业—员工匹配调查 (CEES) 的证据 [J]. 金融经济学研究, 2016, 31 (3): 51 - 59.

[190] 叶伟巍, 梅亮, 李文, 王翠霞, 等. 协同创新的动态机制与激励政策——基于复杂系统理论视角 [J]. 管理世界, 2014 (6): 79 - 91.

[191] 叶阳平. 创新政策工具组合对企业创新质量的影响机制研究 [D]. 广州: 广东工业大学, 2021.

[192] 应千伟, 何思怡. 政府研发补贴下的企业创新策略: "滥竽充数" 还是 "精益求精" [J]. 南开管理评论, 2022, 25 (2): 57 - 67.

[193] 于长宏, 原毅军. 企业规模、技术获取模式与 R&D 结构 [J]. 科学学研究, 2017, 35 (10): 1527 - 1535.

[194] 余明桂, 回雅甫, 潘红波. 政治联系、寻租与地方政府财政补贴有效性 [J]. 经济研究, 2010 (3): 65 - 77.

[195] 袁建国, 程晨, 后青松. 环境不确定性与企业技术创新——基于中国上市公司的实证研究 [J]. 管理评论, 2015, 27 (10): 60 - 69.

[196] 袁建国, 后青松, 程晨. 企业政治资源的诅咒效应——基于政

治关联与企业技术创新的考察 [J]. 管理世界, 2015 (1): 139-155.

[197] 原长弘, 张树满. 以企业为主体的产学研协同创新: 管理框架构建 [J]. 科研管理, 2019, 40 (10): 184-192.

[198] 岳书敬. 中国区域研发效率差异及其影响因素——基于省级区域面板数据的经验研究 [J]. 科研管理, 2008 (5): 173-179.

[199] 曾萍, 邬绮虹. 政府支持与企业创新: 研究述评与未来展望 [J]. 研究与发展管理, 2014, 26 (2): 98-109.

[200] 曾卓然. 政府补贴对企业创新质量的影响研究——基于企业异质性的视角 [D]. 成都: 四川大学, 2021.

[201] 张春辉, 陈继祥. 两种创新补贴对创新模式选择影响的比较分析 [J]. 科研管理, 2011, 32 (8): 9-16.

[202] 张帆, 李娜. 创新的外部多因素交互作用下企业 R&D 投入激励的影响研究——基于行业和地区层面面板数据的 PVAR 实证 [J]. 软科学, 2021, 35 (6): 1-8.

[203] 张帆, 孙薇. 政府创新补贴效率的微观机理: 激励效应和挤出效应的叠加效应——理论解释与检验 [J]. 财政研究, 2018 (4): 48-60.

[204] 张洪刚, 赵全厚. 政治关联、政治关联成本与财政补贴关系的实证研究——来自深、沪证券市场的经验数据 [J]. 当代财经, 2014 (4): 108-118.

[205] 张建宇. 企业探索性创新与开发性创新的资源基础及其匹配性研究 [J]. 管理评论, 2014, 26 (11): 88-98.

[206] 张杰, 陈志远, 吴书凤, 孙文浩. 对外技术引进与中国本土企业自主创新 [J]. 经济研究, 2020, 55 (7): 92-105.

[207] 张杰, 陈志远, 杨连星, 新夫. 中国创新补贴政策的绩效评估: 理论与证据 [J]. 经济研究, 2015, 50 (10): 4-17+33.

[208] 张杰, 芦哲, 郑文平, 陈志远. 融资约束、融资渠道与企业 R&D 投入 [J]. 世界经济, 2012 (10): 66-90.

[209] 张杰, 郑文平. 创新追赶战略抑制了中国专利质量么? [J]. 经济研究, 2018, 53 (5): 28-41.

[210] 张杰, 郑文平, 瞿福昕. 竞争如何影响创新: 中国情景的新检验 [J]. 中国工业经济, 2014 (11): 56-68.

[211] 张杰. 政府创新补贴对中国企业创新的激励效应——基于 U 型关系的一个解释 [J]. 经济学动态, 2020 (6): 91-108.

[212] 张杰, 周晓艳, 李勇. 要素市场扭曲抑制了中国企业 R&D?

[J]．经济研究，2011（8）：78－91．

[213] 张倩．风险投资对异质性新能源企业创新能力影响的实证研究[D]．武汉：武汉大学，2019．

[214] 张琴．技术背景 CEO，技术创新与企业绩效——基于民营高科技企业的实证分析 [J]．经济问题，2018（5）：82－87．

[215] 张娆，路继业，姬东骅．产业政策能否促进企业风险承担？[J]．会计研究，2019（7）：3－11．

[216] 张天华，张少华．偏向性政策、资源配置与国有企业效率[J]．经济研究，2016，51（2）：126－139．

[217] 张伟科．风险投资介入与企业创新：基于 PSM 模型的经验证据 [J]．科技进步与对策，2020，37（2）：10－18．

[218] 张文武，徐嘉婕，欧习．产业政策激励的资源配置效率研究——基于企业异质性分解的准自然实验 [J]．中国科技论坛，2020（3）：24－33．

[219] 张西征，刘志远，王静．企业规模与 R&D 投入关系研究——基于企业盈利能力的分析 [J]．科学学研究，2012，30（2）：265－274．

[220] 张兴龙，沈坤荣，李萌．政府 R&D 补助方式如何影响企业R&D 投入？——来自 A 股医药制造业上市公司的证据 [J]．产业经济研究，2014（5）：53－62．

[221] 张永安，耿喆，王燕妮．区域科技创新政策分类与政策工具挖掘——基于中关村数据的研究 [J]．科技进步与对策，2015，32（17）：116－122．

[222] 张永安，关永娟．市场需求、创新政策组合与企业创新绩效——企业生命周期视角 [J]．科技进步与对策，2021，38（1）：97－94．

[223] 张玉，陈凯华，乔为国．中国大中型企业研发效率测度与财政激励政策影响 [J]．数量经济技术经济研究，2017（5）：38－54．

[224] 章元，程郁，佘国满．政府补贴能否促进高新技术企业的自主创新？——来自中关村的证据 [J]．金融研究，2018（10）：123－140．

[225] 赵建春，许家云．人民币汇率、政府补贴与企业风险承担[J]．国际贸易问题，2015（8）：135－144．

[226] 赵晶，李林鹏，祝丽敏．产学研合作与企业创新——基于企业博士后工作站的研究 [J]．中国人民大学学报，2020，34（2）：97－113．

[227] 赵凯，林志伟．财政政策与经常账户间关系的变动规律——来自 G20 的经验数据（2000～2014 年）[J]．世界经济研究，2016（12）：36－46＋132－133．

［228］赵凯，王鸿源．LDA 最优主题数选取方法研究：以 CNKI 文献为例［J］．统计与决策，2020，36（16）：175-179．

［229］赵凯，王鸿源．政府 R&D 补贴政策与企业创新决策间双向动态耦合与非线性关系［J］．经济理论与经济管理，2018（5）：43-56．

［230］赵凯，王鸿源．政府补贴促进了企业盈利能力的提升吗？［J］．中央财经大学学报，2019（4）：92-103．

［231］赵文，李月娇，赵会会．政府研发补贴有助于企业创新效率提升吗？——基于模糊集定性比较分析（fsQCA）的研究［J］．研究与发展管理，2020（4）：37-47．

［232］赵中华，鞠晓峰．技术溢出、政府补贴对军工企业技术创新活动的影响研究——基于我国上市军工企业的实证分析［J］．中国软科学，2013（10）：124-133．

［233］郑春美，李佩．政府补助与税收优惠对企业创新绩效的影响［J］．科技进步与对策，2015（16）：83-87．

［234］郑飞，申香华，卢任．政府补贴对企业绩效的异质性影响——基于产业生命周期视角［J］．经济经纬，2021，38（1）：96-104．

［235］郑海波．高管背景特征对企业绩效的影响——基于中小板企业的实证研究［D］．南昌：江西财经大学，2016．

［236］郑绪涛，柳剑平．促进 R&D 活动的税收和补贴政策工具的有效搭配［J］．产业经济研究，2008（1）：26-36．

［237］郑延冰．民营科技企业研发投入、研发效率与政府资助［J］．科学学研究，2016，34（7）：1036-1043．

［238］周海涛，林映华．政府支持企业科技创新市场主导型政策构建研究——基于"市场需求—能力供给—环境制度"结构框架［J］．科学学与科学技术管理，2016，37（5）：3-16．

［239］周海涛，张振刚．政府研发资助方式对企业创新投入与创新绩效的影响研究［J］．管理学报，2015（12）：1797-1804．

［240］周京奎，王文波．政府补贴如何影响企业创新？——来自中国工业企业的证据［J］．河北经贸大学学报，2020，41（3）：14-23．

［241］朱德胜．不确定环境下股权激励对企业创新活动的影响［J］．经济管理，2019，41（2）：55-72．

［242］朱云欢，张明喜．我国财政补贴对企业研发影响的经验分析［J］．经济经纬，2010（5）：77-81．

［243］庄毓敏，储青青，马勇．金融发展、企业创新与经济增长

[J]. 金融研究, 2020 (4): 11 -30.

[244] Acemoglu D, Akcigit U, Bloom N, Kerr W R. Innovation, real-location and growth [J]. American Economic Review, 2018, 108 (11): 3450 -3491.

[245] Adams R B, Ferreira D. A theory of friendly boards [J]. The Journal of Finance, 2007, 62 (1): 217 -250.

[246] Aghion P, Bloom N, Blundell R, Griffith R, Howitt P. Competition and innovation: An inverted U relationship [J]. Quarterly Journal of Economics, 2005, 120 (2): 701 -728.

[247] Alder S, Shao L, Zilibotti F. Economic reform and industrial policy in a panel of Chinese cities [J]. Journal of Economic Growth, 2016, 21 (4): 305 -349.

[248] Arrow K. The economic implication of learning by doing [J]. Review of Economic Studies, 1962, 29 (80): 155 -173.

[249] Baniak A, Grajzl P. When do times of increasing uncertainty call for centralized harmonization in international policy coordination? [J]. Emerging Markets Finance and Trade, 2014, 50 (4): 128 -144.

[250] Bantel K A, Jackson S E. Top management and innovations in banking: Does the composition of the top team make a difference? [J]. Strategic management journal, 1989, 10 (S1): 107 -124.

[251] Baron R M, Kenny D A. The moderator-mediator variable distinction in social psychological research: Conceptual, strategic, and statistical considerations [J]. Journal of Personality and Social Psychology, 1986, 51 (6): 1173 -1182.

[252] Baucus M S, Near J P. Can illegal corporate behavior be predicted? An event history analysis [J]. The Academy of Management Journal, 1991, 34 (1): 9 -36.

[253] Beason R, Weinstein D E. Growth economics of scale and targeting in Japan [J]. Review of Economics and Statistics, 1996, 78 (2): 286 -295.

[254] Becker S O, Ichino A. Estimation of average treatment effects based on propensity scores [J]. Stata Journal: Promoting Communications on Statistics and Stata, 2002, 2 (4): 358 -377.

[255] Berube C, Mohnen P. Are firms that receive R&D subsidies more innovative? [J]. Canadian Journal of Economics, 2009, 42 (1): 206 -225.

［256］Bettis R A, Prahalad C K. The dominant logic: Retrospective and extension ［J］. Strategic Management Journal, 1995, 16（1）: 133 - 159.

［257］Binam N, Place F, Kalinganire A, Hamade S, Boureima M, Tougiani A. Effects of farmer managed natural regeneration on livelihoods in semi-arid West Africa ［J］. Environmental Economics & Policy Studies, 2015, 17（4）: 1 - 33.

［258］Birley S. Succession in the family firm: The inheritor's view ［J］. Journal of Small Business Management, 1986, 24（3）: 36 - 43.

［259］Blei D, Lafferty J. A correlated topic model of science ［J］. Annals of Applied Statistics, 2007, 1（1）: 17 - 35.

［260］Blum U, Kalus F. Auctioning public financial support incentives ［J］. International Journal of Technology Management, 2003, 26（2/3/4）: 270 - 276.

［261］Boeing P, Mueller E, Sandner P. China's R&D explosion-analyzing productivity effects across ownership types and over time ［J］. Research Policy, 2016, 45（1）: 159 - 176.

［262］Boeing P. The allocation and effectiveness of China's R&D subsidies—Evidence from listed firms ［J］. Research Policy, 2016, 45（9）: 1774 - 1789.

［263］Brander J A, Egan E, Hellmann T F. Government sponsored versus private venture capital: Canadian evidence ［R］. NBER Working Paper, No. w14029.

［264］Brandt L, Van Bieseboreck J, Zhang Y. Creative accounting or creative destruction? Firm-level productivity growth in Chinese manufacturing ［J］. Journal of Development Economics, 2012, 97（2）: 339 - 351.

［265］Bronzini R, Piselli P. The impact of R&D subsidies on firm innovation ［J］. Research Policy, 2016, 45（2）: 442 - 457.

［266］Buchmann T, Kaiser M. The effects of R&D subsidies and network embeddedness on R&D output: Evidence from the German biotech industry ［J］. Industry and Innovation, 2018, 2: 1 - 26.

［267］Cantner U, Graf H, Herrmann J, Kalthaus M. Inventor networks in renewable energies: The influence of the policy mix in Germany ［J］. Research Policy, 2016, 45（6）: 1165 - 1184.

［268］Carayannis E G, Provance M. Measuring firm innovativeness: Towards a composite innovation index built on firm innovative posture, propensity and performance attributes [J]. International Journal of Innovation and Regional Development, 2008, 1 (1): 90 – 107.

[269] Cattaneo M D, Drukler D M, Holland A D. Estimation of multivalued treatment effects under conditional independence [J]. The Stata Journal, 2013, 13 (3): 407 – 450.

[270] Cattaneo M D. Efficient semiparametric estimation of multi-valued treatment effects under ignorability [J]. Journal of Econometrics, 2010, 155 (2): 138 – 154.

[271] Cerqua A, Guido P. Do subsidies to private capital boost firms' growth? A multiple regression discontinuity design approach [J]. Journal of Public Economics, 2014, 109: 114 – 126.

[272] Chen J, Heng C S, Tan B C Y, Lin Z. The distinct signaling effects of R&D subsidy and non-R&D subsidy on IPO performance of IT entrepreneurial firms in China [J]. Research Policy, 2018, 47: 108 – 120.

[273] Chiao C. Relationship between debt, R&D and physical investment, evidence from US firm-level data [J]. Applied Financial Economics, 2002, 12 (2): 105 – 121.

[274] Christensen C. The innovator's dilemma: When new technologies cause great firms to Fail [M]. Harvard Business Review Press, Cambridge, 1997.

[275] Christofzik D, Kessing S. Does fiscal oversight matter? [J]. Social Science Electronic Publishing, 2018, 5023: 1 – 29.

[276] Clausen T H. Do subsidies have positive impacts on R&D and innovation activities at the firm level [J]. Structure Change and Economic Dynamics, 2009 (20): 239 – 253.

[277] Coad A, Segarra A, Teruel M. Innovation and firm growth: Does firm age play a role [J]. Research Policy, 2016, 45 (2): 387 – 400.

[278] Cull R, Xu L C. Institutions, ownership, and finance: The determinants of profit reinvestment among Chinese firms [J]. Journal of Financial Economics, 2005 (1): 117 – 146.

[279] David P, Hall B, Toole A. Is public R&D a complement or substitute for private R&D? A review of the econometric evidence [J]. Research Policy, 2000 (29): 497 – 529.

[280] Davis P, Harveston P. The phenomenon of substantive conflict in the family firm: A cross-generational study [J]. Journal of Small Business Management, 2001, 39 (1): 14 – 30.

[281] Dehejia R, Wahba S. Causal effects in nonexperimental studies: Reevaluating the evaluation of training programs [J]. Journal of American Statistical Association, 1999, 94 (3): 1053 – 1062.

[282] De Massis A, Frattini F, Lichtenthaler U. Research on technological innovation in family firms: Present debates and future directions [J]. Family Business Review, 2013, 26 (1): 10 – 31.

[283] Dhillon I S, Modha D S. Concept decompositions for large sparse text data using clustering [J]. Machine Learning, 2001, 42 (1 – 2): 143 – 175.

[284] Dickinson V. Cash flow patterns as a proxy for firm life cycle [J]. American Accounting Association, 2011, 86 (6): 1969 – 1994.

[285] Dimos C, Pugh G. The effectiveness of R&D subsidies: A meta-regression analysis of the evaluation literature [J]. Research Policy, 2016, 45: 797 – 815.

[286] Drozdow N. What is continuity? [J]. Family Business Review, 1998, 11 (4): 337 – 347.

[287] Dumont M. Assessing the policy mix of public support to business R&D [J]. Research Policy, 2017, 46 (10): 1851 – 1862.

[288] Duran P, Kammerlander N, Van Essen M, Zellweger T. Doing more with less: Innovation input and output in family firms [J]. Academy of Management Journal, 2015, 59: 1224 – 1264.

[289] Dziallas M, Blind K. Innovation indicators throughout the innovation process: An extensive literature analysis [J], Technovation, 2019, 80: 3 – 29.

[290] Eddleston K, Kellermanns F W, Sarathy R. Resource configuration in family firms: Linking resources, strategic planning and environmental dynamism to performance [J]. Journal of Management Studies, 2008, 45 (1): 26 – 50.

[291] Farag H, Mallin C. The influence of CEO demographic characteristics on corporate risk-taking: Evidence from Chinese IPOs [J]. The European Journal of Finance, 2016, 16: 1528 – 1551.

［292］ Fernandez-Sastre J, Montalvo-Quizhpi F. The effect of developing countries innovation policies on firms' decisions to invest in R&D ［J］. Technological Forecasting and Social Change, 2019, 143: 214 – 223.

［293］ Gao S, Kai X, Kai J. Managerial ties, absorptive capacity, and innovation ［J］. Asia Pacific Journal of Management, 2008, 25 (3): 395 – 412.

［294］ Ghazinoory S, Amiri M, Ghazinoori S, Alizadeh P. Designing innovation policy mix: A multi-objective decision-making approach ［J］. Economics of Innovation and New Technology, 2018, 28 (4): 365 – 385.

［295］ Giebe T, Wolfstetter E G, Grebe T. How to allocate R&D (and other) subsidies: An experimentally tested policy recommendation ［J］. Research Policy, 2006 (35): 1261 – 1272.

［296］ Granovetter M. The impact of social structure on economic outcomes ［J］. The Journal of Economic Perspectives, 2005, 19 (1): 33 – 50.

［297］ Grossman G M, Helpman E, Szeidl A. optimal integration strategies for the multinational firm ［J］. Journal of International Economics, 2006, 70 (1): 216 – 238.

［298］ Guerzoni M, Raiteri E. Demand-side vs. supply-side technology policies: Hidden treatment and new empirical evidence on the policy mix ［J］. Research Policy, 2015, 44 (3): 726 – 747.

［299］ Hainmueller J. Entropy balancing for causal effects: A multivariate reweighting method to produce balanced samples in observational studies ［J］. Political Analysis, 2012, 20: 25 – 46.

［300］ Hall B H. The financing of research and development ［J］. Oxford Review of Economic Policy, 2002, 18 (1): 35 – 51.

［301］ Hambrick D C, Mason P A. Upper echelons: The organization as a reflection of its top managers ［J］. Academy of Management Review, 1984, 9 (9): 193 – 206.

［302］ Hansen B E. Threshold effects in non-dynamic panels: Estimation, testing, and inference ［J］. Journal of Econometrics, 1999, 93 (2): 345 – 368.

［303］ Havnes T, Magne M. Is universal child care leveling the playing field? ［J］. Journal of Public Economics, 2015, 127: 100 – 114.

［304］ He J, Tian X. Do short sellers exacerbate or mitigate managerial myopia? Evidence from patenting activities [R]. SSRN working paper, 2016.

[305] Hirano K, Imbens G W. The propensity score with continuous treatments [M] //Applied Bayesian Modeling and Causal Inference from Incomplete-Data Perspective. Hoboken: John Wiley & Sons, 2004.

[306] Hottenrott H, Lopes-Bento C. International R&D collaboration and SEMs: The effectiveness of targeted public R&D support schemes [J]. Research Policy, 2014, 43 (6): 1055 - 1066.

[307] Hou B, Hong J, Wang H, Zhou C. Academia-industry collaboration, government funding and innovation efficiency in Chinese industrial enterprises [J]. Technology Analysis & Strategic Management, 2019, 31 (6): 692 - 706.

[308] Hud M, Hussinger K. The impact of R&D subsides during the crisis [J]. Research Policy, 2015, 44: 1844 - 1855.

[309] Huergo E. The role of technological management as a source of innovation: Evidence from Spanish manufacturing firms [J]. Research Policy, 2006, 35 (9): 1377 - 1388.

[310] Hussinger K. R&D and subsidies at the firm level: An application of parametric and semiparametric two-step selection models [J]. Journal of Applied Econometrics, 2008, 23 (6): 729 - 747.

[311] Imbens G W, Lemieux T. Regression discontinuity designs: A guide to practice [J]. Journal of Econometrics, 2008, 142 (2): 615 - 635.

[312] Imbens G W. The role of the propensity score in estimating dose-response functions [J]. Biometrika, 2000, 87 (3): 706 - 710.

[313] Imbens G W, Wooldridge J M. Recent developments in the econometrics of program evaluation [J]. Journal of Economic Literature, 2009, 47 (1): 5 - 86.

[314] Islam E, Zein J. Inventor CEOs [J]. Journal of Financial Economics, 2020, 135 (2): 505 - 527.

[315] Janz N, Loof H, Peters B. Firm level innovation and productivity is there a common story across countries? [R]. ZEW Working Paper, 2003.

[316] Jefferson G H, Bai H, Guan X, Yu X. R&D performance in Chinese industry [J]. Economics of Innovation and New Technology, 2006, 15 (4 - 5): 345 - 366.

[317] Kalcheva I, Ping M L, Pant S. Innovation: The interplay between

demand-side shock and supply-side environment [J]. Research Policy, 2018, 47 (2): 440 - 461.

[318] Kaye K. When the family business is a sickness [J]. Family Business Review, 1996, 9 (4): 347 - 368.

[319] King A W, Zeithaml C P. Competencies and firm performance: Examining the casual ambiguity paradox [J]. Strategic Management Journal, 2001, 22 (1): 75 - 99.

[320] King G, Lucas C, Nielsen R. The Balance-Sample Size Frontier in Matching Methods for Causal Inference [J]. American Journal of Political Science, 2017, 61 (2): 473 - 489.

[321] Kivimaa P, Kern F. Creative destruction or mere niche support? Innovation policy mixes for sustainability transitions [J]. Research Policy, 2016, 45 (1): 205 - 217.

[322] Kleer R. Government R&D subsidies as a signal for private investors [J]. Research Policy, 2010, 39 (10): 1361 - 1374.

[323] Lee D S, Lemieux T. Regression discontinuity designs in economics [J]. Journal of Economic Literature, 2010, 48 (2): 281 - 355.

[324] Lerner J, Nanda R. Venture capital's role in financing innovation: what we know and how much we still need to learn [J]. Journal of Economic Perspectives, 2020, 34: 237 - 261.

[325] Lerner J. The government as venture capitalist: The long-run impact of the SBIR program [J]. Journal of Business, 1999, 72 (3): 285 - 318.

[326] Li J, Tang Y. CEO hubris and firm risk taking in China: The moderating role of managerial discretion [J]. Academy of Management Journal, 2010, 53 (1): 45 - 68.

[327] Longenecker S. Management succession in the family business [J]. Journal of Small Business Management, 1978, 16 (3): 1 - 6.

[328] Love J H, Roper S. SME innovation, exporting and growth: A review of existing evidence [J]. International Small Business Journal, 2015, 33 (1): 28 - 48.

[329] Lueg R, Borisov B G. Archival or perceived measures of environmental uncertainty? Conceptualization and new empirical evidence [J]. Social Science Electronic Publishing, 2014, 32 (4): 658 - 671.

[330] Marino M, Lhuillery S, Parrotta P, Sala D. Additionality or crow-

ding-out? An overall evaluation of public R&D subsidy on private R&D expenditure [J]. Research Policy, 2016, 45 (9): 1715 – 1730.

[331] Martin S. R&D joint ventures and tacit product market collusion [J]. European Journal of Political, 1995, 11 (4): 907 – 918.

[332] McCrary J. Manipulation of the running variable in the regression discontinuity design: A density Test [J]. Journal of Econometrics, 2008, 142 (2): 698 – 714.

[333] Melitz M. The impact of trade on intra-industry reallocations and aggregate industry productivity [J]. Econometrica, 2003, 71 (6): 1695 – 1725.

[334] Michael S C, Pearce II J A. The need for innovation as a rationale for government involvement in entrepreneurship [J]. Entrepreneurship & Regional Development, 2009, 21 (3): 285 – 302.

[335] Miorando R F, Riberro J L D, Cortimiglia M N. An economic-probabilistic model for risk analysis in technological innovation projects [J]. Technovation, 2014, 34 (8): 485 – 498.

[336] Montmartin B, Herrera M. Internal and external effects of R&D subsidies and fiscal incentives: Empirical evidence using spatial dynamic panel models [J]. Research Policy, 2015, 44 (5): 1065 – 1079.

[337] Morris M H, Williams R O, Allen J A, Avila R A. Correlates of success in family business transitions [J]. Journal of Business Venturing, 1997, 12 (5): 381 – 401.

[338] Naldi L, Nordqvist M, Sjöberg K, Wiklund J. Entrepreneurial orientation, risk taking, and performance in family firms [J]. Family Business Review, 2007, 20 (1): 33 – 47.

[339] Neicu D. Evaluating the effects of an R&D policy mix of subsidies and tax credits [J]. Management and Economics Review, 2019, 4 (2): 1 – 13.

[340] O'Brien J P. The capital structure implications of pursuing a strategy of innovation [J]. Strategic Management Journal, 2003, 24 (5): 415 – 431.

[341] Okamuro H, Nishimura J. Not just financial support? Another role of public subsidy in university-industry research collaborations [J]. Economics of Innovation & New Technology, 2016, 24 (7): 1 – 27.

[342] Ouyang X L, Lin B Q. Levelized cost of electricity (LCOE) of renewable energies and required subsidies in China [J]. Energy Policy, 2014, 70: 64 – 73.

[343] Ovtchinnikov A V, Reza S W, Wu Y. Political Activism and Firm Innovation [J]. SSRN Electronic Journal, 2014.

[344] Peters B G. The challenge of policy coordination [J]. Policy Design and Practice, 2018, 1 (1): 1-11.

[345] Piepenbrink A, Nurmammadov E. Topics in the literature of transition economies and emerging markets [J]. Scientometrics, 2015, 102 (3): 2107-2130.

[346] Radas S, Anic I D, Tafro A, Wagner V. The effects of public support schemes on small and medium enterprises [J]. Technovation, 2015, 38: 15-30.

[347] Radicic D, Pugh G. Performance effects of external search strategies in European small and medium-sized enterprises [J]. Small Business Management, 2017, 55 (S1): 76-114.

[348] Raven R, Walrave B. Overcoming transformational failures through policy mixes in the dynamics of technological innovation systems [J]. Technological Forecasting and Social Change, 2020 (153), 119297.

[349] Richardson H A, Amason A C, Buchholtz A K, Gerard J G. CEO willingness to delegate to the top management team: the influence of organizational performance [J]. The International Journal of Organization Analysis, 2002, 10 (2): 134-155.

[350] Rothwell R. The characteristics of successful innovators and technically progressive firms (with some comments on innovation research) [J]. R&D Management, 1977, 7 (3): 191-1025.

[351] Russell S. Corporate governance, globalization and firm productivity [J]. Journal of World Business, 2013, 3 (14): 1-14.

[352] Scherer F M. Market structure and the employment of scientists and engineers [J]. American Economic Review, 1967, 57 (3): 524-531.

[353] Seo M, Shin Y. Dynamic panels with threshold effect and endogeneity [J]. Journal of Econometrics, 2016, 195: 169-186.

[354] Shapiro D, Tan Y, Wang M. The effects of corporate governance on innovation in Chinese firms [J]. Journal of Chinese Economic and Business Studies, 2015, 13 (4): 311-335.

[355] Sherer D, Frenkel A. R&D, firm size and innovation: An empirical analysis [J]. Technovation, 2005, 25 (1): 25-32.

[356] Shleifer A, Vishny R W. Corruption [J]. Quarterly Journal of Economics, 1993, 108 (3): 599 – 618.

[357] Shleifer A, Vishny R W. Politicians and firms [J]. The quarterly journal of economics, 1994, 109 (4): 995 – 1025.

[358] Soederblom A, Samuelsson M, Wiklund J, Sandberg R. Inside the black box of outcome additionality: Effects of early-stage government subsidies on resource accumulation and new venture performance [J]. Research Policy, 2015, 44 (8): 1501 – 1521.

[359] Spence M. Cost reduction, competition and industry performance [J]. Econometrica, 1984, 52 (1): 101 – 121.

[360] Spencer B J, Brander J A. International R&D rivalry and industrial strategy [J]. Review of Economic Studies, 1983, 50 (4): 707 – 722.

[361] Stuart E A, Huskamp H A, Duckworth K, Simmons J, Song Z, Chernew M E, Barry C L. Using propensity scores in difference-in-differences models to estimate the effects of a policy change [J]. Health Services & Outcomes Research Methodology, 2014, 14 (4): 166 – 182.

[362] Stuart E A. Matching methods for causal inference: A review and a look forward [J]. Statistical Science, 2010, 25 (1): 1 – 21.

[363] Teirlinck P, Spithoven A. Fostering industry-science cooperation through public funding: Differences between universities and public research centers [J]. Journal of Technology Transfer, 2012, 37 (5): 676 – 695.

[364] Trzpiot G, Orwat-Acedanska A. Spatial quantile regression in analysis of healthy life years in the European union countries [J]. Comparative Economic Research, 2016, 19 (5): 179 – 199.

[365] Wallsten S T. The effects of government-industry R&D programs on private R&D: The case of small business innovation research program [J]. RAND Journal of Economics, 2000, 31 (1): 82 – 100.

[366] Wang Q. Fixed-effect panel threshold model using Stata [J]. Stata Journal, 2015, 15 (1): 121 – 134.

[367] Wooldridge J M. Control function methods in applied econometrics [J]. The Journal of Human Resource, 2015, 50 (2): 420 – 445.

[368] Wu W S, Zhao K, Li L. Can government subsidy strategies and strategy combinations effectively stimulate enterprise innovation? Theory and evidence [J]. Economia Politica, 2021: 1 – 24.

［369］Wu Y H. The effects of state R&D tax credits in stimulating private R&D expenditure: A cross state empirical analysis ［J］. Journal of Policy Analysis and Management, 2005, 24 (4): 785 – 802.

［370］Yager L, Schmidt R. The advanced technology program: A case study in federal technology policy ［M］. Washington DC: AEI Press, 1997.

［371］Yu F, Guo Y, Le-Nguyen K, Barnes S J, Zhang W. The impact of government subsidies and enterprises' R&D investment: A panel data from renewable energy in China ［J］. Energy Policy, 2016, 89: 106 – 113.

［372］Zawalińska K, Tran N, Ploszaj A. R&D in a post centrally-planned economy: The macroeconomic effects in Poland ［J］. Journal of Policy Modeling, 2018, 40 (1): 37 – 59.

［373］Zhang J, Marquis C, Qiao K. Do political connections buffer firms from or bind firms to the government? A study of corporate charitable donations of Chinese firms ［J］. Organization Science, 2016, 27 (5): 1307 – 1324.

［374］Zúñiga-Vicente J A, Alonso-Borrego C, Forcadell F J, Galan J I. Assessing the effect of public subsidies on firm R&D investment: A survey ［J］. Journal of Economic Surveys, 2014, 28 (1): 36 – 67.